홍순민

서울대학교 국사학과 및 동 대학원을 졸업하였다. 조선 후기 정치사에 대한 관심에서 출발하여 조선 후기 국가경영의 실상을 밝혀보려 공부하고 있다. 정치의 배경이 되는 공간에 대한 관심에서 공간에서 살던 사람들과 그들의 삶의 꼴, 곧 문화로 탐구의 대상을 넓혀가고 있다. 도성과 궁궐에 대한 책을 쓴 데 이어 종묘, 그리고 조선시대 서울을 쓸 궁리를 하고 있다.

저서로는, 《홍순민의 한양읽기: 도성》, 《영조, 임금이 되기까지》, 《한양도성, 서울 육백년을 담다》, 《조선시대사 1》(공저), 《서울 풍광》, 《우리 궁궐 이야기》등이 있다. 현재 명지대학교 기록정보과학전문대학원에서 문화자원을 가르치고 있다.

KB024685

일러두기

1   각 장의 처음에는 각 궁궐의 현황 지도(2017년 10월 기준)를 삽입하였다. 진행 중인 복원 공사(흥복전, 향원정 등)의 결과는 반영하지 않았다.

2   본문에서 글, 그림, 병풍, 지도, 신문 기사 제목은 〈 〉로 표시하고, 책, 화첩, 지도첩, 신문은 《 》로 표시하였다.

3   1945년 이전의 사진은 촬영자, 촬영 시점이나 수록된 책이나 사진첩, 혹은 소장처가 밝혀져 있는 경우 본문의 도판 설명의 마지막 괄호 안에 표기하였다.

4   본문의 그림, 병풍, 지도의 도판 설명에는 제목에 작가, 제목, 실려 있는 책(혹은 화첩이나 지도첩)을 표기하였으며 소장처는 도판 설명의 마지막 괄호 안에 표기하였다.

5   책의 마지막에는 책, 그림, 병풍, 지도, 편액의 세부 정보를 작가, 제목, 실려 있는 책(혹은 화첩이나 지도첩), 시대, 크기(세로×가로), 재질, 문화재 지정 현황, 소장처 순으로 정리하되, 확인하지 못한 정보는 생략하였다.

6   본문에 나오는 날짜는 1895년까지는 음력을, 이후부터는 양력을 사용하였다.

온돌

홍순민의
한옥
읽기

홍순민의 한양읽기
궁궐㊦
한양의 다섯 궁궐
그 겉을 보다, 속을 읽다

초판 1쇄 발행일 2017년 10월 30일
초판 2쇄 발행일 2018년 10월 20일

지 은 이 | 홍순민
펴 낸 이 | 김효형
펴 낸 곳 | (주)눌와
등록번호 | 1999.7.26. 제10-1795호
주   소 | 서울시 마포구 월드컵북로16길 51, 2층
전   화 | 02. 3143. 4633
팩   스 | 02. 3143. 4631
페이스북 | www.facebook.com/nulwabook
블 로 그 | blog.naver.com/nulwa
전자우편 | nulwa@naver.com

편   집 | 김지수, 김선미, 김영은
디 자 인 | 이현주
마 케 팅 | 홍선민
제작진행 | 공간
인   쇄 | 현대문예
제   본 | 상지사P&B

ⓒ홍순민, 2017
ISBN 978-89-90620-97-2 04910
      978-89-90620-93-4 04910 (세트)

* 이 도서의 국립중앙도서관 출판시도서목록(CIP)은 서지정보유통지원시스템 홈페이지(http://seoji.nl.go.kr)와 국가
자료공동목록시스템(http://www.nl.go.kr/kolisnet)에서 이용하실 수 있습니다. (CIP제어번호: CIP2017026231)
* 책값은 뒤표지에 표시되어 있습니다.

홍순민의

한양읽기

궁궐

— 하 —

한양의 다섯 궁궐

그 겉을 보다, 속을 읽다

宮闕

눌와

차례

제2장
창덕궁

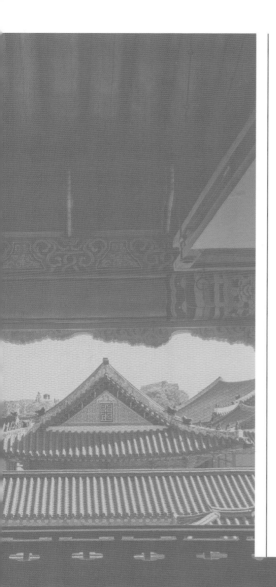

제1장

경복궁

경 복 궁
景 福 宮

N

국립민속박물관

녹산

집옥재
팔우정
협길당

신무문

태원전

숙문당

자선당 유구
복수함
흠경함
건청궁
향원정
장안당

집경당
함원당

함화당

장고

홍복전 터

문경전 터

회안전 터

제수함

생물방

자경전

자미당 터

연길당

교태전

아미산

흥경각
함원전

충정각

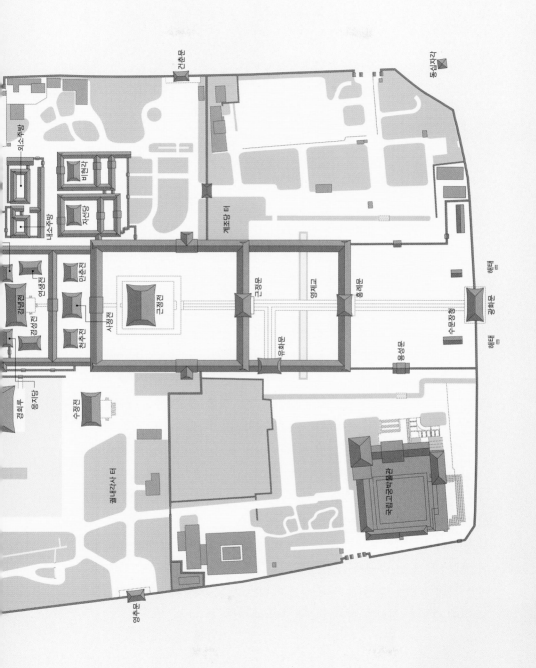

건춘문

동십자각

외소주방

비현각

자선당

내소주방

계조당 터

강녕전

연생전

만춘전

근정문

영제교

흥례문

함태

광화문

경성전

천추전

사정전

근정전

유화문

수문장청

함태

경회루

응지당

융문루

동성문

수정전

국립고궁박물관

궐내각사 터

영추문

1

경복궁 예궐

광화문앞길

예궐

　　　"궁궐宮闕에 가다"라는 말을 옛날에는 뭐라고 적었을까? 아무리 생각해도 떠오르지 않는다. 아마도 그런 표현은 없을 듯하다. 대신 '입궐入闕'이나 '예궐詣闕'이라는 기술이 자료에 많이 등장한다. 입궐은 '궁궐에 들어가다'라는 뜻일 터이고, 예궐은 '궁궐에 나아가다'로 번역해야 할 것이다. 입궐이 그저 들어간다는 비교적 단순한 뜻을 담고 있다면, 예궐은 임금의 부름을 받거나 아니면 임금을 뵙자고 청해서 의관을 갖추고 절차에 따라 들어간다는 뜻을 담고 있다. 항간에 궁궐에 들어가는 것을 "입궁入宮"이라고 하는 사례가 있는 듯한데, 뜻이 상당히 다르다. 궁중宮中이나 궁금宮禁, 궁성宮城에 출입出入한다고 연결되어서 쓰일 때 '입궁'은 그저 '궁궐에 드나든다'는 뜻이다. 하지만 '입궁'이라고 독립된 용어로 쓰일 때는 궁궐 밖에서 살던 왕자가 왕세자王世子가 되어 궁궐 안으로 들어간다거나, 어떤 여성이 후궁이나 궁녀로 뽑혀 궁궐에 살러 들어가는 경우에 주로 쓰이는 말이다.

오늘날 '입궁'할 사람은 없다. 입궐도 예궐도 옛날처럼 할 사람은 없다. 하지만 이왕 가는 것, 예궐이라고 생각하고 가면 좋겠다. 그래야 옛날 살아 있던 시절의 궁궐과 그곳에서 살던 사람들의 삶의 모습이 더 잘 보이지 않을까? 하지만 아무래도 예궐은 어렵다. 공부하며 찾아보는 자세로 답사하면 좋겠다.

경복궁景福宮 답사는 어디서 시작하는 것이 좋을까? 차를 타고 오면 경복궁 동쪽 궁성宮城 안에 마련된 주차장에서 시작하게 되겠다. 하지만 그것은 바람직하지 않다. 문을 의식하면서 들어가는 것이 마땅하기 때문이다. 어느 문으로 들어갈까? 아무래도 정문正門이 좋겠다. 경복궁의 정문은 광화문光化門이다. 광화문으로 들어간다면 그 출발점은 어디로 잡는 것이 좋을까? 적어도 여기부터는 이제 내가 광화문을 향하여 간다고 출발하는 지점, 나는 그 지점을 광화문앞길의 끝부분, 광화문 네거리 기념비전記念碑前쯤으로 잡는 게 좋다고 생각한다. 그곳에서 북쪽을 향해 서면 백악白岳이 보이고, 그 서쪽으로 인왕산仁王山, 동쪽으로는 백악에서 흘러내린 산자락이 경복궁을 감싸고 있는 형국이 눈에 들어온다. 조금 고개를 들면 백악 너머로 북한산北漢山의 보현봉普賢峰이 고개를 내밀고 있다.

산줄기는 어렵게나마 보이는데 그와 짝을 이루어야 할 물줄기는 보이지 않는다. 모두 복개되어 도로가 되었기 때문이다. 기념비전에서 서쪽으로 광화문 네거리를 건너다 보면 새문안로와 세종대로가 직각으로 만나는 그 사이에 세종문화회관 뒤편에서 내려오는 대각선으로 난 길이 있다. 각도가 '이상한' 길, 다시 말해서 '자연스러운' 길은 대개 복개 도로다. 이 경우도 그에 해당된다. 그 대각선 길 밑으로는 개울이 흐르고 있다. 백악 서쪽 기슭과 인왕산에서 모여든 물줄기, 백운동천白雲洞川이다. 거기서

동남쪽으로 광화문 네거리를 지나서 다슬기처럼 생긴 조형물이 있는 지금의 청계광장을 지나 서울의 내수 개천開川, 청계천淸溪川으로 들어간다. 세종문화회관 남쪽 새문안로 북쪽 일대에 재개발이 진행되고 있으니 그 길, 그 물줄기가 어떻게 바뀔지 모르겠다. 땅속에서 겉으로 나와서 제 모습을 드러냈으면 좋겠다.

기념비전에서 동쪽으로 교보생명빌딩을 지나면 그 뒤편에 북쪽으로 이어지는 길이 있다. 이 역시 복개된 길이다. 백악의 동쪽 기슭인 삼청동 일대로부터 모여든 물길, 삼청동천三淸洞川이다. 서울에 있던 사부四部 학

《여지도》에 실린 〈도성도〉의 경복궁 부분 | 종루에서 운종가를 따라 서쪽으로 가다가 백운동천을 건너기 전에 북으로 방향을 틀면 멀리 광화문이 보였을 것이다. (서울대학교 규장각한국학연구원 소장)

당學堂 가운데 하나인 중학中學이 그 하천변에 있었다. 그 위치는 세종대로 서편의 정부청사와 외교부청사 사이에서 세종대로를 지하로 지나 일본대사관 앞으로 이어지는 길과 이 하천과 만나는 지점의 동북쪽 모퉁이다. 그래서 이 하천을 중학천中學川이라고 부르기도 하였다. 흘러내려 온 삼청동천은 운종가雲從街, 지금의 종로와 만나는 지점에 있던 다리인 혜정교惠政橋 밑을 지나고, 광화문우체국 동쪽을 지나 개천으로 흘러든다.

광화문앞길 | 오늘날에는 세종대로와 광화문광장이 겹쳐 있어 길인지 광장인지 모르게 되었다. 게다가 이순신장군 동상에 더하여 세종대왕 동상까지 시야와 발길을 가로막고 있다.

이순신 장군에다
세종대왕까지?

광화문앞길 일대는 이렇게 뒤로는 산줄기가 안아주고, 양옆으로는 물길이 감싸 흐른다. 참 좋은 땅이다. 지금 광화문 네거리에서 광화문까지는 광화문광장이 조성되어 있다. 그 남쪽 끝에는 이순신 장군 동상이 우뚝 서 있고, 중간쯤에는 세종대왕 동상이 커다랗게 앉아 있다. 여기는 원래 앞뒤로 통하는 것이 본질인 공간, 길이었다. 그러한 길 한가운데를 떡하니 가로막고 있는 것은 아무리 세종대왕에 이순신 장군이라도 마땅치 않다. 그분들이야 무슨 잘못이 있을까? 그 자리에 그렇게 개념에도 맞지 않고 어울리지도 않게 동상을 만들어 세운 사람들이 문제다.

세종대로 좌우로 의정부議政府, 한성부漢城府, 사헌부司憲府, 육조六曹 관아를 다시 짓는 것이 무망한 일이요 불필요한 일이라 할지라도 그 의미는 살렸으면 좋으련만 교보생명빌딩, KT빌딩, 미국대사관, 대한민국역사박물관과 세종문화회관, 정부종합청사 등이 멋없이 들어서 있다. 정부 기관만도 아니고 외국 대사관에 회사 건물들이 뒤섞여 있다. 그래도 국가 상징 거리란다. 무엇을 어떻게 상징하는지 잘 들어오지 않는다. 광화문광장이 된 광화문앞길을 천천히 걸어가면서 드는 생각은 이토록 무겁다.

    광화문광장의 북단에 오면 더 이상 앞으로 나아갈 수 없다. 광화문 앞에서 남쪽으로 난 대로가 세종대로, 동서로 이어진 길은 사직로, 그리고 동십자각을 기점으로 그 동쪽으로 가는 길은 율곡로이다. 거기 사람이 갈 길은 없다. 그나마 예전에는 한참 돌아서 지하도를 건너야만 했던 것을, 이제는 광화문의 좌우로 횡단보도가 생겨서 길을 건널 수는 있게 되었으니 다행으로 여겨야 할 형편이다. 여기서 서둘러 광화문으로 들어가려 하지 말고, 돌아서서 광화문광장 일대를 바라보자. 뒷짐을 지거나 팔짱을 끼고 넉넉히 바라보자. 궁궐을 나서는 임금의 눈으로 보자. 거기 바쁜 서울이 있다. 빌딩 숲이 있다. 시간을 되돌려 거기 짓눌려 있는 옛 모습을 되살려내보자. 답사는 공간을 둘러보는 데 그치는 행위가 아닌, 시간을 거슬러 올라가는 몸짓이기도 하다.

광화문

삼청시대   광화문에는 홍예문이 셋 나 있다. 가운데 문이 좌우 협문夾門보다 조금 더 크다. 임금이 드나드시던 어문御門이다. 몸을 조금 낮추시라. 그러면 그 어문을 통해서 안이 들여다보인다. 광화문 안으로 홍례문興禮門, 근정문勤政門

현재 광화문 ┃ 월대는 사라지고, 해태도 제자리가 아닌 곳에 가 있다. 바로 앞으로는 자동차들이 쉴새없이 오간다. 그만큼 위엄도 줄었다.

을 지나 근정전勤政殿이 보인다. 경복궁 앞쪽 중앙의 주요 건물들이 놓여 있는 일직선 축軸이다. 그 축선상에서 다시 돌아서 내다보면 광화문광장, 세종대로의 중심축은 전혀 다른 데 가 있다. 원래부터 경복궁의 축과 광화문앞길의 축이 완전히 일치했다고 보기는 어렵지만, 살짝 틀어져 있는 정도이지 지금처럼 완전히 다른 데 가 있지는 않았다. 현재 광화문광장은 서울시청, 도로는 경찰청, 광화문은 문화재청에서 관리하고 있다. 삼국이 나뉘어 다투는 삼국시대가 아니라, 삼청이 나뉘어 통일을 이루지 못하는 '삼청시대三廳時代'. 광화문광장과 도로와 광화문은 이렇게 따로 놀고 있다.

지금의 광화문은 근년에 다시 지은 것이다. 복원이라고 하지만, 원래의 모습을 회복했다고 보기 어렵다. 손으로 다듬은 옛 공법과 정성이 배어 있는 작품으로 보이지 않고, 기계로 다룬 값싼 제품으로만 보인다. 원래 광화문은 월대越臺 혹은 月臺 위에 있었다. 그렇기에 광화문으로 들어가는 것은 곧 올라가는 것이었다. 그러나 지금 월대는 찾기 어렵고 난간만 퇴화되다 남은 꼬리뼈처럼 조금 붙어 있어 관심도 끌지 못하고 있다. 광화문에는 어떤 곡절이 있었는지, 시간을 거슬러 올라가보자.

광화문을 짓고,　　　광화문이 경복궁을 처음 지었을 때부터 있던 것
이름을 정하다　　　은 아니다. 경복궁을 처음 지은 1395년태조 4에는
　　　　　　　　　아직 궁성宮城을 갖추지 못하였고, 궁성의 남문인
광화문도 없었다. 궁성은 1398년태조 7 1월에 가서야 쌓기 시작하였다.[1] 성역은 농번기에도 진행되었으나 그해 8월에 이른바 "왕자의 난"이 일어나 정국은 크게 요동하였다. 궁성과 남문, 동문은 거의 모양을 갖추었지만 완공은 해를 넘기고 임금도 바뀐 1399년정종 1 1월에 가서 이루어졌다.[2]

　　광화문이라는 이름은 더 늦게 붙었다. 궁성을 완공하고 두 달도 지나지 않아 정종定宗과 조정이 개경으로 환도하였기 때문이다.[3] 궁궐문에 이름을 지을 겨를이 없었다. 태종太宗은 한양으로 환도했지만, 창덕궁昌德宮을 짓고 거기로 이어하였다. 이런 사정으로 경복궁 궁궐문들은 세종世宗 대인 1426년세종 8 10월에야 이름을 얻게 되었다. 이때 문들의 이름을 새로 정하면서 근정전 앞 두 번째 문을 홍례문弘禮門, 세 번째 문을 광화문光化門이라고 하였다. 건춘문建春門, 영추문迎秋門 등의 이름도 이때 정해졌다.[4]

　　그런데 그보다 훨씬 앞선 시기인《태조실록太祖實錄》에 "이달 태묘종묘와 새 궁궐을 완성했음을 고했다. … 후에 궁성을 쌓고 동문을 건춘문, 서문을 영추문, 남문을 광화문이라고 했다"는 기사가 나온다.[5] 이상한 노릇이다. 그 의문은 오늘날 전하는《태조실록》의 편찬 경위를 알아야 풀린다. 《태조실록》은 1410년태종 10 1월부터 편찬에 착수해 1413년태종 13 3월에 완성하였다. 그러나 의정부에서 번잡하며 어지럽고 중복이 많다 하여 개수를 주장하여 간행하지 않았다. 그러다가 1438년세종 20에 내용에 문제가 있다 하여 고쳐 편찬하게 하였고, 1442년세종 24에도 다시 고쳤다. 이렇게 고

1890년대 이전의 광화문 ┃ 넓은 광화문앞길 좌우에 해태가 앉아 오는 이를 반긴다. 광화문을 들어가는 길은 올라가는 길이다. 월대를 올라야 저 문으로 들어갈 수 있었다.

친 내용을 포함하여 1445년세종 27 세 부를 더 만들어서 사고史庫에 보관하였다. 그 뒤에도 두 차례 더 부분적으로 수정하였고, 그 가운데 전주사고에 있던 실록이 오늘날까지 전해지고 있다.

《태조실록》은 이렇게 후대에 수정을 거치면서, 태조 대 이후 있었던 일들까지 담게 되었다. 그러니까 《태조실록》의 위 기사에서 '이달'은 1395년태조 4 9월을 가리키지만, '후에' 궁성을 완공하고 문들의 이름을 정한 것은 각각 정종과 세종 때의 일이란 뜻이다.

광화문,
그 질긴 수난

이후 광화문은 임진왜란王辰倭亂 때 불타는 수난을 겪고, 고종高宗 때인 1865년에 경복궁을 중건하며 다시 세워지기에 이른다. 하지만 1896년 2월 11일 고종이 러시아공사관으로 옮겨간, 이른바 아관파천俄館播遷으로 경복궁은 빈 궁궐로 남게 되었다. 그 뒤 일제가 우리 국권을 강탈해가는 시기에 궁궐은 그 일차적인 공략 대상에 들었다. 특히 경복궁은 첫 번째 대상이 되었다. 일제는 1911년에 경복궁 부지의 소유권을 조선총독부朝鮮總督府로 인도하여 이후 경복궁을 임의로 처리할 바탕을 마련하였다. 그 4년 뒤인 1915년 9월 11일부터 10월 30일까지 50일간 경복궁에서 이른바 시정오년기념조선물산공진회始政五年記念朝鮮物産共進會를 열었다. '시정始政', 곧 새로운 정치를 시작한 지 5년이 되는 것을 기념하기 위하여 '개선되고 진보한 상업, 기타 문물을 한 곳에 모아 보여줌으로써 당업자를 고무 진작시키고 한편으로는 조선 민중에게 신정新政의 혜택을 자각시키기 위한' 자리였다. 식민통치에 대한 자신감의 표현이라고 할 수 있다. 그러나 그보다더 깊은 속셈은 경복궁의 전각들을 헐어 없애고 그 자리에 조선총독부 청사를 짓기 위한 정지整地 작업에 있었다.[6]

일제는 공진회가 끝나자 바로 그 자리에 조선총독부 청사를 짓기 시작하였다. 1910년 일제는 통감부統監府를 총독부로 개편하면서부터 목멱산木覓山, 남산에 있던 비좁은 통감부 청사 대신 새 청사를 마련해 옮길 계획을 세웠다. 하지만 바로 착수하지는 못하다 1912년에 조선신궁朝鮮神宮 조영에 관한 조사와 함께 조선총독부 청사를 지을 준비를 진행하였다. 그리고 1915년에는 8개년 사업으로 확정을 지은 뒤 '시가 중요 위치에 있는 광대한 면적'을 찾다가 경복궁 근정전 앞 약 3만 평을 부지로 결정하고, 공진회가 끝나자 바로 공사에 착수한 것이었다.

경복궁의 주요 건물들, 곧 광화문-근정전-사정전思政殿-강녕전康寧殿-교태전交泰殿은 본디 그 축과 방향이 일직선상에 놓여 있었다. 그런데 일제는 조선총독부 청사를 그 선상에 놓기는 하되 방향은 일치시키지 않고 오늘날 서울특별시청에서 광화문 네거리까지 이어진 태평로현재 세종대로 중 시청 교차로 남쪽 부분에 축을 맞추었다. 그 결과 경복궁의 축과 약 3.5도 틀어져 버렸다. 조선총독부 청사 앞의 광화문도 없애버리고, 광화문 네거리에서 광화문에 이르는 길도 개수하여 태평로에서부터 총독부 청사가 정면에서 바로 보이게 만들려는 의도, 다시 말하자면 경복궁을 정면에서 가로막으

공사 중인 조선총독부 청사 | 1915년 10월 공진회가 끝나자마자 광화문과 근정문 사이, 금천이 지나는 자리를 깊게 파서 조선총독부 청사를 짓기 시작하였다. (《조선총독부신영지》)

면서 동시에 그 축을 비틀어버리려는 의도였다. 그렇게 해서 공사에 착수한 지 10년 만인 1926년 정면 71간 8분, 측면 39간, 건평 2,115평, 연건평 9,604평의 5층 르네상스식 석조 건물이 완공되었다.

일제는 조선총독부 청사가 완공되자 그 앞에 있는 광화문은 당연히 없애버리려 하였다. 기껏 경복궁을 시야에서 사라지게 하려고 총독부 청사를 그곳에 지은 터에 경복궁의 얼굴이라 할 광화문을 그 앞에 그대로 둘 수는 없는 노릇이었다. 그러나 광화문을 없애려는 계획은 반대 여론에 부딪쳤다. 그때 그 여론을 불러일으킨 이가 일본의 민예民藝 운동가 야나기 무네요시[柳宗悅]였다. 그는 1922년 9월호 《개조改造》에 〈사라지려 하는 한 조선 건축을 위해서〉라는 글을 기고했다.

광화문이여, 광화문이여, 너의 목숨이 이제 경각에 달려 있다. … 정치는 예술에 대해서까지 무례해서는 안 된다. 예술을 침해하는 따위의 힘을 삼가라. 자진해서 예술을 옹호하는 것이 위대한 정치가 행할 바 아닌가. 우방을 위해서, 예술을 위해서, 역사를 위해서, 도시를 위해서, 특히 그 민족을 위해서 저 경복궁을 건져 일으켜라. 그것이 우리들의 우의가 해야 할 정당한 행위가 아니겠는가. … 용서해다오. 나는 죄 짓는 자 모두를 대신해서 사과하고 싶다. 나는 그 증표로 삼고자 지금 붓을 든 것이다.

대단히 감동적인 야나기의 글은 커다란 반향을 불러일으켰고, 헐려 없어질 뻔한 광화문은 겨우 목숨을 부지하게 되었다. 그러나 일제로서는 아무래도 광화문을 그 자리에 그대로 둘 수는 없었기에 헐어 옮기기로 하였다. 그리하여 광화문은 1926년 7월 22일 해체되기 시작하여 1927년 9월 15일 경복궁 궁성의 동북쪽, 지금의 국립민속박물관 입구 자리로 옮겨졌다. 당시 《동아일보東亞日報》에 실린 설의식薛義植의 〈헐려 다시 짓는 광화문〉이라는 글은 그때의 정황을 절절하게 전해주고 있다.

헐린다 헐린다 하는 광화문이 마침내 헐리기 시작한다. 총독부 청사 까닭에 헐리고 총독부 청사 덕택으로 다시 지어지리라 한다. … 총독부에서 헐기는 헐되 총독부에서 다시 지어놓는다고 한다. 그러나 다시 짓는 그 사람은 상투 짠 옛날의 그 사람이 아니며 다시 짓는 그 솜씨는 피 묻은 옛날의 그 솜씨가 아니다. 다시 옮기는 그 자리는 북악을 등진 옛날의 그곳이 아니며 다시 옮기는 그 방향은 구중궁궐을 정면으로 한 옛날의 그 방향이 아니다. 광화문 지붕에서 뚝닥이는 망치소리는 조선민족의 가슴에 부딪쳐 구슬피 울리고 있다.

광화문은 중건된 지 60년 만에 경복궁의 정문도 아니요, 동문東門도 아닌 그저 유배당한 문, 죽은 문이 된 것이다. 임진왜란 이후 330여 년이 지나 일본인이 광화문에 가한 두 번째 학살이었다.

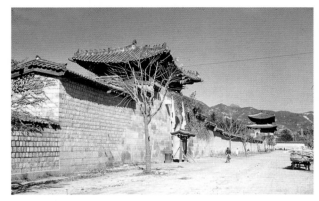

　형체는 유지하였으나 죽은 것이나 다름없던 광화문은 한국전쟁 당시
그나마 형체마저 잃어버렸다. 폭격을 당해 문루는 불타 없어지고 육축陸築
만 남게 된 것이다. 그렇게 문 아닌 돌무더기로 15년 동안 버려져 있던 광
화문이 1968년에 제자리로 살아 돌아왔다. 당시 대통령의 특명에 의한 복
원이었다. 하지만 복원이라고 하면서 철근콘크리트로 지었다. 방향도 일
제강점기의 조선총독부 청사, 당시 중앙청으로 쓰고 있던 건물에 맞추다
보니 원래 경복궁의 축과 3.5도 틀어졌다. 그러면서 박정희 대통령이 친필
로 한글로 "광화문" 세 자를 써 편액으로 걸었다.

　그때 철근콘크리트로 광화문을 지으면서 상량문上樑文도 지어 넣었다.
상량문이라는 것이 문장을 한껏 어렵고 멋있게 짓고 비단에 붓으로 써서
넣는 것이 격조이거늘, 당시 문화재위원장이던 문학박사 김 모 선생님이
사인펜으로 써서 종이로 말아 포장하여 넣었다. 그 상량문이 광화문을 다
시 짓고자 철근콘크리트 광화문을 헐 때 다시 드러나 지금은 국립고궁박
물관에 보관되어 있다. 어떤 상황에서라도 기록은 남기면 언젠가는 말을
한다는 사실을 다시금 일깨우고 있다.

　김영삼 대통령 시절인 1995년에는, 2003년부터 광화문을 철거하고

1980년대의 **조선총독부 청사와 광화문** | 1968년 광화문이 다시 제자리로 돌아왔다. 하지만 뒤에 중앙청이 된 조선총독부 청사가 여전히 자리 잡고 있어 광화문은 경복궁의 문이 아닌 중앙청의 문이 되었다.

2009년까지 본래의 위치에 육축 위의 목조 건물로 복원하기로 하였다. 그리고 이 복원 계획에 따라 광화문 터를 발굴했더니 광화문 밑에 광화문이 있었다. 임진왜란 이전의 흔적이 땅속 더 깊은 곳에서 일부 나온 것이다. 그러나 임진왜란 이전 광화문을 복원하기는 어려운 일이라 2006년에 문화재청에서는 얕은 데 광화문, 다시 말해서 고종 대 중건된 광화문을 복원하기로 결정하였다. 철근콘크리트 광화문은 철거하고 자리, 땅의 높이와 좌향을 바로잡아 목조 건물로 짓기 시작한 것이다.

그 결과 자리와 좌향은 바로잡았지만, 높이는 주변이 워낙 달라져 있어서 온전히 제 높이를 찾지 못하였다. 본래 광화문은 그 앞의 지표면보다 약 1.5미터 높은 자리에 앉아 있어서, 계단 다섯을 올라 월대를 지나 들어가야만 했다. 하지만 다시 지은 지금의 광화문은 월대와 그 옆의 지표면의 높이가 같다. 월대 가장자리를 둘렀던 난간은 일부만 되살려 놓았는데, 이것이 난간인지 알아보기 어려운 상태다. 앞으로 광화문 앞에 월대를 복원

할 때 해결해야 할 어려운 숙제로 남게 되었다. 아무튼 이렇게 다시 태어난 광화문은 2010년 8월 15일 광복절에 공개되었다.

하지만 과연 제대로 된 복원인가? 아직도 문제점을 드러내고 있다. 특히 편액의 나무판이 갈라져서 문제가 되었다. 편액의 글씨도 원래 자획을 선명하게 보여주는 사진 등 자료를 쉽게 찾을 수 없었다. 광화문은 남향을 하고 있지만, 편액은 처마 그늘에 있어 사진에 잘 찍히지 않았기 때문이다. 우여곡절 끝에 그나마 자획을 볼 수 있는 옛 사진을 찾아 복각하였다. 이에 대해서 한글 운동 단체들에서는 한글로 편액을 써야 한다는 주장을 하고 있는 것으로 안다. 하지만 이는 무리한 요구라고 나는 생각한다. 복원을 제대로 하기 어려워서 그렇지 복원을 지향한다면 임진왜란 이전이든 고종 대 중건한 것이든 한자로 되어 있는 것이 원형이니 그대로 하는 수밖에 없다. 한글 편액은 철근콘크리트 건물이었던 시절의 사진과 함께 한때 그런 적도 있었다는 자료로 남을 수밖에 없다.

지금 광화문 편액은 바탕은 흰색이고 글씨는 검은색이다. 그런데 옛 사진들을 보면 아무리 뜯어보아도 바탕이 흰색일 수는 없다. 검은색이라고 보아야 한다. 그러면 글씨가 흰색인가? 이 또한 그렇다고 보기가 어렵다. 오래된 흑백 사진이지만 검은 바탕에 흰색 글씨라면 글씨가 부각되기 마련이다. 그런데 왠지 글씨가 착 가라앉아 잘 드러나지 않는다. 그러면 글씨는 금색이 아닐까? 어쨌건 지금 편액은 원래 모습이라고 보는 데는 무리가 있다. 어떻게 고칠 것인가? 문화재청에서 몇 차례 전문가들의 검토 끝에 검은 바탕에 금박을 입혔던 것으로 2018년 최종 판단을 내렸다.

성상소 동십자각   광화문과 함께 경복궁에 들어가기 전에 꼭 한 번 눈길을 주어야 마땅한 건조물이 동십자각東十字閣이다. 원래는 궁성의 동남쪽 모서리에 있던 건조물이다. 서남쪽 모서리에는 서십자각西十字閣도 있었는데, 1923년에 지금

궁성이 끊어지기 전의 동십자각(왼쪽) ˺ 궁성 안쪽에서 바라본 모습이다. 계단을 올라가면 낮은 담장이 둘러 있고, 그 안 기둥 안쪽에 잘 꾸민 작은 방이 하나 있다. 성상소다.
헐리기 전의 서십자각(오른쪽) ˺ 궁성 바깥에서 바라본 모습이다. 1923년 전차 선로가 놓이면서 헐리기이전까지, 동십자각과 대칭을 이루면서 경복궁의 모습을 당당하게 해주었다.

의 청와대 쪽으로 전차 선로를 내면서 서십자각을 헐어 없앴다. 동십자각도 온전히 제 모습을 유지하지 못하였다. 1929년 경복궁에서 박람회를 열면서 도로를 확장하기 위해 경복궁의 동쪽 궁성을 안으로 물렸다. 그 결과동십자각은 길 한가운데 덩그러니 남게 되었다.[7]

이 동십자각과 서십자각을 가리켜 망루望樓, 또는 '궁궐宮闕'이라고 할때의 '궐闕'이라는 설명이 널리 퍼져 있다. 하지만 나는 그렇지 않다고 본다. 그것이 망루나 궐이어서 그것을 갖추어야 궁궐이 되는 것이라면, 경복궁 외의 다른 궁궐들은 아무리 보아도 그런 시설물이 없으니 궁궐이 아니라는 말인가? 지금 남아 있는 동십자각을 자세히 보시라. 서편에서 올라가는 계단이 있었는데 경복궁 남쪽 궁성이 헐리면서 없어졌다. 그 계단을올라서면 작은 홍예문이 있으며 벽돌로 된 담장이 있다. 목조 건조물은 장식이 매우 정교하고 화려하며, 기둥으로 둘러싸인 안에는 문도 달려 있다. 건물을 보면 네 기둥만 있는 것이 아니라 그 옆에는 보조 기둥이 있고, 기

둥과 방에는 낙양각落陽刻이라
는 화려한 장식을 덧대었다.
그 안에 다시 작으나마 네 기
둥이 서 있고, 기둥과 기둥 사
이에는 문짝이 달린 방이 있
다. 어디 군사들이 망을 보던
시설인가? 아무리 보아도 군
사들이 망을 보는 초소 치고
는 너무 공을 들였다.

이것은 성상소城上所다. 사
헌부司憲府의 대장臺長이 궁궐
에 드나드는 관원들을 관찰하
고 감시하는 곳이다. 사헌부

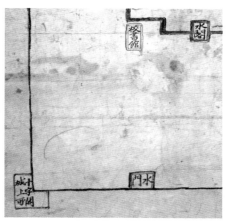

〈경복궁도〉의 서남쪽 궁성 부분 | 조선 후기에 조선 전기
의 경복궁의 구조를 추정해 그린 도면이다. 지도의 양쪽
아래 귀퉁이의 십자각 옆에 성상소(城上所)라는 단어가
병기되어 있다. (국립중앙도서관 소장)

관원들이 늘 여기서 근무했던 것은 아니다. 언관들이 궁궐에 들어왔을 때
의 직소直所는 대청臺廳이라고 하여 따로 있었다. 이곳은 상징적인 공간이
다. 그래서 사헌부, 사간원司諫院 언관들로서 궁궐에 나아와야 할 사람들을
가리켜 '성상소'라고 부르는 관행이 조선 후기까지 지속되었다. 내가 아무
리 말을 해도 곧이듣지 못하겠다면 다음 자료를 보시라.

성상소는 광화문 좌우 궁성의 동과 서 양 모퉁이에 있다. 곧 조종조의 대간이
회의를 하고 계문을 내던 곳이다. 지내오는 동안 그 공간이 폐지된 지 오래되
었다. 조지朝듵에 '성상소에서 날이 저물었어도 잠시 머물다'라고 말한 것이
이것이다.[8]

그래도 망루요 궐이라고 고집한다면 나는 더 이상 할 말이 없다. 비록
팔다리가 다 잘린 듯 궁성과 뚝 떨어져 길 한가운데 앉아 있는 동십자각

경복궁 동십자각 ¦ 바로 남쪽과 동쪽으로는 넓은 차도가 지나고 있어 궁성과 떨어져 있다. 동쪽 차도 밑으로 삼청동천은 아직도 흐르고 있을까?

일지라도 관심과 애정을 갖고 보는 사람에게는 상당히 많은 이야기를 들려준다. 잘 들어야 들린다.

"해태 뿔 세다"　　　지금 광화문 앞 좌우에는 해태獬豸 한 쌍이 앉아 있다. 요즘은 거의 해태라고 부르지만, 한자로는 해치獬豸라고도 한다. 해태를 왜 세웠는가? 관악산冠岳山이 화산火山이라 그 화기 때문에 경복궁에 화재가 자주 나기 때문에 이를 막기 위해서 해태를 세웠다는 말이 있다. 하지만 그 근거가 무엇인지 말하는 이나 듣는 이나 따지지도 찾지도 않는다. 근거가 없으면 말을 하지 않는 것이 좋다. 해태는 왜 만들어 세웠는가를 알려주는 자료를 찾아보니 있다. 그 가운데 다음 기사는 1870년고종 7 10월 7일에 내린 고종의 하교다.[9]

현재 서쪽 해태 ¦ 제자리를 잃고 광화문 곁, 궁성 가까이까지 밀려났다. 위치와 함께 뜻도 잃었다.

"궁궐문에 해치를 세워 경계를 삼았으니 곧 그 안이 궁궐[象魏]이다. 조정 신하들은 그 안에서는 말을 탈 수가 없다. 이렇게 하는 것은 길에 다니는 말에 대한 규식規式을 세우려는 의도이다. 조금 전에 궁궐을 나오면서 보니 궁궐에 나아가기 위해서 월대를 올라가는 사람[從陞人]이 그 안에서 말을 타던데 이 어찌 체모와 도리道理에 맞는 일인가? 내가 몇 차례 신칙한 하교가 얼마나 절절하고 엄하였는가? 그런데도 그것이 한갓 그저 하는 말이 되었으니 이와 같이 하고서 무엇으로써 기강을 세우겠는가? 지금 이후로 사헌부에서 규찰하여 계를 올려 아뢰도록 하라."

즉위한 지 7년, 나이가 스물쯤 되는 임금이 없는 말을 만들어 했을 리 없다. 해태를 세운 것은 궁궐의 경계를 긋기 위한 것이요, 그 안에서는 신하들은 말을 타서는 안 된다는 것이다. 말하자면 해태의 구체적인 기능은

광화문 해태 옛 모습 | 몸은 동편을 향하고 머리를 돌려 남쪽을 보고 있다. 경복궁으로 입궐하는 사람들을 맞이하는 자세다. 해태 앞에 보이는 돌은 말이나 가마에서 내리는 이들이 밟고 내리는 용도의 노둣돌이다.

여기서부터는 궁궐의 영역이니 누구든 임금보다 지위가 낮은 사람이라면 탈것에서 내리라는 하마下馬 표지였다. 옛 사진을 보면 해태 앞에 'ㄴ'자 모양으로 된 돌이 놓여 있었다. 노둣돌이라는 것으로서, 말이나 가마에서 내릴 때 딛는 디딤돌이다.

　해태란 어떤 동물인가? 해태에 관한 기록 가운데 가장 오래된 것이 한漢나라 때 양부楊孚라는 사람이 쓴《이물지異物誌》라는 책이다. 거기에 해태는 "동북 황무한 곳에 어떤 짐승이 있는데 이름을 해치라고 한다. 뿔이 하나이고 성정이 충직하다. 사람들이 싸우는 것을 보면 곧지 못한 사람을 들이받는다. 사람들이 서로 변론하는 것을 들으면 바르지 못한 사람을 문다"라고 묘사되어 있다.

　이렇듯 해태는 중국 고대부터 내려오는 상상 속의 동물이다. 옛날 중국 우禹 임금 때 법을 맡았던 신하인 고요皐陶가 옥사獄事를 다스릴 때 이

짐승을 써서 죄가 있는 사람을 받게 하였다던가, 상서로운 짐승이어서 옥송이 잘 해결되면 나타난다던가 하는 이야기들이 덧붙여졌다. 생기기는 서양의 유니콘처럼 생겼다. 중국 섬서성박물관에는 북위北魏 시대에 만들어진 해태상이 있다. 무덤을 지키는 진묘수鎭墓獸도 해태와 거의 비슷한 모양을 한 것이 있다. 하지만 해태의 본성은 시비곡직是非曲直을 가리는 성품, 법을 맡은 짐승임법수任法獸이라는 데 있을 것이다.

조선왕조에서 해태는 사헌부와 특히 관련이 깊었다. 사헌부는 시정時政의 잘잘못을 따지고 관원들의 비리를 조사하여 탄핵하는 대표적 사법 기관이었다. 그 사헌부의 관원들이 치관豸冠이라 하여 해태가 장식된 모자를 썼으며, 사헌부의 장관인 대사헌大司憲은 공복의 가슴과 등에 붙이는 흉배胸背의 문양으로 동급의 다른 관원들이 학을 수놓은 데 비해 유독 해태를 수놓았다. 이렇게 사헌부와 해태가 관련이 깊은 까닭에 하마 표지로 해태를 돌로 조각하여 세울 때, 사헌부 대문 인근에 두었던 것이다. 해태는 사헌부 정문 인근에 앉아 그 앞을 지나 궁궐로 들어가려는 관원들에게 행동을 바르게 하고, 말을 옳게 하도록 무언의 요구를 하였다. 그것이 해태가 상징하는 바 핵심이다.

사헌부는 광화문앞길의 서편에 예조禮曹, 중추부中樞府 다음에 있었다. 오늘날의 정부종합청사에서 세종문화회관 쪽으로 조금 내려간 자리 어디쯤 될 것이다. 사헌부 남쪽에는 형조刑曹, 광화문앞길 건너편 동쪽에는 한성부가 있었다. 사헌부, 한성부, 형조 세 관서는 삼법사三法司라 하여 법을 관장하는 대표적인 관서였다. 그 사헌부 정문

해태의 숨겨져 있는 뿔 ǀ 저 뿔(원 안)이 이마로 옮겨 불쑥 솟으면 이 땅에 법이 바로 서고 정의가 강물처럼 흐를까?

인근에 앉아 있던 해태가 지금은 광화문 바로 인근, 광화문에서 각각 동남쪽과 서남쪽으로 10미터나 떨어졌을까 하는 위치에 앉아 있다. 그 위치가 사헌부 앞이 아니라는 점에서 시비곡직을 가리는 구실도 못하게 된 것이고, 바로 그 앞 차도에는 차들이 씽씽 달리고 인도에는 사람들이 가로지르며 다닌다는 점에서 하마 표지도 아니게 되었다.

더구나 사람들이 해태의 본질적인 의미와 상징은 인정하지 않고 관악산의 화기火氣를 막는다는 엉뚱한 의미를 덧씌워 버렸다. 나는 이런 말을 진실인 양 믿고 말하는 사람을 만나면 무섭다. 어디서부터 어떻게 이야기를 나누며 그 오해를 풀어야 할지 난감하기 그지없다. 게다가 한때는 "해태 눈깔 말뚱말뚱 마루 밑의 닭의 똥…" 하면서 나쁜 눈의 대명사로 해태 눈을 꼽기도 하였으니 이중 삼중으로 억울하고 기가 막히지 않을 수 없다. 동쪽의 해태는 자세히 보면 왼쪽 앞다리가 금이 가 있다. 이리저리 옮

겨 다니다가 입은 부상일 것이다. 지금 당장 해태를 다시 제자리로 되돌리기는 쉽지 않은 일이다. 그렇다면 최소한 그 본연의 상징과 의미를 알아주기라도 해야겠다. 그러면 해태는 다시 눈을 부릅뜨고 세종대로, 광화문 네거리를 오가는 사람들의 시비곡직을 가리려 하지 않겠나.

경복궁, 임금의 존엄   경복궁은 조선의 궁궐이다. 조선의 궁궐들 가운데 서열 1위, 당연히 법궁法宮으로 인정되는 그런 궁궐이다. 태조 초년에 세워져서 임진왜란 때 불타 없어지기까지 줄곧 그랬다. 그러나 지금 우리가 만나는 경복궁은 그 경복궁이 아니다. 임진왜란 이후 270여 년이나 지난 고종 초년에 중건한 경복궁, 또 그것마저도 이리저리 헐리고 왜곡된 끝에 남은 경복궁이다. 복원한다고 하면서 다시 지은 부분도 적지 않지만 여전히 옛 모습, 옛 분위기를 느끼기 어려운 상태를 벗어나지 못하고 있다. 이 점을 다시 한 번 짚고 들어가지 않으면 실망을 하거나 오해를 하게 될까 두렵다.

경복궁을 짓고, 그 이름을 지은 뜻을 되새겨 보자. 처음 경복궁과 주요 전각의 이름을 지은 이는 정도전이다. 역성혁명의 주역이요, 조선이라는 나라를 어떻게 건설하여 운영할 것인가 그 틀을 잡은 사람이다. 하지만 건국 초기 권력 투쟁에서 재상이 중심이 되어 국정을 운영하여야 한다는 논리를 내세우다가 국왕 중심으로 가야 한다는 주장을 내세운 이방원李芳遠, 태종太宗에게 밀려 죽음을 당하고 말았다. 때문에 《태조실록》에서는 낮게 평가되는 정도전이지만, 그가 궁궐과 전각의 이름을 지은 기사는 그대로 실려 있다.[10]

"신이 살펴보건대 궁궐이란 임금이 정무를 듣는 곳이요, 사방에서 우러러보는 곳입니다. 신민臣民들이 다 함께 조성造成한 바이므로 그 제도를 장엄하게 하여 임금의 존엄을 과시하고, 그 명칭을 좋게 지어 신민들이 보고 감동하게

하여야 합니다. … 전하께서 즉위하신 지 3년에 한양에 도읍을 정하시고, 먼
저 종묘를 세우고 다음에 궁궐을 경영하시어서 다음 해 을미년에 친히 곤룡
포袞龍袍를 입으시고 면류관冕旒冠을 쓰시고 선대의 임금과 왕후를 새 종묘에서
향사하시고, 지금 이렇게 여러 신하들에게 새 궁궐에서 잔치를 베푸시니 어
찌 신神의 은혜를 넓히시고 후손들에게 복록을 든든히 하심이 아니겠습니까?
술이 세 순배 돌고 신 정도전에게 명을 내리시기를 '지금 도읍을 정하여 종묘
에 향사하고 새 궁궐의 낙성을 고하며 여러 신료들과 이 자리에서 연향을 베
풀며 즐기게 되었도다. 그대는 마땅히 조속히 궁궐과 전각의 이름을 지어서
온 나라 사람들과 함께 무궁한 아름다움을 누리게 하라' 하셨습니다. 신이 왕

오늘날의 북촌길 어귀에서 서남쪽으로 내려다본 경복궁 전경 | 1876년에서 1888년 사이에 찍은 사진이다. 강녕전과 교태전 일대 내전 건물들은 화재로 불타 비어 있으나, 다른 구역에는 건물들이 빼곡하다.

명을 받자와 삼가 손을 모으고 머리를 조아려 《시경詩經》〈주아周雅〉편에 있는 '술에 취하였고 덕으로 배부르네. 군자는 만년을 누리리니 그대여 큰 복을 받으시라'라는 시詩를 읊조리며 새 궁궐의 이름을 경복궁이라고 짓기를 청하나이다. 전하께서 자손과 함께 만년 태평의 대업을 향유하시며, 사방의 신민도 길이길이 이를 바라보며 감흥에 젖는 모습을 눈앞에 보는 듯하여이다."

여기까지는 있을 법한 장면이요, 있을 법한 이야기이다. 대개 경복궁의 이름을 풀이할 때 여기까지 하고 그친다. 하지만 정도전이 누군가? 그저 좋은 말씀을 올리는 것으로 끝내지 않고, 슬쩍 좋게 말하자면 당부의

말씀이요, 좀 까다롭게 받아들이자면 지그시 누르는 말씀을 한마디 보태었다.

"그러나 《춘추春秋》에 이르기를 '백성의 힘을 무겁게 여기고, 선비들의 공을 받아내는 것을 삼가라'고 했습니다. 어찌 임금 된 이로 하여금 헛되이 백성을 수고롭게 하여 자기를 받들라 할 수 있겠습니까? 넓은 집에서 편안하게 기거

경복궁 전경 | 뒤로 백악이 포근한 품이 되어주고, 서편에서는 인왕산이 오른팔이 되어 은근히 감싸 안아주는데, 백악 너머로는 북한산 보현봉이 잘 있나 넘겨다보고 있다.

하면 빈한한 선비를 비호할 바가 무엇인지 생각하고, 서늘한 전각에서 살면 맑음과 흐림을 나눌 방도를 생각한 다음에야 만백성의 봉양을 받는 데 어긋남이 없을 것입니다. 그러므로 아울러 말씀드립니다."

궁궐 경복궁이라는 이름에 담긴 뜻이 자못 깊다. 경복궁에 들어가는 이들은 문을 들어서기 전에 한 번 새겨볼 일이다.

2

외전

조정

홍례문 안 영제교를   광화문을 들어서면 넓은 마당이다. 동쪽과 서쪽
건너는 뜻   은 담으로 막혀 있고, 북쪽 정면은 행랑行廊의 벽
이다. 동쪽 담장에 협생문協生門, 서쪽 담장에 용성
문用成門이 있고, 정면에는 홍례문興禮門이 있다. 광화문에서 홍례문을 잇는
길은 어도御道인 셈인데, 다시 만들면서 박석으로 덮었다. 그 어도를 사이
에 두고 광화문 가까이 동서편에 건물이 마주보고 있다. 동편은 정면 3간,
서편은 정면 6간의 일자 건물인데 수문장청守門將廳이다. 동편 광화문 문루
로 오르는 계단 앞에는 2간짜리 군사방軍士房도 있다. 광화문을 지키는 수
문장과 군사들이 머물던 시설들이다. 광화문에서 홍례문 사이는 경복궁으
로 진입하는 길이면서 사방으로 막힌 넓은 마당이기도 하다. 광화문을 수

광화문 문루 2층에서 본 흥례문 | 흥례문과 광화문 사이에 넓은 마당이 열려 있다. 경복궁으로 입궐하는 사람들이 통과하는 통로에 그치지 않고, 군사들을 비롯하여 많은 사람들이 모여 활동하던 공간이다.

비하는 데, 또 광화문을 수비하는 일을 준비하는 데, 기타 다른 용도로 쓰기 위한 공간이다.

흥례문은 경복궁의 두 번째 문, 중문^{中門}인 셈이다. 흥례문 역시 들어가려면 계단을 올라가야 한다. 문을 들어서면 다시 새 영역이 열린다. 사방이 행각^{行閣}으로 둘러싸여 있다. 옛 자료에 따르면 행각이라야 맞는데 복원을 하면서 회랑^{廻廊}처럼 만들어 놓았다. 회랑이 사람들이 다닐 수 있는 통로를 가리키는 데 비해 행각이란 칸칸이 막혀 있어서 방이나 창고 등으로 쓰이는 긴 건물을 가리킨다. 저만큼 정면에는 근정문^{勤政門}이 있고, 서편 행각에는 유화문^{維和門}과 기별청^{奇別廳}이 있다. 유화문을 들어서면 궐내각사 영역으로 연결된다. 근정문을 들어서면 조정^{朝廷}이다. 이 공간은

영제교 난간 기둥의 용(왼쪽) | 고개를 돌려 들어오는 이들을 맞이하는 자세를 취하고 있다.
금천가의 천록(오른쪽) | 몸을 돌려 물길을 노려보고 있는 품이 여차하면 뛰어들 기세다.

그 조정을 보조하는 아랫조정, 바깥조정이다.

경복궁을 찾는 사람들이 대부분 이 공간을 그냥 지나간다. 행각이 있는지 회랑이 있는지, 또 거기 개울이 있고 다리가 있는지 관심을 기울이는 이는 매우 드물다. 하지만 거기 엄연히 개울이 있다. 아랫조정의 한가운데를 동서로 가로질러 흐른다. 하안을 돌로 반듯하게 쌓았고, 다리는 튼튼하고 위풍 있는 돌다리를 놓았다. 이 개울을 금천禁川이라 하고, 그 개울에 놓인 다리를 일반적으로 금천교禁川橋라 한다. 경복궁 금천교의 이름은 영제교永濟橋이다.

그러나 지금 금천은 그저 수조일 뿐 개울이 아니다. 위아래로 물길이 연결되지 않는다. 물이 흐르지 않으니 어디서 와서 어디로 가는지 알기 어렵다. 동행하는 이들에게 물어도 거의 모른다. 옛날에는 서입동출西入東出, 즉 서쪽에서 들어와서 동쪽으로 나가는 그런 물길이 좋다고 여겼다. 이 물길은 그러니까 백악 기슭에서 흘러내리다가 이 아랫조정을 서에서 동으로 통과하여 삼청동천으로 들어가 개천으로 흘러든다.

영제교는 궁궐의 금천교에 걸맞은 규모와 장식을 갖추고 있다. 영제교의 좌우 금천가에는 웬 돌로 만든 짐승들이 물길을 내려다보며 금방이라도 뛰어 덮칠 듯한 자세를 취하고 있다. 천록天祿이라는 상상의 동물이다. 천록은 벽사辟邪와 함께 사특한 것을 물리치는 일을 맡았다고 한다. 그렇다면 지금 천록은 이 금천을 타고 접근하는 사특한 것들을 막고 있는 것이겠다.

금천교에는 난간을 세웠다. 그 난간 기둥에는 용이 조각되어 있다. 바깥쪽, 즉 홍례문 쪽에 있는 한 쌍은 바깥쪽을 바라보고 있다. 들어오는 이들을 맞이하면서 점검하는 자세다. 안쪽, 즉 근정문 쪽의 한 쌍은 서로 마주보고 있다. 나가는 이들을 배웅하는 자세이리라. 영제교를 편안하게 건너고자 한다면 이 친구들에게 아는 체 눈인사라도 건넬 일이다.

조정에 나아가다　　　근정문을 들어가는, 다시 말해서 올라가는 계단은 세 구역으로 나뉘어 있다. 그중 가운데 부분은 계단 수가 하나 더 많다. 그리고 그 한가운데에는 넓은 돌판이 박혀 있고, 거기 봉황鳳凰 두 마리가 구름 속에 춤을 추고 있다. 이 돌판을 답도踏道라고 한다. 답도가 있는 부분은 임금이 공식적으로, 그러니까 공식적인 행사에 임어臨御하기 위해 오르내리던 통로다. 그런데 임금이 직접 계단을 걸어서 오르내렸을까? 큰 것이든 작은 것이든 가마를 타고 오르내렸다. 그러니 그 계단 한가운데 답도는 실제로는 밟지 않았는데도 이름은 밟을 답踏 자를 써서 붙였다. 어쨌건 답도가 있는 계단은 피해서 가는 게 좋겠다. 지금은 철제 울타리가 둘러 있어 그럴 수도 없다.

근정문의 어문, 다시 말해서 가운데 문은 들어갈 수 없게 막혀 있다. 하지만 동이든 서든 협문으로 들어섰더라도 어문의 문지방으로 가서 좌우를 둘러보면서 천천히 앞으로 나아가자. 성능 좋은 카메라를 돌리듯 둘러보자. 근정전이 다가오고 주위 풍경이 모여든다. 저 뒤로 백악이 어머니의 품이 되어 근정전을 품고 있고, 인왕산이 부드러우나 힘이 들어간 오

른팔이 되어 근정전을 보듬고 있다. 그렇게 감싸 안긴 근정전이 행복한 듯 나래를 펴는 모습이다. 그 근정전을 회랑이 사방에서 감싸 호위하고 있다. 회랑 안의 넓은 마당에는 평평한 박석薄石이 깔려 있다. 근정문에서 근정전으로 세 구역으로 나뉜 길, 삼도三道가 이어진다. 삼도의 가운데는 임금의 길인 어로御路이다. 삼도 좌우로는 품계석品階石, 혹은 품비석品碑石이 늘어섰다. 삼도와 기단이 만나는 곳에는 세 구역으로 나뉜 계단, 삼계三階가 두 단으로 올라간다. 기단은 두 단 모두 앞으로 넓게 조성되어 하월대下越臺, 상월대上越臺를 이루고 있다. 월대에는 돌난간이 빙 둘러 있다. 난간에는 기둥마다 돌짐승이 올라앉아 있다.

경복궁 근정전 ┃ 회랑의 호위를 받으며 근엄한 자세로 임금의 존엄을 과시하고 있다. 뒤로는 백악이, 서쪽으로는 인왕산이 늠름한 자태를 드러내고 있다.

국궁사배하는 곳　　근정전의 앞마당, 이곳이 바로 조정이다. 조회朝會를 하는 뜰이다. 조회를 할 때 임금이 전좌殿座하는 자리가 근정전의 용상龍床이고, 대소 신료들이 늘어서는 자리가 조정이다. 조정에서 여는 조회 가운데 대표적인 것이 조참朝參이다. 조참은 관원들이 궁궐 조정에 나아가 임금께 사배례四拜禮를 행하고, 처리할 업무를 아뢰고 왕명을 받는 의식이다. 매달 5일, 11일, 21일, 25일 네 차례 행하도록 되어 있었다.

　　조참의 절차는 매우 엄격한 위엄과 절도를 갖추어 진행되었다. 초엄初嚴이 울리면 관계자들은 제자리에서 준비를 하고, 시각이 되어 이엄二嚴

이 울리면 종친宗親과 문무백관文武百官은 흑단령黑團領을 입고 먼저 조정 문 밖의 정해진 자리로 나아간다. 삼엄三嚴이 울리면 인의引儀가 종친과 문무 3품 이하의 관원들을 인도하여 동서 편문偏門을 통하여 조정의 자기 자리로 나아가게 한다. 임금이 내전內殿에서 여輿를 타고 나와 법전法殿에 자리를 잡는다. 호위하는 관원이 그 뒤로 벌려 서고, 승지承旨와 사관史官이 들어가 동서로 나누어 자리를 잡으면 인의가 종친과 문무 2품 이상 관원을 인도하여 동서 편문을 통하여 들어와서 각자 자리로 나아간다. 전의典儀가 사배四拜하라고 하면, 찬의贊儀가 "국궁鞠躬, 사배四拜, 흥興, 평신平身"이라고 창唱을 하고, 모두 이에 따른다. 일을 아뢸 관원들이 법전에 올라가 아뢴다. 예를 마친 다음에 임금이 자리에서 내려와 음악이 울리는 가운데 여를 타고 내전으로 들어간다. 인의가 종친 문무백관을 이끌고 나간다. 해엄解嚴을 하고 병조兵曹에서 하교를 받아 의장儀仗을 해산한다.

조참은 많은 관원들과 군사들, 악공들이 동원되는 대규모 행사이기에 각자 맡은 바 역할을 짜임새 있게 수행하지 못하면 질서가 어지러워지고 진행에 차질을 빚을 수 있다. 그렇기에 조참에는 반드시 대간臺諫, 사헌부 사간원 언관들이 참여하게 되어 있었고, 사헌부의 감찰監察이 각 품계品階의 반열 끝에서 규찰을 하였다. 조참은 그 규모나 행사 내용으로 볼 때 국정을 처리하는 실무적인 모임이라기보다는 임금의 위엄을 과시하기 위한 의식 행사에 가깝다고 해야 할 것이다.[11]

동반 서반 만조백관   조회에서 관원들이 늘어설 때 그 품계에 따라 자리를 잡기 쉽게 하기 위한 표지가 품계석이다. 품계석을 자세히 보면 근정전 가까운 데서부터 정 1품正一品, 종1품從一品, 정2품, 종2품, 정3품, 종3품으로 나가다가 4품부터는 정正만 있고 종從은 없이 9품까지 이어진다.

적당히 서면 되지 뭐 비석까지 세웠나? 그렇지 않다. 조선에서는 좌차

座次라 하여 '자리'를 엄격히 따졌다. 그러니 조정에 설 때도 대충 설 수는 없었다. 좌차의 기준은 일단 각 사람이 갖고 있는 관품官品의 등급, 즉 관등官等이다. 조선의 관등은 일단 품品으로 나뉘는데, 품은 1품에서 9품까지 아홉 등급이다. 품은 다시 정과 종으로 나뉘는데 이를 계階라 하여 모두 18계가 된다. 계는 다시 자급資級으로 나뉜다. 종6품까지는 대개 두 자급으로 나뉘는데, 정7품 이하는 자급이 나뉘지 않는다. 예를 들면 가장 높은 계인 정1품은 대광보국

근정전 앞 품계석 | 조선왕조의 관원들은 품계와 서열에 따라 서는 위치가 엄격히 정해졌다. 조정에서만 그런 것이 아니라 언제 어디서나 그랬다.

숭록대부大匡輔國崇祿大夫와 보국숭록대부輔國崇祿大夫로 나뉜다. 이 둘 사이에 상보국숭록대부上輔國崇祿大夫라는 자급이 있는데 이는 일반 문무반 관원이 아닌 종친들에게만 부여하는 자급이다. 종1품은 숭록대부崇祿大夫와 숭정대부崇政大夫로, 정3품은 통정대부通政大夫와 통훈대부通訓大夫로 나뉘고, 그런 식으로 이어져 종6품도 선교랑宣教郎과 선무랑宣務郎으로 나뉜다. 이에 비해 정7품은 자급이 무공랑務功郎 하나이고, 정7품 이하도 자급이 나뉘지 않는다. 이상 자급을 합치면 30등급, 상보국숭록대부를 합치면 31등급이 된다.

이상 30등급의 사이가 모두 같은 것은 아니다. 종6품과 정7품은 한 자급 차이지만 정7품에서 종6품으로 올라가는 것은 매우 어렵다. 그래서 이

쌍학 흉배, 단학 흉배 | 왼쪽은 학이 두 마리, 오른쪽은 한 마리다. 학은 문관임을, 두 마리는 당상관, 한 마리는 당하관임을 드러낸다. (서울역사박물관 소장)

를 승륙陞六, 또는 출륙出六이라고 하였다. 정7품 이하는 참하관參下官 또는 참외관參外官이라고 하고 종6품 이상은 참상관參上官이라고 하였다. 종6품과 정7품 사이에 보이지 않는 굵은 선이 존재했다는 말이다. 마찬가지로 정3품의 통정대부와 통훈대부 사이에도 굵은 선이 있었다. 통정대부 이상은 당상관堂上官, 통훈대부 이하는 당하관堂下官이라고 하였다. 오늘날 군인들이 제복에 계급장을 달고 다니듯, 옛날에는 복식으로 관등을 구별하였다. 관모官帽와 흉배胸背, 각대角帶, 신발 등에 조금씩 차별이 있었는데 특히 당상관과 당하관은 복식의 색깔과 흉배 등에서 큰 차별이 있었다. 문반은 당상관이 붉은 옷에 쌍학雙鶴 흉배를 붙이는 데 비해 당하관은 푸른 옷에 단학單鶴 흉배를 붙였고, 무반은 당상관이 쌍호雙虎 흉배, 당하관은 단호單虎 흉배를 붙였다.

　당상관과 당하관이란 용어의 뜻을 이 조정에 비겨서 풀자면 당상관은 당堂, 곧 임금이 계신 건물에 오를 수 있는 지위를 말하며, 당하관은 특별한 경우가 아니고서는 그 아래 있어야 하는 관원이란 뜻이겠다. 복식은 겉

쌍호 흉배, 단호 흉배 ∣ 왼쪽은 호랑이(실제로는 표범)가 두 마리, 오른쪽은 한 마리다. 호랑이는 무관임을, 두 마리는 당상관, 한 마리는 당하관임을 드러낸다. (서울역사박물관 소장)

으로 드러난 표지이고, 실제 구별은 맡은 역할에서 나타났다. 당상관이 주로 각 관서의 장관을 맡았다면, 당하관은 중하급 간부직을 맡았다.

삼도를 경계로 조정은 동과 서로 나뉜다. 삼도의 동쪽에 서는 관원들을 동반東班이라고 하고, 서쪽에 서는 관원들을 서반西班이라고 하였다. 동반은 문반文班이고, 서반은 무반武班이다. 문반은 문반직, 곧 문반에 속한 관직을 맡은 관원이고, 무반은 무반직을 맡은 관원이다. 맡은 관직에 따른 구별이다.

이에 비해 과거에서 문과文科에 급제한 관원은 문관文官, 무과武科에 급제한 관원은 무관武官이라고 하였다. 무관이 문반직을 맡는 경우는 매우 드물지만, 문관이 무반직을 맡는 경우는 흔했다. 문관에게 관직을 주기는 주어야겠는데 적절한 문반직이 비어 있지 않으면 무반직을 주기도 했는데 이를 송서送西라고 하였다. 서반으로 보낸다는 뜻이다.

이렇게 조정에 참여하는 동반과 서반, 다시 말하자면 문반과 무반을 가리켜 양반兩班이라고 했다. 원래 양반이라는 말은 여기서 나왔지만, 그

의미가 점점 넓어져 사회 신분을
가리키는 뜻이 되었다가 오늘날
에는 신분 개념도 아닌 2인칭 또
는 3인칭 대명사가 되었다.

종2품 품계석의 뒤편쪽에는
동쪽에 한 군데, 서쪽에 두 군데
지름이 20센티미터쯤 되는 동그
란 쇠고리가 박석처럼 보이는 큰
돌에 박혀 있다. 눈여겨보면 그
런 고리는 근정전 기둥에도 박
혀 있다. 관람객들은 흔히 이 쇠
고리가 무엇에 쓰던 것일까 아주
궁금해한다. 무엇이겠는가 하고
반문을 해보면 형벌을 가할 때

쇠고리 ㅣ 고위 당상관을 햇빛이나 비로부터 보호하기
위해 차일을 칠 때 끈을 매던 것이다.

머리나 다리를 끼워 고문을 하던 물건이라는 둥 꽤 기발한 답변들이 나온
다. 하지만 그리 대단한 의미가 있는 것은 아니다. 관원들이 조정에 모일
때 햇살이나 빗발을 가려줄 차일遮日을 쳤는데, 그 차일 치는 줄을 매던 것
이다. 차일을 그 넓은 조정 전체에 다 칠 수 없었으니 고위 관원들이 서는
앞부분 정도만 쳤던가, 고리 위치가 대강 그쯤이 된다.

근정전

정전과 조정 사이   근정전은 높다. 박석이 깔린 조정 바닥으로부터
기단을 두 층 올린 그 위에 지었다. 그러므로 근

근정전 정면 계단 | 계단 중앙에 답도가 박혀 있고, 난간 기둥에는 여러 동물상들이 질서 정연하게 배치되어 있다.

정전은 우러러보게 되어 있고, 올라가게 되어 있다. 이렇게 실제로 그 위치가 높은 것은 그 건물의 격이 높은 것과 맞아 떨어진다. 시각적으로 우러러보다 보면 자연히 심리적으로도 우러러보게 된다. 근정전은 이렇게 높을 뿐만 아니라 주위에 자신을 수호하는 여러 장식과 상징을 두르고 있어서 더욱 장엄한 분위기를 뿜어내고 있다.

근정전을 떠받치고 있는 두 층 기단에는 동서남북 네 방향으로 계단이 나 있다. 남쪽과 북쪽에는 하나씩, 그리고 동쪽과 서쪽에는 둘씩이다. 그 가운데 남쪽 계단은 근정문에서 근정전으로 향하는 삼도와 연결되어 세 부분으로 나뉘어 있다. 가운데 어계에는 답도가 박혀 있고, 답도에는 새 두 마리가 구름 속에서 날개를 활짝 펴고 마주보고 있는 무늬가 새겨져 있다. 봉황이다. 봉황은 기린騏麟, 거북, 용과 더불어 사령四靈이라 하여 신령스럽게 여기는 새이다. 실제로 있는 새가 아니라 중국 고대부터 사람들이 실재하는 짐승들의 여러 부위를 조합하여 관념 속에서 만들어낸 새이다. 봉황은 오색을 띠고 있으며, 산 짐승을 먹지 않으며, 산 초목을 꺾지 않으며, 무리를 짓지 않으며, 여행도 하지 않으며, 그물에 걸리지 않으며, 오동나무가 아니면 깃들지 않고, 대나무 열매가 아니면 먹지 않으며, 단 샘물이 아니면 마시지 않는다고 한다. 동방의 군자의 나라에서 나며, 이 새가 나면 천하가 크게 평안하다고 한다. 그런 새가 있을까마는, 근정전 답도에 이 새가 새겨져 있다는 것은 그러한 시대를 갈망하는 꿈, 임금이 그러한 성군이 되기를 바라는 염원의 표현으로 받아들이면 되겠다.

근정전을 떠받치고 있는 두 층 기단에는 그 가장자리를 따라 각각 돌로 된 난간이 둘려 있다. 옛날 조정에서 조참 등 행사를 할 때 그 난간 가에는 기치창검을 든 군인들이 도열하여 근정전에 임어한 임금을 호위하며 위의를 더하였다. 그런데 그 난간에는 군인들만 도열해 있었던 것은 아니다. 거기에는 어찌 보면 군인들보다 훨씬 더 강력한 호위병들이 요소요소에 배치되어 있었다. 군인들은 지금은 자취가 없지만, 그 호위병들만큼은 지금까지도 그대로 남아 근정전을 지키고 있다.

근위 서수들

기단의 주위에는 앞서 말했듯이 동서남북 네 방면에 남과 북에는 하나씩, 동과 서에는 둘씩 계단을 냈다. 기단을 두른 난간은 계단을 만나는 지점에서 끊어지지 않을 수 없으니, 그 지점에 난간을 지탱하는 돌기둥을 세웠다. 그리고 그 돌기둥 꼭대기를 밋밋하게 마무리하지 않고, 각종 돌짐승들을 앉혀 치장을 하였다. 그런 돌짐승들은 계단 기둥 외에도 근정전 전면 계단의 좌우 소맷돌 부분, 난간의 모퉁이 등 요소요소마다 배치되어 있다. 그들을 보며 '웬 돌짐승 있군' 하고 그냥 지나치면 그것으로 그만이다. 그러나 그 돌짐승들의 이름과 그것이 지니고 있는 상징을 읽어낸다면 우리 전통문화와 관념의 한 자락을 잡을 수도 있다. 눈여겨볼 필요가 있다.

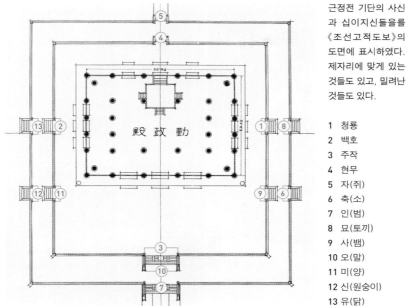

근정전 기단의 사신
과 십이지신들을를
《조선고적도보》의
도면에 표시하였다.
제자리에 맞게 있는
것들도 있고, 밀려난
것들도 있다.

1 청룡
2 백호
3 주작
4 현무
5 자(쥐)
6 축(소)
7 인(범)
8 묘(토끼)
9 사(뱀)
10 오(말)
11 미(양)
12 신(원숭이)
13 유(닭)

　　근정전 기단에 있는 돌짐승들은 크게 세 부류로 나누어 볼 수 있다. 첫
째는 사신四神이다. 사신이란 중앙의 나를 전후좌우에서 지켜주는 신령스
런 짐승, 곧 좌측의 청룡[左青龍], 우측의 백호[右白虎], 전면의 주작[前朱雀],
후면의 현무[後玄武]를 가리킨다. 사신은 이미 고구려 고분 벽화에서부터
힘과 아름다움을 뽐내며 우리 문화에 깊숙이 스며들어 있었다. 근정전에
는 상층 기단의 동서남북 계단 기둥에 한 쌍씩 배치되었다. 동편 북측 계
단에 청룡, 서편 북측 계단에 백호, 전면 계단에 주작, 후면 계단에 현무가
제각각 자리 잡고 있다.

　　둘째는 십이지신十二支神이다. 십이지란 지지地支 열둘, 곧 자子, 축丑, 인
寅, 묘卯, 진辰, 사巳, 오午, 미未, 신申, 유酉, 술戌, 해亥를 가리킨다. 십이지신
은 이 십이지를 형상화한 동물들인 쥐, 소, 범, 토끼, 용, 뱀, 말, 양, 원숭

근정전 사신 | 청룡, 백호, 주작, 현무가 근정전의 동서남북을 지키고 있다.
(1 청룡 2 백호 3 주작 4 현무)

근정전 십이지신 | 일부는 빠지기도 하고, 일부는 본래 자리가 아닌 곳에 가 있다.
(5 자 6 축 7 인 8 묘 9 사 10 오 11 미 12 신 13 유)

이, 닭, 개, 돼지를 말한다. 십이지는 방위와 시각을 나타내는 데 많이 쓰였다. 방위를 나타낼 때는 자子가 정북, 오午가 정남을 가리킨다. 이를테면 시계의 숫자판에서 자子를 12시에 맞춘 다음 자축인묘 순서에 따라서 배열하면 된다. 근정전 기단에는 이런 원리에 따라서 십이지신이 배열되어 있다.

근정전에 오르는 계단은 여섯인데 상층 기단과 하층 기단을 나누면 열둘이 된다. 이 열둘에 십이지신을 배치하면 되겠지만, 그 열둘 가운데 상층의 넷을 사신이 이미 차지하였기에 모두 배치할 수는 없다. 결국 십이지신 가운데 일부가 빠졌고, 그 위치도 방위에 정확하게 맞지 않는다. 하층 기단 난간을 따라 북쪽에 쥐, 동쪽에 토끼, 서쪽에 닭이 자리를 잡았다. 이들은 제대로 자리를 잡은 셈이고, 형상도 뚜렷하다. 양은 서편 남측 윗계단, 원숭이는 그 아래 계단에 있으니 그런대로 제자리를 잡은 셈이다. 그러나 소는 동편 북측 계단에 있어야 하지만 동편 남측 아래 계단에 있어 제 위치를 잃었다. 그 위 계단에는 뱀이 있다. 십이지신 가운데 용은 청룡에 포함된 듯 없다. 범은 동쪽에 자리가 없어서인지 남쪽 계단의 하월대에 있는 기둥으로 옮겨 앉아 있다. 말은 그 위 계단의 아래쪽 난간 끝에 있다. 십이지신 중 마지막인 개와 돼지는 어디에도 자리를 잡지 못하였다.

셋째 부류는 어떤 짐승인지 이름이 분명치 않은 짐승들, 통칭하여 서수瑞獸들이다. 이들은 계단의 소맷돌, 또는 난간 모퉁이 기둥이나 돌출 부위에 제각각 자리를 잡고 있다. 그 가운데 얼핏 지나치기 쉬운 곳, 상층 하층 기단의 동남쪽과 서남쪽 모퉁이. 모퉁이 난간 기둥을 밑에서 받쳐주는 받침돌이 대각선 방향으로 돌출되어 있는데, 그 아랫부분은 연꽃잎으로 장식한 받침대로 되어 있고 그 위에 웬 짐승들이 자리 잡고 있다. 둘이 쌍을 이루어 하나는 고개를 들어 근정전을 바라보고 있고, 하나는 고개를 돌려 조정 마당을 내려다보고 있다. 임금님을 지키며, 만조백관滿朝百官들을 호위하는 자신의 임무를 충실히 하고 있는 자세다. 그런데 그중 하나의

근정전 하월대의 서쪽 난간의 짐승 | 젖을 빨고 있는 걸까? 옆구리에 새끼가 매달려 있다.

옆구리를 보면 아주 작은 놈이 네 활개를 벌리고 달라붙어 있다. 젖을 빨고 있는 모습이다. 이 무슨 동화의 삽화 같은 장면인가?

1770년영조 46 3월 유득공柳得恭은 벗 박지원朴趾源, 이덕무李德懋 외 여러 사람들과 더불어 서울을 유람하였다. 넷째 날에 경복궁 터를 갔는데, 그때 본 근정전의 옛 터와 그리고 돌개에 대해서 이렇게 썼다.[12]

다리를 건너 북쪽으로 가면 근정전의 옛 터이다. 그 계단이 세 층이다. 기단의 동쪽과 서쪽 모서리에는 돌로 된 개 암수가 있는데, 암컷은 새끼를 한 마리 안고 있다. 신승神僧 무학대사가 이것이 남쪽의 도적을 향해 짖게 하였다는 바, 개가 늙으면 새끼로 뒤를 잇게 하였다고 하는 말이 있다. 그러나 임진왜란의 병화를 면하지 못하였으니 이것이 이 돌개의 죄란 말인가? 그럴 듯하게 들리는 말일지는 모르겠으나 믿을 수는 없겠다.

나는 유득공 선생님을 믿는다. 그 가문은 대를 이어 규장각奎章閣의 검서관檢書官을 하면서 꼼꼼한 글쓰기를 하였다. 허투루 글을 쓸 분이 아니다. 그렇게 유득공 선생님을 믿는 눈으로 보자니 그럼 이것이 돌개인가, 아닌가? 유 선생님도 일단 돌개라고 인정은 하고 무학대사 관련 이야기에 대해서 속설이라고 쓴웃음을 지은 것이겠거니. 따라붙은 이야기는 사실로 인정하지 않더라도 이것을 돌개라고 보는 데는 무리가 없겠다. 하지만 지금 우리가 보는 이 돌개가 바로 유 선생님이 보았던 그 돌개라고 단정할 수는 없다. 유 선생님 뒤 100년이 다 되는 시점, 고종 초년에 경복궁을 중건하면서 근정전 기단을 그대로 쓰지 못하고 다시 조성하였던 것으로 보인다. 지금 우리가 보는 이 돌개는 고종 초년 작품이다. 어쨌건 재미있고 정감이 간다.

그렇게 재미있고 정감이 가니 보는 이들이 자꾸 쓰다듬는다. 그 결과 근정전 기단의 짐승들은 대부분 새까맣게 손때에 절어 있다. 근정전을 지키는 '무서운' 짐승들은 민화에서 받는 인간미와 해학, 친근감, 포근함, 그런 느낌들을 우리에게 주고 있다. 자꾸 만지고 싶은 충동을 느끼게 한다. 하지만 충동대로 움직이면 무엇이 남아나겠나. 나중 사람들을 위해서라도 자꾸 만져 반질반질 손때가 절게 하는 짓은 삼가는 것이 좋겠다.

어진 이를 구하는 데 부지런하고 　 근정전은 경복궁 외전의 정전이다. 이름의 '근勤'은 부지런함을 뜻한다. 그러나 그저 일반인의 부지런함이 아니다. 임금의 부지런함, 정무를 돌보는 부지런함이다. 그렇기에 정도전이 《서경書經》 등에서 따온 그 부지런함의 내용은 그저 단순한 부지런함에 그치지 않는다.[13]

"그 근정전과 근정문에 대하여 말하겠습니다. 천하의 일은 부지런하면 다스려지고 부지런하지 못하면 폐하게 됨은 필연의 이치입니다. 작은 일도 그러하온데 하물며 정사와 같은 큰일이겠습니까? 《서경》에 '경계하면 걱정이 없고 법도를 잃지 않는다'는 말이 있습니다. …

한과 당唐의 임금들이 삼대三代 때만 못하게 된 바가 바로 이것입니다. 그런즉 임금이 하루라도 부지런하지 않아서야 되겠습니까? 그러나 임금이 부지런해야 한다는 것만 알고 어떻게 부지런해야 하는가를 알지 못한다면 그 부지런함은 너저분하고 좀스러우며 엄하게 살피기만 하는 데로 흘러서 참고할 만한 가치가 없게 됩니다.

선유先儒들이 말하였습니다. '아침에는 정무를 듣고, 낮에는 어진 이를 찾아보고, 저녁에는 법령을 가다듬고, 밤에는 몸을 편안하게 한다.' 이것이 임금이 갖추어야 할 부지런함입니다. 선유들이 또 말하였습니다. '어진 이를 구하는 데 부지런하고, 어진 이를 임용하기를 빨리 한다.' 신은 청컨대 이러한 말씀을 바치고자 합니다."

말인즉슨, 임금의 부지런함은 좀스러운 데 집착하여 그런 것을 엄하게 살피는 데 집착하는 것이 아니라 인재를 찾아 임용하는 데 부지런한 것이 요체라는 것이다. 오늘날 정무를 맡은 이들에게도 그대로 해당되는 말이 아닌가?

빈집 근정전　　　　　　근정전은 임금이 정사를 돌봄을 보여주는 상징적인 건물이다. 외형부터 그에 걸맞은 위용을 갖추고 있다. 겉에서 보기에 정면이 5간, 측면이 5간해서 25간이나 되는 데다가, 지붕도 두 겹으로 되어 있고, 갖가지 치장을 갖추고 있을 뿐만 아니라, 내부를 보아도 높다란 천장에, 그것을 받치고 있는 높은 기둥들이 꽤나 장엄하다. 그러나 지금 근정전 안을 들여다보면서 임금의 위엄을 찾으려 한다면 일말의 배신감마저 느낄지 모르겠다. 앉은뱅이 책상에 방석, 촛대와 등, 청화백자 등 집기들로 부당하고 과도하게

근정전 내부 | 공간이 높고 넓으며, 구조와 치장이 화려하다. 다만, 근년에 설치한 집기류는 이 공간의 성격에 맞지 않아 보인다.

전시를 하였다. 그러니 무언가 겉도는 느낌을 지울 수 없다.

　하지만 그렇게 실망하기 전에 먼저 우리는 근정전에 100년이 넘게 임금님이 임어한 적이 없었다는 사실을 상기해야 한다. 사람의 손길이 닿지 않는 집, 빈집은 금세 썰렁해진다. 그 썰렁한 데다 무언가 맞지 않는 집기를 집어넣으니 겉돌게 되는 것이다. 지금 무언가 어울리지 않고 겉도는 느낌을 갖고 그 옛날 임금님이 이곳에 임어하여 활동할 때도 그랬으려니 짐작을 하여서는 곤란하다. 걸맞지도 않고 어울리지도 않는 집기들을 치워버리고, 지나치게 튀는 단청을 그윽하면서도 산뜻하게 칠하고, 창호도 제대로 된 한지로 바르고, 바닥과 기둥 등을 쓸고 닦고 해서 반들반들 윤을

낸 다음 은은한 조명, 유장한 음악, 사람들의 온기로 실내를 채워보라. 실제로는 그렇게 할 수 없으니 머릿속으로라도 그렇게 준비 작업을 한 뒤 다시 근정전을 들여다보라. 그리고 거기 사람들을 자리 잡게 해보라. 한결 느낌이 달라질 것이다.

높은 기둥들이 줄지어 선 중앙에 사람 한 길 가까운 높이로 단을 놓고 그 위에 평상 의자가 놓여 있다. 임금님이 앉는 의자, 용상이다. 그 뒤에는 정교하게 조각을 한 세 면짜리 나무 병풍인 삼곡병三曲屛이 용상을 옹위하고 있다. 그 뒤에는 물결치는 바다, 소나무, 대나무가 우거진 사이에 기암괴석이 들어서 있고, 그 틈으로 폭포가 떨어지고, 다섯 봉우리가 뾰족뾰족 솟아 있으며, 그 위로 해와 달이 떠 있는 그림을 그린 병풍인 일월오봉병日月五峰屛이 놓여 있다. 그 위로는 조각을 더욱 정교하게 한 나무로 된 지붕 모양의 닫집보개寶蓋이 설치되어 있다. 왕의 존엄을 드러내기 위한 갖가지 상징과 장치들이 베풀어져 있는 것이다.

쌍룡희주
특히 천장의 중앙 부분을 보라. 그 부분은 정면 문에서는 잘 보이지 않는다. 동서 옆문에서 더 잘 보인다. 그곳에는 구름 사이에서 두 마리의 용이 여의주를 희롱하고 있다. 이른바 쌍룡희주雙龍戱珠다. 용은 동서양을 막론하고 수천 년 동안 사람들의 관념 속에 굳게 자리 잡아온 동물이다. 동양에서는 용은 비늘 가진 동물[鱗蟲] 중의 우두머리로서 그 모양은 머리는 낙타, 뿔은 사슴, 눈은 토끼, 귀는 소, 목덜미는 뱀, 배는 큰 조개, 비늘은 잉어, 발톱은 매, 주먹은 호랑이와 비슷하며, 양수인 9가 두 번 곱해진 81개의 비늘이 있고, 그 소리는 구리로 만든 쟁반을 울리는 것 같고, 입 주위에는 긴 수염이 있고, 턱 밑에는 명주明珠가 있고, 목 아래에는 거꾸로 박힌 비늘[逆鱗]이 있으며, 머리 위에는 박산博山이 있는 것으로 묘사된다. 이처럼 각 동물이 가진 최고의 무기를 모두 갖춘 것으로 상상된 용은 그 능력

근정전 용상 닫집 천장의 쌍룡 | 근정전 천장의 쌍룡과 마찬가지로 발톱이 일곱 개다. 꿈틀거리는 자세에 유달리 힘이 넘쳐 보인다.

이 무궁무진한 것으로 믿어져 왔다. 용이 가진 이러한 성격 때문에 흔히 임금을 용으로 비유하였다. 임금의 얼굴을 용안龍顔, 임금이 공식 행사 때 입는 옷을 곤룡포袞龍袍라 하는 것이 그 예이다. 근정전 천장에는 그런 용 두 마리가 춤을 추고 있는 것이다.

용을 볼 때는 발톱을 유심히 봐야 한다. 중국이나 우리나라에서 용의 발가락, 다시 말하자면 발톱의 수는 셋이나 넷인 경우도 있고, 아주 드물게 일곱일 경우도 있으나, 대개는 다섯이다. 이를 오조룡五爪龍이라고 한다. 용 발톱의 수는 대체로 그 용의 격을 드러내는 것으로 생각된다. 중국이나 우리나라를 막론하고 대부분 오조룡으로 왕을 상징한다. 발톱이 일곱 개인 용은 말할 것도 없이 황제를, 그것도 특별히 격을 높여 상징한다고 할 수 있다. 그런데 근정전 용은 발톱이 일곱 개다. 경운궁慶運宮 중화전

中和殿의 용을 비롯해서 우리나라에서 확인할 수 있는 거의 대부분의 용은 발톱이 다섯인데 유독 근정전 용의 발톱은 일곱이다. 일제강점기에 찍은 사진을 보아도 일곱임이 확인된다. 근정전 천장 용의 발톱은 어째서 일곱 개인가. 여기에 더해 지금은 동국대학교 정각원正覺院이 된 경희궁慶熙宮 숭정전崇政殿 천장의 용과, 동국대학교박물관에 가 있는 숭정전 용상 닫집의 용도 발톱이 일곱 개다. 지금 나로서는 풀 수 없는 의문이다.

우리는 어떤 건물을 볼 때 그것만을 열심히 보고 말기 쉽다. 그러나 옛날 사람들이 어떤 건물을 지을 때 남 보여주려고 지은 것은 아닐 터이다. 건물의 주인 자신이 그 건물을 사용할 때 얼마나 좋은가가 우선 고려의 대상이 되었음이 당연하다. 그러므로 우리도 어떤 건물을 밖에서 들여다보는 데 그친다면 그 건물의 진가를 반도 못 보는 꼴이다. 그 건물의 주인이 된 심정으로 안에서 밖을 내다볼 줄도 알아야 한다. 절에 가서는 부처님이 보시는 곳을 바라보고, 어느 집 사랑채나 정자, 누각에서는 그 안에 앉은 주인이 내다보는 풍광을 바라보며 누릴 줄을 알아야 한다. 이 점은 궁궐의 전각도 마찬가지이다.

근정전 내부가 지금 저렇듯 썰렁하고 답답함만을 보고 '뭐가 이래?' 하고 그냥 돌아서는 것은 근정전을 제대로 보는 것이 아니다. 돌아서 근정전 월대 한가운데 서서 앞을 내다보시라. 무엇이 보이는가. 근정문이 보인다. 조금 더 눈길을 멀리 하면 고층 건물들이 막아선다. 답답하다. 하지만 마음을 눈을 들어 더 멀리 내다보면 지금은 세종대로라고 이름이 붙은 길, 옛 광화문앞길이 뻗어 있다. 그 길을 따라가면 서울 장안의 저잣거리와 그 속에서 복대기고 살아가는 사람들의 일상이 보인다. 더 멀리 한강을 건너 바라보면 조선 팔도의 풍광과 거기에 뿌리내리고 살아가는 백성들의 삶이 보인다. 보여야 한다. 그것들을 볼 수 있어야 그 근정전 안 용상에 앉거나, 근정전에 나아가 국정을 논할 자격이 있는 것이다.

근정전 용상에서 바라본 근정전 내부 | 문이 닫혀서 바깥의 풍경이 보이지 않는다. 하지만 밖으로는 근정문이, 흥례문이, 광화문이, 광화문앞길이 펼쳐져 있을 것이다.

정, 도읍을 정하다   그런 마음으로 근정전을 돌아 나오다 보면 그런 뜻을 담고 있는 유물을 맞닥뜨리게 된다. 근정전의 전면 좌우 모서리 기둥 바로 앞에 설치되어 있는 청동제 유물이 그것이다. 관광 안내원들은 이것을 향로라고 소개한다. 무슨 근거로 향로라고 설명하느냐고 물었더니, 안내원 교육을 받을 때 공부한 교재에 그렇게 나와 있다고 한다. 향로? 이곳에 향을 피웠을까? 향이란 사당이나 신전 등 신이나 혼령을 위로하는 곳에 피우는 것이 아닌가? 그렇다면 근정전이 사당이나 신전이란 말인가? 설령 향로라 해도 건물 추녀 바로 아래 이렇게 큰 것을 고정시켜 놓는단 말인가? 여기서 향을 피우면 화재는 어찌 막는단 말인가? 전혀 맥락이 닿지 않는 설명이다.

의문이 풀리지 않아 의궤儀軌 등 자료를 찾아보니 궁궐의 주요 건물에서 의식, 행사를 할 때 향을 피운 것은 사실이다. 그러나 고정된 향로에 피우지 않고 우리가 알 만한 크기의 향로를 향정자香亭子라고 하는 작은 운반용 가마에 싣고 와서 주요 건물의 상월대 한가운데 놓고 향을 피웠다. 물론 행사가 끝나면 다시 가져가서 보관하였다. 아무리 보아도 이것은 향로라고 할 수 없다. 그러면 무엇인가? 정鼎이다.

정이란 솥으로서 배가 둥글고 다리가 셋에 귀가 둘 달렸다. 처음에는 흙을 구워 만들었으나 나중에는 청동으로 만들었다. 정은 천자天子는 아홉, 제후諸侯는 일곱, 대부大夫는 다섯, 사士는 셋을 썼다. 중국 하夏나라에 이르러서는 전국 구주九州의 쇠를 모아 솥을 아홉 개 만들었다. 이 구정九鼎은 천하와 왕권을 상징하며, 더 나아가서는 백성들이 편안하게 살게 하고 하늘의 복을 받기를 기원하는 상징물로 쓰였다. 하나라에서 은殷나라로, 은나라에서 주周나라로 왕조가 바뀔 때 구정도 함께 전하여졌다. 정의 이러한 상징성이 우리나라에서도 받아들여져 경복궁 근정전 앞에 설치된 것이다.

중국에는 이상하리만치 남아 있는 궁궐이 적다. 그 수많은 왕조가 새

근정전 앞 서쪽의 정의 옛 모습(왼쪽) ｜ 뚜껑이 있고, 그 손잡이에 해당하는 위치에 용머리가 돌출되어 있다. 이 때문에 "용향로(龍香爐)"라고 부르기도 한 게 아닌가 싶다. 《조선고적도보》
같은 정의 현재 모습(오른쪽) ｜ 제자리를 지키고 있기는 한데 뚜껑은 없어졌다.

수도를 정하고 새 궁궐을 지으면서 앞 왕조의 수도와 궁궐을 파괴해버려서 그런 모양이다. 지금 남아 있는 베이징[北京]의 자금성紫禁城에서는 고정된 정을 본 기억이 없다. 주요 건물마다 그 앞에서 마치 장작 때듯 기다란 향을 피우는 화덕 같은 향로는 보았으나 정은 기억에 없다. 베트남의 마지막 왕조 응우옌[阮] 왕조의 수도 후에에는 궁궐이 상당히 잘 남아 있다. 그런데 그 궁궐에는 뜻밖에도 정이 아홉이나 남아 있다. 크기도 크고 모양도 번듯하며, 더구나 각 정마다 많은 문양이 돋을새김되어 있다. 우리 궁궐의 정과는 달리 문양의 내용은 베트남의 하늘과 땅과 바다와 강, 산, 그리고 동물, 식물들이다. 하지만 우리 궁궐의 정과 마찬가지로 궁궐에 고정적으로 설치되었다는 공통점이 있다.

　　그런데 다시 한 번 더 보니 근정전의 정에는 뭔가 특별한 것이 있다. 정의 윗부분 테두리에 돌아가며 길고 짧은 선이 뚫려 있다. 자세히 보니 팔괘다. 그 순서는 두 귀 가운데 근정전에서 내다보는 시각, 곧 북에서 남으로 볼 때 왼쪽에 있는 귀 부분에 진震괘가 있다. 괘를 확인할 때는 정의 밖에서 안쪽으로 보아야 한다. 이를 시작으로 시계 방향으로 손이곤태건 감간이 배치되어 있다. 문왕팔괘다. 두 귀가 진괘정동와 태괘정서에 놓여 있으니, 정의 좌향은 감좌이향坎坐離向이 된다. 정의 좌향은 곧 근정전의 좌향이 된다. 근정전이 감좌이향, 다른 말로 하자면 자좌오향子坐午向이 된다는 뜻이다. 그런데 좀 더 자세히 보면 괘와 귀가 정확히 일치하고 있지 않고, 귀가 시계 방향으로 조금 어긋나 있다. 이는 근정전이 정남향에서 약간 서쪽으로 기울어 있음을 가리킨다. 하지만 크게 보면 남향이라고 할 수 있다. 정은 근정전의 주인 임금이 백성들을 잘 먹고 잘 살도록 보살피는 존재임을 과시하는 상징물이요, 근정전의 좌향이 남면임을 드러내는 표지이다.

3

내전

편전 사정전

생각함은
성스러움을 낳는다

근정전에서 뒤로 돌아가면 사정문思政門이 나오고,
사정문 안을 들어서면 바로 사정전思政殿을 만나
게 된다. 근정전까지가 임금이 외부에서 들어온
관료들을 만나는 공간인 외전外殿이라면, 강녕전康寧殿 이북은 임금과 왕비
가 일상적으로 기거하며 활동하는 공간인 내전內殿이다. 사정전은 그 외전
과 내전 사이의 접점에 있다. 사정전은 외전과 내전이 겹치는 편전便殿이
다. 편전이란 임금과 관원들이 만나서 국정을 논의하는 곳이다.

사정전은 생각하고 생각해야 할 곳이다. 정도전은 생각함에 대해서,
이 전을 사정전이라고 이름 붙이는 뜻에 대해서 다음과 같이 깊은 이야기
를 하였다.[14]

근정전 정북 방향에서 바라본 사정문 | 문 안으로 들어서면 사정전이 맞이한다.

"그 사정전에 대해서 말씀드리겠습니다. 천하의 이치는 생각하면 얻고 생각하지 아니하면 잃어버립니다. 대개 임금은 그 홀로 높고 높은 자리에 계십니다. 수많은 무리 가운데는 슬기로운 자와 어리석은 자, 어진 이와 불초한不肖 자가 섞여 있으며, 번다한 수많은 사안에는 옳고 그름과 이롭고 해로움이 뒤섞여 있습니다. 백성의 임금 된 이가 실로 깊이 생각하고 세밀하게 살피지 않으면 어찌 일의 마땅함과 부당함을 구별하여 처리하겠으며 사람의 현명하고 그렇지 못함을 구별해서 등용하고 물리칠 수 있겠습니까?

예로부터 임금으로서 누가 존귀하고 영화롭기를 바라지 않고 위태함을 싫어하지 않겠습니까? 사람 같지 않은 사람을 가까이 하고 좋지 못한 일을 도모함으로써 화를 당하고 실패에 이르게 되는 것은 진실로 생각하지 않는 데서 유래합니다.

《시경》에 말하기를 '어찌 너를 생각하지 않으랴마는 집이 멀도다' 하였습니다. 이에 대해 공자孔子는 '생각하지 않은 것이다. 어찌 멀다할 게 있으리요?' 하였습니다. 《서경》에 말하기를 '생각함을 슬기로움이라 말한다. 슬기로움은 성스러움을 낳는다' 했습니다. 사람에게 있어서 생각이란 것은 그 쓰임이 지극합니다.

이 전殿은 매일 아침 시사視事를 하시고, 온 국정의 만기萬機를 모두 모아서 전하에게 다 아뢰면 조서를 내려 지휘하시는 곳입니다. 이 전에서는 더욱 생각하지 않을 수 없습니다. 신은 사정전이라 이름 붙이기를 청하나이다."

편전은 임금이 관원들을 만나 국정을 논의하는 것 외에도 학자나 관료들과 유교 경전과 역사책을 읽고 외우고 논의하는 경연을 열기도 하고, 유생들을 불러모아 시험을 보기도 하고, 잔치를 베풀기도 하는 등 여러 용도로 쓰였다. 편전에서 열었던 회의 가운데 대표적인 것이 상참常參이다. 상참은 원칙적으로 매일 열게 되어 있었다. 종친부宗親府, 의정부, 충훈부忠勳府, 중추부, 의빈부儀賓府, 돈령부敦寧府, 육조, 한성부의 당상관, 그리고 사헌부, 사간원의 언관 각각 한 사람, 경연經筵의 당상관과 당하관 각 두 사람이 번갈아 참여하는 정례 회의였다.

상참은 임금과 정규 관원들이 국정을 처리하는 가장 기본적인 정무 모임이었다고 할 수 있다. 그러나 실제로 상참이 규정대로 매일 열리지는 않았다. 사정전에는 아궁이와 굴뚝이 없다. 물론 보일러도 에어컨도 선풍기도 없다. 한여름 더운 기간과 한겨울 추운 기간에는 상참이든 무엇이든 하기 어렵다. 그때는 승정원承政院에서 상참을 할 수 없다고 아뢴다[牒稟]. 더운 기간이란 기본적으로 초복初伏에서부터 처서處暑까지인데, 처서 이후라도 좀 선선해질 때까지를 포함하였다. 추운 기간은 소한小寒부터 날씨가 따뜻해질 때까지였다. 그 더운 기간과 추운 기간이 지나면 승지가 임금을 만나는 자리에서 이제 상참을 할지 여부를 아뢰어 임금의 뜻을 받은 다음

경복궁 사정전 내부 ¦ 옥좌의 위로는 사정전 〈운룡도(雲龍圖)〉가, 뒤로는 일월오봉병이 있다. 다른 집기류를 비롯하여 전체적으로 어색한 분위기다.

에 재개하였다. 하지만 현실에서는 상참이 그렇게 규정대로 이루어지지 않았다. 그렇게 된 데는 계절적 요인보다도 정치적 상황이 더 큰 영향을 미쳤다. 임금이 국정을 장악하여 구체적인 실무까지 챙길 때는 상참이 활기를 띠지만, 그렇지 못하면 상참은 유명무실해질 수밖에 없었다. 상참의 빈도와 강도는 임금의 국정 장악 정도와 비례하였다고 할 수 있다.

사정전은 근정전에서 의식 행사를 치를 때 임금이 머무는 곳으로 자주 쓰였다. 사정전은 임금이 주요 관료들을 불러 만나보는 인견(引見)이나, 또 각종 궁중 잔치와 다례(茶禮) 등이 자주 열리는 쓰임새가 많은 전각이었다. 하지만 다른 전각들이나 마찬가지로 지금 사정전은 쓸쓸하기 짝이 없다. 주인은 사라지고, 그 기능도 잃은 건물의 숙명이다. 아무리 무슨 집기류를 갖다놓은들 무엇이 나아질까? 걸맞지 않는 꾸밈은 이 공간을 더 우습게 만들기나 할 뿐.

사정전 앞 행각 | 창고로 되어 있다. 그 가운데 두 번째 칸인 지자고(地字庫)와 그 팻말이다.

사정전 주변

사정전에서 물러 나와 좌우의 만춘전萬春殿, 천추
전千秋殿을 둘러보아도 마찬가지이다. 두 건물의
이름에는 질서가 보인다. 동쪽에 있는 건물의 이
름에는 '춘春'이 들어갔고, 서쪽에 있는 건물의 이름에는 '추秋'가 들어갔다.
이름은 그렇지만 두 건물은 없어졌던 것을 다시 지은 것. 원형의 깊은 맛
이 없다. 아궁이가 있고, 굴뚝이 있는 것으로 보아서 원래의 건물도 불을
때게 되어 있었음을 알 수 있다. 사정전을 보조하기 위한 건물일 텐데 지
금은 아무리 보아도 그런 관계가 잘 보이지 않는다.

그러한 아쉬움을 가지고 사정전 영역을 벗어나려다 보니 전면 행각의
기둥에 편액이라고는 할 수 없는 나무판이 붙어 있다. 서쪽으로부터 천자
고天字庫, 지자고地字庫, 현자고玄字庫, 황자고黃字庫…. 뭘까? 자료를 찾아보니
활자 창고라는 설명이 있다. 아! 그런가 하고 틈새로 들여다보니 지금은

물론 활자는 없고 먼지만 쌓여 있다. 거기까지만 했으면 좋았을 걸 어떤 설명문에는 천자고에는 한자로 천天 자, 지자고에는 지地 자 순으로 쭉 활자들을 보관했었다고 되어 있다. 얼핏 들으면 그럴듯하지만 과연 그럴까? 고개가 갸웃해진다. 그럼 그 수많은 한자들을 다 보관하려면 이런 창고가 수천 개가 필요할 텐데 나머지는 다 어디에 있단 말인가? 그건 옛날에 번호를 붙일 때 천자문의 글자들 순서를 따서 붙였던 관행을 모르고 하는 소박한 해석에 지나지 않는다. 천자고에는 천 자, 지자고에는 지 자를 보관했던 것이 아니다. 그저 말하자면 1번 창고, 2번 창고 순으로 창고 번호를 붙인 것일 뿐이다.

대전 강녕전

임금의 집

사정전을 휘돌아 곧바로 뒤로 가면 향오문嚮五門이란 문이 나온다. 오五. 오는 일一에서부터 구九까지 서수의 한가운데 숫자다. 하도河圖와 낙서洛書에서도 중앙에 있다. 그렇게 보니 향오문이라는 이름도 범상치 않다. 광화문-흥례문-근정문-사정문 다음의 문으로 다섯 번째 문이기도 하지만, 중앙의 문, 임금이 계신 공간의 문이란 뜻도 포함하고 있다. '향嚮'이란 글자는 '향하다'라는 뜻을 갖고 있다. 얼핏 보면 흔한 글자인 향向 자와 같은데 왜 이렇게 어려운 글자를 썼을까?《주역周易》에서 "성인은 남쪽을 향하여서 천하의 소리를 듣고 밝음을 지향하여 다스린다[南面而聽天下 嚮明而治]"의 '향'을 가져온 것으로 짐작된다.

향오문을 들어서면 사방이 행각으로 둘러싸인 넓은 공간이 열린다. 정면 11간에 측면이 5간 해서 55간이나 되는 상당히 큰 건물이 위엄 있게

경복궁 강녕전 ㅣ 대전의 정전인 강녕전이 앞쪽 동서에 연생전, 경성전, 뒤쪽에 연길당, 응지당을 거느리고 있다. 저 멀리 뒤편에 백악과 인왕산이 살짝 고개를 내밀었다.

앉아 있다. 연침燕寢 강녕전康寧殿이다. 연침은 임금이 편안히 쉬고 또 밤에 주무시는 건물을 말한다. 동쪽에는 서향한 건물이 있으니 동소침東小寢 연생전延生殿이요, 서쪽에는 동향한 건물이 마주보고 있으니 서소침西小寢 경성전慶成殿이다. 소침은 연침을 보좌하기 위한 건물로서 임금이 더 사사로이 머물고 주무시는 건물이다. 강녕전의 동북쪽에는 연길당延吉堂, 서북쪽에는 응지당膺祉堂이 있다. 행각에도 방과 마루방이 있어서 돌아가면서 당堂 자 편액이 여럿 붙어 있다. 모두 강녕전을 보조하고 보필하는 기능을 갖는 공간이다. 이 일곽이 경복궁의 내전內殿 가운데서 임금의 공간인 대전大殿이다.

임금이라고 해서 늘 곤룡포, 면류관과 같은 화려하고 거추장스러운 복장을 하고 살았던 것은 아니다. 또 임금이라고 해서 늘 공무만 처리할 수는 없다. 평복 차림으로 쉬기도 하고, 측근 고위 신료를 편안하게 만나 깊은 이야기를 나누기도 하였다. 임금이 그렇게 일상생활을 하는 궁궐의 건물을 연침, 달리는 침전寢殿 또는 연거지소燕居之所라고 한다. 경복궁에서 임금의 건물, 다시 말해서 임금이 가장 많은 시간을 보냈던 건물을 하나만 꼽으라면 의식 행사를 치르는 정전 근정전이나 회의실에 해당하는 편전 사정전보다도 연침인 이 강녕전을 들어야 할 것이다. 강녕전은 임금이 주요 관원들을 불러들여서 깊숙한 이야기를 나누고, 국정 운영의 기본 방향을 잡고, 정책을 결정하고 했던 곳이며, 강녕전을 중심으로 하는 대전은 궁궐의 중심인 내전 가운데서도 중심이었다.

아홉 가운데 다섯, 강녕전은 1395년태조 4 경복궁을 처음 지을 때 건
다섯 가운데 셋 립되었다. 그해 10월 정도전이 궁궐에 경복궁이
라는 이름을 붙이고 아울러 각 전각에도 이름을
지어 그 뜻을 태조에게 아뢸 때 그 맨 앞에 강녕전과 연생전, 경성전을 말하였다. 그런 만큼 그 이름에 깃든 철학이 근정전, 사정전 못지않게 깊고 무겁다.[15]

"강녕전에 대하여 말씀드리겠습니다. 《서경》 홍범구주洪範九疇에 나오는 오복五福 가운데 세 번째가 강녕康寧입니다. 대체로 임금이 마음을 바르게 하고 덕을 닦아서 황극皇極을 세우면 오복을 향유할 수 있게 됩니다. 강녕은 오복 가운데 하나인데, 오복 다섯 가지 가운데 한가운데인 강녕을 들어서 그 나머지도 다 갖추고자 하는 뜻입니다. 그러나 이른바 마음을 바르게 하고 덕을 닦는다는 것은 여러 사람들이 다 같이 보는 곳에 있을 때라도 힘써서 하게 됩니다만, 한가하고 편안하게 혼자 있을 때는 편안함에 빠져서 쉽게 잃어버리게 되고 나 자신을 경계하려는 뜻은 매번 태만한 데 이르게 됩니다. 이렇게 마음에

바르지 못한 바가 있고 덕이 닦이지 못한 바가 있으면 황극이 세워지지 않고 오복이 이지러질 것입니다.

옛날 위衛나라 무공武公이 스스로 경계한 시詩에 '네가 군자와 벗하는 것을 보니 너의 얼굴을 상냥하고 부드럽게 하고, 허물이 있을까 삼가는구나. 너의 방에 있는 것을 보니 다른 사람이 보지 않는 곳에서도 스스로 부끄럽지 않게 하는구나' 했습니다. 무공이 이렇게 경계하고 근신하였기에 그 향년이 90이 넘었습니다. 그가 황극을 세워 오복을 누렸음을 밝히 징험함이 이러합니다. 대체로 공력을 들이는 것은 스스로 편안히 아무도 없는 데서 혼자 거처하는 데서부터 시작되는 것입니다.

원컨대 전하께서는 무공의 시를 본받아 안일한 것을 경계하며 공경하고 두려워하는 마음을 두어서 황극의 복을 누리시면, 성자신손聖子神孫이 이를 대대로 계승하여 천만대를 전하리이다. 이에 연침을 칭하여 강녕전이라 하겠습니다. 연생전과 경성전에 대하여 말씀드리겠습니다. 하늘과 땅은 만물萬物을 봄에 낳고[生] 가을에 이루게[成] 합니다. 성인은 만백성을 인仁으로써 살리고 의義로써 제어합니다. 그러므로 성인이 하늘을 대신해서 만물을 처리함에 그 정령政令을 시행하는 것이 한결같이 천지의 운행運行에 근본을 두고 있습니다. 동쪽의 소침을 연생전이라 하고 서쪽 소침을 경성전이라 함으로써 전하께서 천지의 낳고 이루심을 본받아서 그 정령을 밝히 하고자 하였음을 드러내 보였습니다."

홍범구주란 인간사회를 아홉 분야로 나누어 설명하는 논리다. 낙서의 구九라는 수에 기반을 두었다. 구주 가운데 다섯 번째가 오복이다. 오복이란 수壽, 부富, 강녕康寧, 유호덕攸好德, 고종명考終命을 말한다. 그 오복 가운데 세 번째가 강녕이다. 강녕은 강녕만 말한다기보다는 오복 전체를 대표하여 말한 것인 바, 오복은 그저 잘 먹고 잘 살기를 바라는 데 그치는 것이 아니라고 정도전을 말한다. 마음을 바르게 하고 덕을 닦아서 황극皇極

을 세워야 향유할 수 있는 것이다. 마음을 바르게 하고 덕을 닦는 것은 편안히 아무도 없는 데서부터 시작해야 한다. 다시 말해서 이 건물이 그곳이라는 것이다. 동소침 연생전과 서소침 경성전에는 생生과 성成, 인仁과 의義, 천지자연의 이치와 이를 구현하는 성인의 도를 담았다고 한다. 임금은 자신의 공간인 강녕전이나 연생전, 경성전에서조차 편안히 쉬기는커녕 마음을 바르게 하고 덕을 닦아야 한다, 그러지 않으면 안 된다는 당부인지 강요인지 모를 압박이 담겨 있다. 임금 노릇 쉽지 않다.

강녕전은 1592년 임진왜란 당시 왜군의 손에 서울이 폐허가 될 때 불타 없어졌다. 그 후 270여 년이 지난 고종 초년에 경복궁을 중건할 때 당연히 함께 중건되었다. 그러나 그렇게 다시 세워진 강녕전은 50년을 넘기지 못하고 또 제자리에서 사라졌다. 1917년 창덕궁 내전에 큰 불이 났는데 조선총독부에서 이를 복구할 때 경복궁에 남아 있던 건물들을 옮겨다 지었다. 이때 강녕전은 창덕궁의 연침인 희정당熙政堂이 되었다. 경복궁에 있는 강녕전은 1995년에 새로 지은 것이다.

둘 중에 어느 것을 진짜 강녕전이라고 해야 할까. 편액이야 창덕궁의 것은 희정당이요, 경복궁에 새로 복원한 것이 강녕전이다. 그러니 창덕궁의 것을 강녕전이라고 우기기도 어렵다. 하지만 새로 복원한 강녕전 역시 진짜 강녕전이라고 하기에는 어딘지 마음에 차지 않는다. 단지 새로 만들어서 그런 것만은 아니다. 이 건물이 50년, 100년 세월이 쌓인다고 해서 과연 깊고 그윽한 문화재의 향기를 풍길까? 어쩐지 그럴 것이라는 확신이 들지 않는다. 왜 그런가? 여러 이유가 있겠지만, 우선 꼽을 수 있는 이유로는 만드는 공법이 다르고, 거기 깃든 정신이 다르기 때문이 아닐까. 끌과 대패, 톱과 자귀로 혼과 정성을 다해 지은 집은 하나의 작품이다. 그러나 전동 공구를 써서 시멘트를 척척 발라가며 지은 집은 작품이라고 하기 어렵다. 단지 어느 회사의 제품일 뿐이다. 제품은 감동을 주지 못한다. 그 가치는 다만 값으로 매겨질 뿐이다.

경복궁 강녕전 옛 모습(위) ǀ 정면 11간에 측면 5간 당당한 건물이 앞에 월대도 갖추었다. 용마루는 보이지 않는다. (《조선고적도보》)

강녕전을 옮겨 지은 창덕궁 희정당(아래) ǀ 없던 용마루가 생겼고, 월대는 없어졌다. 웬 복도와 굴뚝?

중궁전 교태전

구중궁궐 깊은 곳 　강녕전의 뒤로 돌아가면 바로 양의문兩儀門이 나
　　　　　　　　　온다. 음양陰陽의 문이라는 뜻일 터. 매우 철학적
　　　　　　　　　이다. 음과 양이 조화를 이루는 문이라니. 그런데
이를 알아듣지 못하거나 과도하게 받아들이면 자칫 외설적으로 들릴 수
도 있는 이름이다. 양의문 안으로 들어서면 정면에 교태전交泰殿이 널찍하
게 서 있다. 교태전 동편에는 원길헌元吉軒, 서편에는 함홍각含弘閣이라는 협
각夾閣, 보조 건물이 바로 붙어 있다. 앞에서는 보이지 않지만 동쪽 끝에서 뒤
편으로 꺾인 곳에 건순각健順閣이 붙어 있다. 원길헌과 함홍각 끝에서는 행
각이 남으로 꺾여 내려오다가 양의문 좌우로 뻗은 행각과 만난다. 행각에
는 당堂 자 편액들이 달려 있다. 교태전 및 그 주위의 건물들과 행각은 꽤
넓은 마당을 이루고 있다. 강녕전 마당과 비교하면 더 좁고, 월대도 없다.
좋게 이야기하면 아늑하고, 나쁘게 말하자면 좀 답답하다. 강녕전 일곽이
임금의 공간인 대전이라면, 교태전 일곽은 왕비의 공간인 중궁전中宮殿이
다. 왕비의 침전이자 연거지소이자 시어소時御所이다.

　왕비를 모양이나 내고 앉아 후궁들과 시앗 싸움이나 하는 존재로 아
는 것은 매우 잘못된 인식이다. 왕비는 공인이다. 왕조사회에서 왕비는 임
금의 공식적인 부인으로서 국모國母요 왕실의 안주인이다. 왕비는 임금과
같이 품계를 갖고 있지 않다. 품계에 들지 못했다는 뜻이 아니라, 품계를
초월한 존재라는 뜻이다. 궁궐 안에 살며 활동하는 여성들을 내명부內命婦
라 한다. 내명부는 독자적인 품계로 상하 질서가 잡혀 있었다. 그중 가장
높은 자리가 빈嬪이다. 왕비는 그 빈보다도 높은 지위였다. 왕비는 내명부
를 다스리는 일을 하였다. 궁궐 밖에 살면서 궁궐에 자주 드나들며 활동하
는 여성들은 외명부外命婦라고 하였다. 외명부는 출가한 공주나 옹주, 종친

경복궁 양의문 | 강녕전에서 교태전으로 들어가는 문이다. 양옆에 붉은색으로 칠해진 돌출된 부분은 강녕전에서 이어져 있는 굴뚝이다.

의 처, 관원의 처로 구성되었다. 외명부를 맞이하는 주인도 왕비였다. 왕비는 국가로부터 토지와 토지에서 수확물을 거둘 권한을 지급받았고, 국가 재정에서 일상생활에 필요한 물품과 경비를 지급받았다. 승하한 뒤에는 임금과 함께 능陵에 묻혔고, 그 신주神主는 종묘에 봉안奉安되었다. 임금의 후사를 결정하는 데 관여하기도 하였다. 남편인 임금이 승하한 뒤에도 계속 궁궐에 기거하면서 왕대비王大妃, 전 임금의 왕비, 대왕대비大王大妃, 전전 임금의 왕비의 지위를 갖고 왕실의 웃어른으로서 영향력을 발휘하였다. 새로 즉위한 임금이 국정을 수행할 능력을 갖추지 못했을 때는 수렴청정垂簾聽政을 하기도 하였다. 어떻게 보아도 왕비는 공인이다.

공인이라고 해서 사생활이 없는 것은 아니다. 왕비도 한 자연인으로서 임금의 후궁들에 대해 질투를 할 수도 있고, 친정붙이들을 가까이하며 사적인 정을 나눌 수도 있다. 그런 면모가 전혀 없다는 말이 아니다. 다만 그

런 면보다 공인으로서 갖게 되는 지위와 활동이 더 비중이 크고 본질적인
속성이라는 말이다. 이 점을 망각하고 왕비를 사인으로서만 그려내면 그
왕비는 참 비루해지고, 그 왕비가 몸담고 있는 왕실과 왕조가 치졸해지고,
그 사회와 문화가 덩달아 비참해진다. 왕비를 미화하자는 뜻이 아니다. 공
인으로 보고 평가하자는 말이다. 공인인 왕비가 일상생활과 함께 공적인
활동을 하던 주된 공간이 중궁전이며, 교태전은 경복궁 중궁전의 정전이
었다.

경회루에서 본 경복궁 내전 일대 ¦ 보기에 왼편 용마루가 없는 건물이 중궁전인 교태전, 중앙 약간 오른쪽의 큰 건물이 대전인 강녕전이다.

용마루가
없는 뜻은…

교태전은 정면이 9간에 측면이 4간 해서 36간이나 되는 큰 건물이다. 한가운데 대청이 6간이고, 대청의 동쪽과 서쪽에 각각 4간짜리 온돌방이 있고, 그 사방을 툇마루가 둘러싸고 있다. 시중받는 이의 공간과 시중드는 사람들의 공간이 잘 짜여 있다. 그런데 교태전의 외형에는 한 가지 특이한 점이 있다. 용마루가 없다. 지붕의 전면과 후면이 만나는 가장 높은 곳에 기와를 쌓아서 낮은 담장처럼 마감한 부분을 용마루라고 하는데, 교태전에는 용마루가 없다. 기실은 교태전 앞의 강녕전에도 용마루가 없고, 창덕궁의 대조전大造殿, 창경궁昌慶宮의 통명전通明殿에도 용마루가 없다. 이 건물들은 모두 궁궐의 임금이나 왕비의 침전, 곧 임금과 왕비가 동침하는 집이라는 공통점이 있다.

왜 침전에는 용마루가 없는가. 이에 대해서는 돌아다니는 설명이 있다. '침전은 임금과 왕비가 동침하는 집이다. 임금은 용이다. 그런 용이 깃들어서 다음 대를 이을 용을 생산하는 곳을 또 다른 용이 내리누르면 안 되기 때문에 용마루를 설치하지 않았다.' 이러한 설명이 무슨 근거를 갖고 있는지 나는 모르겠다. 누가 꾸며낸 이야기 같다. 그런데 또 듣고 보면 그럴 듯한 면도 없지는 않다. 다른 것은 몰라도 적어도 임금과 왕비가 동침한다는 이야기는 맞는 것 아니겠는가?

혹시 왕비가 임금에게 교태를 부리는 집이기에 이름을 교태전이라고 지은 것이 아닌가 생각할지 모르겠다. 하지만 교태전의 교태는 '교태嬌態'가 아니고 '교태交泰'. 그 이름에 담긴 뜻을 추적하면 《주역》에까지 가닿는다. 태泰는 《주역》의 64괘 가운데 하나로 아래가 건괘, 위가 곤괘로 되어 있다. ☰이 밑에, ☷이 위에 있는 형상이다. 하늘을 상징하는 건괘가 아래, 땅을 가리키는 곤괘가 위에 있으므로 위아래가 뒤집힌 형상이다. 얼핏 생각하면 아주 부자연스러운 모습 같다.

하지만 《주역》은 끊임없는 변화, 반전의 사고를 바탕에 깔고 있다. 양효陽爻 셋으로 이루어진 건괘는 하늘, 남자, 밝음 등을 상징한다. 이에 비해 음효陰爻 셋으로 이루어진 곤괘는 땅, 여자, 어두움 등을 상징한다. 위로 솟는 성질을 가진 양이 아래에 있고, 아래로 가라앉는 성질의 음이 위에 있기 때문에 양과 음이 만나게 된다. 엇갈려 지나치고 마는 것이 아니라 서로 사귀고 합한다. 다시 말해 음양과 남녀가 서로 교합交合하는 것이다. 그리고 보면 교태전으로 들어가는 문의 이름인 양의문의 양의兩儀도 곧 음양을 가리키는 것이니 같은 뜻임을 알 수 있다. 음양이 조화를 이루고, 남녀가 서로 만나 교통하여 생산을 잘하기를 바라는 뜻이 담겨 있다.

경복궁 교태전 ｜ 경복궁의 중궁전이지만, 새로 지은 건물의 생경함을 벗어나지 못하고 있다.

임금과 왕비의 침전 이름으로 더없이 좋지 아니한가?

교태전은 경복궁이 처음 세워질 때는 없었다. 그로부터 거의 50년 가까이 지난 1440년세종 22 무렵에 건립된 것으로 보인다. 경복궁의 다른 건물들과 마찬가지로 임진왜란 때 왜군에 의해 불타 없어졌던 것을 고종 초년에 다시 중건하였다. 힘껏 중건을 하였으나 교태전에서 대왕대비전인 자경전慈慶殿에 이르는 일대는 고종 대에 여러 차례 화마에 휩싸였다. 1873년고종 10 12월 10일에는 자경전에서 불이 나 인근의 복안당福安堂, 교태전과 부속 건물 364간을 태웠다.[16] 1875년고종 12 3월 29일 고종이 육상궁에 들렀을 때 경복궁에도 들러 이 전각들을 복구하라는 명을 내려, 그해에 8월에 상량上樑을 하였다.

경복궁 교태전 옛 모습 | 정면 9간, 용마루가 없는 건물인데, 전면에 월대가 없다. (《조선고적도보》)

무슨 화가 끼었는지, 1876년고종 13 11월 4일에는 그렇게 어렵게 복구한 내전 건물들이 다시 불길에 휩싸였다. 자경전에서 교태전을 거쳐 대전인 강녕전을 넘어 사정전 동서 행각에 이르는 넓은 지역의 830여 간이나 되는 건물들이 피해를 입었다.[17] 이때 불탄 내전 건물들은 1888년고종 25에 가서야 중건되었다.[18] 그렇지만 그 건물들은 그리 오래가지 못하였다. 1917년 창덕궁의 내전 일대에 불이 나서 다시 지을 때 교태전은 창덕궁으로 옮겨가서 대조전이 되었다. 그렇게 원래의 교태전은 지금 창덕궁의 대조전으로 변신해 있고, 대신 경복궁에는 1995년 새로 지은 건물이 들어서 있다. 덕분에 안에 들어갈 수 있다.

교태전에 들어가면 뒤쪽을 내다보아야 한다. 물론 건물 내부도 둘러보아야겠지만 그보다는 뒤쪽을 내다봐야 한다. 교태전은 앞에서만 보고 말면 그 진가를 도저히 알아볼 수 없다. 교태전은 뒤가 넓다. 중궁전은 궁궐

창덕궁 희정당 위에서 본 대조전 | 선평문 너머로 용마루가 없는 대조전이 보인다. 본래 있던 대조전이 1917년 화재로 불탄 뒤 경복궁의 교태전을 옮겨온 것이다. 창덕궁 원래의 대조전은 솟을지붕이었다.

에서 가장 깊숙한 곳, 구중궁궐九重宮闕 깊은 곳이다. 교태전 뒤에는 더 이상 건물이 보이지 않는다. 대신 나지막한, 봉우리랄 것도 없는 둔덕이 교태전을 받쳐주고 있다. 아미산峨嵋山이다.

대간의 끝 가지　　　　아미산은 중국 쓰촨성에 있는 산의 이름이다. 그 외에도 같은 이름의 산이 몇 곳 더 있는 것으로 안다. 경복궁의 아미산은 이름은 그럴 듯하여 아미산이나 실은 경회루 연못을 파면서 나온 흙을 옮겨 쌓아서 돋운 동산이다. 하지만 그 의미는 자못 깊다. 우리나라 삼천리 반도의 등뼈를 이루는 백두대간白頭大幹이 백두산에서 지리산을 향하여 달려가다가 금강산 조금 못 미친 곳에서 서남방으로 한 갈래를 내니 이것이 한북정맥漢北正脈이다. 한북정맥이 연봉을 이루며 달려오다가 마지막으로 우뚝 선 산이 북한산이요, 북한산에서 다시 한 단계 낮아진 갈래가 남으로 내려와 봉긋 솟은 봉우리가 백악이다. 백악에서 갈라져 내려온 가느다란 가지가 마지막으로 솟은 것이 바로 이 아미산이다. 아미산의 가지 끝에 피어난 꽃송이가 교태전이요, 교태전에 이어 여러 건물들이 주렁주렁 꽃과 열매의 덩어리를 이루고 있는 것이 경복궁이다. 아미산은 백두산과 경복궁이 만나는 접점이요, 경복궁과 한반도와의 관계를 보여주는 상징이다.

아미산은 크고 기다란 돌을 쌓아 네 층의 단으로 조성한 화계花階이다. 지금은 그렇고 그런 나무들과 역시 그렇고 그런 꽃들이 자리를 차지하고 있지만 옛날 왕비가 교태전에 살던 시절에는

《청구요람》에 실린 〈도성전도〉의 경복궁 부분 ㅣ 백악에서 흘러내린 산줄기가 경복궁을 지나 광화문까지 이어지도록 표현되어 있다. (서울대학교 규장각한국학연구원 소장)

각종 기화요초琪花瑤草가 계절을 바꿔가며 서로 아름다움을 겨루지 않았을까? 화초나 나무 외에 기묘하게 생긴 돌을 화강암을 깎아 만든 석분石盆에 담아놓은 것도 있다. 이를 괴석怪石이라고 한다. 그 화계 아랫단의 동쪽 끝에는 그리 눈길을 끌 만한 매력이 없어 보이는 석분이 하나 있다. 바깥에는 연꽃잎이 받치고 있는 모양이나 느낌이 투박하다. 위에는 아크릴 덮개가 덮여 있다. 뭔가 하고 덮개를 들춰도 그냥 우묵한 물그릇. 별것 없어 보인다. 그런데 가만히 보니 그 테두리에 뭔가 있다. 마치 그릇 같은 것을 놓을 때 받침점 같이 돌출되어 있다. 뭘까? 자세히 보니 개구리처럼 생겼다. 개구리가 여기 있을 리 없다. 그렇다면 두꺼비겠다. 두꺼비! 월궁月宮에 산다는 그 두꺼비다. 그렇다면 이 석분이 있는 이곳도 서왕모西王母를 비롯해

교태전 뒤편 아미산 │ 굴뚝 사이로 백악 정상부가 살짝 보인다. 백악에서 흘러내려 온 산줄기가 뭉긋하게 뭉친 곳에 경회루를 팔 때 나온 흙으로 더 돋우어 화계를 조성하였다. 노을이 떨어지는 물웅덩이, 달을 머금은 연못을 비롯하여 여러 석물로 장식하였다.

서 여성 신선들이 산다는 월궁일까? 바로 그렇다고 할 수는 없으나, 그랬으면 좋겠다는 염원을 살짝 표현한 것은 아닐까?

괴석들이 놓인 윗단에는 키가 어른의 허리 높이쯤 되는 웬 돌그릇이 둘 서 있다. 아랫부분은 무슨 받침대처럼 다듬어졌고, 윗부분은 한 변이 50센티미터가 조금 넘거나 못 되게 직사각형으로 우묵하게 파였다. 무엇을 담아놓았던 그릇인가 싶기도 한데 그 앞면을 보니 동쪽에 있는 것은 "낙하담落霞潭", 서쪽에 있는 것은 "함월지含月池"라는 이름이 새겨져 있다. 깊은 웅덩이 담潭, 연못 지池 등의 글자로 보면 이것은 무엇을 담거나 올려놓기 위한 받침대가 아니라 그 자체로 석지石池, 돌 연못임을 알 수 있다. 괴석과 석지를 설치한 뜻은 이곳이 괴석과 깊은 물웅덩이, 돌과 물로 이루

아미산의 굴뚝들 ㅣ 붉은 벽돌로 육각 기둥 모양으로 만든 굴뚝들이 바로 설치 작품이 되어 산수유, 진달래 꽃과 절묘하게 어울린다.

어진 절경이요 선경仙境이라는 의미를 부여하는 것이라 한다. 자연에 인공을 슬쩍 덧대어 자연을 끌어 들이고 자연 속으로 들어가려는 의도를 표현한 것이다. 낙하담, 함월지. '노을이 떨어지는 깊은 웅덩이', '달을 머금은 연못'이라는 그 뜻이 자못 아취가 있다. "떨어지는 노을은 외로운 기러기와 나란히 날고[落霞與孤鶩齊飛]…" 하는 왕발王勃의 시와 "아미산의 달이 반쪽 바퀴로 이지러진 가을에[峨嵋山月半輪秋]…"로 시작하는 이백李白의 시구를 연상시킨다. 그러나 거기서 그치지 않는다. 그 이름에는 해와 달이 있다. 다시 말하자면 양과 음이 있다. 교태전이라는 이름이 천지, 음양, 남녀의 교합을 뜻하는 것과 상통한다.

석지가 있는 윗단에는 굴뚝 네 기가 서 있다. 붉은 벽돌을 육각형으로 사람 키 한 길 반은 되게 쌓아 그 위에 둘레를 돌아가며 기와를 얹고, 가운데에는 집 모양으로 연가煙家, 연기 빠지는 구멍를 만들어 얹었다. 온돌로 난

방을 하는 우리나라 건물에서 굴뚝은 없어서는 안 될 요소이다. 그러한 굴뚝을 집에 붙여 짓지 않고, 땅 밑으로 연기 길을 내어 화계 높은 곳으로 뽑아내었다. 기능상 이렇게 하는 것이 연기를 더 잘 빠지게 하고, 또 연기가 집안으로 들어오는 것을 막는 효과도 있다. 뿐만 아니라 자칫 집의 미관을 해치기 쉬운 굴뚝을 이렇게 따로 세워놓고 그 면마다 돌아가며 귀면 같은 벽사상辟邪像, 봉황, 십장생, 사군자, 만자문卍字紋, 당초문唐草紋 등

함원전 뒤편 화계의 소와(小窪) ㅣ 모란잎 그늘을 벗어나 의뭉한 저 표정의 매력을 널리 보여주었으면 좋겠다.

의 길상문吉祥紋을 구워 박아 넣었다. 칙칙하기 십상인 굴뚝을 오히려 각종 아름다움과 상징이 깃든 조형물로 승화시켜 놓았다. 기능만을 숭상하는 오늘날의 최신 빌딩들에서는 찾아보기 힘든 반전이요, 흉내 내기 어려운 슬기다.

아미산은 서쪽으로 경회루 연못 부근까지 길게 이어져 있다. 교태전 서편에 함원전이 있는데, 그 두 건물 사이에 담장이 있고 거기 작은 문이 나 있다. 그 문을 지나 서쪽으로 함원전 뒤를 지나다 보면 그 오른편 비탈에 작고 평범한 화계가 있다. 그냥 지나치기 쉽다. 그런데 거기 모란잎 그늘에 웬 석조물이 있다. 보통 거북이라고 말하지만, 좀 더 전문적으로 말하자면 "귀부龜趺가 돌로 된 물을 담는 그릇을 등에 지고 있는" 모양이다. 귀부는 고개를 살짝 왼쪽으로 틀었는데 그 표정이 아주 의뭉스럽다. 등에 올려져 있는 물을 담는 그릇도 자세히 보니 용 두 마리가 서로 얽히고설

경복궁 함원전 뒤 화계와 우물 | 박석을 깐 바닥 가운데 있는 둥근 우물 주위로 둥글게 배수로가 나 있고, 그 출구는 경회루 방향으로 향하였다. 우물 테두리는 하나의 돌을 둥글게 깎아 마무리하였다. 고급스럽게 잘 가꾼 우물이다. 여기서 물 긷던 사람들, 이 물을 마시고 쓰며 살던 사람들의 삶을 조금은 느끼게 한다.

킨 자세를 취하고 있다. 석재의 질감이나 표현 기법 등으로 볼 때 고종 초년 경복궁이 중건되기 이전부터 있었던 것으로 보인다. 경복궁에 있는 조형물 가운데 오래된 것이요, 감칠맛이 나는 것이 아닌가 싶다. 지금 자리는 제자리가 아니라고 생각되는데, 원래 자리가 어디였는지는 알 수 없다. 적절한 자리를 잡고 오래오래 경복궁을 지켜주었으면 좋겠다.

함원전의 서북쪽 뒤편, 아미산이 끝나는 곳에 우물이 하나 있다. 바닥에 깔린 돌과 우물을 두른 테두리 등이 고색이 짙다. 현재 궁궐에 남아 있는 우물들이 그리 많지 않은 가운데, 제 모습을 가장 잘 간직하고 있는 우물이다. 물을 긷던 여인들의 애달픈 한숨과 눈물이 한 켠에 배어 있는 듯하여 공연한 감상에 젖게 만든다.

경회루

과연 경회루구나

경복궁에서 가장 유명한 건물은 아마 경회루慶會樓
일 것이다. 내국인이든 외국인이든 서울 구경을
오면 대개 경복궁을 들르기 마련이고, 경복궁에
가면 경회루는 빼놓지 않고 본다. 설령 실물을 직접 보지 않았다 하더라도
사진이나 그림이라도 볼 것이다. 실제로 경복궁에 가서 경회루를 보면 과
연 이름값을 한다는 느낌이 든다. 크기로 치면 우리나라 누각 건물 가운데
으뜸이며, 경복궁에서는 근정전에 이어 두 번째다. 크기만 그런 것이 아니
라 안팎의 의장이 대단히 화려하다.

지금 경회루는 정면 7간, 측면 5간 해서 35간이나 된다. 2층 누마루집
인데, 아래층은 돌기둥을 세우고 위층에 목조 건물을 올렸다. 아니다. 실
은 1층, 2층의 구별이 없다. 아랫부분은 층이 아니라 돌기둥이 선 공간일
뿐이다. 지붕은 앞뒤 지붕면이 높이 솟아오르고, 옆 지붕은 중간에 가서
붙고 그 윗부분에 삼각형의 단면이 생기는 팔작지붕 형식이다. 바닥 면적
이 넓고 높이가 높으니 자연히 건물이 기본적으로 웅장하다. 크기가 크면
세부가 허술하기 쉬운데 경회루는 그렇지 않다. 어느 한 구석 만만치 않게
번듯한 의장을 갖추고 있다.

기둥과 방에는 낙양각을 붙였다. 기둥은 기둥이고, 방枋은 기둥과 기둥
을 가로 잇는 상단의 나무를 말한다. 낙양각이란 외곽선을 화려한 곡선으
로 만들고 단청을 입힌 나무판을 기둥과 방에 덧붙인 것을 말한다. 낙양각
을 붙이면 아무래도 건물이 튼튼해질 것이다. 그러나 낙양각을 붙이는 목
적은 그런 구조적인 보강보다는 시각적인 보완이다. 안에서 밖을 볼 때 기
둥과 방으로 이루어진 직선으로 풍경이 잘리는 것을 피하려고 자연스럽
고 불규칙한 곡선으로 처리한 것이다. 멀리 밖에서 보면 그게 뭐 그리 효

경복궁 경회루 │ 정면 7간, 측면 5간의 큰 몸집으로 물 위에 가볍게 떠 있다. 연못 너머에서 봐도 멋있지만, 그래도 이 자리에서 보는 것보다 저 누에 올라보면 좋겠다.

과가 있겠나 싶다. 말로는 아무리 해도 전달하기 어렵다. 하지만 경회루에 올라 그 안에서 밖을 내다보면 낙양각의 효과가 결코 작지 않음을 단박에 알 수 있다.

지붕을 보아도 그렇다. 팔작지붕에서 앞뒤 지붕이 만나는 정상에는 용마루를 쌓고, 그 양끝은 새가 입을 벌리고 있는 모양 혹은 새의 꼬리 모양을 흙으로 구워 설치한다. 모양에 따라 취두鷲頭, 치미鴟尾 혹은 망새라고 부르는 것이다. 취두 있는 데서 아래로 내려오는 선을 내림마루, 내림마루

경회루 낙양각 너머로 바라본 경복궁 내전 일대 | 지붕과 지붕들이 잇닿아 있다. 저 건물들은 분명 어느 자리에 어떤 크기와 모양을 갖고 있다. 그러나 그것만을 보아서는 부족하다. 오랜 시간 변해온 과정, 그 속에서 살던 사람들의 행위, 삶을 함께 연결하여 보는 눈이 필요하다.

가 꺾여서 네 모서리의 추녀로 이어지는 선을 추녀마루라고 한다. 내림마루의 끝, 추녀마루의 시작 부위에는 용두龍頭를 놓았다.

　추녀마루 끝부분에는 무슨 짐승 모양을 여러 개 앉혔다. 잡상雜像이란 것이다. 잡상은 대당사부大唐師傅, 손행자孫行者, 저팔계猪八戒, 사화상沙和尙, 마화상麻和尙, 삼살보살三煞菩薩, 이구룡二口龍, 천산갑穿山甲, 이귀박二鬼朴, 나토두羅土頭 등의 이름을 가지고 있는데 장식 효과와 함께 잡귀들이 이 건물에 범접하는 것을 막는 벽사辟邪의 의미를 지니고 있다.

경회루 잡상 | 경회루는 건물 자체의 크기도 크거니와 우리나라 건물들 가운데 가장 많은 잡상을 거느렸다. 잡상 수효를 세다 보면 눈이 가물거린다.

취두, 용두, 잡상 등은 아무 건물에나 설치하지 않는다. 지위와 품격이 높은 건물에만 설치한다. 또 잡상이 설치되었다 하더라도 건물의 지위와 품격에 따라 그 수에 차이가 있다. 일반적으로 다섯 개가 많은 가운데 경복궁의 근정전에는 일곱 개, 도성의 정문인 숭례문에는 아홉 개가 있다. 그런데 경회루의 잡상은 열한 개나 된다. 우리나라 건물들 가운데서 가장 많다. 과연 경회루다.

덕으로 서로 만남   그러나 경회루가 처음부터 지금처럼 크고 화려하지는 않았다. 처음 태조 연간에 경복궁을 지을 때 경회루는 이름도 없는 작은 누각에 지나지 않았다. 1412년태종 12에 그 건물이 기울자 이를 수리하면서 위치를 조금 서쪽으로 옮기고, 원래보다 크기도 크게 하였으며, 또 땅이 습한 것을 염려하

여 둘레에 못을 만들었다. 새 건물이 완공되었을 때 태종太宗은 종친, 공신, 원로대신들을 불러 함께 기뻐하며 경회루라는 이름을 지었다. '경회慶會'란 단지 경사가 모이기를 뜻하는 데 그치는 것이 아니다. 올바른 사람을 얻어야만 경회라고 할 수 있다. 경회란 임금과 신하가 덕으로써 서로 만나는 것을 말한다.

목조로 된 궁궐 건물들이 흔히 그렇듯이 경회루도 몇 차례 수리를 거치면서 원래 모습이 조금씩 변하였다. 1473~1474년성종 4~5 무렵에 수리를 하였을 때는 아래층 돌기둥에 용을 조각하였다. 그 무렵에 조선에 온 유구국琉球國. 현재의 오키나와 사신이 이를 두고 조선 제일의 장관이라고 감탄을 하였던 것을 보면, 이 용이 조각된 돌기둥의 모습이 대단하였던 듯하다. 폭군으로 유명한 연산군은 그답게 경회루 연못 서편에 만세산萬歲山이라는 산을 쌓고, 연못에 배를 띄워 흥청망청 놀았다.

그렇던 경회루가 임진왜란의 와중에 궁궐이 불탈 때 함께 불타 없어지고 돌기둥만 남았다. 그 돌기둥은 조선 후기 내내 몇은 서 있고 몇은 부러진 채로 남아 있어서 폐허가 된 경복궁의 쓸쓸함을 더해주며 이곳을 둘러보는 임금과 시인묵객들의 감회를 자극하였다. 조선 후기에 경복궁을 그린 그림과 지도에서도 기둥만 남은 경회루의 모습을 확인할 수 있다. 오늘날 우리가 보는 경회루는 1867년고종 4 경복궁을 중건하면서 다시 지은 것이다.

철학 이념의 구현   그런데 그렇구나 하고 돌아서기에는 어쩐지 미진하다. 웅장하고 화려한 것이 다일까. 웅장하고 화려한 것만으로는 왠지 경회루는 멀고 낯설다. 왜 이렇게 크고 화려한 누를 연못 가운데 지었을까? 무엇을 하기 위해서였을까? 단지 연산군처럼 흥청망청 놀기 위해서였을까? 경회루의 본질을 잡으려면 좀 더 뜯어보고 살펴보아야 할 것 같다. 오늘날 사진 찍는 이들은 경회루를 좋은 자리에서 찍기 위해서 이리저리 움직인다. 하지만 옛날에는 어림없는 일이었다. 예전에는 경회루 연못 둘레를 따라 사방에 담장이 둘려 있었기 때문이다. 일제강점기에는 그 담이 전부 사라졌다. 그러다 근년에 동쪽과 북쪽만 복원하였는데, 동쪽 담장에는 함홍문含弘門을 비롯해 문이 셋 있다. 복원되지 않은 서쪽 담장에는 천일문天一門, 남쪽 담장에는 경회문慶會門이 있었다.

문이 있어도 아무나 드나들 수는 없었다. 조선 초기에 교서관校書館에서 근무하던 구종직丘從直이란 사람이 이전부터 경회루가 뛰어난 경치를 지니고 있다는 말을 들어오다가, 궁궐에서 숙직을 하게 된 어느 날 밤 평복 차림으로 경회루 아래까지 숨어 들어가서 이리저리 거닐며 그 풍치를 즐겼다. 그때 별안간 거둥한 임금을 만나 추궁을 당하게 되었다. 곁에서 누가 이 사람이 경전에 밝다고 말을 하였고, 구종직은 왕명에 따라 노래를 부르고 《춘추》를 외는 등 즉석에서 시험을 당하였다. 이것이 기회가 되어 임금의 눈에 들어 출세를 하였다고 한다.

구종직의 이 일화가 널리 사람들에게 알려지게 된 것은 아마도 이후 이긍익李肯翊의 《연려실기술練藜室記述》에 실린 덕분이 아닐까 싶다. 이 이야

경회루로 건너가는 다리 | 내전인 강녕전이나 교태전을 통해야, 그 주인들의 부름을 받아야 건널 수 있었다.

기는 조선 후기를 거쳐 일제강점기까지도 널리 퍼졌다. 하지만 이는 야사, 그 사실 관계를 확증하기 어려운 자료다. 그냥 그런가 보다 하고 넘기면 그만이지 그 연도, 임금을 따지는 것은 그리 중요한 일이 아니다. 이 일화에서 중요한 것은, 경회루는 궁궐에서 근무하는 관원들도 함부로 들어갈 수 없는 곳이었다는 사실이다.

경회루는 내전에 딸린 누이다. 경회루는 연못 주위에서 감상하는 곳이 아니었다. 경회루에 접근하는 정로正路는 강녕전이나 교태전에서 함홍문으로 들어가는 길이다. 함홍문을 들어서면 경회루가 있는 섬으로 건너가는 돌다리가 있다. 함홍문 북쪽으로도 문이 두 개 더 있는데, 그 문들 안에도 다리가 있다. 보통 이렇게 길이나 계단이나 문이 셋이 있으면 가운데 있는 것이 임금이 갈 길이다. 다리도 마찬가지다. 그러나 경회루로 건너가는 다리는 그렇지 않다. 가장 남쪽에 있는 것이 폭도 넓고, 다리 위가 세

경회루 내부 | 마루가 3단으로 되어 있다. 가운데 정상 3간과 그 주위 12간은 분합문이 달려 있어 내리면 방이 된다.

구역으로 구별되어 있어 임금이 건널 다리임을 알 수 있다. 그 다리를 건너면 바로 경회루 위로 오르는 계단이 연결된다.

경회루 위는 마룻바닥이다. 정면 7간, 측면 5간 해서 35간이나 되는 넓이이다. 그런데 그 바닥의 높이가 같지 않다. 그 중앙에 동서로 뻗은 3간이 가장 높다. 그 3간을 둘러싼 공간의 간수가 12간인데, 이 12간은 중앙 3간보다 한 뼘 남짓 낮다. 12간을 둘러싼 공간은 20간인데, 이 가장 바깥 20간은 다시 한 뼘쯤 더 낮다. 그렇게 높이가 달라지는 경계선마다 분합문分閤門을 달았다. 분합문을 내리면 그 안은 닫힌 방이 되고, 들어 올리면 터진 마루가 된다. 상단 중앙의 3간은 당연히 임금이 앉았던 곳이고,

경회루 돌기둥 | 안쪽에 둥근 기둥이 24개, 맨 바깥쪽에는 네모난 기둥이 24개. 자세히 보면 오묘하다.

그다음 중단과 하단에는 각각 신분과 지위에 따라 차등을 두어 앉는 자리를 정하였을 것이다.

경회루 마루의 층위는 단지 임금 중심의 위계질서를 드러내는 데 그치지 않는다. 고종 초년 경회루를 다시 지을 때 만든 기록에 의하면 그것에는 《주역》의 원리, 우주의 이치가 내재되어 있다. 곧 상단 중앙의 3간은 정당正堂으로 천지인天地人 삼재三才를 상징하고, 그 3간을 구성하는 기둥 8개는 팔괘를 나타낸다. 그다음 중단 12간은 정당을 보조하는 헌軒으로 1년 12개월을 상징한다. 중단에는 기둥이 16개가 서게 되는데 그 각 기둥 사이마다 네 짝 문이 있어 64괘를 이룬다. 하단의 20간은 회랑이다. 거기서는 기둥 24개는 24절기를 이룬다.

이 밖에도 기둥의 길이, 서까래 수효와 다리, 연못의 형상 등에 대하여도 《주역》의 숫자와 관련하여 풀이하고 있다. 그러한 관념은 아래층의 돌기둥에도 깃들어 있다. 돌기둥의 수효는 6×8=48, 48개인데, 그 모양을 자세히 보면 가장 바깥의 24개는 사각형이고 안에 있는 24개는 원형이다. 원과 사각이 함께 있으면 일단 하늘은 둥글고 땅은 네모져 있다는 관념인 천원지방天圓地方의 표현으로 이해하면 대체로 틀림없다. 집을 짓고 기둥을 세우면서도 하늘과 땅, 우주의 원리를 담으려 했던 그 철학적인 노력을 인정하고, 배울 바가 있다면 배울 일이다.

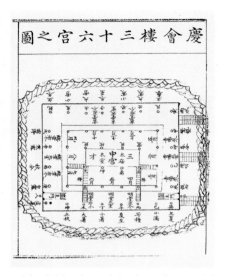

〈경회루삼십육궁지도〉 | 경회루의 구조에는 우주 자연과 인간에 대한 깊은 철학이 담겨 있다. (일본 와세다 대학교도서관 소장)

경회루는 기본적으로 임금이 주요 신료들이나 외국 사신을 맞아 연회를 베풀던 곳이다. 그밖에도 임금이 직접 참석하는 과거라든가 군사 훈련, 출병하는 군대를 위로하는 잔치, 기우제 등을 베풀기도 하였다. 조선시대에는 연회를 베풀면서도 임금과 어진 신하의 만남을 표방하였다. 단순한 놀이터가 아니라 통치자인 임금의 활동 공간임을 드러내려는 의도였다. 경회루라는 이름에는 그런 뜻이 담겼다. 그런데 왕조가 사라진 뒤, 일제강점기에 이곳은 식민지배자들의 파티장이 되었다. 해방 이후에 경회루는 국경일이나 기념일이면 대통령이 내외 귀빈을 초청하여 벌이는 칵테일 파티 장소로 쓰인 적이 많았다. 심지어 비교적 근래에 어느 대통령 때는 고기 파티장으로 쓰여 물의를 빚기도 하였다. 이런 파티장에는 어떤 우주의 원리와 통치 철학이 내걸렸는지 궁금하다.

4

동궁

자선당, 비현각, 계조당

왕세자가 드문 동궁　　동궁東宮은 왕세자가 기거하는 공간이다. 외전과
　　　　　　　　　　　내전의 동쪽에 배치하기 때문에 이런 이름을 붙
　　　　　　　　　　　였다. 동쪽은 아침이 시작되는 곳, 생장生長을 본
질로 하는 목木의 방향이요, 어린 아이를 기르는 사랑의 마음으로 표현되
는 인仁의 방향이다. 다음 왕위를 이어받을 왕세자의 공간으로 동쪽을 선
택하는 이유이다. 그렇다고 임금보다 윗대의 연세가 많은 전 왕비, 왕대비
나 대왕대비가 계실 경우 그분을 서쪽에 모시지는 않았다. 그분도 동쪽에
모시고, 그 공간을 가리켜 동조東朝라고 하였다.

　　외전과 내전은 원칙적으로 주인이 없는 기간이 있을 수 없다. 임금 자
리는 공석일 수 없기 때문이다. 물론 임금이 승하하여 다음 임금이 즉위하

〈왕세자두후평복진하도병〉 중 왕세자책봉도 부분 | 1879년(고종 16) 12월 28일 당시 왕세자가 천연두를
앓다가 회복된 것을 축하하기 위해 그림 병풍이 제작되었다. 그 가운데 인정전에서 행해진 왕세자 책봉례
(冊封禮) 장면을 그린 제2~4폭이다. (국립고궁박물관 소장)

기까지 며칠은 공석일 수 있지만, 그때도 공무를 처리하는 장치는 마련되
어 있다. 이에 비해 동궁은 늘 주인이 있지 않다. 왕세자는 임금과 왕비 사
이에서 태어난 맏아들이 왕세자가 되는 것이 원칙이다. 그러나 임금과 왕
비 사이에 반드시 아들이 있다는 보장은 없다. 아무리 임금과 왕비라도 생
명의 탄생을 마음대로 할 수는 없다. 그럴 경우에는 후궁 소생 왕자 가운
데 한 사람을 지명하여 왕세자로 책봉하였다. 그마저 없으면 방계 종친 중
한 사람을 지명하여 왕세자로 세우기도 하였다. 이런 저런 이유로 동궁은
주인 있는 기간보다 비어 있는 기간이 더 길었다고 할 수 있다.

　고종은 1874년고종 11 2월 8일 명성왕후明聖王后에게서 첫 아들을 얻었

다.[19] 그 이름을 이척李坧이라고 지
었다.[20] 이척은 태어난 지 돌이 되
었을 때 인정전仁政殿에서 왕세자
로 책봉되었다.[21] 당시 고종은 창
덕궁에 임어하고 있었다. 1868년
고종 5 경복궁을 중건하여 임어하
였다가, 1873년고종 10에 경복궁
내전 일대에 대화재가 나서 창덕
궁으로 옮겨온 뒤였다.[22]

왕세자를 책봉한 지 석 달 남
짓 지났을 때 고종은 다시 경복궁
으로 이어하였다. 당연히 왕세자
도 함께 경복궁으로 갔다.[23] 이때
왕세자가 동궁에 기거하였는지,
아니면 어머니 명성왕후와 함께
중궁전에서 양육을 받았는지 정
확히 알려주는 자료는 찾기 어렵

왕세자 시절의 순종 | 후일 망국의 군주가 되기 때문
인진 모르겠으나, 어딘가 비어 보인다.

다. 아마도 후자가 아니었을까 짐작할 뿐이다. 왕세자 이척은 1882년고종 19
1월 20일 아홉 살이 되었을 때 창덕궁의 동궁 중희당重熙堂에서 관례冠禮를
행하였다.[24] 이어서 2월 19일에는 왕세자빈王世子嬪을 맞았다.[25] 이제 어엿한
성인이 되었고, 왕세자로서 자신의 공간인 동궁에 기거하게 된 것이다. 그
런데 그 궁궐은 경복궁이 아니라 창덕궁이었다. 1876년고종 13 11월 4일 경
복궁 내전에 또 큰 화재가 나서 고종이 경복궁 뒤편의 건청궁乾淸宮으로 옮
겼다가[26] 거기서 겨울을 나고 이듬해 봄 창덕궁으로 이어하여 계속 그곳
에 있었기 때문이다.[27] 고종은 갑신정변甲申政變을 겪은 뒤인 1885년고종 22
1월에 가서야 경복궁으로 환어하였다.[28] 물론 왕세자도 함께했다.

정당 계조당은
사라지고

고종 초년 경복궁을 중건할 무렵에 지은 동궁의
주요 건물은 자선당資善堂과 비현각丕顯閣이었다.[29]

그런데 경복궁 중건 사업이 일단락된 바로 뒤에
계조당繼照堂을 지었다. 계조당은 궁궐 밖 오늘날의 종로5가에 있던 별궁
인 어의본궁於義本宮이 장마에 허물어지자 그것을 옮겨 지은 것이었다.[30] 공
사는 1868년고종 5 8월 초에 시작되어[31] 한두 달 안에 끝났던 것으로 보인
다. 계조당은 1875년고종 12 말부터 고종과 왕실이 경복궁에 임어하는 동안
백관이 왕세자에게 조하朝賀를 드리는 처소가 되었다.[32] 동궁의 외전, 가장
지위가 높은 건물이었던 것이다. 그러던 계조당이 1889년고종 26 이후 언젠
가 심각한 훼손을 입었던 듯하다. 1891년고종 28 3월 고종은 계조당을 다시
지어서 동궁의 조하를 받는 건물로 삼으라는 왕명을 내렸다.[33] 조선 초인
세종 대에는 동궁에 자선당과 승화당承華堂이 있었는데 그 전각에 임금이
임어하였기 때문에 계조당을 다시 지었다는 사실을 근거로 내세워[34] 계조
당을 다시 짓게 한 것이다. 이때는 1891년 창덕궁의 함녕전咸寧殿과 중희
당 등을 옮겨 계조당을 지은 것으로 보인다.[35] 그리하여 계조당은 진찬進饌
을 여는 등 동궁의 정당으로서 지위를 유지하였다.[36]

그 계조당은 지금 종적을 찾을 길이 없다. 1895년고종 32 일본인들이 경
복궁에 침입하여 왕비를 살해하는 만행을 겪은 고종은 1896년고종 33 2월
경복궁을 벗어나 러시아공사관으로 옮겨갔다. 왕세자 역시 고종을 따랐
다. 그 뒤로 고종은 다시는 경복궁에 임어하지 않았다. 왕세자도 경복궁으
로 돌아오지 않았고, 주인을 잃은 계조당은 어느 때인가 다시 사라졌다.
경운궁을 지으면서 계조당을 헐어 그 자재를 가져다 쓰지 않았나 추측할
뿐이다. 자료를 면밀히 찾아보지 않으면 그 위치조차 알기 어렵다. 다행히
〈북궐도형北闕圖形〉이라는 도면에 따르면 계조당은 정면 5간, 측면 3간의
건물이었고, 위치는 오늘날 남아 있는 건물을 기준으로 보자면 근정전 동
행각에 있는 융문루隆文樓 동남쪽이다.

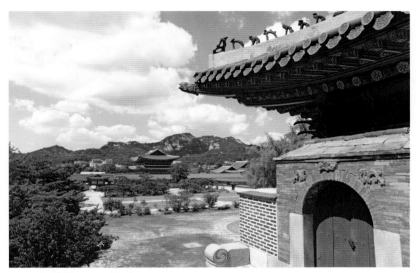

건춘문 문루에서 바라본 경복궁 동남변 | 근정전 동행각 바깥으로 보이는 빈터가 동궁의 춘방, 계방 등이 있던 자리다. 그 남쪽에는 계조당이 있었다.

계조당 북동편에는 계방桂坊이 있고, 그 바로 뒤에 붙어서 춘방春坊이 있었다. 계방은 왕세자를 경호하는 세자익위사世子翊衛司, 춘방은 왕세자의 왕자 수업을 담당하는 세자시강원世子侍講院의 별칭이다. 그 두 관서의 서쪽과 북쪽에 춘방과 계방의 업무를 돕는 서리 등 중인 실무자들과 시위를 맡는 장졸將卒들의 처소가 있었다. 지금은 빈터만 있다.

거기서 북쪽으로 더 나아가면 다시 행각으로 둘러싸인 공간이 나온다. 동쪽에 남북으로 외행각이 있는데, 그 행각에 동향으로 난 2간짜리 문이 이극문貳極門이다. 이극문은 자선당과 비현각 전체의 외대문인 셈이다. 이극문을 들어서서 바로 오른편에 동서로 행각이 있고, 그 행각에 있는 2간짜리 문이 이모문貽謨門이다. 이모문을 들어서면 다시 내행각이 하나 더 나오고 거기 이름이 없는 문을 들어서면 비현각이다. 비현각은 정면 6간, 측면 2간 건물로 가운데 6간이 대청이고, 그 동서에 각각 2간, 4간 온돌방이

경복궁 자선당 ┃ 깊은 손맛보다는 전동공구가 남긴 기계적이고 딱딱한 느낌을 지울 수 없다.

있다. 이극문에서 더 서쪽으로 진행하면 다시 큰 행각이 동서로 길게 가로
막고 있고, 거기 2간문이 있는데 중광문重光門이다. 중광문 안쪽에도 같은
크기의 행각이 한 겹 더 있고, 그 행각에 1간짜리 육덕문毓德門이 있다. 육
덕문 안에 자선당이 있다. 자선당은 정면 7간, 측면 4간이다. 가운데 3간
짜리 대청이 있고, 앞뒤로 툇간이 있다. 대청의 동서에 각각 4간짜리 온돌
방이 있다. 자선당은 이 일대 동궁 영역의 중심 건물이다.[37] 계조당이 동궁
의 외전이었다면, 자선당과 비현각은 내전에 해당된다고 할 수 있다.

불구가 된 동궁　　　자선당, 비현각을 비롯하여 동궁 일대의 건물들
　　　　　　　　　은 일제강점기에 수난을 피하지 못하였다. 일제
　　　　　　　　　는 1915년 시정오년기념조선물산공진회始政五年記
念朝鮮物産共進會를 경복궁에서 열면서 다른 대부분의 건물들과 마찬가지로
동궁의 건물들 역시 모두 헐어 없앴다. 그 건물들은 기실은 그냥 없어진

것이 아니라 일본인들에게 팔려나갔다. 그 가운데 자선당은 오쿠라 기하
치로[大倉喜八郞]라는 사람이 가져다 도쿄의 자기 집 정원에 세우고 사설 박
물관으로 삼았다. 그러던 것이 그만 1923년 관동대지진 때 화재가 일어나
건물은 불타 없어지고 기단과 주춧돌만 남았고, 그 터 주위에 오쿠라호텔
이 섰다. 자선당 주춧돌은 오쿠라호텔 구내 정원 벚나무가 가득한 산책길
에 버려져 있다가 1993년에 다시 세상에 드러났고, 우리나라 측에서 반환
을 추진한 결과 자선당을 받치고 있던 석재 288개가 1995년 12월 28일
다시 경복궁으로 돌아왔다. 오기는 왔으나 그 돌들은 이미 불구가 되어 있
었다. '불을 먹어서' 다시는 제구실을 할 수 없는 상태가 된 것이다. 자선
당 유구는 그렇게 돌아오기는 왔으나, 제자리를 찾지 못하고 북쪽 궁성
가까운 곳 녹산鹿山의 서쪽 끝, 건청궁의 동편으로 밀려나 있다.

　일제는 1929년 다시 경복궁에서 박람회를 열었다. 광화문을 동쪽 궁
성의 북쪽 지점으로 옮겨 짓고, 그 문을 박람회 정문으로 삼았다. 그 옮겨
진 광화문에서 경회루를 바라보고 들어가는 진입로를 넓게 내고, 그 좌우
에 전국 각지 폐사지에서 불상, 탑, 부도 등을 다수 가져다 놓았다. 야외
전시장을 만든 셈이다. 그 남쪽, 건춘문建春門 안 동궁 영역에는 석조 건물
로 번듯하게 총독부박물관을 지었다. 총독부박물관은 해방 이후 학술원과

자선당 유구 | 일본에서 돌아오고도 제자리를 찾지 못하고 건청궁 동쪽 녹산 기슭에 쓸쓸히 옮겨져 있다.

예술원이 입주하기도 하였고, 한때는 전통공예전시관으로 쓰이기도 하다가 경복궁 복원 사업에 따라 1990년대에 철거되었다.

그리고 1999년 무렵에 자선당, 비현각을 비롯하여 동궁 일곽이 복원되었다. 복원이라는 이름 아래 공사가 되기는 하였으나 옛 모습을 되살리지 못하였다. 모습만 되살리지 못한 것이 아니라 그 개념을 되새기지 못하였다. 정당인 계조당은 복원되지 못하였고, 왕세자를 보필하고 시위하는 춘방이나 계방도 없다. 지금 동궁이라고 복원한 공간에서는 왕세자가 왕세자답게 살 수 없다. 불구의 공간이 되어버렸다.

5

궐내각사

수정전

내전과 궐내각사의
접점

경복궁을 관광하는 사람이 경회루를 빼놓는 경우
는 거의 없다. 동시에 대개는 경회루만 보고 그냥
다른 곳으로 가는 것 또한 사실이다. 경회루 남쪽
에 있는 건물을 눈여겨보는 이는 매우 드물다. 하지만 우리가 궁궐을 찾는
목적이 그저 좋은 경치 화려한 건물만을 보려는 것이 아니요, 궁궐에 남
아 있는 역사와 문화의 흔적을 더듬으려는 것이라면 경회루만 보고 돌아
서서는 안 된다. 그 앞에 있는 수정전修政殿을 보아야 한다.

수정전은 얼핏 보기에는 대단한 점이 눈에 띄질 않는다. 경회루처럼
화려하지도 않고, 근정전처럼 위엄을 지니고 있지도 않다. 그렇다고 주위
분위기가 그윽한 것도 아니다. 그러나 곰곰이 뜯어보면 범상치 않은 점이

경복궁 수정전 | 뒤로 경회루가 보이고, 동쪽으로는 내전이 있다. 사진에서는 보이지 않지만, 서쪽과 남쪽으로는 지금은 사라진 궐내각사들의 터가 펼쳐져 있다.

한두 가지가 아니다. 수정전은 실제 크기는 근정전, 경회루보다 훨씬 작다. 그러나 간 수를 보면 정면 10간, 측면 4간 해서 40간이나 된다. 근정전이 25간, 경회루가 35간인 데 견주면 개념상으로는 더 큰 건물이다. 크기만 그렇게 큰 것이 아니다. 수정전은 땅바닥에서 어른 키만큼은 되게 기단을 쌓고 그 위에 지었다. 기단을 높게 한 의도는 위엄 있게 보이려는 것은 물론, 지열을 차단하여 여름에 시원하게 하려는 데 있으리라. 냉방과 함께 난방도 고려되어 있다. 기단의 측면을 보면 지금은 나무판자로 막아놓은 부분이 있는데, 그곳이 아궁이다. 아궁이가 있으면 굴뚝이 없을 수가 없다. 굴뚝은 건물 뒤편, 그러니까 경회루 쪽으로 두 개가 나 있다. 지금은 네모난 벽돌로 아주 멋없이 서 있는데 원래부터 이런 모양이었을까? 그렇

수정전 옛 모습 | 일제강점기의 사진이지만, 좌우로 연결되어 있던 복도가 아직 남아 있다.

지 않을 것 같다.

기단은 건물 전면으로 넓게 나와 있다. 월대다. 월대는 격이 높은 주요 건물에만 설치되어 있다. 큰 행사를 거행할 때 대신, 종친 같은 높은 사람들이 자리 잡기도 하고, 악공들이 연주를 하거나 무희들이 춤을 추기도 하였다. 또는 그 건물의 주인인 임금이나 왕비 또는 대왕대비 등이 월대에서 직접 죄인을 문초하기도 하였다. 수정전에 그러한 월대가 특별히 넓게 조성되어 있다는 것은 이 건물이 특별한 기능을 가지고 있었음을 보여주는 또 하나의 징표다.

옛 집현전 터　　　　지금 수정전은 고종 초년 경복궁을 중건할 때인 1867년고종 4에 지은 것이다. 고종 초년에는 고종이 기거하는 연거지소로 쓰이기도 하였고, 때로는 신료들을 만나 정무를 의논하는 편전으로 쓰이기도 하였다. 말하자면 처음에는 내전 영역에 들어가는 건물이었다고 할 수 있다. 그러다가 고종 중반 1890년대 전반, 우리 역사의 격변기에 여러 제도가 급하게 변개될 때는 군국기무처軍國機務處, 내각內閣의 청사로 쓰이기도 하였다. 당시 고종은 경복궁에 임어하더라도 뒤편의 건청궁에 기거하였기에 이 일대는 신하들의 활동 공간이 되었던 듯하다.

임진왜란으로 경복궁이 불타 없어지기 전에도 당연히 이곳에 건물이 있었다. 특히 세종 연간에는 그 유명한 집현전集賢殿이 이곳에 있었다. 학문을 연구하며 임금에게 주요 정책을 자문하고 건의하던 기관, 세종 대 문치의 본산이라고 할 집현전이 있던 자리라니 다시 이곳을 돌아보게 된다. 그러고 보니 이곳은 바로 그럴 만한 자리이다. 이 건물의 동쪽은 임금이 계시는 내전이다. 이 건물의 동쪽에는 경복궁 외전의 정전인 근정전이 있고, 또 그 바로 뒤에는 편전인 사정전이 있다. 관원들이 임금에게 충성의 의식을 치르기도 하고, 임금과 관원들이 만나서 국정을 논의하고 결정하는 공간과 맞닿아 있는 것이다. 서쪽에는 넓은 잔디밭이, 남쪽에는 휴게소와 화장실 등이 들어서 있으며, 더 남쪽은 담장이 세워져 아예 이 영역에서 잘려나가 있다. 하지만 영추문迎秋門에서 근정전에 이르는 지역, 저 잔디밭과 그 앞 일대는 바로 경복궁에 들어와 있는 여러 관서들이 있던 공간인 궐내각사闕內各司였다. 옛날의 집현전, 수정전은 그렇게 임금의 영역과 신하들의 영역이 만나는 접점에 자리 잡고 있었다. 임금과 신하들이 만나서 학문을 궁구하고 정치를 수련하던 곳이다.

후대에 길이 남을 업적을 남기고 싶으면 인재를 키워라. 인재를 키우되 제도적으로 키워서 신뢰를 바탕으로 적재적소에 배치하여 능력을 발휘하게 하라. 수정전은 이런 이야기를 전하며 거기 서 있는지도 모른다. 경회루만 보고 돌아서지 말고 수정전이 지금 우리에게 들려주는 그런 이야기를 경청하는 것이 경복궁 구경의 참뜻이 아닐까.

궐내각사

사라진 궐내각사,
남은 왜곡

지금 영추문 인근에는 화장실이 있고, 수정전 앞쪽에는 차를 파는 건물도 들어섰다. 하지만 경복궁의 옛 도면을 보면 이 구역에도 역시 건물들이 서로 담장이나 행각을 잇대어 빽빽하게 들어차 있었다. 처음 들어오는 사람은 어느 문으로 들어가야 할지 길을 잃고 헤맬 정도였다. 궁궐은 임금이 일상생활을 하는 곳이자, 다른 한편으로는 최고 통치자로서 각종 활동을 하는 곳이기도 하였다. 그러므로 궁궐은 임금을 측근에서 모시는 관원들, 또 만나서 정치와 행정을 비롯하여 국정 전반을 논의하고 집행하는 관원들의 활동 공간을 포함하고 있었다. 궁궐에 들어와 있는 이런 관서들을 합하여 궐내각사라 불렀다. 이 구역은 궁궐의 또 다른 본령의 핵심을 이루는 곳, 궐내각사가 모여 있던 곳이다.

경복궁 창건 초기의 기록을 보면 경복궁에는 주방廚房, 등촉인자방燈燭引者房, 상의원尙衣院, 양전사옹방兩殿司饔房, 상서사尙瑞司, 승지방承旨房, 내시다방內侍茶房, 경흥부敬興府, 중추원中樞院, 삼군부三軍府 등의 관서가 있었음을 알 수 있다. 조선시대 정치제도가 정비됨에 따라 궐내각사는 점점 많아졌다. 임진왜란으로 파괴되기 전 경복궁이 제 모습을 온전히 갖추었을 때는 내반원內班院, 상서원尙瑞院, 사도시司導寺, 상의원, 내의원內醫院, 사옹원司饔院, 전설사典設司, 전연사典涓司, 사복시司僕寺 등 임금을 비롯 궁궐 구성원의 생활과 활동을 보좌하는 실무 관서, 흠경각欽敬閣, 보루원報漏院, 관상감觀象監, 간의대簡儀臺 등 천문과 시각을 관측하는 관서와 기구, 도총부都摠府처럼 궁궐 수비를 담당하는 군무軍務 관서, 춘추관春秋館, 승정원, 홍문관弘文館, 예문관藝文館, 교서관校書館, 승문원承文院 등 임금을 측근에서 시종侍從하며 학문과 정치 행정을 담당하는 정무 관서 등 대단히 많은 관서들로 들어차 있었다.

고종 때 중건된 경복궁의 궐내각사 구역의 면적과 위치는 대체로 임진왜란 이전과 거의 같다고 볼 수 있다. 하지만 제도와 관서의 변화에 따라, 그리고 동궐창덕궁과 창경궁을 함께 이르는 말과의 관계에 따라 경복궁 궐내각사 구역에 배치된 관서의 수와 명칭들은 상당히 많이 바뀌었다. 임금의 시중을 드는 내시들의 공간인 대전장방大殿長房, 궁궐의 음식을 만들고 음식을 담는 그릇을 조달하는 주원廚院, 사옹원, 내시들을 통솔하는 내반원內班院, 왕명을 출납하는 승정원, 대신들의 회의 공간인 빈청賓廳, 임금의 경호요원인 선전관들의 관서인 선전관청宣傳官廳, 규장각의 전문위원이라 할 수 있는 검서관들의 청사인 검서청檢書廳, 임금과 학문과 정치를 토론하는 옥당玉堂, 홍문관, 왕실 전용 병원인 약방藥房, 내의원, 학문과 서적을 관리하는 내각內閣, 규장각 등이 확인된다.

지금 경복궁에는 궐내각사에 해당하는 건물은 단 하나도 남아 있지 않다. 1910년을 전후하여 하나둘 헐려나가기 시작하다가, 1915년 일제가 경복궁에서 공진회를 열면서 대거 헐려 버렸다. 그 결과 이곳이 정치와 행정을 담당하던 관서들이 있었던 곳이라고는 짐작조차 하기 어렵게 되었다. 궐내각사 파괴의 효과는 크다. 궁궐은 그저 임금과 왕비, 후궁이 뒤섞여 시앗 싸움이나 하던 곳으로 인식되게 되었다. 덩달아 조선시대는 꼼짝없이 그 시앗 싸움에 얽혀 당쟁이나 일삼던 시대로 낙인찍히고 있다. 식민사학의 당파성론黨派性論이 만들어 놓은 인식이다. 일제가 궁궐을 파괴한 효과는 이렇게 아직까지도 살아남아 있다.

잔디밭이 끝나는 지점에는 영추문이 서 있다. 경복궁 동문을 건춘문이라 한 데 대하여 춘春과 추秋를 대비시켜 붙인 이름이다. 영추문은 그 안이 궐내각사라 관원들, 특히 하급 관리들이 많이 드나들었던 문이다. 육축에 홍예문이 나 있고, 그 위에 문루가 있는 형태로 건춘문과 거의 같다. 1923년 전차가 서십자각을 휘감아 돌아 영추문 앞으로 다니게 되면서 그

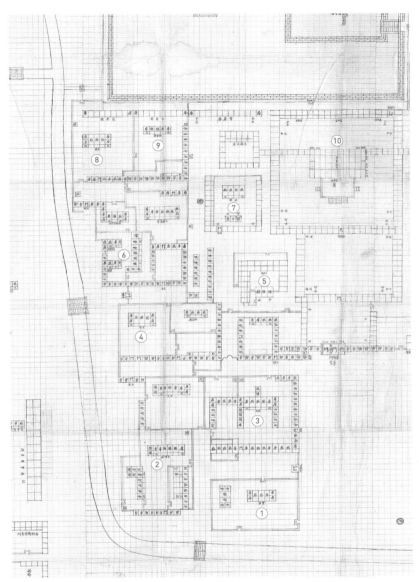

〈북궐도형〉 중 궐내각사 부분 | 1907년 무렵 그린 것으로 추정되는 경복궁의 도면이다. 빈청(**1**), 선전관
청(**2**), 승정원(**3**), 홍문관(**4**), 내반원(**5**), 내의원(**6**), 주원(**7**), 규장각(**8**), 검서청(**9**) 등을 확인할 수 있
다. 우상단에는 수정전(**10**)이 있다. (서울대학교 규장각한국학연구원 소장)

경복궁 궐내각사 터 | 궐내각사 건물들은 다 어디 가고 나무와 잔디가 주인 노릇을 하고 있다.

영향으로 영추문 바로 옆의 궁성이 무너지는 등 문제가 생겼다. 이에 일제
는 1926년 영추문을 헐어버렸다. 지금 있는 문은 1975년에 원래 자리보
다 북쪽으로 떨어진 곳에 새로 지은 것이다.

6

생활기거공간

자경전

동조 자경전 경복궁 동궁의 북쪽, 교태전의 동북편에 담장으로 둘러싸인 건물이 있다. 얼핏 보면 별것 없다는 인상을 받고 되돌아 나오기 십상이다. 그러나 지금은 그저 꺼칠하기만 한 이 건물은 결코 범상치 않다. 차분히 들여다보고 있노라면 산전수전을 다 겪었으면서도 기품과 무게를 잃지 않은 노인의 풍모를 찾을 수 있다. 바로 자경전慈慶殿이다.

자경전은 임진왜란으로 경복궁이 불타 없어지기 이전에는 없던 건물이다. 애초에 '자경'이란 이름은 정조正祖 임금이 즉위하면서 그 어머니 혜경궁 홍씨를 위해 창경궁에 커다랗게 집을 짓고 자경전이라 이름을 붙인 데서 비롯되었다. 자경이란 '자친慈親', 곧 임금이 어머니나 할머니 등 왕실의 웃어른이 되는 여성에게 '경사慶事'가 임하기를 바란다는 뜻을 가지고 있는 것으로 볼 수 있겠다.

경복궁의 자경전은 경복궁 중건 이후인 1867년고종 4 지어졌다. 당초 자경전은 막 지어졌을 무렵에는 고종이 정무를 보는 건물로 사용되었다. 승지들이 공무를 가지고 입시하기도 하였고, 진강進講, 임금이 관원, 학자들과 학문을 토론하는 것을 하고, 소견召見, 고위 신료들을 불러들여 정사를 의논하는 것을 하기도 하였다. 그러다가 1873년고종 10 12월에 큰 불이 나서 그 일대 건물들과 함께 불타 없어졌다. 이 화재 직후 곧 다시 지었으나, 지은 지 1년 반쯤 뒤인 1876년고종 13 11월에 또 불이 나서 타버렸다. 이때도 자경전은 다시 지었고, 그 자경전이 조금씩 변하면서 지금까지 남아 있는 것이다.

자경전을 한 채의 건물로 생각하기 쉬우나, 실은 청연루淸讌樓라는 누마루집과 협경당協慶堂이라는 건물까지 세 채가 잇닿아 있다. 현재는 그 앞으로 남쪽의 행각만이 남아 있으나, 경복궁에 건물이 꽉 들어차 있을 때는 그 동쪽, 서쪽, 북쪽도 각각 행각이 둘러싸고 있었고 그 행각에는 당堂 자 붙은 방들이 여럿 있었다. 자경전은 그 자체로 규모가 40간이 넘고, 주위에 일군의 건물들을 거느린 당당한 풍모를 지닌 건물이었다. 지금 주위 건물들은 없어졌고, 건물의 단청도 새로 칠해 깊은 맛을 잃었으며, 온갖 치장도 사라져 버리기는 했으나 그 풍모의 골간은 남아 있다.

1876년고종 13 이후 자경전에 임금이 정식으로 임어한 적은 없다. 대신 당시 대왕대비인 신정왕후神貞王后가 주로 살았던 것으로 보인다. 그 신정왕후도 1890년에 죽었다. 그 후에는 그때그때 필요에 따라 여러 사람이 살았던 것으로 보인다. 어느 건물에 유명한 누군가가 살았다고 하면 그것에 얽매여 생각하기 쉽다. 그러나 건물의 주인은 죽거나 교체되면서 끊임없이 바뀌어간다. 그러므로 어느 건물에 누가 살았었다는 이야기를 들을 때는 변화를 생각해야 한다. 자경전도 마찬가지다. 고종도 살았고, 대왕대비 신정왕후도 살았었고, 또 다른 사람도 살았었다. 그렇게 많은 사람들

경복궁 자경전 | 자경전은 경복궁에서 왕실 여성 가운데 가장 웃어른인 대왕대비나 왕대비가 주로 사용하던 공간이다. 가운데 앞으로 튀어나온 부분이 청연루, 그 뒤 왼편으로 보이는 부분이 자경전이다. 청연루 앞으로는 두 공간을 가르는 담장이 있었다.

이 살다간 이 건물은 긴 세월 갖은 풍파를 겪으며 살아남아 지금 이 모습으로 남아 있다. 그리고 그 속에는 세월, 사람들의 애환과 체취가 담겨 있다. 자경전을 유심히 들여다보면 그러한 흔적을 찾아낼 수 있다. 특히 왕실의 웃어른이 되는 여성이 살던 그윽한 분위기가 남아 있다.

병풍 담장   궁궐은 주요 건물을 중심으로 행각이나 담장이
화폭 굴뚝   있어 자연히 여러 구획으로 나뉘었으며, 그렇게
                     나뉜 구획도 다시 담장이나 판장板牆 따위로 더
잘게 나뉘어 있었다. 남녀의 내외, 신분과 직역에 따른 활동 영역을 구별하기 위해서였다. 자경전도 예외가 아니었다. 예외가 아닌 정도가 아니라 왕실의 최고 어른인 대왕대비가 살던 곳이니만큼 외부와의 구별, 또 그

내부에서의 구별도 더욱 엄격하였으리라고 짐작할 수 있다.

　자경전은 동서남북 사방을 돌아가며 행각과 담장이 둘려 있었다. 지금은 정문에 해당하는 남행각의 만세문萬歲門을 들어서면 부속 건물인 협경당의 동쪽 담장에서 서행각까지가 탁 트인 하나의 마당으로 되어 있지만, 원래는 그런 모습이 아니었다. 자경전과 협경당 사이 청연루 어간을 작은 담장이 막고 있었다. 궁궐의 다른 주요 건물들에서 보듯 문을 들어서면 바로 건물 전면이 보이지 않도록 사람 키 높이 정도의 버팀목에 덩굴을 올린 취병翠屛이나 나무판으로 된 가리개를 두었음 직하다.

　그런데 담장은 그 안에 사는 사람을 보호하기도 하지만 동시에 가두기도 한다. 담장 안에 있으면 안전하지만 한편으로는 답답하다. 담장 안에 사는 사람들, 특히 마음대로 드나들지 못한 채 늘 그것만 바라보고 살아야 하는 사람들에게 담장은 참 답답한 존재, 쳐다보기가 두려운 공포의 대상이다. 더구나 그 담장이 똑같은 모양의 돌이나 벽돌로 쌓여 있거나 한 가지 색으로만 칠해져 있다면 그것은 엄청난 무게로 짓누르는 스트레스의 원천이 될 것이다. 하지만 거기에 그림을 그리고, 문양을 베풀고, 글을 써넣는다면 공포의 대상에서 감상의 대상으로 반전하지 않겠는가.

　이런 뜻에서 나온 배려인가. 궁궐의 담장 가운데 여성이 사는 공간의 담장에는 무늬와 글자, 그림이 베풀어져 있는 곳이 적지 않다. 이름하여 꽃담[花紋墻, 花墻]이다. 무늬는 만자卍字나 격자 또는 육각형의 벌집 모양 귀갑문龜甲紋 등이 있고, 그 사이사이에 작은 꽃을 넣기도 하였다. 글자는 마치 임금의 옥새를 보는 듯 조형미가 뛰어난 전자篆字로 되어 있다. 단순한 선분의 조합만으로 어떻게 이런 글자를 만들 수 있을까. 놀랍다. 꽃담을 더욱 아름답게 해주는 것은 그림들이다. 돌이나 벽돌담에 웬 그림들이 박혀 있다. 그림은 물감이 아닌 흙으로 그렸다. 흙을 구워 연한 붉은색부터 검은색까지 차이가 나게 색을 내고 조형을 만들어 박아 넣고 그 주위는 회를 발라 고정시켰다. 그림에는 십장생十長生도 있고, 화조花鳥도 있다.

　경복궁의 꽃담 가운데서도 십장생 굴뚝은 유명하다. 자경전 북쪽은 공간이 상당히 옹색하다. 본채와 북행각 사이에 화계를 설치할 만한 둔덕이 없다. 화계 대신 그곳에 담장을 쳤다. 이럴 때 굴뚝을 어떻게 처리할 것인가. 따로 세울 수도 없고, 그렇다고 본채에 붙여 굴뚝을 설치하자니 모양이 좋지 않다. 이런 고민을 일거에 해결한 답이 우리가 오늘날 보는, 이른바 '십장생 굴뚝'이다. 땅속으로 연기 길을 내고, 담장의 일부를 굴뚝으로 만들어 그 위에 연기 빠지는 부분을 집 모양으로 10개 만들어 얹었다. 십장생 굴뚝의 그림은 꼭 십장생에 들어맞는 것은 아니다. 하지만 거기에 있는 바위와 구름, 붉게 빛나는 해, 소나무와 대나무, 불로초, 연꽃, 포도, 국화, 사슴, 학, 거북, 오리, 작은 새들을 보노라면 그야말로 병풍 몇 틀을 한꺼번에 보는 느낌이다.

　자경전의 서쪽 담의 바깥 면에는 대나무, 이름 모를 꽃나무, 국화 둘, 석류, 모란, 복숭아, 매화 그림까지 여덟 폭이 벌려 있다. 이렇게 장식을 위해 담장에 박아 넣은 그림들에 나무만 뻣뻣하게 서 있을 리가 있나. 그

자경전 서쪽 꽃담 | 잘 짜여진 26면 화폭이었는데, 그 가운데 만(萬) 자, 불수감 그림, 문양, 세(歲) 자로 꾸며져 있던 네 면이 사라졌다.

속에는 벌과 나비, 새들이 날아들어 꽃을 희롱하며 노닐고 있다. 화조도 병풍이 따로 없다. 담에는 글자들도 있다. 쉽게 읽기 어려운 그 글자들을 흔히 '수복강녕壽福康寧'이라고 어림짐작하고 넘어간다. 그러나 한문을 읽는 순서대로 오른쪽에서부터 읽어보면 '낙樂', '강疆', '만萬', '년年', '장張', '춘春'이다. 그런데 서쪽 담 바깥 면의 그림과 글씨 문양의 배열에 이상한 부분이 있다. 가운데 상당 부분이 무너진 것을 새로 수리하면서 본래의 모습을 살리지 못하고 대충 채웠기 때문이다. 그 부분에도 그림과 글씨가 있었으려니. 다행히 그 온전한 모습을 알려주는 옛 사진이 있어 확인하니 그림은 아홉 개, 글씨는 여덟 자이다. 없어진 부분의 글자는 '만萬'과 '세歲'다. 모두 채워서 읽어보면 '낙강만세만년장춘樂疆萬歲萬年張春'이다. 그러고 보니 북쪽 담에는 '성聖', '인人', '도道', '리理', 서쪽 담의 안쪽 면에는 '천千', '귀貴',

124

자경전 서쪽 꽃담의 사라진 부분들 | 오른쪽부터 '萬', 불수감 그림, '歲'이다. (국립중앙박물관 유리건판)

'만萬', '수壽'가 박혀 있다. 벽에 박아 넣은 글자들을 모두 종합하면, 이 집에 사는 분이 성인의 도리를 지키고, 고귀함과 장수를 오래 풍성히 누리고, 즐거움의 경계가 만년을 가고, 그 만년 동안 봄같은 기운을 베푸시라는 축원이 된다.

그 외의 영역들

생활문화의 공간 　　경복궁에서 자경전까지는 공식적인 영역이다. 다시 말해서 어느 건물을 누가 사용하는지 거의 정해져 있다. 이에 비해 그 뒤편 영역에는 크고 작은 건물들이 밀집되어 있어서 그때그때 형편에 따라서 왕실 가족들이 사용하였다. 그 가운데 가장 격이 높고 번듯한 건물이 흥복전興福殿이다. 비슷한 건물로 만경전萬慶殿, 만화당萬和堂 등이 있었다. 흥복전은 자경전보다

경복궁 흥복전 | 정면 9간, 측면 4간 건물로 동편의 한 간은 누로 되어 있다. 1902년에 찍은 사진으로 보이는데, 주변 건물들이 없어지고 잡초가 무성하지만 그 규모와 기품은 감출 수 없다. 《조선고적도보》

서열은 뒤이지만 거의 비슷한 격을 갖고 있었다. 위치는 자경전의 서쪽, 교태전 아미산 바로 뒤편이었다. 1880년 중반 이후 고종이 이곳에서 자주 외국의 외교관들을 접견하거나 왕실의 행사를 치렀다. 1890년에는 대왕 대비 신정왕후가 이곳에서 승하하기도 하였다. 그러다 1917년 창덕궁 화재로 불 탄 건물들을 복구하는 데 쓰여 없어졌다. 2015년부터는 복원 공사를 진행하고 있다.

자경전의 동쪽, 지금의 국립민속박물관 앞에는 건물 하나가 혼자 뚝 떨어져 있다. 제수합齊壽閤이다. 하지만 이 역시 지금과 같은 모습이었을 리 없다. 제수합 역시 과거에는 사방으로 행각으로 둘러싸여 있었고, 그 행각에는 방과 마루방 그리고 남쪽, 서쪽, 북쪽에 문이 나 있었다.

자경전의 동북쪽, 지금의 제수합에서 서북쪽으로 향원정이 있는 큰 연 못 앞에는 집경당緝敬堂과 함화당咸和堂이 있다. 집경당은 고종이 임어하여 신료들을 불러 만나보기도 한 건물이고, 함화당은 신료들만이 아니라 외국 외교 사절들을 접견하는 데 쓰기도 하였던 건물이다. 이 두 건물은 본채만 남아 있었는데 근년에 주위 행각을 재건하였다.

자경전 앞, 동궁 영역의 뒤편에는 크게 보아 'ㅁ'자 모양의 건물 셋이 모여 있다. 앞쪽의 서편, 강녕전의 동쪽 행각을 나오면 바로 만나게 되어 있는 건물이 대전의 음식을 만들던 내소주방內燒廚房이다. 그 동편에 있는 건물이 외소주방外燒廚房, 난지당蘭芝堂으로 궁궐에서 쓰이는 각종 행사 음식을 준비하던 곳이다. 그 뒤편에 있는 건물이 가열하지 않은 음식을 준비하는 생물방生物房, 복회당福會堂이다. 이 건물들은 1915년 공진회를 빌미로 일제가 없앴던 것을 2011년 다시 지었다. 다시 지을 수도 있다. 하지만 특정 드라마를 내세워 궁중 음식문화를 체험하는 공간으로 꾸미는 것이 목적이라면 본말이 전도되었다. 궁궐을 궁궐로 대우하는 정책이라고 할 수 없다.

동궁에서 집경당, 함화당에 이르는 일대에는 행각으로 둘러싸인 건물들, 행각만으로 이루어진 건물들이 빈틈없이 들어차 있었다. 행각과 행각 사이는 좁은 골목이 미로를 이루고 있었다. 웬만한 사람은 섣불리 들어갔다가는 길을 잃고 헤매지 않을 수 없었을 것이다. 그 건물마다 왕실 가족과 궁궐에서 사는 궁녀들이 살았고, 또 많은 사람들이 음식을 만들거나 옷을 짓고 빨래를 하는 등 일상생활을 하는 데 필요한 일을 하기도 하였다. 궁중 생활문화의 현장이었다.

선원전 터 박물관　　　왕조는 사라지고, 궁궐에 살던 임금도 많은 사람들도 사라지면서, 건물들도 거의 사라졌다. 세월이 가면 이렇듯 모두 속절없이 사라진다. 세월의 힘에 밀려 사라지는 것이야 어찌할 수 없다. 하지만 이 일대 건물들은 단순히 세월의 힘에 밀려 사라진 것이 아니라 일본인들의 간교한 계획에 따라 헐려나갔다. 일제는 1929년에 경복궁의 뒤편 이 일대에서 대규모 박람

경복궁 선원전 | 지금의 국립민속박물관 자리에 있었다. 대한제국 시기 고종이 경운궁에 머물면서 이곳은 빈곳이 되어, 일제강점기에는 이렇게 황폐한 모습이 되었다. (국립중앙박물관 유리건판)

회를 열었다. 동쪽 궁성의 북쪽 편으로 옮겨진 경복궁의 정문 광화문을 그 박람회의 입구로 삼았다. 거기서 경회루에 이르는 진입로를 만들고 그 좌우에 전국 폐사지에서 가져온 탑과 부도, 불상들을 줄지어 전시하였다. 원래 있던 전각들을 헐어내고 그 자리에 전시관을 지었다. 지금은 그 전시관도 사라지고 그저 빈터, 잔디밭으로 남아 있다.

　그중 자경전의 동북쪽에는 현재 국립민속박물관으로 쓰고 있는 건물이 하늘을 찌를 듯 높이 서 있다. 1968년에 착공해서 1972년에 완공한 건물이다. 본래 그 자리는 선원전璿源殿이 있던 터다. 선원전은 현 임금의 부, 조, 증조, 고조와 태조의 어진御眞을 모셔놓고 임금이 수시로 들러서 다례를 올리던 궁궐 안의 사당이다. 궁궐에서 가장 신성한 영역이라고 할 수 있다. 그런 자리에 다른 용도도 아닌 국립박물관, 한 나라의 문화유산을 모아 관리하고 전시하는 가장 대표적인 문화시설을 지었다. 가장 문화적

국립민속박물관 ｜ 더할 나위 없이 이질적이다. 이런 건물을 국립중앙박물관 건물로 밀어붙인 권력의 허세와 그에 빌붙은 전문가들의 비루함이라니….

인 시설을 지으면서 더할 수 없이 반문화적인 폭거를 저지른 셈이다.

이 건물은 여러 건물이 이어져 있는 모습인데, 남쪽 정면의 아랫부분은 불국사의 청운교와 백운교에서, 윗부분은 법주사 팔상전에서, 들어가는 입구의 2층 지붕은 화엄사 각황전에서, 맨 동쪽 부분의 3층 지붕은 금산사 미륵전에서 모티브를 따온 것이라고 한다. 당시 대통령의 특명이란다. 이름 있는 우리 전통 건물 가운데 크고 높은 것들을 모두 모은 셈이다. 듣고 보면 그렇구나 하고 수긍이 되기도 한다. 그런데 이렇게 모아서 철근 콘크리트로 지으면 한 채의 건물로서 조화와 아름다움이 생겨난다고 생각했을까? 그 발상이 참으로 대단하고도 기이하다. 나는 아무리 애를 써도 우리 전통 건물의 맛이나 아름다움은 느껴지지 않는다. 일본 아니면 중국, 혹은 동남아시아의 어느 건물을 보는 것같이 낯설기만 하다. 참 묘한 건물이다. 현대 한국의 문화 수준을 보여주는 기념비이다.

경복궁 장고 ∣ 생활기거공간의 뒤편 양지바른 곳에는 장을 담그는 큰 독들이 즐비했다. 다시 만들어놓은 장독대의 분위기는 너무 되바라져 보인다.

장고, 흉례 공간　　　　　궁궐에는 군데군데 장고醬庫나 염고鹽庫가 있었다. 장고란 된장, 간장, 고추장 같은 장을 담가두는 큰 독들이 있는 대규모 장독대를 말한다. 옛날에 음식을 만드는 데 없어서는 안 될 이들 장을 어디서 사서 먹을 수는 없었을 터. 궁궐에 사는 사람들이라고 예외는 아니었을 것이요, 궁궐에 사는 사람들이 여느 가정집과는 비교가 되지 않게 많았을 것이니 궁궐에 이런 대규모 장독대가 있는 것이 당연한 일이다. 당연한 일인데도 막상 보니 새삼스럽다. 하지만 최근에 복원인지 재현인지 해놓은 장독대는 왠지 장독대 분위기가 나질 않는다. 장독대라면 볕이 잘 들면서도 그윽해야 할 것 같은데 지금 것은 너무 되바라진 느낌이 들어 오래 있고 싶지 않아 휙 돌아 나오게 만든다.

　그 장독대 뒤, 경복궁의 서북편, 북문인 신무문神武門 안쪽에는 태원전

태원전 천랑 | 태원전을 다시 짓고, 그 앞에 천랑을 함께 지었는데 답답하고 음습한 느낌까지 든다.

泰元殿, 회안전會安殿, 문경전文慶殿이라고 하는 큼직한 건물들이 널찍널찍하게 부속 건물을 거느리고 위용을 자랑하고 있다. 하지만 감칠맛은 전혀 없다. 영락없이 근년에 재건한 것들이다. 이 건물들은 어진을 옮겨 모셔놓거나, 임금이나 왕비가 승하하였을 때 시신을 모셔놓는 빈전殯殿이나, 신주를 종묘에 부묘祔廟하기 전에 모셔놓는 혼전魂殿으로 쓰던 건물들이다.

일제강점기에 그 건물들은 헐려 없어지고, 1961년 5.16군사쿠데타 직후 청와대 경호를 위해서 제30경비단이라는 군부대가 들어섰다. 그곳은 1979년 12월 12일에는 전두환을 중심으로 하는 신군부가 모여서 제5공화국을 세우는 출발점이 되는 모임, 이른바 '경복궁 모의'를 가졌던 곳이기도 하다. 궁궐이 또 다른 뜻에서 권력의 출발점이 되었던 검은 역사의 현장이다.

7

후원

향원정, 건청궁, 집옥재

향기는 멀리 갈수록
맑아지네

집경당과 함화당의 뒤편에는 상당히 커다란 연못이 있다. 모서리를 둥글린 사각형 형태인데, 서북쪽 모퉁이에 있는 열상진원洌上眞源이라는 이름의 샘에서 솟아나온 물이 연못을 채우고 있어 물이 맑은 편이다. 그 한가운데에 둥그런 섬이 하나 떠 있고 거기 육모지붕을 한 2층짜리 정자가 서 있다. 향원정香遠亭이다. '향원익청香遠益淸, 향기는 멀리 갈수록 맑아진다'이라는 말에서 따온 것이라 한다. 남쪽에는 섬으로 건너가는 취향교醉香橋라는 이름의 다리가 놓여 있으나 들어가지 말라는 팻말이 가로막고 있어 들어갈 수는 없다. 먼발치에서 보아도 상당히 호사스러운 정자이다. 보통 정자는 벽이나 창문이 없는 데 비해 이 정자는 창호로 막혀 있다. 물론 들어 올릴 수 있

경복궁 향원정 | 이질적인 요소들이 섞여 있기는 하지만, 원래 공을 들인 건물의 아름다움이 빛을 뿜는다. 연못 너머로는 건청궁이 자리하고 있다.

는 구조다. 저 2층에 올라가서 내다보는 풍경은 참 아름다우리라 상상이나 해보는 수밖에 없다.

　아쉬운 마음으로 연못을 한 바퀴 도노라면 우선 저 안의 섬에 무언가 이상한 부분이 눈에 띈다. 섬의 북쪽 가장자리에 웬 화강암 장대석이 세 단, 높이 약 1미터, 넓이 약 3~4미터 정도로 쌓여 있다. 저런 곳에 아무 필요도 없어 보이는 석축이 왜 있을까. 지금의 취향교는 한국전쟁 때 원래 다리가 폭격을 맞아 없어져 1953년에 다시 세우면서 위치도 남쪽으로 옮긴 것이다. 저 석축은 원래 있던 취향교의 다리턱이다. 원래 취향교는 저 석축에 걸쳐 있어서 북쪽에서 섬으로 건너다니게 되어 있었다. 2017년 5월부터 2년 예정으로 다리를 원래대로 연못 북쪽 건청궁 쪽으로 옮기고,

향원정 2층 내부 | 육모지붕의 모임 천장 아래에서 밖으로 내다보는 풍경은 그대로 그림이 된다.

향원정을 해체, 보수하는 공사를 하고 있다.

'여우사냥'의 현장   취향교의 북쪽에는 건청궁乾淸宮이 있다. 흥선대원
건청궁   군興宣大院君이 주도해 중건한 경복궁에 비해, 건청
              궁은 고종이 주도해 지은 곳이다. 고종은 재위한
지 10년째인 1873년고종 10에 접어들면서 친정親政을 내세웠다. 실권을 잡
고 있던 생부 흥선대원군을 밀어내고 스스로 정국을 주도하겠다는 뜻이
었다. 그러한 의지의 실험인 듯 고종은 조정의 관료들은 물론 흥선대원군
조차 모르게 건청궁을 짓는 공사를 벌였다. 나중에 안 관료들의 반대가 빗
발쳤지만 고종은 끝까지 자신의 뜻을 고집하였다. 건청궁은 임금으로서,
정치가로서 스스로 서려는 고종의 자립 의지의 징표라고 할 만하다.
  1894년고종 31, 고종은 일본의 압력을 피해 경복궁에서 창덕궁으로 이

경복궁 곤녕합 | 2007년에 다시 지은 건물로, 건청궁에서 왕비의 거처였다. 을미사변의 현장이다.

어하였다가 한 달 만에 다시 경복궁으로 돌아왔다. 그때 임어한 곳이 바로 이 건청궁이다. 경복궁의 내전 일대를 버리고 후미진 건청궁으로 임어한 것은 일본의 압박을 피하려는 궁여지책이었을 것으로 짐작된다. 그리고 같은 해, 조선에 대해 독점적으로 영향력을 행사하는 문제를 놓고 청나라와 일본이 벌인 한판 전쟁에서 예상을 뒤엎고 일본이 이겼다. 일본은 당연히 조선을 좌지우지하려 들었다. 그러자 국제적으로는 러시아를 중심으로 하는 서양 각국이, 국내에서는 명성왕후가 중심이 되어 제동을 걸었다.

일제는 이러한 상황을 일거에 뒤집으려 비상수단을 강구하였다. 1895년고종 32 8월 20일 새벽, 일본 공사 미우라 고로[三浦梧樓]가 이끄는 일본공사관 직원, 일본군, 일본 낭인, 조선 신식군대인 훈련대 등이 명성왕후 제거 작전을 개시하였다. 작전명 '여우 사냥'. 그들은 경복궁에 난입하여 이 건물 저 건물을 모조리 뒤진 끝에 경복궁 뒤쪽 끝 건청궁의 한 건물

관문각 위에서 바라본 경복궁 | 남쪽으로 가까이 향원정, 멀리 근정전, 흐릿하지만 경복궁 전경이 담겼다. 1901년 무렵 사라진 관문각에서 찍은 것으로 보아 1890년대의 사진으로 보인다.

인 곤녕합坤寧閤에서 명성왕후를 찾아내어 죽였다. 그리고는 그 시신을 그 옆의 녹산으로 끌고 가 석유를 끼얹어 태우고는 그 뼈를 그 앞 연못에 던져 버렸다. 이른바 을미사변乙未事變이다. 조선총독부는 1929년 박람회를 열면서 이곳 건청궁 일대의 건물들을 헐어 없애고 미술관을 지었다. 그 건물은 민속박물관으로, 그다음에는 전통공예전시관으로 쓰이다가 헐려 없어졌다. 2006년에 그 자리에 건청궁을 다시 지었다.

건청궁의 바깥채는 장안당長安堂, 안채는 곤녕합이다. 지금은 이 두 채와 앞부분의 부속 행각만 다시 지어져 있으나, 곤녕합 뒤편에도 아랫사람들의 기거 공간으로 보이는 건물이 세 채 있었고, 장안당 서편에도 창고와 방, 마루로 구성된 상당히 규모가 큰 일日 자 형태의 별채가 있었다. 특히 장안당 뒤편에는 러시아 건축가 사바틴Afanasy Seredin-Sabatin이 설계한 서양식 2층 벽돌 건물인 관문각觀文閣이 있었다. 관문각은 1892년에 완공되어 고종이 외국인을 만날 때 쓰이기도 하였고, 궁중의 중요 물품을 보관하는 곳으로 쓰이기도 하였으며 을미사변 어간에는 고종에게 고용되어 그의 신변을 보호하는 임무를 맡았던 서양인들의 거처로 쓰였다. 관문각은 부실 공사 시비에 휘말려서인지 1901년 무렵에 헐려 없어진 것으로 보인다.

임금의 집 집옥재   건청궁 서편에는 개울이 북쪽의 백악에서 남쪽으로 흘러내린다. 그 개울을 건너면 북쪽 궁성 바로 앞에 건물 세 채가 나란히 서 있다. 가운데가 집옥재集玉齋, 동쪽의 건물이 협길당協吉堂이다. 집옥재의 서쪽에는 팔각 평면의 정자 모양 건물이 연결되어 있는데, 고유한 이름을 갖고 있지 않은지 〈북궐도형〉에는 팔우정八隅亭이라고만 표기되어 있다.

집옥재는 창덕궁의 대조전 뒤편에 있던 함녕전咸寧殿의 북별당北別堂이었다. 함녕전은 나중에 수정전壽靜殿으로 이름이 바뀌었다. 집옥재는 1881년고종 18에 지은 건물이었는데,[38] 1891년고종 28 경복궁의 건물들을 대대적으로 중건할 때 함께 경복궁으로 옮겨 지었다.[39] 집옥재는 중국풍이 물씬 풍기는 화려한 건물이다. 기단에 있는 석물들도 경복궁의 다른 석물들과는 아주 분위기가 다르다. 건물의 양옆 벽은 벽돌로 쌓았으며, 내부는 마루의 비중이 크고, 2층 사방은 난간을 둘러 누를 조성하였다.

집옥재는 1890년대 전반에 고종이 외국 사절들을 만나는 공간으로 많이 이용되었다. 어진을 봉안하기도 하였고,[40] 고종이 수집한 외국 서적을 비롯한 책을 보관하고 열람하는 곳으로 쓰이기도 하였다. 흔히 집옥재를 소개할 때 '궁궐의 도서관'이라고 하는데, 완전히 틀린 이야기는 아니나 문제가 있다. 집옥재는 단순한 도서관에 그치는 곳이 아니다. 집옥재는 우리가 오늘날 생각하는 도서관보다는 훨씬 격이 높은 곳이다. 임금 전용 서고요, 서재라고 해야 할 것이다. 또한 어진을 봉안했다는 기사로 미루어볼

경복궁 집옥재(위) ᅵ 중국풍이 짙게 풍기는 건물이지만 제자리를 지켜주는 것이 고맙다.

집옥재 뒷벽(아래) ᅵ 좀처럼 발길이 닿지 않는 집옥재 뒤편의 모습이다. 그저 중국풍이라고 하기에는 참 이
채롭다.

때, 집옥재는 사당에 준하는 지위를 갖고 있었다고 보아야 한다. 지금 집옥재는 경복궁에서 제 모습을 유지하고 제자리를 지켜주는 몇 안되는 건물 가운데 하나다. 고마울 뿐이다.

신무문과 후원

신령한 현무가
지키는 문

집옥재 서북편에는 경복궁의 북문인 신무문神武門이 있다. 신무문은 궁성의 서쪽으로 치우쳐 있는데, 궁성의 북쪽 한가운데는 물길이 나 있고 동편으로는 등성이가 흘러내리기 때문일 것이다. 신무문 뒤로는 백악이 우뚝서 있다. 신무문 역시 다른 문들이 그렇듯 안에서 밖을 향하여 내다보는 것보다는 밖에서 들어오면서 보아야 제대로 보인다. 오늘날 신무문 밖은 바로 청와대 정문을 마주보는 지점이다.

신무문을 밖에서 보면 경복궁의 동문 건춘문이나 서문 영추문과 같이 육축에 홍예문이 하나 나 있고, 그 위에 정면 3간, 측면 2간인 문루가 올라앉아 있다. 남쪽 정문인 광화문은 근년에 새로 지은 것이고, 서문인 영추문도 1975년에 철근콘크리트로 새로 지은 것에 비해, 동문인 건춘문과 이 신무문은 비록 부분적으로는 보수하였지만 고종 초년에 중건한 모습을 간직하고 그 자리에 그대로 서 있다.

신무문은 경복궁을 처음 지은 태조 연간에는 제대로 된 문이 아니어서, 목책을 설치한 정도였다. 이후 문을 없애고 궁성을 쌓기도 했으나 1433년세종 15에 정식으로 문을 내었다. 신무문이란 이름은 이때 붙인 듯하다. 신무문에서 동쪽으로 경복궁의 북쪽 궁성을 따라가다 보면 지금은 닫혀 있어 출입하는 데 쓰이지는 않지만 궁성에 낸 홍예문이 둘 더 있다. 계

경복궁 신무문 | 대통령이 바뀌기 전까지만 해도 청와대는 사진을 찍을 수 있지만, 신무문은 군사 시설이라 하여 촬영할 수 없었다. 신무문 동편 궁성에는 무너졌다 다시 쌓은 흔적이 남아 있다.

무문癸武門과 광무문廣武門이다. 모두 무武 자 돌림인 것은 북쪽의 문임을 나타내는 뜻이다. 여기서 무武는 문文에 대비되는 개념이 아니라 사신四神 가운데 북쪽을 지키는 현무玄武에서 온 것으로 짐작된다.

빼앗긴 후원   지금은 신무문, 계무문, 광무문이 있는 북쪽 궁성이 경복궁의 끝이다. 궁성을 따라 도로가 나 있고, 도로 건너 북쪽은 청와대 영역이다. 지금 경복궁과 청와대는 완전히 분리되어 있다. 하지만 이러한 상태는 엄청난 변형이요, 왜곡이다. 청와대 영역은 본래 경복궁의 북쪽 궁성 밖 백악 기슭을 다시 궁성으로 둘러싸서 만든 후원 영역이었다. 후원 안에는 이를 다시 몇 개의 작은 구역으로 나누는 담장이 있었고, 필요한 곳마다 문들이 있었다. 경복궁 북쪽 궁성이 후원의 동쪽 바깥 궁성과 만나는 곳에는 춘생문春生門,

경복궁 후원의 융문당, 융무당 일대 | 오늘날 청와대의 녹지원 자리다.

서쪽 바깥 궁성과 만나는 곳에는 추성문秋成門이 있었다. 동쪽은 '춘', 서쪽
에는 '추'를 붙여 대비시키는 질서가 여기에도 적용되었다.

춘생문은 1895년 11월에 일어난 춘생문 사건의 현장이다. 춘생문 사
건이란 1895년 을미사변 이후 권력을 장악한 친일파에 대항하여 친미 및
친러 입장에 있던 인물들이 미국 외교관 및 선교사, 러시아 외교관 등과
결탁하여, 건청궁에 머물고 있던 고종을 경복궁 밖으로 모셔내기 위하여
춘생문으로 들어가려고 시도한 사건이다. 하지만 안경수安駉壽 등이 변절
하여 밀고한 탓에 실패하고 말았다.

후원은 그저 유유자적 여흥을 즐기는 공간만은 아니었다. 후원의 한가
운데는 백악에서 흘러내리는 등성이가 있고, 등성이 한가운데 주위를 둘
러볼 수 있는 높은 지대는 경무대景武臺라고 하였다. 그 동편에는 상당히
넓은 평지가 있었다. 그 평지의 북쪽에 남향으로 융문당隆文堂이 있었고,

경복궁 융문당 | 다목적 공간으로 쓰이던 경복궁 후원의 중심 건물이다. (《조선고적도보》)

동편에 서향으로 융무당隆武堂이 있었다. 지금은 청와대 잔디밭이 넓게 조성된 이 평지 마당은 군사 훈련과 각종 행사를 여는 다목적 공간이었다. 그 주위에는 옥련정玉蓮亭 등 여흥을 위한 건물들이 있었다. 등성이의 서편에는 경농재慶農齋가 있었고, 경농재 앞에는 임금이 직접 농사 형편을 관찰하는 데 쓰던 논인 내농포內農圃가 있었다. 오늘날 청와대 경내 서편에 있는 영빈관 자리쯤이다.

일제는 처음 조선을 침략할 욕심을 품고 서울에 들어왔을 때 용산 주변을 근거지로 삼았고, 다시 도성 안으로 밀고 들어올 때는 목멱산 자락을 기반으로 세력을 넓혀갔다. 1905년 을사늑약乙巳勒約을 강제한 일제는 1906년 1월에 목멱산 북쪽 기슭에 통감부를 세웠다. 지금의 중구 예장동 서울애니메이션센터 및 숭의여대 일대. 한반도가 일제의 식민지가 된 후 통감부는 조선총독부가 되었고, 1926년 조선총독부를 경복궁 안에 새로 지은 청사로 옮기면서 조선총독의 관저도 경복궁의 후원 경무대 부근으로 옮겨졌다. 그렇게 총독 관저가 들어서면서 후원 지역은 경복궁 영역에서 떨어져나갔다.

조선총독 관저는 이승만 대통령 시절 대통령 관저로 쓰이면서 이름이 경무대로 바뀌었다가, 4.19혁명 이후 다시 청와대로 바뀌어 지금까지 이어오고 있다. 경무대는 지형 혹은 지점의 이름이요, 청와대는 '푸른 기와집'이라는 뜻 외에 다른 뜻이 없다. 민주공화국의 대통령 관저 이름으로는 너무 밋밋하고 건조하다. 그나마 1960년대까지는 일반인들도 절차를 밟으면 청와대를 '구경'할 수 있었다. 그러다 1968년 김신조 일당 침투 사건 이후부터 청와대앞길은 일반인들이 통행할 수 없는 머나먼 길이 되었고, 청와대 역시 감히 범접하기 어려운 높은 곳이 되었다. 신무문은 그보다 앞선 1961년 5.16군사쿠데타 이후 청와대를 지키는 군부대가 그 안에 주둔하면서 일반인들은 드나들 수 없는 문이 되었다. 그러다가 1990년대 문민정부가 들어서서 청와대앞길을 개방하였고, 2006년 9월에는 청와대 뒤의 백악을 일부 개방하면서 신무문도 열었다. 청와대 관람도 재개되었다.

그러나 여전히 신무문을 나서면 경복궁 후원이 아닌 청와대가 막아선다. 청와대는 대한민국 최고의 권부權府다. 하지만 그에 걸맞은 기상과 위엄을 갖추고 있는가? 그렇다고 말하기 어렵다. 깊숙한 곳, 경복궁 뒤편에 숨어 있다. 당당하지도 않고 친근하지도 못하다. 매우 음습한 인상을 준다. 청와대의 주인으로 활동했던 대통령들 가운데 그 말로가 아름답고 떳떳한 이들이 과연 몇이나 되는가? 대통령 자리에서 쫓겨나거나, 비명에 죽거나, 감옥에 가거나 한 사람들이 더 많지 않은가? 그러한 까닭을 풍수지리를 내세워 그 터를 탓하는 것은 마땅치 않다. 하지만 그 자리가 나라의 가장 높은 권력 기관이 서기에 적절하지 않은 것은 분명하다.

2017년 들어 새 대통령이 공약으로 내세운 바에 따라 그 청와대를 광화문 앞 어디로 옮기려는 움직임이 일고 있다. 간단한 일은 아니지만, 필요한 일이라고 할 수 있다. 그렇게 청와대가 나간다면 그 자리를 어떻게 할 것인가? 여러 사람이 이런저런 주장을 펴고 있다는 이야기가 들린다. 여러 주장이 있겠다. 이럴 때는 가장 큰 원칙부터 차근차근 풀어가는 것이 순리라고 본다. 구체적인 안은 그 원칙에 따라 천천히 마련해나가야 할 것이다. 청와대가 나간다면 그 자리를 어떻게 할까 생각할 때 가장 먼저 세워야 할 원칙은 무엇인가? 나는 본연의 의미와 가치를 회복하는 것이라고 생각한다. 그 자리의 본연의 의미와 가치는 무엇인가? 두말할 나위 없이 경복궁의 후원이었다는 사실이다. 경복궁의 후원으로 되돌린다는 원칙을 세우고, 그다음 경복궁의 후원으로 어떻게 꾸밀 것인가를 궁리해야 한다. 경복궁의 후원을 어떻게 꾸밀 것인가 하는 문제는 당연히 경복궁을 어떻게 관리할 것인가로 연결된다.

　일제는 경복궁을 지웠다. 조선왕조의 궁궐로 인정하고 관리하는 것이 아니라 조선총독부의 부속 공간으로 바꿔나갔다. 해방 후에도 경복궁은 그저 이런저런 국가적 행사를 하는 공간으로 취급되었다. 조선총독부 청사는 중앙청으로 쓰이다가 국립중앙박물관으로 쓰였다. 그 영역은 경복궁이 아니었다. 1996년 이후 조선총독부 청사가 헐리고, 국립중앙박물관은 용산으로 이전하였다. 지금은 경복궁을 복원하는 공사가 장기 사업으로 진행되고 있어 새 건물들이 계속 들어서고 있다. 하지만 아직도 경복궁은 낮에는 청와대를 지키는 사람들이 알게 모르게 통제를 하고 있고, 밤에도 청와대 경호를 위해서 통제되고 있다. 경복궁이 온전히 제 모습을 되찾을 수는 있을까? 그것은 필요한가? 가능한가? 가능하다면 어떻게 해야 하는가? 또 가능하지도 필요하지도 않다면 경복궁을 어떻게 관리하고 활용해야 하는가? 답을 찾으려면 여러 사람의 지혜를 모아야 할 것이다. 경복궁을 어떻게 가꿀 것인가? 길게 보고 가는 계획을 치밀하게 세워야 할 것이요, 사람이 바뀐다고 하여 많이 흔들리지 않게 집행해야 할 것이다.

　경복궁을 찾는 이들이 참 많다. 좋은 일이다. 경복궁에 관람객이 넘쳐

후원 쪽에서 바라본 경복궁 | 조선총독부 청사가 서울 시가와 경복궁을 갈라놓고 있던 일제강점기의 사진이다. 조선총독부 청사를 허물고 많은 전각들을 복원한 지금도 경복궁은 많은 부분 왜곡된 채 남아 있다. (국립중앙박물관 유리건판)

난다. 두려운 현상이다. 광화문으로 들어와서 신무문으로 나가는 이들이 얼마나 될까? 많지 않다. 신무문을 여니 중국 관광객들이 청와대 앞쪽으로 와서 신무문으로 들어가 국립민속박물관으로 나가는 식으로 경복궁을 스쳐 지나가는 경우가 훨씬 더 많다. 그 짧은 시간에 무슨 이야기를 할 수 있을까? 진지하게 시간을 갖고 보는 이들이라 하더라도 옛 건물은 열에 하나밖에 되지 않는 온전하지 못한 외형, 복원한답시고 한 건물들의 불완전함, 안내와 해설의 부족함 등 장애물이 적지 않다. 이러한 가운데 경복궁을 찾는 이들이 무엇을 보고, 느끼고, 생각하고, 깨닫고 돌아갈까? 진실에 근거를 두지 않은 재미는 독이다. 흥미롭지 못한 진실은 쓴 약이다. 넉넉하게 유익한 정보와 관심을 오래 이어갈 흥미의 조화. 경복궁을 나서는 마음이 가볍지 않다.

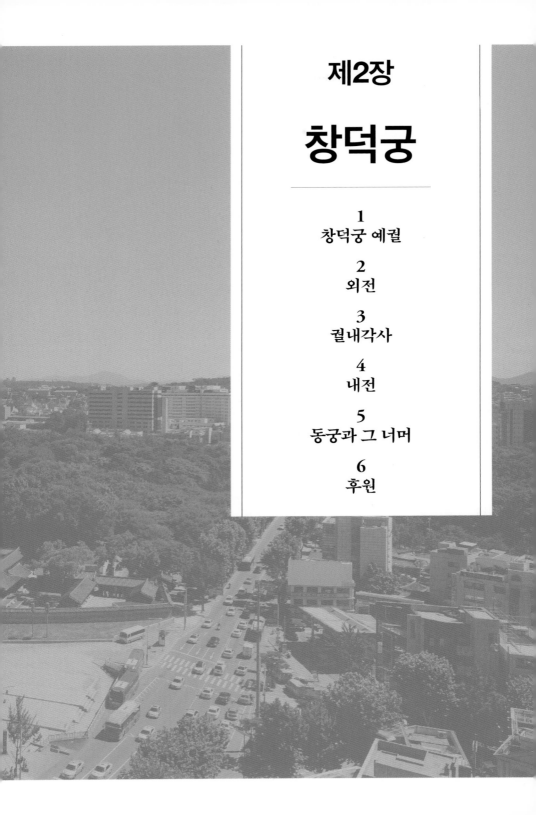

제2장

창덕궁

창덕궁
昌德宮

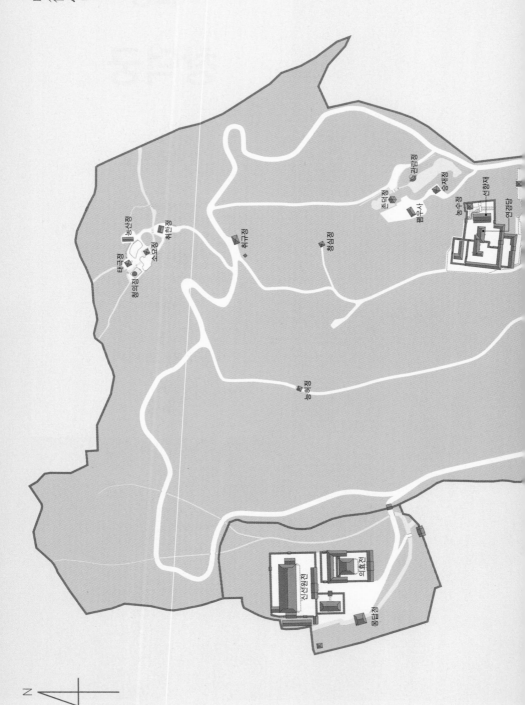

N

태극정
농산정
청의정
소요정
취한정

옥류천

애련정
존덕정
관람정
폄우사
승재정
농수정
선향재
연경당

규정
청심정

신선원전
희정당
의효전

몽답정

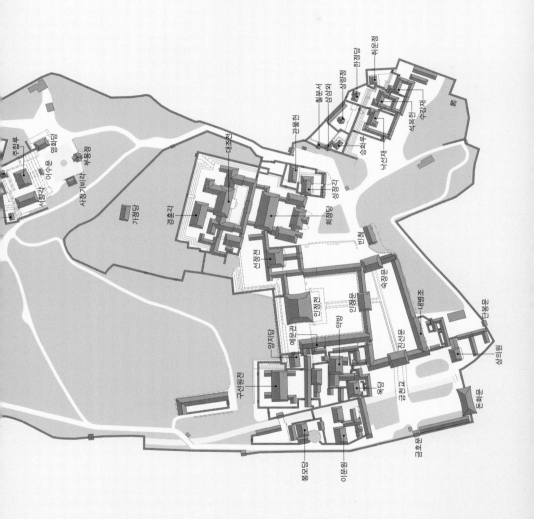

주합루
영화당
서향각
어수문
부용정
사정기비각
가정당
경춘각
대조전
관물헌
희정당
승화루
성정각
삼삼와
칠분서
한정당
상량정
취운정
낙선재
석복헌
수강재
선정전
빈청
인정전
숙장문
인정문
내병조
양지당
예문관
약방
진선문
단봉문
구선원전
선원전
옥당
금천교
상의원
돈화문
봉모당
이문원
금호문

1

창덕궁 예궐

돈화문로

비원이라는 이름   창덕궁昌德宮을 답사하겠으니 어느 날 몇 시까지
돈화문 옆 주차장으로 모이라고 하면 대부분의
학생들은 제대로 찾아온다. 하지만 꼭 창경궁으
로 가서 우두커니 기다리다 집으로 돌아가는 학생들이 열에 하나 둘은 있
다. 아니면 이리저리 물어물어 헤매다가 겨우 뒤따라오는 학생들도 나온
다. 신세대들이야 창덕궁에 가볼 기회가 거의 없어서 그렇다 쳐도 어른들
은 또 어떤가? 옛날에 거기 가서 참 잘 놀았다고 자랑을 늘어놓는 어른들
도 창덕궁이라고 하면 못 알아듣고 꼭 "비원秘苑"이라고 해야 알아듣는 분
들이 아직도 있다. 많이 없어졌지만 아직도 '비원'은 끈질기게 명맥을 유
지하고 있다.

창덕궁이 창덕궁이지 왜 비원인가? 동궐東闕의 뒤편은 산자락을 가꾸
어 만든 숲이다. 이러한 숲을 옛날에는 원유苑囿라고 했다. 창덕궁 뒤편의
원유를 가리켜 부를 때 조선시대에는 비원이라고 하지 않았다. 후원後苑,
북원北苑, 금원禁苑 등으로 불렀다. 그러다가 1903년광무 7 12월 30일자로
창덕궁 후원을 관장하는 기구로서 비원을 설치하고 난 뒤 비원이라는 명
칭이 쓰이기 시작했다.[1] 이때 의정부 포달布達 제108호의 "비원은 창덕궁
후원 안을 관리하고 지키는 일체 사무를 관장한다"는 표현에서 보듯 그
공간 자체는 후원이라고 부르고, 이를 관리하는 관서의 이름을 비원이라
고 한 것이다.

비원이 창덕궁 뒤편의 원유 자체를 가리키는 뜻으로 널리 쓰이기 시
작한 것은 고종 광무光武 연간을 넘어 일제의 입김이 강하게 작용하는 순
종 융희隆熙 연간에 들어가면서부터였다. 일제는 창덕궁과 창경궁의 후원
을 비원이라고 하면서 실제로는 이토 히로부미[伊藤博文]를 비롯한 실력자
들이 순종과 함께 그곳에서 연회를 베풀었으며, 나중에는 웬만한 관리들
은 자유롭게 그곳을 드나들었다. 더 나중에는 일부러 일반인들을 그곳으
로 끌어 들여 관광지 놀이터로 삼았다. 이름은 '비원'이라고 바꿨으되, 비
밀스러워진 것이 아니라 누구나 와서 구경하고 '벤또' 먹고 '사쿠라' 구경
하고, 동물원 식물원 구경하는 곳이 되어버린 것이다. 그러니 비원이라는
이름이 널리 퍼지고 입에 익을 수밖에. 그러한 상황이 해방 이후에도 몇십
년이 넘도록 지속되어서 창덕궁은 간 데 없고 비원만이 남았던 것이다. 이
름으로만 보아서는 궁궐이 아닌 놀이터만 남아 있는 셈이요, 조선의 역사
는 사라지고 일제의 흔적만 남은 셈이다. 이름은 그것을 쓰는 사람들의 의
식을 반영한다. 창덕궁이라는 제 이름을 버려두고 비원이라는 이름을 고
집하는 한 여전히 일제강점기를 살고 있는 셈이다.

이제는 창덕궁을 비원이라고 부르는 일이 많이 줄었다. 다행이다. 하
지만 과연 창덕궁이라는 이름을 회복한 만큼 창덕궁도 제 모습을 회복했

는가? 이름을 고쳐 부르는 만큼 이해도 바로 잡혔는가? 조선왕조의 임금들이 가장 오래 임어하였던 궁궐로서 온전히 관리하고 대접하고 있는가? 과연 그런지 따져보지 않을 수 없다.

경복궁이 정형定型을 갖춘 법궁인 데 비해 창덕궁은 조선다운 자연스러움을 지닌 이궁離宮이다. 경복궁이 임진왜란 이후 고종 초년 중건될 때까지 270여 년이나 비어 있는 동안, 창덕궁은 법궁의 기능을 대신하였다. 창덕궁은 조선왕조 내내 가장 오래 존속되었고, 가장 오래 임금들이 임어하였던 궁궐이다. 그만큼 두터운 세월의 층위를 간직하고 있다. 일찍이 1997년에 유네스코 세계유산에 등재되기도 하였다. 다만 유네스코 세계유산이 나름 국제적으로 가치를 인정받긴 했어도 그것이 곧 절대적인 기준은 아니다. 우리 스스로 그 가치를 인식하고, 보존하고, 관리하며, 향유할 때 비로소 가치 있는 우리의 문화유산이 된다. 그 첫걸음은 가서 보는 것이다.

창덕궁 답사의 시작점

"창덕궁에 갈 때는 좌단우피에서 시작하세요." 답사를 하면서 이 말을 하면 무슨 고사성어 금과옥조라도 되는 양 막 받아 적는 분들이 있다. 나는 그런 분들을 보면 참 고맙다. 그렇게도 내 말을 곧이곧대로 믿어 받아들여 주는데 어찌 고맙지 않을 수가 있나? 그런데 어떤 의심이 많은 이들은 질문을 한다. "좌단우피가 뭡니까?" 그 태도 역시 좋다. 질문은 앎의 첫걸음이니까. "좌단우피는 종로3가 역에서 남쪽을 바라보며 좌측에 단성사, 우측에 피카디리가 있는 그 사이 지점을 가리킵니다." 이러한 답변에 와르르 웃으면 옛날 사람이요, 어리둥절해 하면 요새 애들이다. 단성사는 문을 닫았고, 피카디리도 멀티플렉스가 되었으니 이제는 옛날이야기가 되어가고 있다. 창덕궁에 갈 때는 아무래도 종로3가에서 시작하여 돈화문로를 따라 천천히 북쪽으로 걸어가는 것이 좋다. 왜냐하면 옛날부터 그 길이 창덕궁으로 가는 정식 경로였기 때문이요, 창덕궁 가는 기분이 나는 길이기 때문이다.

돈화문로를 따라 올라가면 창덕궁의 정문 돈화문敦化門이 보이고, 그 너머로 나지막한 산자락이 보인다. 응봉鷹峯, 곧 매봉우리다. 그 너머로 멀리 힘 있게 솟은 바위 봉우리가 받쳐주고 있다. 북한산의 보현봉이다. 돈화문을 얼굴로 내세운 창덕궁은 이렇게 가까이는 응봉에, 멀리는 북한산에 안겨 있다. 응

돈화문로에서 바라본 돈화문 ㅣ 저 뒤 보현봉이 돈화문을 반듯하게 받쳐주고 있다.

봉에서 흘러내리는 산자락에는 창덕궁만이 아니라 동쪽으로는 창경궁이, 남쪽 끝자락에는 종묘宗廟가 함께 달려 있다. 창덕궁의 가운데로는 종묘까지 이어지는 산줄기가 흘러내려 가므로 정문인 돈화문이 서쪽으로 비켜나서 남서쪽 모퉁이에 자리 잡게 되었다. 돈화문을 제대로 보려면 멀리서부터 이런저런 산세를 바라보며 접근하는 편이 좋다. 그러나 지금은 웬만해서는 그러기가 쉽지 않다. 주변을 온통 빌딩들이 뒤덮고 있기 때문이다. 하지만 아무리 빌딩이 뒤덮어도 높은 곳은 산줄기요, 낮은 곳은 물줄기다. 그 자연의 이치야 어디 가리요? 잘 보이지 않더라도 그 형세를 눈여겨볼 일이다.

돈화문

창덕궁의 얼굴 　　　궁궐문, 특히 매우 크고 웅장하여 임금의 권위를
　　　　　　　　　　드러내는 정문은 그 궁궐을 대표하는 표상이었
　　　　　　　　　　다. 조선시대 백성들은 몇몇 허용된 사람들이 아
니고서는 궁궐 안에 들어가 여기저기 다니며 전각을 볼 수가 없었다. 정문
을 보면서 저기가 궁궐이구나, 저곳이 임금님이 계신 곳이구나 하고 바라
볼 뿐이었다. 궁궐은 지엄한 곳, 임금님이 사시는 곳, 정령政令을 내는 곳,
국정의 중심이었다. 궁궐 정문은 그 궁궐의 얼굴이었다. 창덕궁의 정문은
돈화문이다.

　　돈화문로를 따라 걸어 돈화문 앞에 이르러도 돈화문은 어쩐지 가까이
다가오지 않는다. 본래대로라면 바로 걸어갈 수 있어야 맞겠지만, 차도가
가로막고 있어서 좌우의 횡단보도로 건너야만 한다. 횡단보도를 건너 다
시 돈화문 정면으로 와도 바로 앞으로 나아갈 수가 없다. 도로변을 따라
보호대가 가로막고 있기 때문이다. 내려다보면 한 높이 1미터가 넘는 옹
벽이다. 좌우로 돌아가야 한다. 바로 가는 길은 없다. 돌아 들어가면 차도
아래 옹벽을 등에 지고 서게 된다. 옹색하지만 이 자리가 제자리다.

　　옛날 창덕궁에 입궐하려는 관원이 돈화문을 통해 들어간다면 이 자리
쯤에 섰을 것이다. 가마를 타고 왔건 말을 타고 왔건, 이제 여기서는 내려
서 걸어 들어가야 하니 이 자리에 서서 옷깃을 여미고 저 돈화문을 한번
바라보았을 것이다.

월대의 부침, 　　　　그 자리에 서서 보면 앞에 계단이 있고, 계단 위
돈화문의 영욕 　　　는 상당히 널찍한 터가 조성되어 있다. 이 터를
　　　　　　　　　　월대라 한다. 지면에 기단을 쌓아 그 위에 건물을

154

창덕궁 돈화문 | 돈화문 앞 제자리를 찾은 월대의 계단이 묵직하다. 여기서 시작하지 않으면 제대로 된 입 궐이라고 인정할 수 없다.

지으면서, 그 기단을 앞으로 넓게 낸 것이다. 월대는 임금이 임어하여 행 사를 하는 공간이기도 하다. 돈화문은 그 월대에 다시 기단을 하나 더 쌓 고 그 위에 세웠다. 두 층의 기단 위에 세웠으니 시각적으로 우러러보게 되어 있다. 돈화문은 우러러보아야 할 뿐만 아니라, 들어가려면 계단을 올 라가야 하는 문이다. 임금님이 계시는 궁궐의 정문을 들어가려면 우러러 보고 올라가야 했던 것이다.

　하지만 대한제국 말기에 순종이 임금이 되어 창덕궁으로 옮길 무렵 혹은 그 직후 일제강점기 초기에 돈화문 앞 지면을 높여 월대를 묻어버렸 다. 자동차가 드나들게 하기 위해서였을 것이다. 결과적으로 돈화문은 땅

돈화문 옛 모습 | 세키노 타다시가 1902년 무렵에 찍었다. 빈집의 황폐한 느낌 속에서도 골격은 제대로 유지하고 있다. (《조선고적도보》)

속으로 꺼진 꼴이 되었고, 몸집에 비해 다리가 짧은 사람처럼 둔해 보이게 되었다. 거의 90년 가까이 그 상태로 있다가 1997년에 아스팔트를 걷어내고 월대 부분을 다시 되살렸지만, 그 앞의 도로까지 깎아내지는 못하여 월대 앞이 아주 옹색하게 되었다. 월대를 오르는 계단도 원래 돌과 새로 깎은 돌을 섞어놓았다. 중앙 어계 양옆의 소맷돌은 옛것이지만, 잘 어울리지 못한 채 따로 노는 느낌을 준다. 주위 환경도 온전히 제 모습을 찾지 못하여 전체적으로 부자연스럽다. 돈화문은 위풍당당한 모습을 되찾지 못한 채 엉거주춤 서 있다.

돈화문은 정면 5간, 측면 2간 해서 10간짜리 건물이다. 가운데 3간은 문짝이 달려 있고, 가장자리 2간은 벽으로 마감이 되어 있다. 문짝 셋을 자세히 보면 역시 가운데 문이 좌우의 문보다 약간 더 크다. 임금만이 드나드는 어문이다. 우진각지붕이 2층으로 되어 있는데, 지붕 모양만 그런 것이 아니라 실제로 중간에 마루가 깔려 있는 2층집이다. 2층 마루에는 종과 북을 설치하여 시각을 알리고, 임금의 행차 시에 진행 단계를 전해주고, 비상시에 위급을 알리는 용도로 쓰였다. 돈화문은 광화문처럼 육축 위에 높게 짓지는 않았지만, 다른 궁궐 정문들이 대개 정면 3간인 데 비하면 훨씬 규모가 크다. 규모가 크다고 꼭 품위가 있는 것은 아니겠으나 돈화문은 규모에 걸맞게 대단히 품위가 있어 보인다.

돈화문 앞 그 자리　　돈화문은 크게 한 영역을 이루고 있는 동궐 전체로 볼 때 서남쪽 모퉁이에 자리 잡고 있다. 남쪽 궁성의 한가운데 있으면 좋겠지만, 그 자리에는 산자락이 감아 돌고 있어 문을 낼 수가 없기에 한 옆으로 비껴 앉은 것이다. 창덕궁에는 돈화문에서 시작하여 시계 방향으로, 서쪽 궁성의 남쪽에서부터 북쪽으로 가면서 금호문金虎門, 경추문景秋門, 요금문曜金門이 있다. 남쪽 궁성 돈화문 동쪽에는 단봉문丹鳳門이 있다. 이 문들을 좌우로 거느린 주인 격의 문이 돈화문이다. 그런 만큼 격이 다르다. 조선 후기에는 돈화문은 대신大臣과 대간臺諫만이 드나들 수 있었다. 대신이란 정1품 고위 관원을, 대간이란 사헌부, 사간원의 언관을 가리킨다. 조신朝臣, 일반 관원은 서쪽의 금호문으로 드나들었고, 중관中官, 내시들은 동편의 단봉문丹鳳門으로 드나들었다. 이렇게 문에 따라 드나드는 사람들을 구별한 것은 법의 규정이 아니라 관행이었다. 임금이 그러지 말라고 여러 차례 명을 내려도 없어지지 않는 질긴 관행이었다.[2]

　　지금 창덕궁에 들어가려면 '입장권'을 끊어야 한다. 매표소는 돈화문의 서편에 있다. 대부분의 '입장객'들은 매표소에서 표를 끊고 바로 돈화문으로 들어간다. 그러다보니 돈화문 전체 모습을 한 번 바라볼 겨를이 없다. 들어가기 바쁘다. 하지만 창덕궁에 들어갈 때는 제발 매표소에서 표 끊어서 바로 들어가지 마시라. 좀 돌아서 월대 계단 앞으로 와서 한번 서 보면 좋겠다. 지금 비록 바로 뒤로 도로가 높이 지나가서 옹색하고 불편하지만 그 자리에 서서 돈화문을 봐야 한다. 돈화문이 어떻게 보이는가? 돈화문의 어문을 들여다보면 저 멀리 북한산 보현봉이 그 안에 쏙 들어와 있다. 그것을 확인한 다음 옷매무새를 추스르고 계단을 올라 월대를 지나 문으로 들어가시라. 그래야 입장이 아닌, 입궐이요 예궐이라 할 수 있지 않겠는가?

2

외전

금천교

회화나무 세 그루   돈화문을 들어서면 왼편으로 궁성을 겸하는 행각
들이 있다. 그 앞으로 꽤 나이가 들어 보이는 나
무들이 세 그루 서 있다. 얼핏 보면 아까시나무처
럼 보이지만, 아까시나무와는 달리 가시가 없고 크기도 훨씬 더 커서 한
결 기품이 있다. 회화나무 또는 홰나무라고 하는 나무이다. 한자로는 괴목
槐木이라고 한다.

중국 고대의 이상적인 정치체제를 서술한 《주례周禮》라는 책에는 궁궐
의 바깥문을 들어서면 바로 만나는 외조外朝에 참여하는 사람들과 그 위치
가 기술되어 있다. 그 외조의 한가운데에 회화나무 세 그루가 있는데 그곳
이 삼공三公이 앉는 자리이다.[3] 삼공이란 세 정승政丞으로, 조정의 가장 고

돈화문 안 회화나무 | 궁궐 안에 있는 회화나무 세 그루가 세 정승을 가리킨다는 그 뜻도 무겁거니와, 〈동궐도〉에도 그려진 바 있는 관록 있는 나무들이다.

위 관직이다. 조선으로 치자면 영의정領議政, 좌의정左議政, 우의정右議政이 이에 해당된다. 이런 까닭에 삼괴三槐라고 하면 삼공을 뜻하게 되었고, 괴정槐庭이라 하면 조정, 괴신槐宸이라 하면 궁궐 하는 식으로, 회화나무는 궁궐을 상징하는 대표적인 나무로 받아들여졌다.

회화나무는 중국이 원산지다. 조선시대에는 말하자면 수입목으로서 궁궐이나 아주 지체 높은 양반가에만 심었다. 지금은 여기저기 많아서, 가로수로 쭉 심은 데도 있다. 하지만 어디 노거수 회화나무가 있으면 그 자리가 뭔가 범상치 않은 자리가 아닌가 한 번 더 쳐다볼 가치가 있다. 창덕궁에도 몇 군데 나이 먹은 회화나무가 있는데, 돈화문 안에서 바로 만나는 이 일대 회화나무들이 가장 유명하다. 덕분에 이 세 그루 외에도 금천 주변의 다른 회화나무들과 함께 천연기념물로 지정되어 있다. 이 회화나무들은 〈동궐도東闕圖〉라는 옛 그림에도 나온다. 〈동궐도〉는 동궐, 곧 창덕궁 및 창경궁 그리고 그 후원을 사실적으로 그린 기록화로서 동궐의 옛모습, 건물은 물론 나무들까지도 보여주는 보물 가운데 보물, 국보다.

누가, 언제, 왜 〈동궐도〉를? 〈동궐도〉는 세로로 16첩帖으로 잘린 절첩식折帖式 그림이다. 각 첩은 세로 273센티미터, 가로 36센티미터의 크기인데 다섯 번 접어 여섯 면으로 구분되게 하였다. 16첩을 모두 펴서 합치면 가로 576센티미터나 되는 거대한 크기이다. 크기만 큰 것이 아니다. 비단에 채색을 하였고, 공중에서 내려다본 시각을 갖춘 부감법俯瞰法을 적용하였다. 건물들을 오른쪽 위에서 왼쪽 아래로 사선으로 구도를 잡아 배치함으로써 건물이 입체적으로 잘 보이게 하였다. 각 건물 및 시설물에는 작은 글씨로 이름을 적어 넣어 풍부한 정보를 담고 있다. 전체가 빈틈없이 잘 짜여진 화려하고도 정교한 하나의 그림이다. 〈동궐도〉는 고려대학교박물관과 동아대학교박물관 두 곳이 각각 소장하고 있으며, 둘 다 국보로 지정되었다. 고려대학교박물관 소장본에는 "인人"으로 표기가 되어 있는 것으로 보아, 동아대학교박물관 소장본이 "천天"이나 "지地" 가운데 하나일 것이고, 한 본이 더 있었을 것으로 추정된다. 이렇게 엄청난 그림을 언제 누가 왜 어떻게 그렸을까? 아쉽게도 〈동궐도〉에 대한 이러한 궁금증을 풀어줄 결정적인 자료는 아직까지 알려진 바가 없다. 이렇게 저렇게 추정을 할 뿐이다. 그러한 추정의 근거로 우선 꼽는 것이 〈동궐도〉가 담고 있는 전각들이다.

〈동궐도〉의 제작 시점을 가늠하는 지표로 꼽히는 건물이 의두합倚斗閤이다. 헌종憲宗 대에 증보된 《궁궐지宮闕志》에는 "의두합은 영화당暎花堂 북쪽에 있다. 옛 독서처 터에 순종純宗 27년 정해년에 익종翼宗이 춘저春邸에 있을 때 개건改建하였다"라는 기록이 있다.[4] '순종'은 순조純祖의 처음 묘호廟號요, 순조 27년은 1827년이다. '익종'은 순조의 아들인 효명세자孝明世子를 추존한 묘호이고, '춘저'는 동궁을 가리킨다. 효명세자는 1809년순조 9

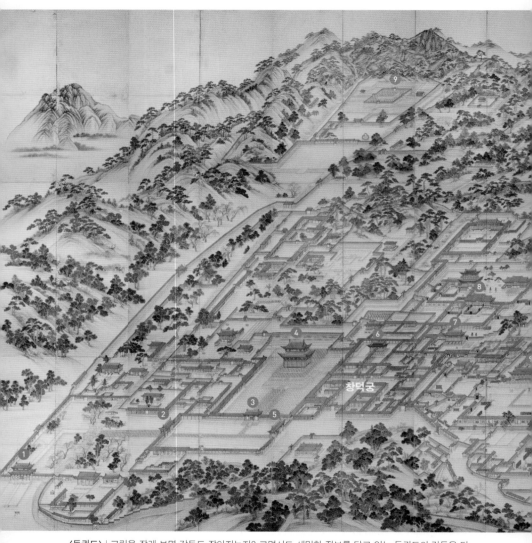

〈동궐도〉 | 그림을 작게 보면 감동도 작아지는지? 크면서도 세밀한 정보를 담고 있는 동궐도의 감동을 다 전할 수 있으면 좋겠다. (고려대학교박물관 소장)

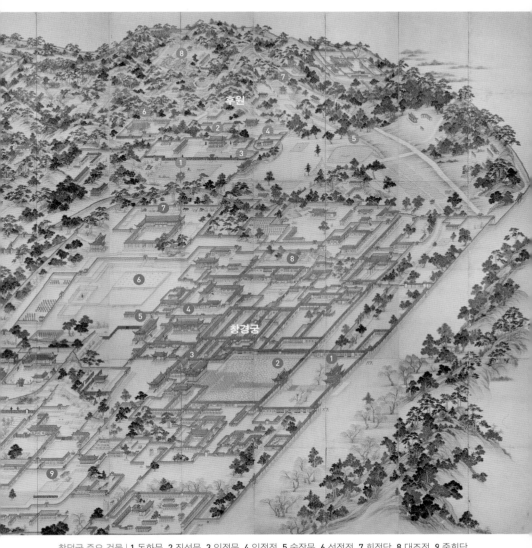

창덕궁 주요 건물 | **1** 돈화문 **2** 진선문 **3** 인정문 **4** 인정전 **5** 숙장문 **6** 선정전 **7** 희정당 **8** 대조전 **9** 중희당
창경궁 주요 건물 | **1** 홍화문 **2** 명정문 **3** 명정전 **4** 환경전 **5** 경춘전 **6** 통명전 터 **7** 자경전 **8** 집복헌 **9** 시민당 터
후원 주요 건물 | **1** 부용정 **2** 주합루 **3** 영화당 **4** 의두합 **5** 춘당지 **6** 연경당 **7** 존덕정 **8** 옥류천 **9** 대보단

첩 상태의 〈동궐도〉 | 고려대학교박물관이 소장하고 있는 〈동궐도〉는 16첩으로 나뉘어 있다. 각 첩을 펼쳐 순서대로 이으면 한 폭의 그림으로 완성된다.

8월 9일 창덕궁 대조전에서 태어났다. 어머니는 안동安東 김씨 김조순金祖淳의 딸 순원왕후純元王后이다. 제일의 세도가문, 최고의 벌족을 외가로 두었다는 말이다. 1812년 7월에 왕세자로 책봉되었고, 1817년 3월에 성균관에 입학하였다. 1819년 3월에 또 다른 유력 세도가문인 풍양豊壤 조씨 조만영趙萬永의 따님을 아내로 맞이하여, 1827년 7월 18일에 아들을 낳았다. 가족 구성에는 흠잡을 데가 없었다. 1823년에는 부왕 순조를 곁에서 모시며 국정을 대신 수행한 바 있었다.

그런데 《궁궐지》의 이 기사는 좀 더 치밀하게 검토할 필요가 있다. 효명세자, 곧 익종의 문집인 《경헌집敬軒集》에 석거서실石渠書室을 의두합이라고 고치고 지은 상량문이 실려 있다. 그 상량문의 찬술 시점이 숭정崇禎 기원후 199년 병술년, 즉 1826년 5월 28일이다.[5] 상량문을 지은 시점은 완공 시점보다는 좀 이를 것이다. 의두합이 그해 안에 완공되었는지, 해를 넘겨 완공되었는지 현재로서는 확인하기 어렵다.

의두합을 기념하는 일은 1827년에 가서 이루어졌다. 1827년 5월 23일 의두합 명문銘文을 지어 바치게 하고, 그 가운데 잘 지은 두 사람의 글을 뽑아 상을 내렸다.[6] 명문의 내용은 대체로 이 건물의 이름은 북두성北斗星에 의지한다는 뜻으로 의두합이라고 지었다는 것이다. 또 효명세자가 의

두합의 열 가지 정경을 읊은 〈의두합십경倚斗閤十景〉이라는 시를 지었는데 24명의 동궁 관료들이 그 시와 같은 제목으로 운韻을 맞추어 화답하는 시를 지었다.[7] 〈동궐도〉에 의두합이 묘사되어 있는 것을 보면 〈동궐도〉는 의두합 완공을 기념하는 분위기에서 제작된 것이 아닌가 생각된다.

또 하나 〈동궐도〉의 제작 시점을 가늠하는 데 참고가 되는 건물이 연경당演慶堂이다. 《궁궐지》에는 "연경당은 곧 진장각珍藏閣 터이다. 순조 28년 무자년에 익종이 춘저에 있을 때 개건하였다"라고 기록되어 있다.[8] 순조 28년은 1828년이다. 그때 지은 연경당은 'ㄷ'자 모양으로 지금 연경당과는 다른 모양이다. 효명세자는 연경당을 짓고 1828년 2월 그곳에서 자신의 어머니 순원왕후가 40세가 되는 것을 기념하여 잔을 올리는 진작進爵 의식을 베풀었다. 〈동궐도〉에 연경당이 이때의 모양인 'ㄷ'자 모양으로 표현된 것을 보면 1828년 이후에 제작되었음을 알 수 있다.

마지막으로 〈동궐도〉의 제작 시점을 가늠할 근거는 환경전을 비롯한 창경궁의 건물들이다. 1830년순조 30 8월 1일 창경궁 환경전歡慶殿에서 불이 나 함인정涵仁亭, 공묵합恭默閤, 경춘전景春殿, 숭문당崇文堂, 영춘헌迎春軒, 빈양문賓陽門 등 상당히 많은 건물로 번졌다.[9] 그해 5월 6일에 죽은 효명세자의 관을 보름 전인 7월 15일 환경전으로 옮겼는데, 그 빈궁 환경전에서 불이 난 것이다.[10] 그런데 〈동궐도〉에는 환경전을 비롯한 불탄 건물들이 모두 묘사되어 있다. 환경전 서북쪽에 있는 창경궁의 중궁전이었던 통명전通明殿이 1790년정조 14에 불이 난 이래[11] 40년이 지난 이때까지도 다시 지어지지 않아서 주춧돌만 표현되어 있는 것과 대조를 이룬다. 결국 〈동궐도〉는 환경전 일대에 화재가 난 1830년 8월 이전에 제작되었음을 알 수 있다. 종합하면 〈동궐도〉는 1828년 초 이후, 1830년 8월 이전에 제작되었다.

이 기간은 효명세자가 대리청정代理聽政을 하던 기간과 대부분 겹친다. 효명세자는 19세가 되는 1827년순조 27 2월부터 순조의 명에 따라 대리청정을 하였다. 대리청정을 하면서 그는 아버지인 순조 대의 정치 상황을 바꾸어 보려는 시도를 하였다. 순조 연간은 이른바 세도정치기勢道政治期이다. 임금의 실권은 약해지고 정치 권력이 몇몇 유력한 가문의 중심 인물들에게 옮겨져 있었다. 효명세자는 할아버지 정조가 하였던 것처럼 임금의 권력을 다시 찾아 행사하려는 의지를 강하게 갖고 있었던 것으로 보인다. 그의 지향은 소수의 양반 가문보다는 백성들을 더 위하는 쪽이 아니었나 생각된다. 할아버지인 정조正祖가 지은 규장각奎章閣 북쪽 기슭에 민가 형식의 작고 소박한 집 의두합을 짓고 독서한 것도 그런 의지의 표현이 아닌가 싶다. 효명세자는 그러나 애석하게도 그 뜻을 본격적으로 펴보지 못하고 대리청정을 한 지 3년여 만인 1830년순조 30 4월 22일부터 각혈을 하다가 5월 6일 창덕궁 희정당에서 훙서薨逝하고 말았다.[12]

〈동궐도〉 제작 시기가 효명세자 대리청정기에 포함된다는 사실은 〈동궐도〉를 제작하게 한 주체가 효명세자라고 추정할 수 있는 유력한 근거가 된다. 효명세자는 경복궁을 중건하고 싶은 욕구도 가지고 있었던 듯하다. 그의 부인인 신정왕후가 1865년고종 2에 경복궁 중건을 명하면서, 효명세자가 대리청정을 할 때 여러 차례 경복궁 터에 가서 그 터를 둘러보면서 다시 지을 뜻을 갖고 있었지만 끝내 이루지 못하였다는 말을 한 바 있다.[13] 그러므로 이 말이 전혀 근거가 없다고 보기는 어렵다. 효명세자가 의두합과 연경당을 다시 지은 사실도 궁궐을 짓고자 했던 그의 의지를 가늠하는 데 참고가 된다. 효명세자는 그림에도 큰 관심이 있었다. 1830년순조 30 봄, 순조의 어용御容을 큰 것과 작은 것 두 본을 고쳐 그릴 것을 청하였다. 그것이 완성되자 손수 표제標題를 써서 서향각書香閣에 봉안하였던 구본舊本과 함께 주합루宙合樓로 옮겨 봉안하였다. 일찍이 화공畵工을 시켜 경작하고 길쌈하는 것을 병풍에다 그리도록 하여 농사짓는 일이 어렵다는 것을 마음에 두게 하기도 하였다.

〈동궐도〉는 세도정치기인 순조 말년에 왕권을 강화하여 정치를 개혁하고자 하는 의지를 갖고 대리청정을 하던 효명세자의 뜻에 따라 그려졌다고 판단된다. 효명세자는 그림에 조예가 있었으며, 궁궐을 영건할 뜻도 갖고 있었다. 하지만 효명세자가 젊은 나이에 죽은 탓에 궁궐 영건은 이루어지지 않았다. 하지만 그의 꿈의 일부가 실현된 결과 〈동궐도〉라는 대작이 만들어졌다고 본다.

금천을 들인 뜻   오늘날 돈화문을 들어서면 어디로 가야 할지 한순간 당황하게 된다. 길이 표시되어 있지 않고 꽤 넓은 공간이 죄다 시멘트로 포장되어 있다. 시멘트로 포장되어 있는 것부터 문제다. 이 문은 임금이 드나드는 문이요, 이 공간도 임금이 지나다니는 경로인데 임금의 길이 이렇게 아무런 구별이 없었을 리 없다. 임금의 길을 어로라고 한다. 드물게 어도御道라고 한 기록도 있다. 어로는 주변 지면보다 약간 높게 하여 경계석으로 구별을 하고, 얇고 넓적한 박석을 깔거나 정사각형 모양으로 구워 만든 전돌이라는 포장재를 덮었다. 〈동궐도〉를 보면 돈화문 안팎에도 임금의 길을 구별했음을 알 수 있다. 다만 어떤 포장재로 어떻게 조성했는지는 정확하게 알 수 없다.

〈동궐도〉에 따르면 어로는 돈화문에서 북쪽으로 몇십 미터 정도 곧바로 진행하다가 금호문에서 들어오는 길과 만나는 지점에서 동쪽으로 꺾여서 창덕궁 내부로 향하게 되어 있었다. 흘러내리는 산자락에 맞추어 자연스럽게 건물들을 배치한 창덕궁의 공간 구성 탓에 어로가 계속 앞으로 나아갈 수는 없으므로 그렇게 축을 꺾은 것이다.

옛 어로가 동쪽을 향하여 돌아섰을 지점에는 앞에 개울이 흐르고 거기 돌다리가 놓여 있다. 개울물은 북에서 남으로 가로질러 흐르고 있다. 개울이라지만 자연 하천이 아니라 양옆을 돌로 쌓아 인공적으로 흐름을 유도한 하천이다. 옛 기록에는 이러한 개울을 천거川渠나 구거溝渠라 하였고, 궁궐 안의 천거는 어구御溝라 표기하였다. 그러한 어구 가운데서 정문을 들어서서 바로 건너게 되거나, 지형 조건에 따라서는 문 하나를 더 들어간 다음에 건너게 되는 이것을 흔히 금천禁川이라 하였다. 아무나 함부로 건너지 못하게 금지하는 하천. 왜 궁궐에 금천을 끌어 들였을까? 돌을 쌓아 물길을 내려면 적지 않은 인력과 물력이 드는데 왜 물길을 궁궐 안으로 끌어 들였을까? 명확하게 밝힌 글이 없으니 추정을 할 수밖에 없다.

첫째, 산과 물의 짝을 맞추기 위한 것이라 하겠다. 음양이 조화되어야 자연이나 사람이 건강하듯, 산줄기와 물줄기가 조화를 이루는 곳이 좋은 땅이다. 산줄기와 물줄기는 서로 맞는 짝을 찾는다. 큰 산줄기는 큰 물줄기와 짝을 이루고, 작은 산줄기는 작은 물줄기와 짝을 이룬다. 서울을 놓고 보자면, 서울을 외곽에서 감싸고 있는 외사산外四山은 서울을 곁에서 감싸 흐르는 외수外水와 짝을 이루고, 좁은 의미의 서울을 만들어주는 내사산內四山은 그 안에 모여들어 흘러나가는 내수內水와 짝을 이룬다. 내사산에서 산줄기가 끝나는 것은 아니다. 거기서 다시 나무의 잔가지처럼 맥이 흘러내린다. 그 맥 중 하나가 끝나는 지점 가까운 곳에서 짝을 이루어 흐르는 물줄기가 바로 금천이다.

백악이 서울의 오른쪽 젖가슴이라면 왼쪽 젖가슴은 응봉이다. 응봉은 산 자체는 높지 않고 평퍼짐하다. 하지만 거기서 퍼져나간 자락이 길고 넓

금천 옛 모습(왼쪽) ㅣ 나무 옆으로 금천으로 내려가는 계단이 있었다. 금천교와 금천은 축이 맞았다.
현재 금천(오른쪽) ㅣ 금천의 흐름을 바꾸고 하안을 너무 반듯한 돌로 쌓아서 맛을 잃었다. 금천교의 위치도
바뀌었다. 특히 나무를 살리기 위해서 반원형으로 쌓은 부분은 너무 부자연스럽다.

게 드리웠다. 응봉에서 흘러내리는 한 줄기가 서쪽으로 슬쩍 갈라져 나와 창덕궁의 인정전仁政殿을 받쳐주고 마무리되었다. 그 인정전 뒤 산자락과 짝을 이루는 것이 금천이다. 금천은 이렇게 배산임수의 형국을 갖추기 위한 의미, 명당수明堂水라는 의미가 있다.

둘째, 금천은 금, 다시 말해서 외부와 내부를 분리하고 경계 짓는 선이다. 물론 궁궐의 외부와 내부를 경계 짓는 대표적인 시설은 궁성이다. 또 궁성 안에는 많은 담장들이 있어 구역을 나눈다. 그러한 궁성, 담장과 대비되는 것이 금천이다. 궁궐의 내외를 가르는 데 궁성만으로는 부족하니 금천으로 한 번 더 깊은 금을 그었다고 할 수 있다. 금은 함부로 밟으면 안 된다. 그 금을 밟거나 함부로 넘으면 위법이요, 불법이요, 침입이요, 잠입이 된다. 궁궐문을 들어서면 일단 궁궐에 들어온 것이다. 하지만 궁궐문 바로 안은 아직 본격적인 궁궐의 내부라고 보기는 어렵다. 궁성을 지키는 군졸들은 금천을 함부로 건널 수 없었다. 반대로 궁궐 안에서 기거하며 활동하는 사람들은 이 금천교를 건너면 의전적으로 바깥으로 나가는 셈이

었다. 임금의 가까운 친인척, 예를 들면 숙부나 장인장모가 죽었을 때 임금이나 왕실 가족들이 애도를 표하는 것을 거애舉哀라고 하였는데 대왕대비, 왕대비, 왕비 등 여성들은 거애를 자신의 거처 가운데 중심 건물이 아닌 별당別堂에서 행하였다. 임금도 장소를 정하여 망곡위望哭位를 설치하였다. 그런데 망곡위를 두는 장소 중 극진한 마음을 표하기 위해 가장 바깥쪽으로 멀리 나가는 곳이 바로 금천교였다.

관원들에게도 금천교를 건너는 것은 특별한 의미가 있었다. 승정원의 업무를 규정한 법전인 《은대조례銀臺條例》를 보면 신입 승지는 일을 익히는 절차인 주도做度와, 연달아 근무하는 예직例直을 13일 동안 해야 하는데 주도와 예직을 마치기 전에 금천교를 넘으면 인사를 시행하지 않는다고 되어 있다. 금천교를 넘는 것을 무단으로 궁궐 밖으로 나가는 것으로 보았던 셈이다. 또 임금을 측근에서 모시는 홍문관원들은 궁궐에 들어와 직直을 서면서부터는 금천교 밖으로 한 발짝도 나갈 수 없었다.[14] 승지나 홍문관원만이 아니라 그 밖의 관원들에게도 금천교를 넘는다는 것의 의미는 참 무거웠다. 함부로 건널 수 있는 다리가 아니었다.

셋째, 금천은 비상용 물을 얻고 내보내는 길이었다. 물이 없으면 사람도 동물도 식물도 살 수 없다. 궁궐이라고 해서 예외일 수 없다. 수도가 없던 시절 궁궐에 사는 사람들의 마실 물을 비롯해 생활에 당장 필요한 물은 우물에서 얻었다. 하지만 필요한 물을 모두 우물물로 감당하기에는 부족하였을 것이다. 후원에 있는 논이나 또 어디에 있을 작은 밭들, 산자락에 있는 과일나무에 주는 물은 근처를 흐르는 개울물을 썼겠다. 가장 급한 물. 전후 사정 볼 여유 없이 아무 물이든 가져다 써야 하는 경우가 있다. 화재이다. 나무로 지은 건물들이 촘촘히 들어서 있는 궁궐에서 화재는 가장 경계해야 할 재해였다. 하지만 나무를 때서 난방을 하고 취사를 하기에 화재의 위험은 늘 도사리고 있었다. 불이 났을 때 우물물만으로는 당연히 부족하다. 이럴 때는 금천의 물, 연못물 등 퍼올 수 있는 물은 모두 퍼

〈동궐도〉 중 금천교 부분 ㅣ 금천 주변을 따라 버드나무 등 나무가 무성하다.

다 끄지 않을 수 없었다. 그러기 위해서도 금천을 끌어 들이고, 연못을 팠
을 것이다.

　　그러나 금천은 관리하기가 그리 쉽지 않았다. 둑이 자꾸 무너져 물길
을 막기도 하고, 방치하면 더러워져 냄새가 나고 하였다. 금천의 물을 깨
끗하게 하고 주변 분위기를 그윽하게 하는 데는 나무들이 크게 한 몫을
하였다. 기록에는 금천교 부근에 있었던 나무로 버드나무[柳木], 회화나무
[槐木] 등이 많이 등장한다. 버드나무는 뿌리가 잘 뻗기 때문에 둑이 무너
지는 것을 막아주며, 수질을 정화하는 역할도 할 뿐만 아니라 물가에서
잘 자라기도 해서 많이 심었다. 궁궐이 바깥에서 들여다보이는 것을 가리
기 위해서 심기도 하였다. 〈동궐도〉에서도 창경궁의 홍화문弘化門 바깥에
버드나무가 숲을 이루고 있는 것을 볼 수 있다.

금천교와 진선문의 옛 모습 ㅣ 어로와 금천교와 진선문이 직선으로 축을 맞추었다. 금천교의 어로와 좌우 협로도 폭의 비례가 적당하다. 《조선고적도보》)

명품 금천교   금천과 어로가 만나는 지점에는 당연히 다리를
놓았다. 이 다리를 일반적으로 금천교禁川橋라 하
는데, 창덕궁 금천교의 이름은 비단 금錦 자를 써
서 금천교錦川橋이다. 금천교는 어로에 놓인 다리답게 너비가 상당히 넓다.
금천교는 창덕궁뿐 아니라 서울에 있는 다른 궁궐을 통틀어서도 가장 나
이가 많은 건조물이다. 나무로 지은 다른 건물들은 임진왜란 때, 혹은 그
이후 화재나 변란 등에 모두 불타버리고 그 후 다시 지은 것들인 데 비해
금천교는 1411년태종 11 창덕궁을 처음 지었던 당시의 것이다. 600살을 넘
긴 나이에도 끄떡없이 제자리를 지키고 있다.

    그런데 엄밀히 말하자면 원래 모습 그대로 제자리를 지키고 있는 것
은 아니다. 일제강점기에 위치와 방향 그리고 모양의 일부가 바뀌었다. 일
제는 1910년 대한제국의 주권을 강탈한 뒤에 궁내부宮內府를 대신할 기구

현재 금천교 | 금천교에서 진선문까지 이어지는 길은 어로와 진선문이 축이 지그재그로 틀어져 있다. 가운데 어로도 너무 넓다.

로 이왕직李王職을 두었다.[15] 그리고 이왕직 청사를 창덕궁 금천교 건너편에 지었다. 외양은 얼핏 보면 기와집이지만 실제로는 양옥을 혼합한 2층짜리 건물로 그 규모가 상당히 컸는데, 그 건물이 금천교의 축과 충돌하기에 금천교를 원래 위치에서 북쪽으로 옮기고 축도 바꾼 것으로 보인다.[16] 그 결과 금천교와 거기서 이어지는 길의 축이 금천 건너 안쪽의 진선문과 맞지 않게 되었다. 그러면서 형태도 일부 바뀌었다. 본래 금천교는 어로의 연장으로서 구역이 셋으로 나뉘어 있었고, 가운데 어로는 좌우 협로夾路보다 조금 더 넓은 정도였다. 그런데 지금은 어로 부분이 과도하게 넓게 되어 있다. 이렇게 변형이 이루어져 그 가치가 조금 덜해졌다고 할 수 있지만, 그래도 금천교는 금천교다.

금천교의 좌우에는 돌난간이 있다. 보통 난간의 양 끝과 중간에는 석주石柱를 세우고 그 기둥에 팔각형으로 다듬은 죽석竹石, 난간돌을 가로로 끼

우고, 그 죽석 중간에 이를 받쳐주는 동자석童子石을 세워 형태를 갖춘다.
그에 비해 창덕궁 금천교의 난간은 특이하다. 커다란 돌기둥을 세우고, 그
사이에 커다란 판석板石들을 끼워맞춘 뒤, 판석 가운데를 안상眼象 모양으
로 뚫었다. 죽석과 동자석은 모양만 표현하였다. 석주와 죽석, 동자석을
끼워 맞추는 대신 판석을 깎아 이런 모양을 만들려면 얼마나 큰 돌을 가
져다 얼마나 깎아야 했을까? 엄청난 공이 들어갔을 것이다. 난간으로서는
더할 나위 없이 고급스런 난간이다. 다른 예가 있는지 모를 작품, 그야말
로 명품이다.

서수의 품성 　　　　난간 기둥 위에 앉아 있는 돌짐승들도 눈길을 끈
　　　　　　　　　다. 밖에서 안으로 들어가는 양옆 돌기둥 위에 앉
　　　　　　　　　아 있는 놈들은 서로 마주보고 있다. 창덕궁으로
들어오는 이들을 맞이하면서 혹 자격이 없는 이가 들어가는 것은 아닌가
살펴보고 있는 것이리라. 금천 건너 안쪽 돌기둥에 있는 놈들은 몸통은 안
쪽을 향하고 고개만 돌려서 마주보고 있다. 나가는 사람들을 배웅한다는

금천교 난간 돌짐승들 |
살벌한 시기인 태종 대
에 만든 것답지 않게 표
정이 해학적이며 친근
하다. 1번과 2번은 바
깥쪽 돌기둥의 각각 북
쪽과 남쪽에 있는 것들
이고, 3번과 4번은 안
쪽 돌기둥의 북쪽과 남
쪽에 있다.

뜻이리라. 그런데 그중 남쪽_{들어갈 때 오른쪽}에 있는 놈은 턱을 바짝 당기고
눈매를 매섭게 하고 있다. 이 금천교를 지키는 자세로 매우 좋다. 그런데
건너편 북쪽_{들어갈 때 왼쪽}에 있는 놈은 고개를 갸웃 돌렸고 눈매도 매섭기보
다는 생글거리는 품새다. 그렇게 보니 입매에도 웃음이 묻어 있는 것이 아
닌가 싶다. 같이 놀자고 애교를 떠는 꼴이니 근무를 서는 군인의 자세로는
좋지 않다. 징계감이다. 하지만 둘 가운데 어느 쪽으로 눈길이 더 끌리는
가? 둘 중 어느 친구에게 다가가 사진이라도 한 장 같이 박자고 말을 건네
고 싶은가? 나는 놀자는 친구 쪽으로 끌린다.

　다리는 상판과 난간만으로 이루어지지 않는다. 다리의 다리, 교각橋脚
도 있어야 한다. 그런데 지금 금천교를 보면 교각이 없다. 없다기보다는
모양이 요즘 우리가 보통 생각하는 교각과 다르다. 돌을 쌓아 올려 반원형
무지개 모양으로 마무리한 것을 홍예虹蜺라 하는데, 홍예 두 틀을 틀었다.

금천교의 북쪽과 남쪽을 지키는 석수들 | 각각 현무와 백택으로 보는 것이 마땅하다.

금천의 폭과 금천 바닥에서 지표면까지의 높이를 계산하니 그렇게 된 것이다.

금천 바닥 한가운데 그 홍예의 밑부분이 시작되는 곳에는 큰 돌이 앞으로 튀어나와 받침대를 이루는데, 그 받침대 위에 웬 짐승이 앉아 있다. 다리의 북쪽, 금천의 상류 쪽에 있는 놈은 거북이 모양을 하고 있다. 웬 거북이? 자세히 보면 얼굴이 있는데 거북이 같지는 않다. 임금이 지나다니시는 이곳에는 그에 맞는 동물을 배치하였을 터, 거북이는 어울리지 않는다. 임금이 다니실 때 그 길을 지키는 짐승으로 저렇게 생긴 것은 무엇인가? 임금이 거둥할 때 앞뒤로 들고 다니는 깃발을 노부鹵簿라고 한다. 노부에는 각종 임금을 지키는 상상의 동물들이 등장하는데, 그 가운데 거북이 비슷하게 생긴 놈은 현무玄武다. 금천교 아래 바닥에서 북쪽을 지키고 있는 저 동물상도 현무라고 보아야 할 것이다.

북쪽에 현무가 있다면 남쪽 편에도 있을 것이다. 남쪽 받침대 위에는 네 발 달린 짐승이 뒷다리는 접고 앞 다리를 편 채 버티고 앉아 있다. 저 짐승은 또 무엇일까? 어떤 이들은 이를 해태라고 한다. 웬 해태? 자신이 알지 못하는 것을 인정하는 데서 앎이 시작된다. 알지도 못하면서 안다고 하면 그에게로 진리가 들어갈 수 없다. 그래서 소크라테스는 말했다. "너 자신을 알라!" 네가 무엇을 알고, 무엇을 모르는지 알라는 뜻이란다.

금천교 남쪽 좌대 위의 저 동물은 다리가 넷, 몸에는 비늘, 그리고 특히 뿔이 있다. 뿔이 둘인데 각각 두 갈래로 갈라졌다. 해태는 몸에 털이 나 있고 뿔은 유니콘처럼 외뿔이다. 비늘과 뿔만 보아도 해태일 수는 없다. 그렇다면 저 동물은 어떤 동물인가? 이리저리 찾아본 결과 나는 백택白澤이라고 추정한다. 저 동물이 이름표를 붙이고 있지 않으니 확답을 하기는 어려우나 거의 맞다. 백택이란 어떤 동물인가?

> 황제黃帝가 동해에 순수하는데 백택이 나와서 능히 말을 하였고 만물의 정수를 모두 알았다. 백성에게 경계함으로써 재해災害를 제거하였다. 현군賢君의 덕이 그윽하고 멀리까지 미치면 나온다고 한다.[17]

남조南朝 양梁나라의 손유孫柔라는 사람이 쓴 《서응도瑞應圖》라는 책에 있는 백택에 관한 내용이다. 그 밖에 기본 틀은 같으나 표현이 조금씩 다른 자료들이 알려져 있다. 백택에 관한 요소들을 종합해보자. '물가바닷가에 산다.' '말을 하고 지혜롭다.' '임금이 덕이 널리 미칠 때 나타난다.' 이러니 임금이 계시는 궁궐 금천교에 있을 만하지 아니한가?

백택도 노부에 등장한다. 네 발 달린 동물인데, 몸에는 비늘이 덮였다. 물결을 밟고 있고, 몸에는 상서로운 기운이 서렸다. 다만 두 갈래로 갈라진 뿔이 둘 있어야 하는데 그림에서 확인할 수는 없다. 하지만, 이 정도면 저 금천교 남쪽 아래에 버티고 앉아 있는 동물을 백택이라고 보아 무방하지 않겠는가? 저 백택은 이 금천교를 드나드는 임금에게 세상의 진리를 알려주려고, 또 임금이 제발 덕을 베풀어 멀리까지 미치게 하시라는 말을 하려고 저러고 있는 것일 게다.

그 백택 위, 교각 노릇을 하는 금천교의 두 홍예가 만난 면은 역삼각형으로 되어 있는데, 거기에는 웬 동물 얼굴이 돋을새김되어 있다. 그 동물의 머리에도 두 갈래로 갈라진 뿔이 둘 돋아 있는 점이 눈에 띈다. 뿔로 보자면 아마도 백택과 뭔가 통

백택기 ｜ 상서로운 구름이 감싸고 있는 가운데 온몸에 비늘이 덮였고, 네 발이 있으며, 머리는 표범 같기도 한 동물이 사나운 눈으로 바라보면서 물결 위에 앉아 있다. (국립고궁박물관 소장)

하는 모양이다. 백택이나 이 동물이나 이 금천을 통해 침입할지도 모르는 어떤 나쁜 잡것들을 지키려고 저러고 있는 것일 테고, 그래서 험상궂게 보이려 애를 쓰는 인상이나, 안됐지만 그리 무섭지 않다.

인정전

진선문 신문고　　　금천교를 건너면 진선문進善門이 나선다. 진선문에는 억울한 일이 있는 백성이 와서 치면 임금이 들

고 억울한 사정을 해결해주마고 하는 큰 북이 달려 있었다. 태종 대에 처음 설치하였다가 중간에 유명무실해진 것을 영조英祖 대에 다시 설치하였다. 이 북을 신문고申聞鼓 혹은 등문고登聞鼓라고 하였다. 그러나 일반 백성들이 궁궐문을 들어서서 금천교를 건너 진선문 앞에까지 와서 북을 치기가 쉬운 일은 아니었을 것이다. 시골의 백성들이 서울까지 오는 것도 어려운 일이지만, 서울에 와서 궁궐을 들어가려고 할 때 궁궐을 지키는 병사들이 어서 오시라고 했겠는가. 잘못하면 매나 실컷 얻어맞고 돌아설 수도 있었다. 신문고라는 것은 결국 나 임금이 너희 백성들의 고충을 해결하기 위하여 이런 일도 한다고 널리 과시하기 위한 정치적 제스처에 지나지 않았다는 생각을 지울 수 없다. 하지만 한편으로는 별반 실효는 없을지언정 그런 제스처라도 하는 편이 앞뒤 가리지 않고 함부로 권력을 휘두르는 것보다는 훨씬 낫다는 생각도 든다.

일제강점기에 언젠가 없어진 진선문을 1996년부터 복원한다고 해놓았다. 금천교에서 진선문으로 이어지는 삼도와 진선문의 축이 이리저리 어긋나 있다. 금천교의 위치가 바뀌어서 그렇기도 하겠지만, 진선문은 과연 제자리에 제 모습으로 복원되었는가 문득 의심이 든다.

행각인지 회랑인지 　　진선문을 들어서면 행각으로 둘러싸인 넓은 마당이다. 진선문 좌우에도 행각, 저 건너 맞은편 동쪽에는 숙장문肅章門과 좌우 행각, 남쪽으로는 긴 행각, 북쪽으로는 인정문仁政門과 그 좌우에는 회랑의 뒷면이 길게 담처럼 둘려 있다. 이 큰 마당은 일부러 꾸민 공간이지 그냥 지나가는 길이 아니다. 일제는 이 마당의 서남쪽 일대에 이왕직 청사를 지었다. 그리고 주위 행각은 모두 헐어 없앴다. 그 결과 이 마당이 없어졌다. 인정문과 인정전 회랑, 그리고 이 일대의 정전인 인정전까지 모양을 크게 바꾸고, 용도도 바꾸었다. 창덕궁의 초입, 가장 중요한 의식 행사의 공간을 전면적으로 바

창덕궁 전경 ┃ 서남쪽 높은 곳에서 동북쪽으로 바라본 창덕궁 전경. 멀리 현대식 건물들이 가득찬 도심을 배경으로 울창한 숲 가운데 창덕궁 전각들이 빽빽하게 들어차 있다. 비록 근년에 새로 지은 건물들이 많지만, 궁궐의 위용이 전해진다.

꾸고, 부정해버린 것이다.

1990년대 후반에 인정문과 인정전 회랑, 그리고 인정문 안 이 마당을 둘러싼 행각을 다시 지었다. 이른바 '복원'이라고 해놓았다. 그런데 이것을 복원이라고 해야 할지, 볼 때마다 답답하기 그지없다. 행각은 어느 중심 건물의 주변을 둘러싼 기다란 건물이다. 벽을 치고 문을 달아 그 공간을 방이나 마루나 창고 등으로 사용하도록 만든 건물이다. 회랑은 내부에 벽이 없게 만들어서 사람들이 지나다니게 만든 건물이다. 지금 다시 만들어 세운 저 건물은 행각이라고 해야 할지 회랑이라고 해야 할지 모르겠다. 겉모습을 보면 벽이 없고 속이 텅 비어 있어 회랑처럼 보인다. 그런데 서북쪽에 "정청政廳", 남쪽에 "호위청扈衛廳", "상서원尙瑞院"이라는 편액이 달려 있는 걸로 보아서는 행각이라야 맞는다.

정청이란 이조吏曹와 병조兵曹의 관원들이 궁궐에 들어와 관직 후보자를 선정하는 일을 처리하던 사무실을 가리킨다. 호위청은 임금의 호위를 맡는 군문으로 1623년인조 1에 창설되었다. 호위대장은 정1품으로 처음에는 세 자리였는데 현직이나 전직 의정議政 혹은 국구國舅 가운데서 겸임하게 하다가, 정조 연간에 와서는 한 자리로 줄이고 훈신勳臣이나 척신戚臣이 아니면 맡지 못하게 규정되었다.[18] 구성원은 모두 군관軍官, 그러니까 오늘날로 말하자면 장교였다. 그만큼 임금이 믿을 만한 사람들로 구성된 측근 부대였다. 상서원은 새보璽寶, 부패符牌, 절월節鉞을 관리하는 정3품 아문이었다.[19] 새보란 임금의 각종 인장, 부패는 부신符信이나 명패命牌 같은 임금의 위임을 받았음을 보여주는 각종 물건들, 절월은 군대를 지휘하는 권한을 드러내는 깃발이나 도끼 등을 가리킨다. 널리 알려진 마패馬牌도 상서원에서 발행하여 관리하였다.

이 셋은 하나같이 궁궐 안에 있어야만 되는 관서요, 사무실이다. 그런데 이러한 관서가 벽도 문도 없이 툭 터진 곳에서 어떻게 제 기능을 발휘할 수 있었겠는가? 도무지 이해하기도 어렵고 설명도 되지 않는 공간을

정청 편액 | 인정문 밖 회랑의 엉뚱한 곳에 붙어 있다. 저런 곳에서 과연 인사 업무를 볼 수 있을까?

만들었다. 비단 여기만 그렇겠는가? 이제는 복원에 대하여 처음부터 찬찬히 따져서 바로잡아야 할 때가 되었다.

의례의 공간   인정문 밖 넓은 마당은 인정문 안의 마당을 뒷받침하는 공간이었다. 인정문 안을 조정이라고 하는 데 대하여, 바깥마당은 아랫조정이나 바깥조정쯤 된다고 하겠다. 조정에서 하기 어렵거나 피하고 싶은 행사를 치르는 공간이었다. 예를 들면, 역적모의가 발각되어 임금이 친히 국문鞫問하려고 할 때 어디서 하겠는가? 국문을 하려면 형구形具를 갖추어 고문을 가하는 것이 다반사였다. 때로는 사람이 죽어나갈 수도 있는 일이었다. 그러한 상서롭지 못한 일을 조정에서 하기는 꺼림칙한 일이었다. 그럴 때는 인정문 바깥마당을 활용하였다.

조선왕조에서 민간의 예는 사례四禮, 곧 관례冠禮, 혼례婚禮, 상례喪禮, 제례祭禮로 구성되었지만, 국가의 예는 오례五禮로 구성되었다. 오례란 국가에서 행하는 길례吉禮, 가례嘉禮, 빈례賓禮, 군례軍禮, 흉례凶禮를 가리킨다. 길례는 국가에서 행하는 각종 제사, 가례는 사람들을 위한 잔치, 빈례는 사신을 맞이하는 예, 군례는 군대를 움직이는 의절, 흉례는 왕실 가족이 죽었을 때 치르는 상장례喪葬禮를 말한다. 그렇다면 임금의 즉위례는 어디에 속하였을까? 답사를 하다가 인정문 앞에서 다리도 쉴 겸해서 이런 질문을 던지면 대답이 참으로 가지각색으로 나온다. 가례라는 답이 많이 나온다. 하지만 정답은 흉례다.

즉위는 언제 하는가? 임금이 승하하면 한다. 임금이 누구인가? 새로 임금이 될 사람, 왕세자의 부왕父王이다. 임금이 승하한 지 6일쯤 지나면 성복成服, 상복을 갖추어 입는 것을 하였는데, 성복을 해야 승계자로서 지위가 확인되었다. 성복을 하면 돌아가신 임금의 시신을 모셔놓은 빈전에 고한 뒤에 조정으로 이동하였다. 그러나 조정 안으로 들어가지는 않고 바깥에서 면복冕服, 즉 면류관冕旒冠에 구장복九章服으로 갈아입고 대보大寶를 받았다. 그 위치가 경복궁이라면 근정문이요, 창덕궁이라면 인정문이었다. 인정전이 아니라 인정문이었다. 대보를 받는 순간에는 아직 임금이 아니므로 인정전이 아닌 인정문에서 받았던 것이다. 인정문 앞은 그런 공간이었다.

인정문은 조정으로 들어가는 문이다. 문이 셋으로 구성되어 있고, 가운데 문이 좌우보다 조금 더 크다. 임금이 드나드는 어문이다. 임금도 왕조도 사라진 이 시대에 셋 가운데 어느 문으로 들어갈 것인가는 자유롭게 선택할 수 있다. 하지만 너무 거만을 떠는 것은 좋지 않다. 기왕에 옛 모습, 옛 분위기를 맛보고 싶다면 좀 겸손한 자세, 허리를 약간 굽히고 손을 앞으로 모으고 어문을 피해서 동협문으로 들어가는 것이 좋겠다. 들어가서는 짐짓 긴장을 하고 신경을 모두어 가운데 어문 앞에 서 보는 것이 좋겠다. 인정문을 들어서서 지금까지와는 전혀 다른 풍광, 전혀 다른 분위기

창덕궁 인정문 | 저 문을 들어가는 것이 곧 조정에 나아가는 것이다.

를 맛볼 준비를 하기 위해서다.

인정문 밖에서는 수선거리던 공기가 안으로 들어서면 잠잠해지는 듯한 느낌이 든다. 고개를 들어 정면을 보면 인정전이 당당하게 맞아준다. 그 뒤를 커다란 나무들이 쑥쑥 자란 숲이 받쳐주고 있다. 왼쪽을 보면 회랑 너머로 멀리 봉긋이 솟은 백악 봉우리가 보인다. 좀 더 왼쪽으로 내려오면서 보면 인왕산이 보인다. 아니, 보여야 하는데 건물에 가려서 다 보이질 않는다. 오른쪽을 보면 내전 전각들 지붕이 보인다. 인정전을 좀 더 음미하려면 조금 자리를 옮기는 것이 좋다. 회랑의 동남쪽 모서리, 나는 그 자리가 인정전을 보기에 가장 좋은 자리라고 생각한다. 거기서 보면 응봉에서 흘러내린 산자락이 인정전 바로 뒤까지 다가와서 받쳐주고 있는 모습이 정겹다. 인왕산도 다른 각도에서 보인다. 인정전이 2층 기단 위에

동편 회랑에서 본 인정전 ǀ 바로 뒤까지 이어진 산줄기의 나무들이 든든하다. 사진 왼편에 보이는 행각은
향과 축문을 보관하던 향실이다.

당당하게 앉아 있는 모습이 가장 멋진 각도로 잡힌다.

인정문 안 회랑으로 둘러싸인 공간은 조정이다. 백관들이 모여서 조
회를 하던 뜰이다. 만조백관滿朝百官이란 조정에 가득한 수많은 관원들이란
뜻이다. 이때 '조朝'는 조정을 가리킨다. 조정은 의식 행사를 치르는 곳, 예
禮를 구현하는 곳이다. 임금이 국정 업무를 보는 곳이라는 설명은 정확하
지 않다. 이곳에서 치르는 의식 행사를 아울러 조회라고 하는데, 조회 중
대표적인 것이 조참이다. 조참은 관원들이 정례적으로 조정에 모여 임금
에게 충성을 표현하는 의식인데, 요즘 표현으로 하자면 정례 조회쯤 되겠
다. 규정상으로는 한 달에 네 번 하게 되어 있었지만,[20] 실제로는 한 해에

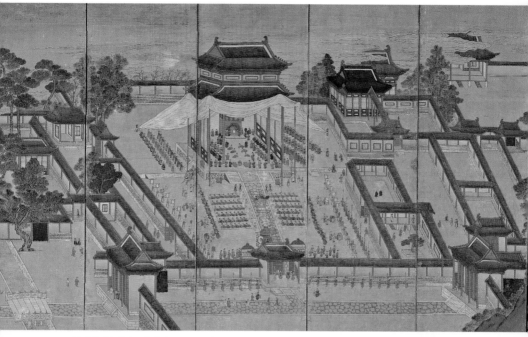

〈왕세자탄강진하도병〉(부분) | 1874년(고종 11)에 원자의 탄생을 축하하기 위해 창덕궁 인정전에서 열린 행사를 그렸다. 역원근법으로 그린 조정 안에 사람들이 가득하다. 좌우 회랑 바깥의 전각과 궐내각사도 잘 표현되어 있다. 이때 태어난 아이가 후일의 순종이다. (국립고궁박물관 소장)

몇 차례 열지 않았다. 조참 외에도 임금에게 축하 말씀을 올리는 조하朝賀 나 각종 잔치인 진연進宴, 진찬進饌을 조정에서 베풀기도 하였고 과거의 마지막 단계 시험인 전시殿試를 치르기도 하였다.

국가 차원에서 치르는 제사의 주체는 원칙적으로는 임금이었다. 임금이 직접 제관으로서 지내는 제사를 친제親祭, 그렇게 드리는 것을 친행親行이라고 하였다. 그러나 수많은 제사를 모두 친제로 드릴 수는 없었다. 세자나 의정 또는 판서 등 다른 사람을 대신 보내어 제사를 드리는 것을 섭사攝祀 혹은 섭행攝行이라고 하였다. 섭사로 드릴지라도 그 제사의 주체는 임금이었다. 임금이 다른 사람을 제관으로 보낼 때라도 임금은 인정전에 나와서 향축香祝, 향과 축문을 친히 전해주는 것이 보통이었다. 이럴 때 그 향과 축문을 준비하던 관서가 향실香室이다. 향실은 인정전 서편 행각에 인정전을 향해 있다.

조선왕조는 예를 매우 중시하였다. 예를 법이나 실제 정무보다 더 중시하고, 예를 표현하는 의식을 정성을 다해 수행하였다. 그러한 예를 행하던 대표적인 장소가 이곳 조정이다. 조정은 궁궐에서도 가장 모이기 편리한 위치에 넓게 자리 잡았고, 그 중심 건물을 웅장하고 화려하게 지었다. 창덕궁에서는 인정전이 그런 건물이었다.

상처 입은 존엄 인정전은 창덕궁의 법전法殿이다. 법전이란 그 용도가 정해져 있는, 격이 높은 건물을 가리킨다. 인정전은 외전의 정전正殿이다. 정전이란 여러 건물들이 모여서 하나의 영역을 이룰 때 그 중심 건물을 가리킨다. 인정전은 창덕궁에서 가장 격이 높은 건물이다. 바닥 크기부터 그 격에 맞게 정면 5간, 측면 4간 20간이다. 높이도 팔작지붕이 두 겹으로 되어 우뚝하다. 기둥과 지붕을 잇는 형식은 지붕을 한껏 들어 올리며 크게 만드는 다포식에, 단청을 화려하게 칠했다. 용마루 양끝에는 취두를, 내림마루와 추녀마루에는 용두를 놓고, 추녀마루 끝에는 잡상을 아홉 개씩 놓았다.

내부 역시 이에 걸맞은 차림을 하고 있다. 겉에서 보기에는 겹지붕이지만 속은 전체가 터져 있는 통층이다. 내부 공간이 넓고도 높다. 가운데 뒤편에 단을 만들고 그 위에 임금이 앉는 용상을 놓았다. 용상 뒤에는 일월오봉병이 펼쳐져 있다. 해와 달이 떠 있고 다섯 봉우리가 솟아 있으며, 바위와 소나무 사이로 폭포가 떨어진다. 물에는 거북 등 상서로운 짐승들이 있다. 해와 달은 음양을 뜻하며 다섯 봉우리는 우리나라의 동, 서, 남, 북, 중앙의 다섯 산오악五嶽을 가리킨다. 용상 위에는 화려한 장식을 한 닫집이 설치되어 있다. 위로는 천장이 설치되어 있고, 그 한가운데는 쑥 들

인정전 답도 | 양편에서 서수가 호위하는 가운데 답도가 박혀 있고, 그 속에는 봉황 두 마리가 날고 있다. 서수의 표정이 소박하고 의뭉하다.

어가 감실 모양을 이루었는데, 그 안에 목각으로 만든 한 쌍의 봉황이 날고 있다. 이 모두 임금을 상징하는 것들이요 임금의 위용을 드러내는 것들이다.

〈농부가〉에 이런 구절이 있다. "인정전 달 밝은 밤 세종대왕님 한글 자랑, 남산의 푸른 솔은 치산치수 자랑이요. 오뉴월이 당도하면 우리 농부 시절이로다." 인정전은 조선시대 사람들에게는 임금의 집을 가리키는 대명사였다. 그러나 지금 인정전 안을 들여다보려고 한다면 먼저 마음을 단단히 다잡을 필요가 있다. 사람이 살지 않는 집은 금세 썰렁하고 을씨년스러워진다. 이 인정전은 100년 넘게 비어 있던 집이다. 썰렁해도 접어주어야 한다. 을씨년스러워도 그러려니 여겨야 한다. 하지만 오래 비워져 있던 것만이 문제는 아니다. 본모습을 유지하고 있지 못하다는 데 더 큰 문제가 있다. 인정전의 바닥은 정체불명의 마루로 되어 있다. 전기 샹들리에가 달려 있고, 창에는 커튼이 쳐져 있다. 이는 당연히 본모습이 아니다. 원

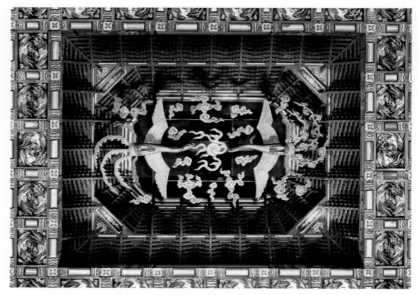

인정전 천장의 봉황 | 인정전 용상 닫집과 같이 감실로 조성된 공간에는 상서로운 구름이 점점이 떠 있고, 그 속에 봉황 한 쌍이 날고 있다. 날개를 편 모습이나 꼬리의 처리 등 자태가 자못 우아하다.

래는 샹들리에와 커튼이 없는 것은 물론, 바닥에는 마루가 아니라 전돌이 깔려 있었다. 흙을 네모나게 구워 만든 포장재. 그 전돌이 깔린 공간은 신발을 벗고 들어가지 않았다. 그대로 신고 들어갔다. 인정전의 안은 월대, 저 아랫조정과 단절된 공간이 아니라 서로 연결된 공간이었다. 인정전은 조정의 연장이자 그 중심이었다.

일제가 이러한 인정전과 조정을 그냥 놓아둘 리 없었다. 전돌을 마루로 바꾸고 샹들리에를 달고 커튼을 친 까닭은 이곳을 조정이 아닌 연회장으로 쓰기 위해서였다. 내부만 바꾼 것이 아니다. 회랑은 대기실과 식당, 총독부 정책 홍보 전시장으로 바꾸었다. 조정 마당의 박석을 걷어내고 장미니 모란이니 화초를 심었다. 왕조의 국정 운영의 중심인 궁궐, 그 가운데서도 가장 격식이 높고 의미가 깊은 조정을 근본적으로 부정하고 그저

현재 인정전 내부 | 바닥은 전돌 대신 서양식 마루가 깔려 있고, 일월오봉병은 일본식 가리개 위에 얹혀 있다. 게다가 서양식 샹들리에, 커튼 등으로 온통 왜곡되어 있다.

한낱 연회장으로 만들어버렸다. 그때는 대한제국의 주권이 일제로 넘어가는 시기, 순종이 황제였던 융희 연간이었다. 일본이 대한제국을 부정하고 자신들의 식민지로 만들려는 의도를 관철시킨 것이다.

다시 인정전 안을 조금 더 자세히 보면, 단 위에는 용상이 있고, 그 뒤에 나무로 만든 삼곡병이 있으며, 그 뒤로 일월오봉병이 보인다. 그런데 자세히 보면 일월오봉병이 위로 들려 있고, 그 아래에는 푸른 테두리에 금빛으로 문양을 넣은 가리개 같은 것이 있다. 이 가리개는 임금의 용상이 있던 단을 없애고 총독 같은 자들이 앉을 의자를 마룻바닥에 놓을 때 그 뒤를 장식했던 것이다. 물론 국적은 일본이다. 해방 뒤에 다시 단을 만들고, 그 가리개를 옮긴 뒤 그 위에 일월오봉병을 올려놓았다. 일월오봉병이 높이 들려 있는 것은 알고 보면 참으로 기이한 모습이다. 인정전 안을 들

1902년의 **인정전** | 조정 박석 사이로 잡초가 돋아나긴 했지만 건물들은 대체로 기품을 유지하고 있다. 바로 뒤편까지 내려온 산자락에는 낙락장송들이 인정전을 받쳐주고 있다. (《조선고적도보》)

여다볼 때 어딘지 모르게 이상하게 느껴지는 이유들이다.

　1995년부터 복원 공사를 하여 인정문의 제 모습을 되살리고, 회랑을 원래대로 밖으로 조금 내어 짓고, 조정 바닥에는 박석을 깔았다. 복원이라고 하기는 했지만 아무래도 느낌까지 옛것 그대로 되살리기는 어려운 일인가 보다. 기계로 다듬은 나무 기둥이나 서까래가 너무 반듯하고 단청도 색깔이나 문양이 좀 튀는 느낌이 든다. 박석 역시 기계로 다듬어서인지 우리 화강암의 거칠면서도 깊은 맛은 죽었다. 군데군데 남아 있는 옛 박석과 비교하면 그 차이를 확연히 볼 수 있다. 전체적으로 깊고 그윽한 맛은 많이 줄었다.

　임금이 사라지고, 그 시대 그 문화가 엷어진 지금 인정전을 들여다본다 해도 임금과 그 시대의 모습을 원형 그대로 찾을 수는 없다. 인정전을 들여다보면서 조선왕조와 대한제국 임금의 위용을 찾고 느끼려면 적지

1928년의 인정전 | 일본 제국주의자들은 박석을 들어내 조정은 꽃밭으로, 정전은 파티장으로 바꾸었다. (국립중앙박물관 유리건판)

않은 노력을 해야 한다. 그곳에 깔려 있는 마루를 걷어내고 샹들리에와 커튼을 치워야 한다. 대신 필요한 집기를 갖추어야 할 것이다. 인정전 내부만으로는 부족하다. 그 앞의 상하 월대와 조정에도 집기 의장을 차려야 한다. 차일을 높이 치고 말과 가마, 악기, 노부, 창검槍劍, 기치旗幟를 배치해야 한다. 물건만 갖춘다고 될 일이 아니다. 사람들을 배치하여야 한다. 임금으로부터 문무백관과 장졸들, 악공들, 시립侍立하는 사람들에 이르기까지 최소 수백 명을 각자 위치에 맞게 정연하게 늘어서게 해야 한다. 사람들이 가만히 서 있게 두어야겠는가? 의식의 흐름에 따라 각자 그에 맞는 행위를 하게 해야 할 것이다. 그저 틀에 박힌 행위만 하면 하겠는가? 행위이전에 생각을 하고 의미를 새겨야 할 것이다.

　왕조가 사라진 지금 인정전과 조정을 원래 모습으로 복구할 수 있을까? 더 나아가, 복구할 필요가 있을까? 이런 근본적인 질문을 던지게 된다. 그러기도 어렵고, 그럴 필요도 없다. 하지만 그저 눈에 보이는 대로 쓰윽 보고 지나치는 것만으로는 아무래도 부족하다. 마음속에서, 우리의 인식 속에서 이곳이 어떠한 곳이었는가 재구성하고 그 의미를 되새기려는 노력이 필요하다. 인정전을 들여다보기만 해서는 모자란다. 그 시대를 보고, 그 시대 사람들의 삶을 보자. 인정전에서 우리가 갖추어야 할 눈이요 마음이다.

오얏꽃의 변질　　　인정전에서 내다보면 지금 인정문 용마루에는 구리로 된 꽃문양이 세 개 박혀 있다. 자리를 옮겨 다시 살펴보면 인정전의 용마루에도 다섯 개가 박혀 있다. 인정문에는 용마루 앞면과 뒷면에 각각 세 개씩 있는데 인정전에는 용마루 뒷면의 것은 떨어져 나가고 없다. 이것이 무엇인가? 우리 옛 건물 어디에도 용마루에 이런 식의 꽃문양을 박은 것을 본 일이 없는데 이것이 웬 장식인가? 이 꽃이 무슨 꽃인가?

　이 꽃이 배꽃[梨花]이라고 하는 사람들도 있지만 근거가 없다. 나는 아니라고 본다. 이 꽃은 오얏꽃[李花]이라고 보아야 할 것이다. 오얏꽃은 대한제국 당시부터 황실의 문장紋章으로 쓰였다. 1899년 고종이 스스로 대원수大元帥가 되어 만든 부대가 원수부元帥府인데, 그 장교와 관원들은 노란색 대帶를 띠게 하였고 거기에 은실로 이화를 수놓도록 규정하였다.[21] 1900년에 훈장 제도를 정하였을 때 세 번째로 격이 높은 훈장의 이름은 이화대훈장李花大勳章이었다. 첫 번째, 두 번째로 격이 높은 훈장이 황실을 대상으로 한 것이었으므로 이화대훈장은 문무관원을 대상으로 한 것으로서는 가장 높은 등급이었다.[22] 그 밖에도 이화는 대한제국과 황실, 황제를 드러내는 상징물로 여러 곳에 등장하였다.

　하지만 우리 건물 어디에도 이런 식으로 용마루에 장식을 한 예는 없다. 인정전 용마루에 구리로 된 오얏꽃 문양을 해 박은 것은 우리 스스로

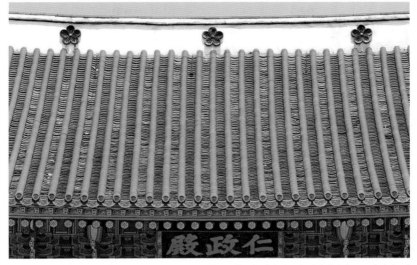

인정전 용마루 | 구리로 만든 오얏꽃 문양이 박혀 있다. 오얏꽃이 대한제국의 상징이었다고는 하지만, 여기의 장식은 그렇게 곱게 바라볼 수 없다.

자랑스럽게 만들어 단 것이라고 볼 수 없다. 1907년 일본의 입김으로 순종이 창덕궁으로 옮겨오면서 생긴 것으로 보인다. 일본 사람들은 우리 역사와 문화를 왜곡할 때 절대로 아무 상관도 없는 것을 끌어다 붙이지는 않았다. 식민사학에서 어떤 이야기를 할 때는 그 근거를 우리 사료에서 찾았다. 찾기는 찾되, 그것을 올바르게 활용하지 않고 슬쩍 비틀어 자기들의 주장을 합리화하는 데 써먹었다. 인정전 용마루의 오얏꽃 문양도 대한제국 황실에서 자주 사용하던 오얏꽃 문양을 끌어온 것이기는 하되, 대한제국의 존엄을 드러내기 위해서가 아니라 대한제국의 권위를 짓밟는 데 썼던 것이다.

일제는 조선을 식민지로 만들면서 순종을 창덕궁 이왕昌德宮李王, 고종을 덕수궁 이태왕德壽宮李太王이라 불렀다.[23] 망한 나라 대한제국의 왕실을 이왕가李王家, 이왕실李王室, 조선을 이씨조선, 이조李朝라 불렀다. 왕실을 뒷

바라지하는 기구로 이왕직이라는 기구를 두었다. 이왕직 장관은 한국 사람이 맡았으나 실권이 없는 허수아비에 불과했다. 실권을 갖고 왕실을 관리한 것은 일본인 차관이었다. 이때의 '왕'은 우리가 생각하는 왕조의 통치자를 가리키는 말이 아니다. 일본 천황 밑에 있는 왕족을 가리키는 말이다. 일본에는 그런 왕들이 많이 있었다. 조선을 일본과 대등한 자주 국가가 아닌 식민지로, 그 왕실을 일본의 천황 밑의 한 왕족 가문과 같은 존재로 격하시키기 위한 의도였다. 이런 맥락에서 인정전 용마루의 오얏꽃 문양은 그런 그들의 뜻을 널리 드러내 보이기 위한 간교한 계산에 따라 생긴 것이다. 자세히 보면 그런 오얏꽃은 창덕궁 여기저기, 그리고 일제하 한국 땅에 많이 있었고 지금도 남아 있다. 대한제국을 기억하게 하는 흔적이 아니라, 식민지의 흔적으로서 남아 있다.

3

궐내각사

최고의 관청, 궁궐

동궐 궐내각사의
재편

창덕궁의 궐내각사闕內各司에는 어떤 관서들이 있
었으며, 어디에서 어떤 활동을 하였는가? 이 질문
에 한마디로 간략하게 대답하기는 어렵다. 우선
조선왕조에서는 기본적으로 궁궐을 둘 유지하면서 임금이 그 두 궁궐을
이어하면서 활동하였기 때문이다. 각 궁궐이 똑같지 않고 구체적인 구성
과 배치에 차이가 있었다. 그리고 시기에 따라 국정 운영 방식이 바뀌었
고, 이에 따라 궐내각사의 구성과 배치도 달라졌기 때문에 한마디로 잘라
말하기 어렵다. 궐내각사에 대해 구체적으로 이해하려면 조선왕조의 국정
운영으로 깊이 들어가야만 한다.

임진왜란을 겪은 뒤 궁궐을 다시 지은 임금은 광해군光海君이다. 광해

군은 과도하다 할 정도로 궁궐을 짓는 데 집착하였다. 광해군은 창덕궁, 창경궁을 중건하면서 창경궁을 독자적인 궁궐로 여겨 창경궁에도 궐내각 사를 지었다. 그 결과 창덕궁과 창경궁에 각각 궐내각사를 갖추게 되었다.

인조仁祖는 기껏 반정으로 임금이 되었지만 그의 임금 노릇은 참 우여 곡절이 많았고 어엿하지 못하였다. 이괄의 난과 병자호란丙子胡亂을 겪으 면서 궁궐을 떠나 있는 기간이 적지 않았고, 임금으로서 감내하기 어려운 굴욕도 겪었다. 그러한 상황에서 인조는 창경궁에 주로 임어하며 창경궁 을 중심 궁궐로 활용하였다.

효종孝宗과 현종顯宗은 인조 대에 보수한 창덕궁을 주로 이용하였다. 창 경궁은 창덕궁을 보조하는 정도였다. 하지만 효종과 현종 연간에도 창경 궁에 마련되었던 궐내각사 청사는 그대로 존치되어 활용되었다. 조선 중 기의 후반에는 창덕궁과 창경궁 양 궁궐에 각각 궐내각사 청사를 중복 배 치하여 운용하는 방식이 정립되었다고 할 수 있다.

창덕궁, 창경궁 두 궁궐에 각각 궐내각사 청사를 배치하여 운용하던 조선 중기의 방식은 숙종肅宗 연간에 이르러 근본적인 변화를 겪었다. 숙 종 연간은 조선 사회가 중기에서 후기로 변동한 시기이다. 이러한 변동이 숙종 대 궁궐 운용에도 영향을 미치지 않을 수 없었다. 숙종은 그 이전 효 종과 현종에 비해 창덕궁, 창경궁, 경덕궁慶德宮, 경희궁 세 궁궐을 비교적 균 형 있게 임어하며 운용하였다. 그러던 1689년숙종 15부터 창경궁의 궐내각 사 청사들은 기능을 잃고 다른 용도로 쓰이기 시작했고, 창덕궁의 청사를 주로 쓰게 되었다. 창덕궁과 창경궁에 각각 궐내각사가 배치되던 데서 두 궁궐을 통합하여 창덕궁 한 군데만 배치하는 쪽으로 바뀌었다.

이는 동궐의 운용 방식이 바뀌었음을 뜻한다. 이전에는 창덕궁, 창경 궁이 각각 하나의 독립적인 단위로 활용되었으나, 이때서야 비로소 하나 의 궁궐, 동궐로 운용되었다. 이에 따라 궁궐 운용의 폭이 넓어지고 밀도 가 높아졌다. 임금의 활동이 활발해지고, 정치적으로 특단의 조치를 취하

현재 창덕궁 궐내각사 일대 ǀ 사진의 상단 왼편에 지붕이 보이는 구선원전 앞쪽으로 예문관, 내의원, 홍문관 일대 건물들이 다시 지어졌다. 가까이 가서 보면 다시 지은 데 따른 문제점이 보이지만, 멀리서 보면 연이은 지붕들이 그럴 듯하다.

는 경우가 많아졌다. 왕권이 강화됨에 따라 궁궐 활용의 폭이 넓어졌다고 볼 장면이요, 창덕궁에 궐내각사가 많아진 소이이다.

지금 그렇다고 창덕궁에 궐내각사가 잘 남아 있는가? 애석하지만 그렇게 말할 수 없다. 단지 새로 만들어놓은 것이 좀 있을 뿐이다. 그 새로 만든 것을 하나하나 뜯어보자면 참 답답하다. 도대체 무엇을 근거로 왜 만들었는지, 이런 데서 과연 관원들이 제대로 활동할 수 있었을지 답답하기 짝이 없다. 하지만 그것이나마 화두話頭는 화두. 쉬운 일은 아니나 창덕궁에서는 특히 궐내각사를 잘 살펴볼 일이다. 그것이 창덕궁을, 그리고 나아가 궁궐을 깊이 이해하는 요체다.

〈동궐도〉에 보이는 창덕궁 궐내각사 일대 | 인정전을 기준으로 동편에 정무 기능을 갖는 주요 관서들이, 서편에는 학술 자문을 담당하는 관서들이 배치되었다. 인정전 서편에서도 다시 금천을 기준으로 서편에 이문원, 동편에 홍문관과 내의원, 예문관 등이 지어졌다.

인정전 서편 궐내각사 │ 1 이문원 2 선원전 3 양지당 4 홍문관 5 내의원 6 예문관 7 상의원 8 내병조
인정전 동편 궐내각사 │ 9 빈청 10 대청 11 승정원 12 선전관청 13 정청 14 주원 15 궁방 16 내반원 17 사알방

인정전 서편

규장각의 이문원   돈화문을 들어서서 곧바로 앞으로 나아가면 새로
만든 행각 건물이 나오고, 그 행각에 문들이 나
있다. 서쪽의 문은 뭔가 설계가 잘못 되었는지 옆
구리가 터졌다. 동쪽의 문을 들어서면 규장각 건물이 나온다. 웬 규장각?
규장각은 후원에 있지 않은가? 후원에 있는 것이 규장각 맞지만, 이곳도
규장각이라면 규장각. 규장각의 실무 부서인 이문원摛文院이다.

규장각은 애초에는 숙종이 1694년숙종 20에 종부시宗簿寺에 지은 건물이
었다.[24] 숙종이 종부시에 규장각 건물을 지은 것은 역대 임금들이 지은 글
을 보관하기 위해서였다. 정조는 이러한 뜻을 받아서 영조가 지은 글을 봉
안하기 위해서 이를 동궐의 후원으로 옮겼는데,[25] 영조의 글을 봉안한다는
것은 겉으로 표방한 명분이었다. 정조는 이후 규장각을 국내외 많은 책들
을 수집하여 보관하는 도서관으로, 연구소로, 자신과 뜻을 함께할 관원들
을 교육하는 곳으로, 자신의 측근들이 자신을 대신하여 《일성록日省錄》이
라는 일기 형식의 책을 만드는 곳으로, 일반 책들을 출판하는 곳으로, 나
아가 비서 및 감찰 기능을 수행하는 곳으로 그 하는 일을 넓혀갔다. 규장
각은 건물의 이름에서 관서의 이름이 되었고, 관서 가운데서도 임금의 최
측근 권력 기구가 되어갔다.

소관 업무가 확대됨에 따라 규장각에는 건물이 더 필요하게 되었다.
규장각의 서쪽에 있는 서향각書香閣은 어진을 잠시 옮겨놓는 장소였다.[26]
규장각 주위에는 희우정喜雨亭, 천석정千石亭, 부용정芙蓉亭 등 정자와 연못,
그리고 활쏘기[試射]나 시험 장소로 쓰이던 서총대瑞蔥臺 자리에 세운 열고
관閱古觀, 중국 서적을 보관하던 개유와皆有窩 등의 부속 건물들이 있었다.
애초부터 규장각에 보관하였던 역대 임금들의 어제御製, 어필御筆, 왕실 족

다시 지은 이문원 | "규장각"이라는 편액이 붙어 있는데, 규장각의 실무 담당 부서인 이문원으로 보아야 할 것이다.

보 등을 보관하는 건물로 봉모당奉謨堂을 더 지었다.[27]

1781년정조 5 선원전의 서편, 본래 도총부都摠府가 있던 자리에 이문원을 지어 어진과 어제, 어필, 왕실 족보 및 궁궐 안에 보관하던 서적을 이곳으로 옮겨 보관하였고, 임금이 선원전璿源殿이나 대보단大報壇에 전배展拜하러 갈 때 재숙齋宿, 임금이 제사를 지내러 가기 전날 밤 묵으며 준비하는 일하는 장소로 이용하였다.[28] 이문원이 설치되면서 비로소 규장각은 실질적인 궐내각사의 한 관서가 되었다고 할 수 있다. 이문원 일대는 대유재大酉齋,[29] 동이루東二樓,[30] 소유재小酉齋[31] 등이 더 들어서면서 큰 규모의 궐내각사로 발전하였다.

그러나 이문원은 대한제국이 망해가는 시기에 그 존재의 의미를 위협받게 되었다. 그곳에 있던 책들은 모두 조선총독부로 넘어가고, 그 전각들은 비게 되었다. 전각이 비게 되자, 결국 전각 자체도 헐려 없어지게 되었다. 그렇게 사라졌던 이문원을 거의 세 세대쯤 지난 2000년대에 들어서 복원하였다. 하지만 지금 이문원 영역을 둘러보아도 이곳이 규장각의 실무 부서였던 이문원이라는 느낌이 오지 않는다. 건물의 구성과 배치에 신뢰가 가질 않는다. 개별 건물의 형태와 질감이 낯설고 어색하다. 아마도 1908년 어간에 제작된 〈동궐도형東闕圖形〉을 근거로 삼아 복원 공사를 한 데서 오는 한계가 바탕에 깔려 있을 것이요, 공법과 기술의 차이를 극복하지 못한 결과일 것이다.

이문원 영역을 어색하게 느끼게 하는 요인 가운데 하나가 향나무에 대한 처리이다. 지금 이문원 영역에는 오래된 향나무가 한 그루 있다. 나이가 700살이 넘었다는 향나무의 용틀임하는 모습은 우리나라 어느 향나무보다도 특색이 있었다. 2010년 9월 2일 불어닥친 태풍 곤파스를 이기지 못하고 중심 줄기의 윗부분이 꺾여서 수형이 망가지긴 했어도 꿋꿋하게 제자리를 지키고 있다. 이 향나무의 나이는 정확히 알기 어렵다. 흔히 안내판 등에 소개된 나무 나이는 고무줄인 경우가 많다. 그런 관점에서 볼 때 이 향나무의 나이가 과연 700년이 넘어 조선왕조 개창 이전부터 이 자리를 지켰는지에 대해서는 책임 있게 말하기 어렵다. 다만 노거수로서 이 자리를 오래 지켜왔다는 점만은 인정할 수 있다.

그런데 이 향나무는 주위 지면보다 한 자, 그러니까 30센티미터 남짓 높은 곳에 둘레를 장대석으로 두른 채 서 있다. 나무가 스스로 지면 위로 솟아올랐을 리 없으니, 주위 지면이 깎였다는 뜻이다. 주위 지면이 깎였다면 원래 그곳에 서 있던 건조물들이 변하거나 없어졌다는 뜻이요, 현재 있는 것들은 제 모습이라고 보기 어렵다는 뜻이 된다. 게다가 향나무 바로 서편에 있는 담장은 어색함의 극치를 보여주고 있다. 담장이 남북으로 이어지다가 웬일인지 향나무가 있는 부분에서는 끊어져 있다. 애초에 담장을 이렇게 만들었을 리가 있겠는가? 무언가 변형과 왜곡이 생겼다고 볼 수밖에 없다. 나무가 자리를 옮기지 않았을 터이니 담장의 위치를 잘못 잡아서 이런 결과가 나온 것으로 보인다. 복원이 대부분 그렇지만, 이문원

영역의 복원은 특히 신뢰를 잃었다. 한 번 무너진 신뢰를 회복하기란 여간 어려운 것이 아니다.

진전 선원전   이문원을 지나 안으로 계속 들어가면 건물이 거의 끝나는 지점에 금천에 걸쳐진 다리가 있다. 그 다리를 건너 동쪽으로 담장 문을 하나 더 들어가면 상당히 높은 기단 위에 정면이 7간, 측면이 3간이나 되는 큰 건물이 앉아 있다. 앞쪽 좌우에 작은 건물들을 새로 지어놓았는데, 어딘지 들어맞지 않고 따로 논다는 느낌을 준다. 기단이 건물에 바짝 붙어 있고 그 기단에 계단이 셋 있는 모양이 불안하다. 원래는 건물 전면에 월대가 있지 않았을까 추측된다. 건물 바로 앞에 서 있는 측백나무도 역시 어울리지 않는다. 주위 환경은 이렇게 문제가 있어 보이지만, 건물 본채만큼은 어딘지 범접

창덕궁 구선원전 | 일제강점기에 어진을 신선원전으로 옮기면서 구선원전은 제 기능을 잃었다. 그와 함께 앞에 있었을 것으로 보이는 월대도 사라지는 등 형태가 바뀌고, 전체적인 분위기도 쓸쓸한 곳이 되었다.

할 수 없는 격조가 있다. 이 건물은 보물 제817호로 지정되어 있으며 지정 명칭은 '창덕궁 선원전璿源殿'이다.

임금이 승하하면 시신을 왕릉에 묻고 신주神主를 만들어 돌아온다. 국상 기간 동안은 신주를 궁궐 안의 혼전에 모셨다가 그 기간이 끝나면 종묘에 모신다. 신주는 돌아가신 이의 영혼이 깃드는 상징물이다. 이에 버금가는 것이 임금의 초상화인 어진이다. 어진은 단순한 초상화가 아니라 영정影幀이다. 선원전은 현 임금의 부, 조, 증조, 고조와 태조의 어진을 봉안하기 위해서 궁궐 안에 건축한 사당이다.

선원전이 있는 자리는 인정전의 바로 서편으로, 원래 도총부가 있던

곳이다. 1656년효종 7에 경덕궁慶德宮, 경희궁의 경화당景華堂을 헐어다 지으면
서 이름을 춘휘전春輝殿이라 하였다가 1695년숙종 21에 이름을 선원전으로
바꾸고 어진을 봉안하였다.[32]

선원전은 초하루 보름, 기타 생신이나 기일 등에 수시로 임금이 직접
가거나 대리인을 보내 차례를 지내는 사당이었다. 종묘가 국가의 사당이
라면 선원전은 왕실의 사당이었던 셈이다. 종묘가 국가의 정신적 구심점
이자 서울의 대표적 상징으로 높이 모셔졌다면, 선원전은 왕실의 정신적
지주로서 궁궐에서 가장 신성한 곳으로 인정받았다. 임금이 궁궐을 이어
할 때는 선원전의 어진부터 챙겨 받들어 모시고 갔다.

그런데 보통 이 선원전을 두고 "구舊선원전"이라고들 부른다. 어딘가
'신新선원전'이 있다는 뜻이다. 실제로 창덕궁 서북쪽 궁성 바깥에 신선원
전이 있다. 본래 그 자리는 임진왜란 당시 명나라 황제인 신종神宗과 마지
막 황제 의종毅宗의 은혜에 보답하는 제사를 드리기 위해 숙종 대에 쌓은
제단인 대보단大報壇이 있던 곳인데, 1921년 3월 고종의 상복 기간이 끝나
그 신주를 종묘에 모신 것을 계기로[33] 대보단 자리에 선원전을 새로 짓고
기존의 선원전에 모셨던 어진들을 옮겼다. 그러면서 원래 선원전을 구선
원전, 옮겨간 곳을 신선원전이라고 칭하였다.[34]

일제는 대보단을 없애는 효과를 함께 노렸을 것이다. 선원전 본 건물
이 그렇게 속절없이 망가지는 판에 다른 건물들이야 말할 나위가 있었겠
는가? 선원전 앞 넓은 마당에는 20여 채의 건물들이 들어차 있었다. 선원
전 바로 앞에는 제물을 준비해놓는 진설청陣設廳과 제관이 머무는 재실齋室
이 있었고, 그 동쪽으로 임금이 선원전에 갈 때 머무는 양지당養志堂이라는
건물과 그 부속 건물들이 있었다. 일제강점기에 그 건물들은 모두 없어졌
다. 근년에 몇몇 건물을 다시 지었지만, 구선원전이 어엿한 선원전으로 돌
아오지는 못하였다. 신선원전에 모셨던 어진들은 한국전쟁 와중에 거의
다 불탄 것으로 알려져 있다. 이래저래 지금 선원전은 저렇게 알맹이도 잃

신선원전 내부 | 과연 본래 선원전의 내부 모습이 이랬을까 의문이 든다. 제의 공간 치고는 너무 장식이 많고 화려하다.

고, 주변도 망가진 채로 썰렁함에 젖어 있다.

선원전 동남편에 양지당이 있다. 양지당에서 동쪽 담에 난 문을 통과하면 바로 인정전이다. 양지당에서는 조금 시간을 내어 뒤편을 기웃 들여다보면 좋다. 물론 거기 대단한 무엇이 있지는 않다. 그저 비탈을 정리한 축대가 있고, 그 뒤로 담장이 있고 문이 있다. 그런데 나는 그 축대와 담장과 문이 주는 느낌이 참 좋다. 일부 새로 만든 부분도 있지만, 대체로 옛모습을 간직하고 있다. 창덕궁이든 어디든 그리 많지 않은 정경이다. 설명이 필요 없다. 그저 보고 느끼면 좋겠다.

그런데 저기에 문이 있다면 그 뒤로 무언가 있다는 뜻인데? 선원전의 북쪽에는 경복전景福殿을 비롯하여 몇몇 건물들이 있었다. 영조비 정순왕후貞純王后가 경복전에서 기거하다가 1805년순조 5 정월에 승하하였다. 이후 1824년순조 24에는 화재를 입어 이곳에 보관하고 있던 순원왕후의 옥책과

양지당 뒤편의 화계 | 선원전 제사를 준비하는 건물인 양지당 뒤편의 화계와 만수문(萬壽門)이다. 원래의 흔적이 남아 옛 분위기를 그런대로 잘 전해주고 있다.

금보가 모두 불타버리기도 하였다.[35] 생활기거공간이 매우 좁은 창덕궁에서 이곳은 주로 왕실의 지위가 높은 여성의 공간으로 활용되었다. 우물도 여럿 있고 해서 여성의 공간답게 아기자기한 아름다움을 간직하고 있던 곳으로 추정되는데, 지금은 발길이 닿지 않는 사각지대가 되어 있다.

옥당 홍문관   조선왕조 젊은 관원이나 관원들에게 어느 관직을 갖고 싶냐고 물으면 답은 당연히 홍문관원이었을 것이다. 홍문관원들은 늘 임금을 곁에서 모시는 시종신侍從臣, 임금의 측근 가운데 측근이었다. 관원이라면 누구나 한 번쯤 거치기를 바라는 자리, 관원으로서 출세하는 자리였기에 별칭을 옥당玉堂이라고 하였다. 이런 까닭에 홍문관弘文館 역시 궁궐 안, 임금을 만나기에 쉬운 위치를 차지하는 것이 당연하였다. 홍문관은 궁궐에 보관하고 있는

다시 지은 홍문관 | 의외로 규모가 작다. 홍문관원들이 사헌부나 사간원보다 인원수가 많은데 여기서 어떻게 활동했을까?

서적을 관리하면서 학문과 글 짓는 일을 연마하여 임금에게 자문하는 일을 담당하는 관서이다. 홍문관원들은 자동적으로 임금과 함께 경전과 역사책을 읽고 토론하는 경연에 참여하였으며, 또 임금의 명의로 글을 짓는 지제교知製敎의 역할을 담당하였다. 홍문관은 정조 연간에 규장각이 생기면서 다소 위상이 흔들리기는 하였지만 대한제국 말까지 유지되었다.

　홍문관은 금천교를 건너서 바로 왼편으로 돌아서 여남은 걸음 가면 거기 있다. 행각에 1간 문이 나 있는데, 그 문을 들어서면 홍문관이다. 문 안에 또 웬 작은 담이 앞을 가로막는다. 그 양옆으로도 담이 있고 각각 작은 문이 있어 그곳으로 들어가게 되어 있다. 근년에 그렇게 지어놓았다. 문을 들어섰는데 다시 이렇게 작은 문이 가로막으니 너무 답답하다. 이상하다. 다른 데서 이런 문은 본 적이 없는데 이게 무엇인가? 찾아보니 〈동궐도형〉에 그렇게 표기되어 있다. 홍문관을 복원한다고 하면서 〈동궐도형)을 참조하였으리라 짐작된다. 그렇더라도 이상하다. 〈동궐도〉를 찾아보니 거기도 문을 들어서면 다시 작은 담이 있고, 그 담에 작은 문이 있다. 하지만 양옆이 담으로 막히고 거기 문이 나 있지는 않다. 이런 담을 헛담이라고 한다. 문과 본채와의 거리가 짧고 바로 보이면 들어오는 사람이나 그를 맞이하는 주인이나 모두 불안감을 느끼게 되므로 사이에 작은 담을 두어서 시야도 살짝 가려주고, 동선도 조금 꺾어주는 역할을 한다. 어차피 발굴 결과 등 다른 근거 자료가 없이 옛 그림이나 도면을 근거로 재현하고자 하였다면 〈동궐도형〉에 그렇게 나와 있더라도 좀 더 적극적으로 해석해서 〈동궐도〉를 참조했더라면 좋았겠다.

옥당 편액 | 옥당이라는 별명으로 불리던 홍문관은 조선의 문관들이라면 누구나 거쳐가기를 원하는 주옥같은 관서였다. (국립고궁박물관 소장)

　　홍문관 본채는 의외로 작고 소박하다. 정면 5간, 측면 3간에 가운데는 대청마루, 양옆은 온돌방으로 되어 있다. 홍문관에 정식으로 품계를 갖고 전속되어 있는 관원만 해도 당상관이 둘에 당하관이 열다섯이나 되었다. 아무리 보아도 이들이 이 한 건물에서 근무하기는 어렵다. 보통 궁궐 밖에 있는 다른 관서들은 당상관 청사와 당하관 청사, 그리고 이서吏胥들의 근무 공간과 기타 부속 공간 등 여러 채의 건물을 갖고 있다. 궁궐 안에 들어와 있는 궐내각사는 궁궐 밖에 본 청사를 두고 궁궐 안에 일부 관원만 들어오는 경우가 있으나, 관서 자체가 궁궐 안에만 있는 경우도 있고 홍문관은 후자이다. 그런데 그 청사가 이것뿐이라니? 나는 얼핏 이해가 되지 않는다. 홍문관이 어떻게 움직였는가를 이해하려면 앞으로 밝혀야 할 과제다.

그렇게 지금 새로 만들어놓은 홍문관에 들어가 본들 별다른 느낌은 들지 않는다. 그러한 아쉬움을 안고 돌아보면 동편 행각이 좀 특이하게 생겼다. 누 형태다. 이 누에는 이름이 있었다. 〈동궐도형〉에는 "누상고樓上庫", 즉 누 형태의 창고라고만 되어 있지만, 〈동궐도〉에는 "등영루登瀛樓"라는 멋진 이름이 붙어 있다. '영瀛'은 삼신산三神山의 하나인 영주瀛洲를 가리키니, 등영루는 '신선이 오르는 누'인 셈이다. 그렇다고 무슨 신선 사상을 반영한 것은 아니다. 선비들, 다시 말해서 학자 관료들이 오르내리는 곳이라는 뜻이고, 책을 보관하는 서고를 가리킨다. 그 책은 임금이 보아야 할 책, 경연의 교재 등을 가리킨다. 그렇게 보면 궁궐에 있는 여러 서고들 가운데 가장 중요한 서고였다고 할 수 있다.

근년에 그 누를 다시 만든 것까지는 좋다. 그런데 누의 높이가 너무 낮다. 보통 성인은 몸을 숙이고 구부려야 할 정도 높이밖에 되지 않는다. 모르긴 몰라도 사람 한 길 이상 높이는 되어야 할 것이다. 여전히 아쉽다.

약방 내의원

홍문관의 뒤쪽에는 내의원內醫院이 있다. 약방藥房으로 불리기도 했던, 임금과 왕실의 치료를 담당하는 기구다. 당연히 궁궐 안에 있어야 했다. 홍문관에 비하면 터가 상당히 넓고, 대여섯 채 건물로 이루어졌다.

《대전회통大典會通》을 보면 내의원의 정규 관원은 정3품의 정正 아래 당하관 9명이었다. 이들은 행정을 담당하였다. 이들만으로는 내의원이 자기 그 특별한 직무를 감당할 수 없었다. 내의원에는 이밖에도 의정이 겸하는 도제조都提調, 정2품의 제조提調, 승지가 겸하는 부제조副提調가 있었다. 이들은 최고위 관료로서 의학 지식이 풍부할 뿐만 아니라 당시의 정세와 임금의 정치적, 신체적, 정신적 상태를 가장 잘 알고 있는 이들이었다. 임금의 병을 치료하는 데 최종적인 판단은 이들이 내렸다.

조화어약(위) 보호성궁(아래) 현판 | 임금의 약을 조제하고, 임금의 옥체를 보호한다는 뜻이다. 임금을 가리키는 글자인 "어(御)"와 "성궁(聖躬)"은 조금 올려 썼다. (국립고궁박물관 소장)

내의원에는 물론 의관醫官들이 있었다. 의관들은 산원散員이었다. 산원이란 실직이 아닌 품계와 명목상의 관직만 받는 관원들을 가리킨다. 의관들에게는 무반인 오위五衛의 관직을 주었다. 의관들이 중인中人이었기 때문에 차별을 두었던 것이다. 그러한 산원으로서의 당상堂上 의관은 정해진 수효가 없었다. 그때그때 임금을 오래 모신 경험 많은 의관들에게 무반직을 주어 종사하게 하였다. 당하堂下 의관은 12명이었다. 또 이들 의관 외에 침의鍼醫 12명, 의약동참議藥同參 12명이 있었다. 이처럼 의관은 크게 세 부류가 있었다. 그리고 이 세 부류 외에 어의御醫가 더 있을 때가 있었다. 그러나 의관이 독단적으로 결정을 내릴 수는 없었고, 임금께 들어가서 문후問候할 때, 어떤 약을 쓸 것인가 논의할 때, 약을 조제할 때, 약을 달일 때, 침이나 뜸을 놓을 때 모두 세 제조가 모두 참여하거나 또는 제조만 참여하여 의관들과 함께 임금의 치료를 담당하였다.

내의원에는 다른 관서에 그렇듯 서원書員과 종약種藥 서원, 대청직大廳直과 같은 중인 신분의 행정 실무자가 있었다. 그 아래로 각종 사령使令, 군사軍士들이 있었으며, 물일을 맡는 여수공女水工이 있었다. 의료를 담당하는 관서답게 다른 관서에는 없는 의녀醫女 22명이 더 있었다.[36] 의녀들은 평민도 있었지만 대부분은 노비들이었다.

의녀가 하는 일이란 아주 제한적일 수밖에 없었다. 허드렛일에 해당하는 일을 하였을 것이다. 특히 여성의 몸을 직접 만지거나 하는 것 같은 일들 말이다. 그중에는 명민한 의녀도 있어서 좀 더 특별한 일을 하기도 하였겠다. 하지만 스스로 약제를 결정하여 임금의 병을 고친다? 요리를 개발하고, 정무적인 사안에 영향력을 미친다? 상상하기 어려운 일이다. 여성 비하가 아니라 실제로 그 시대가 그렇고 상황이 그랬다는 점을 지적하는 것이다. 왜 이렇게 내의원의 구성원에 관한 이야기를, 그리고 의녀 이야기를 길게 하는가 하면, 제발 내의원에 와서 대장금大長今 이야기 좀 하지 말아달라는 부탁이다. 제발 사극 드라마 보고 역사를 묻지 말아달라는 당부다.

옹색해진 예문관　　　내의원을 돌아보고 뒤쪽으로 문을 몇 더 통과하면서 꼬불꼬불 미로와 같은 길을 더 들어가면 선원전으로 연결된다. 선원전을 둘러보고서는 그런가보다 하고 돌아 나오게 된다. 그런데 뭔가 아쉽다. 양지당 앞 행각문을 나서면 동편으로 그늘지고 으슥한 부분이 있다. 들어가지 말라는 표지도 있는 것 같다. 뭔가 하고 슬쩍 들어가 보니 예문관藝文館 편액이 떡하니 걸려 있다.

예문관은 사명辭命, 임금 명의의 공식적인 글을 짓고 관리하는 일을 맡은 관서였다. 그러한 일을 할 만하게 관원들이 구성되어 있었다. 물론 글 잘하는 이들만 예문관에 배치되었을 것이다. 그런데 예문관에서 내가 주목하는

다시 지은 예문관 | 예문관은 글을 짓는 일 외에 실제로 사초(史草)를 작성하고 역사를 편찬하는 춘추관을 포함하고 있었다. 지금은 공간이 너무 옹색하다.

관직은 정1품 영사領事도, 정2품 대제학大提學도 아니다. 정7품 봉교奉敎 두 자리, 정8품 대교待敎 두 자리, 정9품 검열檢閱 네 자리까지, 합쳐서 여덟 자리의 하급 관원들이다. 이들은 예문관 소속이었지만, 실제 하는 일은 춘추관春秋館의 사초史草를 작성하는 것이었다. 이들이 바로 사관史官 중의 사관, 한림翰林이다. 춘추관의 관직은 모두 겸직으로 전임 관원이 없었다. 한림이 실질적인 춘추관의 구성원이었다.

춘추관은 그림자 관서다. 청사가 궁궐 안에 있었다고 하는데 〈동궐도〉나 〈동궐도형〉, 《궁궐지》를 아무리 찾아도 보이지 않는다. 나는 춘추관의 실제 관서가 바로 이 예문관이라고 생각한다. 그렇게 보면 이 예문관은 역사를 공부하는 사람으로서 매우 관심이 가는 곳이다.

그런데 지금 복원이라고 해놓은 것을 보면 가슴이 턱 막히도록 답답하다. 예문관은 인정전의 서쪽 행각의 일부를 확장하여 건물로 꾸몄다. 서향이다. 〈동궐도〉와 〈동궐도형〉을 보면 그 서쪽에 좀 떨어져서 마루와 방으로 되어 있는 부속 건물이 있다. 실무자들의 업무 공간으로 보인다. 그런데 지금은 이 건물을 예문관 턱밑으로 바짝 붙여 지어 이 공간을 굴속처럼 답답하게 만들었다. 도대체 누가 왜 이렇게 해놓았는가? 이렇게 해놓고 이곳을 예문관이라고 하고 싶냐고 묻고 싶다. "들어가지 마시오" 팻말이 있었던 것도 그래서인 것 같다.

상방 상의원   다시 금천교로 돌아와보자. 금천교를 건너 남쪽으로 향하면, 궁성 바로 안에 상의원尙衣院이 있다.

밖에서 단봉문을 통해서 들어오면 바로 상의원이다. 상의원은 의대衣襨, 왕실의 옷와 궁궐 안의 재화와 금보金寶와 같은 물품을 준비하여 바치는 일을 맡았다. 그 하위에 옷을 담당하는 의대색衣襨色, 탈 것을 담당하는 교자색轎子色, 옷감을 짜는 일을 맡는 직조색織造色, 금은金銀과 금속을 담당하는 금은색金銀色까지 네 실무 부서가 있었다. 다루는 물품의 종류와 양도 많았고, 그런 만큼 소속 실무자도 많았다.[37] 특히 공장工匠이 많았다.[38] 상의원에 소속된 공장만 해도 68종 597명이나 되었다. 자기 분야의 전문가 기술자들이 이렇게 통제되고 관리되었으니 그 산물은 얼마나 다양하고 많았으며 그 수준은 어떠하였겠는가?

의대란 것은 아무렇게나 만들어도 되는 것이 아니었다. 문양 하나, 옷깃과 선 하나하나 모두 격식에 맞게 만들어 그때그때 조달해야만 했다. 그것을 궁궐 외부에서 만들어 들여오는 것도 아니고 궁궐 안에서 제작하였다. 내의원에 소속된 침선비針線婢가 20명이 있었다. 이들이 창의적으로 옷을 디자인하고 재단하고 그러지는 않았다. 디자인은 정해진 격식이 있으니 그에 따르도록 요구받았을 것이요, 재단을 맡은 이가 따로 있었을 것이다. 바느질이야 이들이 했을 것이다.

지금 남아 있는 궁중 복식은 그리 많지 않다. 복식은 세월 가면 해지

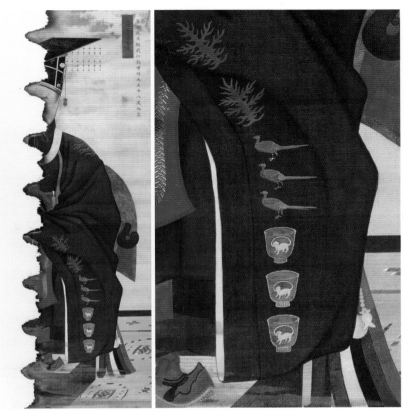

〈효명세자초상〉(왼쪽)과 문양 부분 확대(오른쪽) ┃ 궁중에 필요한 복식은 격식이 생명이다. 상의원은 이러한 복식을 만드는 일을 담당하였다. (국립고궁박물관 소장)

고, 해지면 버리게 되어 있다. 하지만 어쩌다 남아 있는 궁중 복식을 보면 참 아름답다. 아름다움 이전에 그 바느질이 꼼꼼하기 그지없다. 전부 궁궐 안에서 만든 것이리라. 궁궐은 오늘날로 치면 패션을 이끌어가는 곳이기도 하였다. 패션만이 아니라 의식주 여러 생활문화를 최고 수준에서 이끌어가는 문화의 산실이기도 하였다.

궁궐 수비 총괄
내병조

병조는 육조 가운데 한 자리를 차지한 정2품 아
문이었다. 무반의 인사, 군령 및 군정 업무, 의장
과 임금의 시위侍衛, 우편과 역마, 병장기, 성문의
관리, 열쇠와 자물쇠 관리 등을 맡았다.[39] 군사에 관한 업무 전반을 관할하
는 최고 관서였다. 그런데 내병조內兵曹는 무엇인가? 내병조가 있으면 외
병조도 있었는가? 아니다. 외병조는 따로 없고 그저 병조가 있을 뿐이었
다. 병조는 광화문앞길의 서편에 있었다. 내병조는 궁궐 안에 설치한 병조
의 파견 부서를 가리켰다. 내內 자가 붙으면 대개는 '궁궐에 있다'는 뜻이
었다. 국가에서 궁궐 안에 내병조를 설치하여 금난리禁亂吏로 하여금 질서
를 어지럽히지 못하게 하고 물건을 훔치는 자를 붙잡도록 한 것은 궁궐을
엄하게 지키고 출입을 삼가게 하려는 데 목적이 있었다.[40] 궁궐을 지키는
군사 조직은 도총부와 군문 등 여러 종류가 있었는데, 그 가운데 내병조
는 군사 분야에서 궁궐을 지키는 일을 총괄적으로 책임지는 가장 높은 관
서였다.

복원된 내병조는 인정문 앞 남쪽 행각의 서쪽 부분을 차지하고 있다.
인정문에 등을 돌리고 남향을 하고 있으며, 정면이 9간에 측면은 2간이
다. 전면 1간은 툇간마루로 되어 있다. 지금 내병조는 창덕궁 관리사무소
로 쓰이고 있는데, 어떤 이들은 내병조라고 복원을 했으면 내병조로 이
해할 수 있게 해야지 사무실로 쓰는 게 옳냐고, 이게 문화재를 바르게 활
용하는 것이냐고 묻는다. 이러한 질문에 대해서 내가 답변할 책임과 권한
이 있는지 모르겠으나, 나는 처음부터 이렇게 만들어놓은 것을 복원이라
고 인정하지 않는다. 복원은 하기도 어렵거니와 할 필요가 있는지도 엄밀
하게 따져야 하는 것이라고 생각한다. 차라리 처음부터 어떤 용도로 쓰겠
다고 정하고 전문가나 일반인들의 의견을 모아서 시작하는 것도 가능하
겠다. 그럴 경우 건물의 기본 개념과 형태는 원형을 될 수 있는 데까지 살
리되, 새 용도에 맞게 부분적인 변형을 가할 수 있다고 본다. 이 내병조를

다시 지은 내병조 건물 ㅣ 돈화문을 들어와 금천교 바로 동남쪽에 있어 출입이 쉬운 자리에 상당히 큰 규모를 갖추고 있다. 지금도 창덕궁관리소의 실무 공간으로 쓰이고 있다.

다시 지을 때 그런 절차를 밟은 것 같지는 않으나 나는 이왕 지어놓은 것, 적절한 용도로 쓰는 것까지 반대하지는 않는다.

　인정문 앞 마당의 서쪽, 진선문 좌우도 본래는 그냥 통로 같은 공간이 아니었다. 방이나 창고가 들어서 있어 병조에 속하거나 관련이 있는 하급 부서들이 포진하였다. 내병조의 서쪽 끝엔 전설사典設司, 그 북쪽에는 정색政色과 결속색結束色이 있었다. 전설사는 궁궐에서 쓰는 차일이나 장막 등을 공급하는 일을 맡았던 관청이다. 정색은 병조에 소속된 부서인 무선사武選司를 1785년정조 9에 고쳐 부른 이름으로 병조에 속한 무반이나 군사들의 인사를 담당하였다. 결속색도 병조에 소속된 부서로 임금이 궁궐 안이나 궁궐 밖으로 거둥할 때 행렬의 앞에서 사람들이 접근하거나 떠들지 못하도록 단속하는 일을 맡았다. 숙장문 남쪽 행각에는 배설방排設房이 있었는데, 궁궐에서 차일, 휘장 등을 치는 일을 맡은 관서였다.

인정전 동편

빈청 비궁당   인정문 동편에는 숙장문肅章門이 있다. 인정문을 나와 이 숙장문을 지나간다면, 이것은 문을 들어가는 것인가, 나가는 것인가? 헷갈린다. 인정문 앞 마당을 안쪽이자 닫힌 공간으로 보면 나가는 것이고, 창덕궁 전체를 보아서 내전 쪽으로 간다고 보면 들어가는 것이다. 건물의 편액은 바깥에 달기 마련이다. 다시 말하자면 편액이 달려 있는 쪽이 바깥이다. 지금은 숙장문의 편액이 서쪽, 즉 인정문 쪽에 달려 있다. 그렇게 보면 인정문 쪽에서 숙장문을 지나가는 것은 들어가는 것이 된다. 그런데 〈동궐도〉에는 편액이 그 반대편인 동쪽에 달려 있는 모양으로 그려져 있다. 〈동궐도〉에 따르면 나가는 것이 된다. 어느 쪽이 맞을까? 여전히 아리송하다.

들어가는 것이든 나가는 것이든 어쨌건 숙장문을 지나가면, 바로 오른편에 건물이 한 채 홀로 있다. 그 뒤편은 등성이이고, 숲이 우거져 있다. 건물은 정면 5간 측면 3간 크기인데, 지붕의 형태가 팔작지붕이면서도 용마루가 영어 'H'자 모양을 이루고 있다. 아주 웅장하고 화려하다고 할 수는 없지만, 보통 건물은 아니다. 〈동궐도〉나 〈동궐도형〉를 참고하면 그 북쪽과 서쪽에 담장이 둘려 있었고, 담장 안 본채의 동남쪽에는 별도의 작은 건물이 하나 있었는데 이 건물은 측간厠間, 요즘 말로 화장실이다. 담장의 서쪽 밖에는 우물도 있었다.

이 건물은 빈청賓廳으로, 그 이름이 비궁당匪躬堂이었다.[41] '비궁'이란 '신하된 자는 임금이 계심은 알지만 자기 자신이 있음은 알지 못한다'는 뜻이라고 한다.[42] 그러니까 비궁당은 임금을 위하여 자신의 존재까지 잊고 충성하는 신하들의 건물이라는 뜻이다. 빈청은 비변사備邊司 당상들이 임금을 만나 뵈러 궁궐에 들어왔을 때, 또는 뵙고 나와서 자신들끼리 현안

창덕궁 빈청 | 일본인들이 어차고로 만들어서 오랫동안 그렇게 쓰이다가, 근년에는 기념품을 파는 곳이 되었다.

을 논의할 필요가 있을 때 모여 회의하던 건물이다.[43] 비변사는 명종明宗 연간에 창설된 정1품 아문으로 '중외中外의 군국기무軍國機務를 총령總領'하는 일을 하였다. '중외'란 굳이 해석하자면 '중앙과 지방'이라고 할 수 있다. 공간적으로는 전국을 가리키고, 임금으로부터 지방의 말단 행정에 이르는 국정 운영의 전 영역을 가리키기도 한다. '군국기무'란 우선은 국방을 중심으로 하는 군사 업무를 뜻하지만, 그와 관련한 제반 국정의 주요 사안을 말한다고 하겠다. 비변사가 관여하는 분야는 처음에는 국방에서 시작하여 지방 문제, 그리고 경제 영역으로 늘어났다. '총령'이란 '총괄하여 이끈다' 정도로 번역할 수 있겠다. 이는 실무를 맡아 처리한다는 뜻이 아니다. 어떤 주요 사안을 논의하고 의견을 모아 임금께 아뢰며, 그것이 제대로 수행되는지 알아보고 감독하는 일이라고 하겠다. 비변사는 실무 기구가 아니라, 이른바 합좌合坐 기구였다.

비변사의 구성원을 보면 그러한 성격이 잘 드러난다. 비변사에는 당상관으로 도제조와 제조, 부제조가 있고, 당하관은 낭청郎廳이 있었다. 도제조는 정1품이고 제조는 정2품인데 이들 자리는 정수가 없었다. 대체로 열다섯에서 스무 자리였다가 조선 후기에 들어서서 스물을 넘어 서른 가까이로 늘어났다. 어차피 논의에 참여하는 것이 주된 임무이기에 정원을 정하지 않아도 되었을 것이다. 부제조는 한 자리인데 비변사 운영 자체의 실무를 맡는 자리였다. 당하관인 낭청은 열두 자리로서 문관이 넷, 무관이 여덟이었다.[44] 낭청도 실무를 담당하기보다는 비변사 운영에 관련된 일을 맡는 정도였다.

비변사의 도제조와 제조, 부제조를 비변사 당상이라고 했는데, 이들을 굳이 비유하자면 오늘날의 국무위원과 유사하다고 하겠다. 그 비변사 당상들이 궁궐에 들어왔을 때 모이던 공간이 빈청이다. 가장 고위 관원들의 공간이요, 그런 점에서 궐내각사 가운데 가장 격이 높은 건물이었다.

이러한 빈청이 어차고御車庫가 되었던 시절이 있다. 조선의 국정 운영을 부정하고 그 중심 공간인 궁궐을 파괴하려는 일제가 궐내각사 건물들은 거의 없애버리면서 유독 빈청을 남겨 어차고라 하여 임금이 타던 자동차와 가마와 주정소駐停所, 임금이 잠시 머무는 조립식 가옥 등을 보관하였다. 차고라기보다 일종의 전시장으로 만든 것이다. 그런 상태가 2000년대까지 이어지다가 비로소 자동차 등을 국립고궁박물관으로 옮겼다. 비게 된 그 건물은 빈청으로 되돌리는 것이 누가 보아도 마땅한 조치였을 것이다.

하지만 웬일인지, 누구의 뜻인지 2010년도에 그 건물은 음료수와 기념품을 파는 상점으로 바뀌었다. 문화재위원회에서 이 문제를 놓고 논란을 벌이고, 언론에서도 지적을 하였건만 몇 년이 되도록 아직도 상점으로 남아 있다. 나는 이러한 납득하기 어려운 조치가 문화유산의 관리를 맡고 있는 문화재청의 판단에 따른 것은 아니라고 알고 있고, 그렇게 믿고 싶다. 다른 어떤 기관에서, 문화유산을 넘어선 다른 어떤 의도를 갖고 압력

순종 어차 | 순종이 탔다고 하는 자동차. 원래의 빈청 건물 안에 전시되어 있었는데, 복원한다고 하였으나 엔진 등은 되살리지 못하고 겉만 광택이 나게 바뀐 채 국립고궁박물관에 전시되어 있다. (국립고궁박물관 소장)

을 가한 결과가 아닌가 추측한다. 문화유산을 다룰 때 문화유산 그 자체를 존중하지 않고 이를 수단으로 삼는 불순한 의도가 개입된 아주 나쁜 사례로 기록될 일이다.

언관 직소
대청

빈청에서 눈길을 돌려 북쪽으로 바라보면 서북으로 인정전이 보이고, 그 동쪽에 푸른 기와를 얹은 선정전宣政殿이 있고, 다시 선정전의 동쪽에 희정당熙政堂 영역이 있다. 빈청에서 선정전, 희정당 쪽으로 가는 사이는 널찍한 공터와 길, 소나무가 몇 그루 서 있는 잔디밭이 되어 있다. 무슨 관심을 기울일 꼬투리도 없으니 관람객들은 그저 무심히 그곳을 지나간다. 그러나 궁궐에 이렇게 넓은 터가 있었겠나? 이런 곳을 보면 일단 의심을 해야 한다. 후원의 산자락도 아닌 이곳, 궁궐의 초입 부분 평지를 이렇게 비워 두었을 리 없다.

이곳 역시 궐내각사, 그것도 핵심적인 역할을 하는 궐내각사들이 있던 자리다. 빈청에서 북쪽으로 가면 연영문延英門이라는 문이 있었고, 그 안에는 좌우 행각 사이로 길이 나 있어 선정문宣政門으로 통했다. 연영문의 왼쪽, 인정전의 동쪽 회랑에 잇대어 대청臺廳이 있었고, 그 북쪽으로는 승정원이 넓게 자리 잡고 있었다. 대청은 정면 4간에 측면 1간의 기다란 행각 형태의 건물이었다. 너무 작고 단순하다. 하지만 그곳에서 하는 일은 그리 만만하지 않았다.

대청은 언관들의 직소直所였다. 관원들이 자기 관청에 출근하는 것을 '사仕'라 하고, 거기서 다시 본격적인 근무 상태로 나아가는 것을 '직直'이라 한다. 직소란 그런 본격적인 근무를 행하는 근무처를 가리킨다. "행공行公할 대관臺官은 파루를 기다려 예대詣臺한다"고《육전조례六典條例》에 규정되어 있다.[45] '대관'은 사헌부 관원을 말한다. '행공'이란 공무를 수행함을 말한다. 공무란 임금과 정해진 관원들이 만나는 회의인 차대次對와 상참, 조정에서 관원들이 임금께 절을 하는 의식인 조참, 임금과 홍문관원들 그리고 정해진 고위 관원들이 모여 경전을 강독하고 토론하는 조강朝講과 주강晝講, 임금이 특정 관원을 불러 만나는 자리인 소대召對 등에 참여하는 것이다. 사헌부 관원이 이런 자리에 참석하는 것을 통틀어 가리키는 용어가 '예대'인데, 풀어 말하자면 '대청에 나아감'이라고 할 수 있다.

대청은 매일 동트기 전에 사헌부의 장인 대사헌을 비롯한 관원들이 모여 다담茶談을 베풀며 일과를 시작하는 장소였다.[46] 하지만 대청은 사헌부만의 공간은 아니고 사간원도 함께 쓰는 공간이었다. "대청은 양사兩司의 여러 대간들이 계를 올릴 일이 있으면 와서 머무는 곳"이라는《한경지략》의 기술을 눈여겨볼 필요가 있다.[47] '양사'는 사헌부와 사간원을, '대간'은 그 두 관서의 언관들을 가리킨다. 사헌부司憲府는 시정의 잘잘못을 따지고 관원들의 잘못을 조사하여 처벌하며, 풍속을 바로잡고, 백성들의 억울한 일들을 풀어주며, 관리들이 권한을 남용하는 것을 금지하는 일을 맡은 관서였다. 사간원司諫院은 임금에게 바른말을 올리고 관원들의 주장을 논박하는 일을 맡은 관서였다.

사헌부는 광화문앞길 서편에, 사간원은 경복궁 동쪽 건춘문 밖에 그 본청이 있었다. 본청은 궁궐 바깥에 있었지만 언관들의 활동은 주로 궁궐

창덕궁 선정전 앞 | 지금은 나무가 자라는 넓은 빈터가 되었지만, 본래는 대청과 승정원이 있던 자리다.

안에서 이루어졌다. 대청은 언관들이 대기하면서 협의를 하던 회의실이라고 할 수 있다. 양사에 홍문관을 포함시켜 삼사三司라고도 했는데, 넓은 의미에서는 홍문관원도 언관의 역할을 맡았기 때문이다. 홍문관은 그 청사가 궁궐 안에 따로 있었지만 언론에 참여할 때는 대청을 이용하였다. 삼사가 연합하여 계를 올릴 때 승지와 사관이 가서 언관들과 함께 계를 전달하고 또 함께 임금의 답변을 받았던 장소도 대청이다.[48]

조선시대 중기에는 언관들의 영향력이 매우 컸다. 고위 관원들도 그들을 무시할 수 없었으며 심지어는 임금까지도 그들의 말을 무시할 수 없었다. 그들은 어찌 보면 두렵고 어찌 보면 귀찮은 존재였다. 언관들은 밤이나 낮이나 대청에 모여 자기들끼리 갑론을박하면서 기세가 대단하였다. 이러한 꼴이 보기 싫었던지 숙종이 대청의 온돌을 마루로 바꿔버리라고 명을 내려서 그 이후 마루방만 남고 온돌은 없어졌다는 이야기가 전한다.[49] 이 이야기가 사실인지 아닌지 확인하기는 어렵다. 굳이 확인할 필요도 없다. 대간들의 임무는 임금에 대해서 바른 말, 간쟁諫諍을 하고 관원들의 언행을 비판하며 감독하는 일, 때로는 탄핵彈劾을 하는 것이었다. 차마하기 어려운 말일지라도 임금의 뜻을 거슬러가며, 때로는 정치적으로 고난을 당할 것을 무릅쓰고서 말을 해야 하는 순간에 반드시 말을 하는 것이 대간의 책무였다. 임금이나 고위 관원들의 눈치를 보고, 말을 해야 할 때 말을 하지 않으면 그 인물은 비루한 소인배로 낙인 찍혀 공론公論의 인정을 받지 못했다. 그러한 대청과 대청의 언관들을 임금이라 하더라도 껄끄러워했다는 점, 그러한 인식이 널리 퍼져 있었다는 점을 위 이야기는 전하고 있는 것이다.

대청은 관원들이 임금을 만나러 임금이 계신 대전으로 가려면 반드시 지나쳐야 하는 길목을 지키고 있는 셈이었다. 대간들은 대청에 있으면 어느 관원이 언제 임금께 들어가서 언제 나왔는지 알 수 있었다. 하지만 언관들이 언론 활동을 제대로 하려면 정보가 더 필요하였다. 임금이나 어느 관원이 무슨 말을 하고 무슨 행동을 했는지 알아야 탄핵을 하든지 간언을 하든지 할 것이 아닌가? 언관이 임금과 관원이 만나는 자리에 함께 참석하였다면 바로 보고 들었을 테니 정보에 아쉬움이 없다. 그러나 언관이라고 해서 모든 자리에 다 참석할 수는 없었다. 또 임금께 오르내리는 모든 문서를 다 마음대로 볼 수도 없었다. 그러면 누가 무슨 말을 하였는지 어떻게 알고 대응하였을까?

언관들의 정보의 원천은 대청 바로 뒤에 있던 승정원, 그 가운데서도 주서注書가 작성하고 관리하던 기록물이었다. 주서는 사관 두 명과 함께 임금의 모든 공식적인 자리에 나아가 오고가는 말들을 기록했다. 사관의 기록은 사초라 하여 비밀이 보장되었지만, 주서의 기록은 업무 위주로 되어 있어 공개되었다. 그리고 언관들은 어느 관원이 임금을 만나고 나가면 바로 주서의 기록을 가져오라고 요구하여 볼 수 있었다. 언관의 권한이 막강했기에 주서는 이를 거부할 힘이 없었다. 만약 주서가 이를 거부하고 기록을 제출하지 않는다면 그는 바로 비판을 받고 처벌을 감수해야 했다.

언관의 언론 활동의 바탕은 바로 기록과 정보였다. 조선왕조가 많은 문제점을 안고 있었음에도 오래 유지될 수 있었던 것은 기록과 정보를 바탕으로 한 비판과 감독 체제가 잘 갖추어져 있었기 때문이라고 생각한다. 왕조가 오래 유지되는 것이 반드시 좋은 것인가에 대해서 나는 회의적이다. 하지만 조선이라는 체제를 유지하는 데 언론과 기록이 기여한 것만은 분명하다. 대청은 그 중심 공간이었다.

임금의 후설   승정원承政院은 조선왕조 관료제에서 매우 독특하
승정원   고 중요한 관서였다. 우선 관원 구성이 독특하다.
          승지가 여섯, 주서가 셋이다. 승지는 도승지, 좌
승지左承旨, 우승지右承旨, 좌부승지左副承旨, 우부승지右副承旨, 동부승지同副承旨
인데 모두 정3품이다. 그런데 정3품은 다시 통정대부와 통훈대부 두 자급
으로 나뉜다. 통정대부 이상은 당상관, 통훈대부 이하는 당하관이니 그 사
이에 선이 그어져 있다. 그러니까 승지는 거의 당상관이지만 간혹 당하관
인 경우도 있었다는 말이다. 도승지에서 동부승지까지 여섯 명은 서열의
차이는 있지만, 지휘통솔 관계는 없었다. 어느 정도 대등한 처지에서 각각
이호예병형공吏戶禮兵刑工 가운데 한 방房을 맡아서 업무를 처리하였다.

승지는 매우 바쁘고 힘든 직책이었다. 기본적으로는 왕명 출납出納을
담당하였다. 여기서 왕명이란 문서로 이루어지는 것을 가리킨다. 사방에
서 올라오는 상소[章疏]와 여러 관서의 문서를 받아 의견을 덧붙여 임금께
아뢰고, 이를 다시 해당 관서에 되돌리는 일을 맡은 것이다.[50] 단순히 문서

처리를 담당한 것이 아니다. 행정의 최고 과정을 수행하였다. 또한 임금이 관원들을 만날 때 배석하는 등 하는 일이 참 많았다. 밤에도 두 명은 궁궐에 남아 직숙直宿하며 임금의 부름에 대비하는 등 임금을 측근에서 모시어 임금으로서 품위를 유지하며 활동할 수 있게 도와야 했다. 승지는 꼭 임금의 가장 친한 신하라고 할 수는 없었으나, 가장 바쁜 시종신이었다.

주서가 두 자리, 사변가주서事變假注書가 한 자리 해서 주서는 모두 세 자리였다. 그 품계는 정7품이었다. 정7품은 당하관 밑의 참하관에 지나지 않는다. 참하관은 보통 본격적인 관원이라기보다는 일을 배우는 입장이었으나, 주서는 승정원의 문서를 관리하고 작성하는 중요한 일을 맡았다. 그렇기에 바로 승륙陞六이 되는 자리였다. 승지가 승정원에서 주서 후보자 명단인 망단자望單子를 정하여 이조吏曹에 보내면 이조에서 인사 절차를 밟아줄 정도로 승정원의 영향력은 컸다.[51]

승정원은 인정전의 동쪽 회랑의 남쪽 끝에 붙은 대청서부터 북으로 회랑 중간에 나 있는 광범문光範門까지 크게 한 구역을 차지하고 있었다. 그 면적과 건물은 궐내각사 가운데 가장 넓었다고 볼 수 있다. 〈동궐도〉를 보면 대청 바로 뒤에 곧 널찍한 마당이 있다. 그 북쪽에 있는 건물에 "상서성尙書省", "은대銀臺"라고 쓰여 있는데, 여기가 바로 승정원의 정당正堂이다. 정면 4간, 측면 4간인데 앞뒤로는 툇간마루가 둘려 있고, 동쪽은 마루방, 서쪽은 온돌방이다. 서쪽은 인정전 회랑과 연이어 있는데 누 형태를 갖추어 "육선루六仙樓"라는 이름이 붙어 있다. 육六이라는 숫자는 육방六房, 곧 여섯 승지와 연관되는 것으로, 이곳이 승지들의 업무 공간임을 나타낸다. 승정원 정당 뒤로는 문서고文書庫가 있고, 가장 뒤편에 우사右史와 당후堂後가 있다. 당후는 주서가 서리들을 지휘하여 문서를 작성하고 정리하는 곳이요, 문서고는 그렇게 생산된 문서들을 보관하는 곳이었다. 당후의 동쪽 방인 우사는 사관들이 기거하는 곳이었다.[52] 문서고의 서편인 인정전 동쪽 회랑 쪽은 창고처럼 꾸며져 있고, 사다리가 걸쳐 있다. 아마도《승정

〈은대계회도〉(부분) | 은대는 승정원의 별칭이다. 1560년(명종 15) 무렵 승정원 관원들이 모여서 계회를 여는 모습을 그렸다. 진선문, 인정문, 인정전, 숙장문 그리고 숙장문을 들어서서 오른편에 빈청, 왼편에 대청과 승정원 등을 알아볼 수 있다. 임진왜란 이전 창덕궁의 모습을 보여주는 귀한 자료다. (개인 소장)

원일기承政院日記》를 보관하는 서고가 아니었을까 짐작된다.

승정원은 임금이 국정을 다스리는 데 가장 중요한 역할을 맡은 관서였다. 임금께 문서를 올리고, 임금이 내린 문서를 해당 관서에 전하며 국가의 정보를 장악하고 있었다. 승정원은 임금의 목구멍이요 혀와 같은 기관후설직관喉舌職官 가운데서도 첫손에 꼽히는 관서이자, 조정의 머리인 임금과 몸통인 관서들을 연결하는 목과 같은 존재인후지지咽喉之地였다. 승지들이 밤이고 낮이고 임금의 측근에서 대기해야 했으니, 승정원이 임금이 계시

는 대전 지척에 넓은 공간을 차지하고 있는 것은 당연한 일이었다. 하지만 지금 승정원은 없어지고 웬 소나무만 한 그루 외롭게 서 있다. 땅바닥에 주춧돌과 벽의 자리를 표시하기라도 하여, 그랬었다는 말이라도 써둘 수 있게 해주면 좋겠다.

측근 무관
선전관청

승정원의 뒤편에는 인정전 동쪽 회랑에 난 광범문으로 드나드는 길이 나 있었다. 그 길의 북쪽이 선정전 영역이다. 선정전으로 들어가는 선정문 서편 행각엔 선전관청宣傳官廳이 있었다. 선전관청은 형명形名, 군사 지휘 신호, 계라啓螺, 악기 연주로 보내는 신호, 시위侍衛, 임금을 가까이서 호위하는 일, 전령傳令, 왕의 명령을 전하는 일, 부신符信, 군대에서 발행하는 여러 신표를 내주고 받아들이는 일 등을 맡아보는 관청이었다.[53] 조선 후기 《대전통편大典通編》에는 선전관청은 선전관 25명, 문신겸선전관 2명, 무신겸선전관 50명으로 구성되어 있다. 선전관 가운데는 당상관이 4명, 참상관이 6명, 참하관이 14명이고, 문신겸선전관은 종6품이고, 무신겸선전관은 참상관이 38명, 참하관이 12명이었다. 선전관은 고위직은 아니었으나, 군인에게는 고위직으로 나아가기 위한 핵심 요직이었다. 선전관은 전투나 수비 등 군인 본연의 임무보다는 임금을 가장 가까이서 호위하는 일을 맡는 고급 친위부대원들이라고 할 수 있다. 그렇기에 그 청사가 궁궐 편전 바로 앞에 있었던 것이다.

대전의 그늘 〈동궐도〉를 보면 연영문의 오른편 동쪽에는 주원廚院, 궁방弓房, 장방長房이 목日 자 모양으로 크게 한 영역을 이루고 있다. 연영문 바로 동쪽 행각에는 "정청政廳"도 표기되어 있다. 〈동궐도형〉에는 주원이 "사옹원司饔院"으로, 장방이 "대전장방大殿長房"으로 표기되어 있다.

정청은 인사 업무를 처리하던 곳이다. 인사를 담당하던 관서는 이조와 병조로 역시 본청은 궁궐 바깥에 있었지만, 담당 관원들이 인사 업무를 궁궐 안 정청에 들어와 처리하였던 것이다. 그곳에서 후보자를 선정하여 임금에게 보고를 올리면 그 가운데 한 사람에게 낙점을 찍음으로써 인사가 완료되었다. 때로는 임금이 정청에 직접 나와서 자신의 뜻을 표명하기도 하였다. 궁극적으로 인사권은 임금에게 있었고, 따라서 임금의 의사를 묻고 이를 반영하는 인사 업무를 원활히 처리하려면 정청을 임금이 가까이 계시는 곳에 마련하는 것이 자연스러웠다. 정청은 관서가 아니라 인사를 논의하는 회의실이므로 그 위치를 옮기기도 하였다.

주원은 사옹원의 별칭이다. 사옹원은 임금의 음식을 지어 바치고 궐내의 음식을 공궤供饋하는 일을 맡았다.[54] 음식만이 아니라 음식을 담는 식기도 조달하였다. 처음에는 그릇들을 사서 쓰거나 여러 관서에 배당하여 조달하였던 듯하나, 나중에는 사옹원에서 직접 그릇을 만드는 공장을 운영하였다. 그것이 유명한 광주廣州 분원分院이다. 분원에서 만든 그릇은 임금이 쓰시는 것인 만큼 당대 최고의 품질을 자랑했다. 요즘에도 분원 자기하면 알아주는 연유다.

궁방은 활과 화살을 만드는 곳이었다. 군사들이 쓸 활과 화살을 만든 것이 아니다. 임금이 쓰거나, 상품이나 기념품으로 하사할 활과 화살을 만들었다. 당연히 이곳에서 만드는 활과 화살은 품질이 좋았을 것이다. 내시부 정5품인 상호尙弧가 이 일을 책임지고 주도하였고,[55] 궁인弓人과 시인矢人같은 공장들이 배속되어 일을 하였다.

궁궐의 관리자, 내시 장방은 내시內侍들 가운데 오랫동안 퇴근하지 않고 궁궐에 머물며 근무하던 고위 내시들의 공간이었다. 내시는 궁궐에서 국왕을 비롯한 왕실 가족들의 시중을 드는, 거세된 남성 관원을 말한다. 관원임을 강조하는 의미로는 환관宦官이라고 하였다. 내시와 환관을 조합하여 환시宦侍, 내관內官 등으로 불리기도 하였으며, 국왕을 측근에서 모신다는 의미를 강조하여 중관中官, 중시中侍, 왕의 심부름을 담당한다는 의미로 중사中使, 그 외에도 환자宦者, 엄인閹人, 엄수閹竪, 엄환閹宦, 환수宦竪, 내수內竪 등으로 불렀다.

내시는 관료제의 일부를 구성하는 관원이라는 공적인 속성을 갖고 있으면서, 다른 한편으로는 왕실의 가노家奴와 같은 존재라는 사적인 속성을 동시에 갖고 있었다. 내시들은 종2품 상선尙膳에서부터 종9품 상원尙苑까지 16등급으로 이루어진 별도의 직급 체계를 갖고 있었다. 최고위인 상선이 종2품이어서 그 위로 정2품 이상에 해당하는 직급이 없었다. 정경正卿과 삼공三公으로 통칭되는 정2품, 정1품 고위 품계를 내시들에게는 주지 않겠다는 뜻이 반영된 것이다. 일반 정규 관료들에 비해서 내시들을 낮추고 제어하려는 집권 관료들의 의도에 따른 것이라 할 수 있겠다.

내시들은 한문 해독 능력은 물론이요, 지배 이념인 유학에 대한 소양을 갖추어야 했다. 그리고 그 소양을 평가받기 위하여 정기적으로 시험을 치렀다. 내시들이 공부해야 할 기본적인 교재는 《논어論語》, 《맹자孟子》, 《중용中庸》, 《대학大學》의 사서四書와 《소학小學》, 《삼강행실三綱行實》 등이었다. 오늘날 이런 책들을 꿰고 있는 사람은 드물지 않을까? 그렇다면 내시 앞에서 좀 겸손해야 하지 않을까 싶다.

내시들은 궁궐 밖에 가정을 꾸리고 살면서 궁궐에 출퇴근하며 근무하는 것이 기본이었다. 근무 형태는 장번長番과 출입번出入番이 있었다. 장번은 한 번 출근하여 상당히 오랜 기간을 궁궐에 머무는 것이고, 출입번은 며칠 간격으로 번을 바꾸며 출퇴근하는 것이다. 조선 초기의 법전인 《경국대전經國大典》에는 근무하는 내시의 수가 140명으로 규정되어 있었다. 16세기 초엽에는 내시의 직임이 88개, 근무하는 내시의 수는 161명으로 늘었다. 한 세대 만에 대략 14~15퍼센트 증가한 셈이다. 조선 후기에 이르러서는 확실하게 말하기는 어려우나 장번 내시만 해도 대략 20명 내외가 아니었을까 추정할 수 있다. 이렇게 보면 내시는 상당한 세력을 형성한 전문 직종이었다. 내시부를 구성하는 자리와 거기 배치된 내시의 수효가 다른 관서들에 비해서 월등히 많았다.

하지만 내시들의 위상은 정규 관원에 비해서는 낮았다. 《대전회통》에 내시부 조는 경관직京官職의 말미에 들어 있다. 이는 내시부를 정관正官, 곧 정식 품계를 갖고 있는 정규 관원들의 관서로 인정하지 않았기 때문이다. 내시가 발호하면 나라가 망한다는 위기의식 때문이 아니었을까 짐작된다. 그렇지만 이는 그 당시의 인식일 뿐, 오늘날 우리가 내시를 우습게 볼 근거가 되지는 못한다. 수염도 없이 가느다란 목소리로 궁녀들과 희학질이나 하는 내시의 이미지는 매우 잘못된 것이다.

내시들은 대전과 왕비전王妃殿, 문소전文昭殿, 세자궁世子宮, 세자빈궁世子嬪宮과 각궁各宮, 다시 말해서 왕실의 모든 영역에 배치되어 고유의 일을 맡았다. 왕실 가족이 경제적으로 또 의전적으로 자기 몫을 다하도록 지원하는 것이 그들의 일이었다. 공적인 영역에서만이 아니라 사적인 영역에서도 그 임무는 이어졌다. 내시는 왕실, 궁방 재산을 관리하는 경영자였다. 궁방전이 있는 지방에서는 현지 관리자인 마름[舍音]을 통해서 권력을 행사하였다. 그들은 권력과 경제력을 갖고 있는 사람들이었다.

내시들은 부인도 있고, 아들도 있어 하나의 가문을 이루었다. 다만 직접 낳은 친자식은 아니고 어려서 자연적으로 혹은 사고로 거세되었거나 고의로 거세해 내시 가문에 입양된 양자들이었다. 내시의 양자들은 특이하게 자신의 본래 성을 끝까지 유지하였다. 이들은 현직일 때는 주로 서울의 서편, 경복궁 서쪽 사직단社稷壇 부근에 모여 살았으며 은퇴한 뒤에는 서울 근교에 살았다.

장방의 동쪽, 대전의 중심인 희정당 앞에는 내반원內班院이 있었다. 내반원은 내시들의 관서로 내시부內侍府라고도 했다. 내시부는 업무는 대내大內의 감선監膳, 전명傳命, 수문守門, 소제掃除를 관장하는 것으로 되어 있다. '감선'이란 국왕께 올리는 음식을 감독하는 일이지만, 내시들이 음식을 직접 요리하지는 않았다. 조리는 기본적으로 사옹원에서 주관했다. 내시는 음식을 제때에 임금께 올리도록 감독하는 일을 한다고 이해해야 할 것이다. '전명'은 왕명을 전하는 것을 가리킨다. 왕명을 출납하는 일은 공식적으로는 승지들의 몫이다. 하지만 승지가 전하는 왕명은 국왕과 관서 또는 관료들 사이에 오가는 공식적인 것으로, 대개 문서 형태로 되어 있었다. 임금과 승지 사이에서 문서를 전달하거나, 구두로 된 왕명을 전하는 일은 내시들의 몫이었다. '수문'은 문을 지킨다는 것인데, 궁궐의 모든 문을 내시들이 수비한다는 것이 아니라, 국왕이 계시는 대전의 전각 안의 문을 지키며 들고나는 사람들을 안내하는 일을 한다는 뜻으로 보는 것이 옳겠다. '소제'는 요즘 말로는 청소인데, 이 역시 내시들이 스스로 청소를 하는 것이 아니라 대전 일대가 늘 청결하게 유지되도록 관리한다는 뜻이겠다.

감선, 전명, 수문, 소제는 내시부 업무의 대강을 말하는 것이고, 구체적으로 들어가면 내시들이 하는 일은 더 폭이 넓었다. 내시들이 맡은 일들

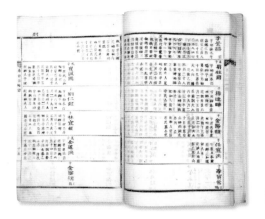

《양세계보》 내시 이용흥(李龍興) 가문의 족보다. 내시는 성이 다른 아이를 입양하여 후손으로 삼는데, 본래의 성을 바꾸지 않고 그대로 썼다. 양세(養世)라는 말은 낳아준 은공 못지 않은 양육해준 은공을 대대로 기린다는 뜻을 담고 있다. 1805년 처음 족보를 만들었고, 그로부터 약 100년 뒤에 중간하였다 (국립중앙도서관 소장)

은 임금과 왕실 가족들이 생활하고 활동하는 것을 시중드는 일이었다고 할 수 있다. 내시는 왕조 사회의 독특한 존재였다. 그들은 임금의 입이요, 그림자였다. 겉으로는 제약을 많이 받았지만 보이지 않는 힘을 갖고 있었다. 내시를 잘 알면 궁중문화의 속내가 보인다.

대전의 합문 안　　　　숙장문을 들어와 바로 왼쪽으로 돌아서면 연영문이 있었고, 거기서 한 구역 더 가면 단양문端陽門이 있었다. 단양문을 들어서면 왼편에 누상고가 있고, 단양문 동행각의 동편 끝에 사알방司謁房이 있었다. 사알司謁은 액정서掖庭署에 소속된 잡직 정6품의 관직이다. 액정서의 직무는 임금의 말씀을 해당 관료들에게 전하고 관료들의 말을 임금에게 전하는 일, 임금의 붓과 연적을 준비하여 바치는 일, 궁궐 안 주요 공간의 문들의 자물쇠와 열쇠를 관리하는 일, 조정 등에 자리를 까는 일 등이었다.[56]

사알은 잡직이었다. 잡직은 정규 관원과는 전혀 다른 실무자들의 조직 체계로서, 상당히 다른 대우를 받았다. 사알은 국가로부터 한 사람이 그 자리에 대한 한 몫의 보수를 받지 못하고, 한 자리 몫의 보수를 두 명이 나누어 받는 자리를 가리키는 체아직遞兒職이었다. 대전에 속한 사알도 두 사람이 한 사람 몫의 보수를 나누어 받았다. 그들이 하는 일은 극히 실무적인 일, 어찌 보면 허드렛일이지만 임금과 왕실 가족이 활동하는 데 없어서는 안 되는 일이었다. 사알은 내시의 지휘를 받았다. 대전에 속한 사알은 임금 측근에서 일하는 사람들이니 그들의 공간인 사알방이 대전 가까이 있는 것은 당연하였다.

사알방의 북쪽에는 상고廂庫가 있었다. 상고는 1405년태종 5 창덕궁이 처음 만들어질 때부터 있던 시설이다.[57] 상고는 중요 물품을 보관하는 창고를 가리키는데, 이 상고는 내상고內廂庫로서 임금이 쓸 물건들을 보관하는 임금의 창고였다고 할 수 있다. 궁궐 깊숙한 곳, 대전 가까이 있는 상고에까지 들어와 거기 보관했던 값비싼 물품들을 훔쳐갔다는 기사가 실록에 심심치 않게 보인다. 예나 지금이나 도둑들은 대단하다.

상고 북쪽으로는 대은원戴恩院이라는 건물이 있었다. 일자형 4간짜리 건물과 그에 'ㄴ'자 모양으로 붙은 건물로 이루어져 있다. 대은원은 있었다가 없어진 것을 1769년영조 45에 내반원과 함께 새로 조성했다는 기록이 있다.[58] 대은원은 그곳에 임금이 자주 임어하였고, 승지들이 입시하여 업무를 처리하였다는 기록이 《승정원일기》에 자주 등장한다. 법전에는 나오지 않는 것으로 보면 법적인 건물이라기보다는 임금의 편의에 따라 지은 건물로서 편전을 보조했던 곳이라고 할 수 있다.

이 일대는 대전 희정당과 편전 선정전, 그리고 외전의 정전 인정전을 잇는 동선이 지나는 곳으로서 대전의 보조 영역이었다고 할 수 있다. 지금은 미로와 같은 매우 복잡한 구조를 만들었던 건물들은 모두 사라지고, 빈터만 남아 있다.

4

내전

편전 선정전

청기와 선정전   인정전에서 동쪽으로 바로 옆에 있는 건물이 선
                 정전宣政殿이다. 선정전은 편전이다. 편전이란 임
                 금이 신하들을 만나 국사를 논의하는 공식 회의
실이다. 그런 쓰임새에 맞게 정면 3간, 측면 3간, 전체 9간 건물이 그 내부
가 벽으로 칸이 나뉘어져 있지 않고 하나로 트여 있다. 바닥은 난방이 되
지 않는 마루로 되어 있다. 다른 궁궐의 편전들과 같은 형식이다.

　선정전은 그 용도가 중요해서 그런지 지붕도 현재 궁궐에 남아 있는
건물로서는 유일하게 청기와 지붕이다. 회색조의 일반 기와와는 사뭇 다
르게 윤기가 흐르는 파란색이다. 청기와를 만드는 기법은 원래 중국에서
도입한 것이었는데 제작비가 일반 기와보다 몇 갑절이 들었다. 그래서 조

창덕궁 선정전 | 주변의 다른 건물들과 비교해 청기와로 이은 지붕이 확 눈에 들어온다. 그런데 아무리 보아도 처마 밑으로 파고 들어간 저 천랑은 문제가 있다.

선 초기에는 몇몇 사찰에서만 청기와를 이었고, 궁궐 건물로는 경복궁의 근정전과 사정전만이 청기와를 이었다.

연산군은 어떻게 하면 좀 더 괴이한 짓을 할 수 있을까를 늘 궁리하고 개발한 임금이었다. 그는 탕춘대蕩春臺 봉우리에 별장을 짓고 청기와를 이었고, 창덕궁의 인정전과 선정전 기와도 청기와로 바꾸려 하였다. 하지만 연산군 때 선정전이 청기와로 바뀐 것 같지는 않다.

연산군처럼 폭군으로 몰려 쫓겨난 광해군 역시 궁궐을 짓는 데 과도하게 힘을 기울였다. 임진왜란으로 궁궐이 모두 파괴되었기에 이를 복구하는 것은 시급하고도 절실한 과제였다. 하지만 광해군은 그 선을 넘어 창덕궁, 창경궁을 복구하는 데 그치지 않고 경덕궁과 인경궁仁慶宮 등을 무

경복궁에서 출토된 토수와 암막새 | 토수는 추녀 사래의 끝에 끼우는 장식용 기와, 암막새는 처마 끝을 이루는 마지막 암키와이다. 암막새를 보면 몸체는 일반 기와와 같은 붉은색인데 그 위에 청색 도료인 코발트를 발라 구웠음을 알 수 있다. (국립고궁박물관 소장)

리하게 더 지었다. 광해군은 인경궁 가운데서 특히 외전의 정전인 홍정전弘政殿과 편전에 해당하는 광정전光政殿을 화려하게 꾸미는 데 공을 들였다. 지붕을 푸른 기와로 덮고 근정전의 예에 따라 원색으로 단청을 칠하려 하였다. 이를 위해 지방에서 올려 보낸 은을 당시 중국 베이징으로 가는 세 차례 사신 행차에 따라가는 화원畫員들에게 똑같이 나눠주어 채색彩色 원료를 골라 사오도록 하였다.[59]

이렇게 공을 들여 청기와를 구웠지만 홍정전과 광정전의 청기와와 잡상의 파란색이 벗겨져 나가는 문제가 생겼다. 청기와와 황기와를 굽는 기술이 전쟁을 겪으면서 실전되었기 때문이다. 그 기술을 다시 회복하였다는 기술자가 있었지만 완전하지 못하였다. 영건도감에서는 기와를 굽는 공장의 담당 관원과 기술 감독자를 엄중히 조사하고, 장인과 그 기술 책임자를 죄를 주자고 하였지만, 광해군은 그 이듬해 봄에 다시 만들게만 하고 조사하거나 처벌하지는 말라 하였다. 그러면서 영은문迎恩門과 관왕묘關王廟는 모두 청기와를 구워 만들어 지붕을 덮었지만 벗겨져 적색으로 변한 일이 별로 없는데 지금 이 새로 지은 창덕궁의 취두, 용두, 잡상은 모두 벗겨져 적색으로 변했으니 매우 괴이한 일이라 하며 아쉬워하였다.[60] 광해군의 이러한 관심과 욕심은 결국 관철되어 홍정전과 광정전은 청기와로 덮인 화려한 건물이 되었던 것으로 보인다.

그러나 광해군은 인경궁에 임어하지 못하고 왕위에서 쫓겨났다. 인조 대에 인경궁은 별궁처럼 필요할 때 쓰이다가 1647년인조 25년에 궁궐로서의 면모를 잃었다. 그해 6월 창덕궁을 수리하는 데 인경궁의 목재와 기와, 계단과 주춧돌 등 석재를 가져다가 사용하였기 때문이다. 창덕궁은 1623년 인조반정仁祖反正 당시 불탄 이후 인정전만 남고 나머지 건물들은 거의 없어진 상태였다. 그렇게 25년을 지내다가 1647년에 인조가 그때까지 머물고 있던 창경궁에 저주의 변이 있다 하여 창덕궁으로 이어하려 하였다. 이때 창덕궁을 수리하였는데, 말은 그렇게 하였지만 실제로는 새로 짓는 수준의 공사였다.[61] 그렇게 준비한 끝에 1647년인조 25 11월 12일 인조가 창덕궁으로 이어하였다. 창덕궁에는 새 건물들이 많이 들어섰고, 낭무廊廡, 보조 건물들도 일체 옛 제도와 같이 되었다. 대조전, 선정전, 희정당, 정묵당靜默堂, 집상당集祥堂, 보경당, 옥화당玉華堂, 태화당泰和堂, 연화당讌和堂, 징광루澄光樓 등을 지었다. 그중 징광루가 가장 매우 웅장하고 화려하였다고 한다.[62] 이때 인경궁의 편전 광정전을 그대로 옮겨 창덕궁의 편전인 선정전으로 삼았을 것으로 짐작된다. 광정전은 청기와를 이은 건물이었으나, 지금 선정전의 청기와가 옛날 인경궁 광정전의 청기와라고 보기는 어렵다. 후대에 기와를 바꾸어 얹으면서 다른 청기와로 대체했을 것이다. 어쨌건 그 덕분에 선정전은 현재 유일하게 청기와 지붕을 가진 건물로 남게 되었다.

답답한 천랑   지금 선정전은 지붕은 청기와를 이어 좀 고급스러워 보이기는 하지만 기실은 속 빈 강정이다. 임

1917년 이전의 선정전 앞 | 사진 중간 부분 왼쪽에 인정전, 가운데 선정전이 자리 잡고 있다. 그렇다면 오른편은 내전인 희정당과 대조전이다. 1917년 화재 이전의 사진으로 인정전 회랑이 바뀌었고, 그 동편의 건물들은 없어졌지만 주요 전각이 남아 있는 모습이 귀하다. (《창덕궁, 창경원 사진첩》)

금과 관료들이 사라진 궁궐의 편전에 퇴락과 왜곡 외에 남을 것이 무엇이 있겠는가? 한때는 옆 담은 무너지고, 앞뜰에는 잔디가 깔려 있었다. 1997년부터 복원한다고 공사를 벌여 잔디를 걷어버리고, 정문인 선정문에서 선정전을 잇는 복도를 지었다. 동쪽에 담도 쌓았는데, 이 새로 쌓은 담이 선정전 처마 밑을 지나고 있다. 누가 무엇을 근거로 처마 밑을 지나게 담을 쌓았을까? 아무리 보아도 제자리라고 보기 어렵다.

　복도도 문제다. 어떤 건물 주위를 돌아가며 짓는 통로용 건물은 회랑이라고 하고, 건물과 건물을 직선으로 잇는 통로는 천랑穿廊이라고 한다. 선정전 앞 복도는 천랑인 셈이다. 지금 저 복도인지 천랑인지는 처마 밑으로 깊숙이 파고 들어가 있다. 천랑이 선정전 편액을 가리고 있다. 그런데 아무리 뚫을 천穿 자를 쓴다고 해도 천랑이 건물 처마 밑으로 파고 들어가

순종 승하 당시의 선정문 | 1926년 순종이 승하하였을 때 선정전을 빈전으로 사용하였다. 선정문 안은 매우 좁기 때문에 선정문 밖에 가건물을 설치하여 조문객이 이용하도록 하였다. 정면에 보이는 맞배지붕 건물이 선정문, 그 뒤로 용마루가 살짝 보이는 건물이 선정전이다. 《어장의사진첩(순종)》

는 것은 이해하기 어렵다. 천랑이 저렇게 편액을 가리고 있는 모양은 누가 보아도 자연스럽지 못하다. 선정전 안은 저 천랑이 가려서 굴속처럼 어두침침하다. 자연스럽지 못한 것은 문제가 있다는 뜻이다. 복원을 잘못했다는 결론이다. 그러면 어떻게 고치면 좋을까? 비교적 간단하다. 처마 밑으로 들어간 부분은 잘라내고, 천랑의 지붕을 선정전 지붕과 같은 높이로 올려주면 될 것이다.

나라 잃은 임금 순종은 창덕궁 전하가 되어서 선정전에서 일본 식민 관료들을 접견하였다. 그 식민지 치하 1920년 3월 고종의 신주를 일시 봉안하기도 하였다. 1926년 4월 순종이 죽자 그 시신을 모시는 빈전으로, 또 장례 후 신주를 모시는 혼전으로 사용되었다. 순종의 죽음과 함께 선정전도 그나마 유지되던 나라 잃은 임금의 접견실 기능조차 잃고 역사의 뒤

안으로 물러나게 되었다. 그와 함께 건물 본채만 겨우 외형을 유지하였고, 주위 부속 건물들에는 상당히 큰 변형이 생긴 것으로 보인다.

지금 저 선정전을 어떻게 고쳐야 옛날에 국정 운영을 하던 모습을 보여줄 수 있을까? 조악하기 그지없고, 맞지도 않는 소품들을 갖다놓는다고 될까? 어디 상점 쇼 윈도우에 있을 법한 마네킹을 세워놓으면 될까? 침침한 선정전을 들여다보노라면 마음은 더욱 어두워진다.

대전 희정당

강녕전을 들어다
희정당으로

외전의 정전인 인정전, 편전인 선정전을 잇는 선의 흐름을 이어 그 동쪽에 희정당熙政堂이 있다. 지금 희정당은 관람 동선에서 빠져 있다. 희정당 앞에 행각에 해당하는 건물이 있고, 그 한가운데 현관이 돌출되어 있고, 현관 안에 문이라고 해야 할지 말아야 할지 뚫린 부분이 있다. 하지만 출입금지. 그 안을 들여다보면 "희정당熙政堂"이라는 편액이 보이고, 안마당이 있는데 썰렁함만이 가득 차 있다. 대체 왜 이렇게 되었을까?

1917년 11월 10일 오후 5시, 당시 순종이 기거하던 대조전 서온돌에 붙은 나인의 갱의실更衣室에서 불이 났다. 이 불은 그 주변 건물들로 크게 번져 대조전과 그 앞의 희정당을 비롯한 내전 일대의 주요 건물들 여남은 채와 그 부속 건물들을 합하여 적어도 수백 간을 집어삼켰다. 불이 난 지 나흘 뒤 이왕직에서는 화재를 수습할 방도를 마련했다. 우선 낙선재樂善齋를 순종의 처소로 삼고, 불타 없어진 내전 건물들은 다시 짓기로 하였다. 다시 짓기는 짓되 "조선식을 위주로 하고 그 나머지는 양식을 참고하기로" 정하였다.

또 얼마 뒤 이왕직에서
는 조선총독부와 협의하여
경복궁의 내전인 교태전,
강녕전을 비롯하여 그 주
변 건물들 여남은 채와 그
부속 건물들을 옮겨 짓거
나 그 구재舊材를 창덕궁 전
각을 중건하는 데 쓰기로
결정하였다.[63] 중건 공사는
일본인이 감독을 맡아 진
행했다. 그 중건 공사는 원
래 1년 안에 마칠 계획이었
으나, 중간에 고종이 승하
하고 3.1운동이 크게 일어
나는 등 이런 저런 사정으
로 3년이 걸려 1920년 10월
에 끝났다.[64]

현관을 통해 본 희정당 | 몸통이 제것이 아닌데 사지인들 제것
일 수가 있겠는가?

이렇게 조선총독부와 일본인이 맡아서 공사를 추진하면서 우리 전통
건축 본연의 격식과 아름다움을 살려내었을 리가 없다. 더구나 "조선식을
위주로 하고 그 나머지는 양식을 참고하기로" 한 기본 방침을 따르자면
왜곡과 변질이 따르는 것은 필연이었다. 창덕궁은 산자락을 끼고 있어 상
대적으로 건물이 들어설 터가 좁고 따라서 건물들의 크기도 그에 맞게 작
은 편이다. 이에 비해 경복궁은 평지에 반듯반듯하게 터를 잡았기 때문에
원래부터 건물이 컸던 것으로 보인다. 거기다 19세기 중반 고종 초년에
중건하면서 건물들이 임진왜란 이전보다 대체로 더 커졌다. 본질적으로
창덕궁 터와 경복궁 건물은 서로 조화를 이루기 어려운 것이었다. 그런데

1917년 이전의 희정당, 대조전, 성정각 영역 | 오른편의 성정각은 오늘날과 큰 차이가 없는데, 왼편의 희정당, 대조전 영역은 다시 볼 수 없는 광경이 되었다. 희정당 앞쪽의 실무 관서 공간의 건물들이 없어진 이후, 1917년 화재가 나기 이전에 찍은 사진이다. (《인정전 사진첩》)

도 좁은 희정당 터에 덩치 큰 경복궁 강녕전 건물을 억지로 들어앉혔다.

강녕전을 이건하면서 모양도 상당히 바뀌었다. 강녕전은 원래 지붕에 용마루가 없는 집이었으나 옮기면서 삼화토三和土를 바른 용마루가 생겼다. 중앙의 3칸은 툇간이어서 마루가 밖으로 드러나 있던 것이 없어져 버렸고, 건물 앞에도 월대가 있어야 제격일 텐데 가파른 계단만이 달랑 달려 있다. 희정당 앞으로는 원래 모습과는 아무런 상관없는 행각 건물이 세워졌고, 거기에 난데없이 일본식 현관까지 두 개가 만들어져 앞으로 돌출되어 있다. 전통건축에서는 찾아보기 어려운 요소이다.

자세히 보면 그 현관에는 오얏꽃 문양이 여기저기 박혀 있다. 그 건물의 창에는 유리가 끼워져 있다. 꺼칠하기 짝이 없는 앞마당에는 웬 굴뚝까

1922년 4월 희정당의 영친왕 일행 | 일본에서 귀국하여 순종을 뵈러 희정당으로 들어가고 있다. 현관에까지 자동차가 들어서 있다. (국립중앙박물관 유리건판)

지 서 있다. 이런 희정당은 〈동궐도〉에 보이는 아담하면서도 격조 있는 희정당과는 너무나 거리가 멀다. 지금의 희정당을 창덕궁의 희정당이라고 해야 할지, 경복궁의 강녕전이라고 해야 할지 참으로 난감하다.

희정당의 원형과 현재형 　　　　〈동궐도〉와 〈동궐도형〉을 통하여 파악되는 희정당은 독특한 모습이었다. 정면 5간, 측면 3간으로 간수가 15간이었다. 아주 크지는 않지만 작지도 않은 규모였다. 사방 주춧돌을 돌기둥처럼 길게 올려 그 위에 기둥을 세웠고, 그 안 부분에는 장대석을 쌓아 받쳤다. 전면은 마루였고, 나무 재질로 보이는 계단을 전면에 네 개 설치하고, 동쪽 복도로 보이는 부분에도 하나 설치하여 오르내리게 하였다. 마루 뒤쪽에는 방을 7개 들였고, 뒤편 가운데는 3간을 툇간으로 만들었다. 가운데에 마루를 들이고 좌우에 온돌방

창덕궁 희정당 | 1917년 화재 이후 다시 지으면서 경복궁의 강녕전을 옮겨 지었다. 월대 대신 계단 하나만 달랑 만들어 전면이 매우 불안하게 되었다. 행각도 굴뚝도, 잔디가 깔린 마당도 모두 제것이 아니다.

을 두는 일반적인 형식과 다른 모습이다. 동남쪽에는 직사각형의 연지蓮池
가 있고 그 동쪽에 계단식 축대가 있었는데, 그 가운데로는 계단이 놓여
후원으로 통하게 되어 있었다.

　희정당으로 가는 길은 겹겹이 문이 설치되어 있었다. 궁성 밖에서 가
는 길을 살펴보면, 돈화문을 들어서서 금천교를 건너서 진선문을 들어가
숙장문을 지나서, 오른쪽 빈청 왼쪽 대청 사이의 길을 더 나아가 사옹원
과 사알방 등이 있는 행각을 지나 그것이 끝나는 지점에서 왼편으로 돌아
북쪽을 향하면 거기 협양문協陽門이 있었다. 협양문을 들어서면 다시 선화
문宣化門, 선화문을 지나면 행각에 희인문熙仁門이 있었다. 희인문을 들어서
면 희정당 앞마당이었다. 문 여섯에 다리 하나를 지나야 희정당 마당에 들
어설 수 있었다. 이것이 유일한 경로는 아니었다. 주변의 다른 경로, 다른
문을 지나 드나들 수도 있었다. 지금은 곳곳이 텅 비어버렸지만, 임금이

〈동궐도〉 중 희정당 부분 ┃ 답답하게 꽉 들어선 지금의 희정당과는 분위기가 사뭇 다르다.

계신 곳은 본래는 이렇게 겹겹이 둘러싸여 보호받고 있었다.

선정전이 편전으로서 임금이 신하들을 공식적으로 만나 이런저런 일을 처리하는 집이기는 하였으나, 임금이 그곳에서 보내는 시간으로 따지면 그리 길다고는 할 수 없었다. 편전은 임금에게는 바깥 공간이다. 궁궐의 그 많은 건물들 가운데 임금이 먹고 자고 쉬고 또 일상적으로 사람을 만나고 하는 임금의 집이 없을 수 없을 터이다. 그런 곳을 연거지소라고 한다. 편안히 쉬는 곳이라는 뜻이다. 그런데 희정당은 연거지소만이 아니라 시어소이기도 하였다. 임금이 공식적으로 임어하고 있는 곳, 국정의 최고 정점으로 공적인 활동이 이루어지는 곳이라는 뜻이다. 또한 임금이 주무시는 곳, 침전이기도 하였다. 희정당은 그런 건물이었다.

희정당에서 임금은 주요 인물들을 만나 깊은 이야기를 나누었으며, 실질적으로 중요한 결정을 내렸다. 실록에 등장하는 횟수로 보자면 1, 2위

희정당 내부 | 조선시대 궁궐의 모습이 아니라, 순종이 '이왕(李王)'으로 살던 시기의 굴욕적인 모습이다.

를 다투지 않을까 생각한다. 대전의 기능을 넘어서 편전 기능을 겸하고 있었다. 서울이 나라의 중앙이라면 서울의 중심은 궁궐이었고, 궁궐의 중심이 임금이 계신 곳이라고 한다면 창덕궁의 중심은 희정당이었다. 인정전이 궁궐의 상징적인 대표라고 한다면, 희정당은 실제 중심이었다고 할 수 있다.

　오늘날에는 희정당을 앞에서는 접근할 수 없고, 뒤로 돌아가 뒤편에서 들여다볼 수 있게 되어 있다. 내부 중앙부는 마루인데 바닥에는 카펫도 아닌 싸구려 깔개가 깔려 있고, 전등과 서양식 실내 장식이 붙어 있다. 테이블과 의자 등 집기들도 놓여 있다. 마루에서 양옆 방으로 통하는 문의 위쪽 벽면에는 커다란 벽화들이 붙어 있는데, 일제강점기 어용 화가로 알려진 김규진金圭鎭, 김은호金殷鎬 등의 작품이라 한다. 그 그림들이 근대 미술에서 어떤 비중을 차지하고 있는지 나는 모르겠다. 굳이 알고 싶지도 않다. 그 그림이 거기 걸려 있는 것 자체가 마뜩치 않다. 희정당 내부의 이 모습은 창덕궁의 제 모습과는 거리가 먼 식민지의 흔적이요, 창덕궁의 아픈 상처다.

중궁전 대조전

**교태전을 옮겨
대조전으로**

희정당 뒤편에는 대조전大造殿이 있다. 〈동궐도〉를 보면 희정당의 서북쪽 모퉁이에서 대조전의 정문인 선평문宣平門으로 복도가 연결되어 있다. 그 서북쪽에 대조전과 복도로 연결된 2층 건물이 있는데 아래층이 경훈각景薰閣, 위층이 징광루澄光樓다. 대조전의 동북쪽에는 대조전을 쏙 빼닮은 건물이 있는데 이름은 집상전集祥殿이다. 이 일곽이 창덕궁에서 가장 내밀한 곳, 구중궁궐 깊은 곳, 중전中殿, 중궁전中宮殿, 곤전坤殿, 곤전壼殿으로 불리는 공간이다.

선평문을 들어서면 정면에 있는 대조전은 중궁전의 정전이었다. 왕비의 연거지소이자 시어소이자 침전, 곧 왕비가 기거하면서 활동하는 집이었다. 〈동궐도〉, 〈동궐도형〉 등을 보면 대조전은 정면 9간, 측면 4간의 큰 건물인데, 그 동편으로는 흥복헌興福軒, 서편으로 융경헌隆慶軒이 붙어 있었다. 이 세 건물의 동쪽, 남쪽, 서쪽은 행각으로 둘러싸여 있었다. 대조전의 앞에는 월대가 있고, 전면과 후면은 횡으로 9간씩 툇간이 있어 시중드는 이들이 다니는 공간으로 쓰였다. 중앙부의 정면 3간, 측면 2간 해서 6간은 대청마루이고 좌우는 온돌방이었다. 온돌방은 마루에 접한 방은 2간, 그 안쪽의 방은 각 1간씩이고 총 네 개의 방으로 나뉘어 있었다.

대조전의 '대조大造'는 '큰 것'을 만든다는 뜻일 터이다. '큰 것'이란 무

〈동궐도〉 중 대조전 일곽 | 지붕 가운데 부분이 높은 솟을지붕을 한 대조전, 2층의 경훈각-징광루, 대조전과 닮은 꼴의 집상전 등이 어울려 한 폭의 그림이 되었다.

엇일까? 왕자, 즉 다음 대를 이을 후계자를 가리키는 것이리라. '대조'란 결국 임금과 왕비가 동침하여 아기를 생산하는 것을 가리키는 말이다. 대조전을 곁에서 보았을 때 특징으로 드러나는 것은 지붕이다. 〈동궐도〉에 나온 대조전은 지붕의 가운데가 양옆보다 높은 솟을지붕이다. 그런데 그 지붕에 용마루가 없다. 용마루가 없는 이유를 두고 말이 많지만, 용마루가 없는 건물을 보면 임금의 침전이구나 하고 알아보면 족하다. 옛날에도 용마루가 없는 건물을 보면 임금이나 왕비가 주무시는 건물이구나 하고 낮이나 밤이나 알아보고 조심하였을 것이다.

〈동궐도〉를 보면 대청마루 앞에는 월대가 조성되어 있는데, 월대의 주변은 낮은 판자 담으로 둘려 있다. 그 담은 전면에 하나, 좌우 측면에 각 두 개씩 문이 있고, 그 문들에는 천으로 보이는 휘장이 드리워져 있다. 선평문을 들어선 방문자에게 대청마루 안이 바로 보이는 것을 방지하기 위

1917년 화재 이전의 대조전 | 건물 앞 월대에 전등이 세워져 있고 나무들이 새로 심겨 있는 등 변화가 생겼으나, 대조전은 정면 9간으로 가운데 3간이 솟을지붕을 하고 있는 원래의 모습을 지니고 있다. 《창덕궁, 창경원 사진첩》

한 시설이었겠다. 월대는 마당에서 마루로 바로 오르기에는 계단의 경사가 가파르기도 하고, 마당이 낮아 마루에서 바로 보이지 않으므로 마루와 마당의 중간 단계로 만든 것이기도 했으나, 마루에 있는 임금이나 왕비를 뵙거나, 임금이나 왕비에게 보일 연희를 하는 등 의식 행위를 하기 위한 공간이기도 했다. 대조전에서는 내진연內進宴, 내진찬內進饌 등 여성들의 큰 행사를 열곤 했다. 그럴 때는 많은 수의 여령女伶들이 춤을 추게 되는데, 월대만으로는 좁기 마련이니 임시로 월대와 같은 높이로 설치하는 마루인 보계補階를 설치하였다.

하지만 본래의 대조전은 1917년 11월 10일의 화재로 타 없어졌다.[65] 지금의 대조전은 경복궁의 교태전을 옮겨 지은 것이다. 그러면서 솟을지붕이 평지붕이 되었다. 희정당에서 대조전, 선평문을 잇던 복도는 없어지고, 양 끝에 육교식 복도가 둘 생겼다. 희정당에서 선평문으로 올라가는

창덕궁 대조전 ╎ 1917년 화재 이후 경복궁의 교태전을 옮겨 지었다. 솟을지붕이었던 지붕은 평지붕이 되었다. 자리 빼고 온전한 옛것은 하나도 찾기 어렵게 되었다.

계단은 경사가 급해 매우 불편하다. 대조전 주위의 행각도 제 모습을 크게 잃은 것으로 보인다. 새로 만든 월대에는 깊은 맛이 전혀 없다. 일본식으로 장식된 전등도 세워져 있다. 앞마당에 있던 이런저런 구조물들은 모두 없어졌다. 빈집의 쓸쓸함이 감돈다.

대조전에서 느끼는 감정이 쓸쓸함으로 그치지 말았으면 좋겠다. 대조전만 들여다보지 말고 대조전을 등지고 서서 밖을 내다보아야 한다. 창경궁 및 종묘로 흘러가는 산자락이 왼팔이 되어 가까이서 받쳐주고, 인정전으로 내려가는 산줄기는 오른팔이 되어 멀리서 이 자리를 감싸 안고 있다. 그러고 보면 직접 보이지는 않지만 응봉에서 내려온 산줄기가 바로 뒤에서 따뜻한 가슴처럼 이 자리를 보듬고 있겠다. 굳이 좌청룡 우백호를 따지지 않아도 그 느낌이 포근하게 전해온다. 구중궁궐 깊은 곳, 가장 내밀한 곳, 아무나 함부로 들어오지 못하는 곳, 더구나 남성들은 극히 제한된 사람들만 드나들 수 있는 곳, 이곳 중궁전. 좋은 자리가 주는 고즈넉한 느낌에 젖어든다.

징광루 없는 경훈각　　대조전에서 서쪽으로 행각을 나가면 바로 부속 건물이 한 채 있다. 그 내부 벽면이 흰색 타일로 마감되어 있고, 철제 주방 도구가 있다. 처음 보는 사람들은 조선시대에도 타일을 붙였냐고, 조선시대에도 저런 주방 도구를 썼냐고 놀랄지 모르겠으나 전혀 놀랄 일이 아니다. 창덕궁에 있다고 다 조선시대 것이 아니다. 어느 곳이든 오래된 공간에는 시간이 켜켜이 쌓여 있다. 그러므로 어느 대상을 볼 때는 그것이 어느 때의 것인가 잘 가려서 볼 줄 알아야 한다. 1917년에 대조전에 불이 났을 때 그 서쪽 일대의 전각들까지 불에 타버렸다. 그것을 다시 지으면서 서양식으로 개조하였으며, 또 순종이 1926년까지 이 일대에 살면서 편리를 좇아 개조하기도 하였다. 양식 부엌은 그 결과로 남은 것이다.

　그 건물에서 북쪽으로 행각을 하나 더 지나가면 경훈각景薰閣이 있다. 지금은 1층 건물이지만 원래는 2층 건물이었다. 2층 건물일 경우 1층은 '각閣', 2층은 '누樓'로 이름을 별도로 붙이는 관례에 따라 1층이 경훈각, 2층은 징광루澄光樓라는 이름을 갖고 있었다. 하지만 1917년 화재로 타버린 이후 다시 지으면서 단층으로 변한 것이다. 이곳만 해도 지대가 상당히 높은데, 여기 다시 2층 건물을 올렸으니 그 위에 올라가면 시계가 자못 시원했으리라. 구중궁궐 깊은 곳에 갇혀 살다시피 하는 왕비가 숨을 좀 돌리라는 배려가 아니었을까 짐작된다.

　경훈각은 대조전과 복도로 연결되어 있다. 대조전이 왕비가 주로 공식적인 활동을 하던 공간이라면, 경훈각은 비공식적이며 사적인 생활을 주

1917년 화재 이전 경훈각-징광루 | 경훈각-징광루가 늠름한 2층 자태를 뽐내며, 앞에 보이는 솟을지붕의 대조전 및 그 굴뚝, 멀리 보이는 등성이의 소나무들과 조화를 잘 이루고 있다. 《창덕궁, 창경원 사진첩》

로 하던 건물이었다. 그래서 그나마 사람 살던 냄새, 일상생활의 흔적이 많이 남아 있다. 하지만 일제강점기를 거치면서 여러 면으로 변질되었음을 감안해서 봐야 할 것이다.

사람이 살고 있다는 것을 가장 절실히 보여주는 것은 물이다. 사람은 물이 없으면 살지 못한다. 씻고 청소하는 데 쓰는 물이야 지표면을 흘러가는 물로 할 수 있다고 해도 마실 물은 깨끗해야 한다. 요즘에야 수도가 연결되어서 물을 넉넉히 공급해주지만 옛날에는 모두 지하수를 길어올려야 했다. 그 지하수가 지표면으로 가까이 올라와 밖으로 통하는 시설이 바로 우물이다. 마을에서 가정에서 우물은 생명의 근원이었다.

궁궐에도 우물이 있었다. 한 곳이 아니라 여러 곳 있었다. 창덕궁의 우물들, 더 나아가 궁궐의 우물들 가운데 근거가 가장 뚜렷한 우물, 〈동궐도〉에도 나오는 우물이 있다. 그 우물이 오늘날까지 남아 있으니 바로 경

경훈각과 우물 | 이 우물은 〈동궐도〉에도 나온다. 수백 년째 제자리를 지키는 창덕궁의 듬직한 식구다.

훈각 앞 우물이다. 커다란 돌을 동그랗게 깎아 우물전^{우물을 둘러막아 쌓아 올린 윗}
^{부분}을 삼았다. 우물 정井자 방틀을 만드는 것보다 공력과 정성이 훨씬 더
들어갔을 것이다. 그만큼 고급스런 우물이다. 중궁전의 우물, 왕비와 그
휘하의 사람들이 마시는 우물이니 그럴 만하다. 지금 그 우물은 더 이상
물을 내지 않는다. 아니, 사람들이 긷지 않는다. 하지만 그 우물이 자기 자
리를 지키고 있으니 얼마나 고마운가? 사막이 아름다운 것은 어딘가 우물
이 있기 때문이라는 말처럼, 궁궐이 그윽한 것은 이런 우물이 남아 있기
때문이 아닐까?

왕비의 뒷간　　　　경훈각 안을 둘러보다 보면 눈길을 끄는 곳이 서
　　　　　　　　　　북쪽 모퉁이에 있는 화장실이다. 바닥에 구멍이
　　　　　　　　　　뚫려 있다. 건물 밖으로 나와서 그 부분을 유심히

보니 건물 벽 아래쪽에 웬 자그마한 문이 달려 있다. 그 안에는 판자 아래 작은 바퀴가 달린 작은 수레 같은 것이 있다. 얼핏 보아서는 도무지 무엇에 쓰던 물건인지 알아보기 어렵다. 이것은 변기를 담아 끌어내는 데 쓰던 손수레다. 아까 그 화장실 마루에 뚫린 구멍으로 변기를 내리면 이 위에 놓고 끌어내었던 것으로 보인다.

프랑스의 루브르궁이나 베르사유궁에는 화장실이 없어서 프랑스 귀족들은 궁전에 들어오기 전에 볼일을 미리 보아야 했다고 한다. 그래도 지체하는 시간이 길어지면 하는 수 없이 정원에 늘어서 있던 조각품이나 시설물들 뒤에서 실례를 했다고 한다. 비단 프랑스뿐만 아니라 유럽 전역에서 17세기까지는 궁궐에 독립 건물이나 혹은 건물의 일부에 화장실이 설치되지 않았다. 당시에는 일반 가정에도 화장실이 없어서 집집마다 병에 오물을 모아 아침이 되면 창에서 도로로 홱 내다버렸다고 한다. 시대적 한계와 정치적 문화적 상황을 바탕으로 이해해야 할 사실이겠다.

이런 이야기에 영향을 받았는지 우리나라 궁궐에도 화장실이 없었다는 이야기가 항간에 꽤 널리 퍼져 있다. 그러나 과연 그런가? 이런 이야기가 꽤 널리 퍼진 까닭은 무엇인가? 아마도 임금과 왕비가 기거하는 내전, 궁궐의 중앙부에는 뒷간이 없었던 사실이 와전된 것이 아닌가 싶다. 임금과 왕비는 뒷간에 가지 않았다. 대신 이동식 변기를 사용하였다. 궁중 용어로 똥을 한자로는 "매화梅花"라고 쓰고, 궁궐에서는 용어를 특수하게 쓰는 예에 따라 "매우"라고 발음하였다고 한다. 이동식 실내용 변기를 매우틀이라고 한다. 매우틀은 세 방향은 막히고 한 쪽은 터져 있는 'ㄷ'자 모양의 나무로 된 의자식 좌변기이다. 앉는 부분은 빨간 우단으로 덮었고, 그 틀 아래에 구리로 된 그릇을 넣어 이곳에 대소변을 받게 되어 있다. 매우틀을 담당하는 복이나인僕伊內人이 미리 매우틀 속에 매추梅蒭라 하여 여물을 잘게 썬 것을 뿌려서 가져오면 그 위에 용변을 보고, 임금의 측근 나인이 그 위에 다시 매추를 뿌리고 덮어서 가져갔다. 필요한 경우에는 내의원

으로 가져가 검사하여 임금의 건강을 살피기도 하였다.

임금이나 왕비, 또는 전 왕비 정도는 그렇다 하더라도 그 나머지 궁궐에 기거하거나 드나드는 사람들은 어떻게 용변을 보았을까? 이렇게 많은 사람들이 모두 매우틀을 썼을 리는 없다. 또 매우틀을 쓰는 경우라 하더라도 매우틀에 용변을 본 다음에는 그 대소변을 처리할 곳이 있어야 하였다. 〈동궐도〉, 〈북궐도형〉과 〈동궐도형〉 등 궁궐의 모습을 알려주는 자료들에 따르면 경복궁에는 뒷간이 28군데 있었으며, 그 규모를 모두 합하면 51.5간이었다. 동궐에는 21군데, 36간 정도의 뒷간이 있었다. 뒷간은 대개 1간 크기였으나, 큰 것은 7간이나 되는 것도 있었다.

다만 이 뒷간들은 임금과 왕비가 기거하는 내전이나 임금이 공식적으로 신료들을 만나는 외전, 그리고 왕실 가족이 기거하는 주거 공간 등 궁궐의 중심부에는 없었다. 임금과 왕비, 또는 왕실 가족들이 용변을 보지 않았기 때문이 아니라, 매우틀이나 요강 등 이동식 변기를 사용하였기 때문이었을 것이다. 뒷간은 주로 외곽에 배치하였다. 다시 말하자면 관인들이나 군인, 궁녀, 내시, 노비 등 궁궐에서 기거하거나 오래 머물면서 실무를 보는 사람들의 활동 공간에 설치되어 그들의 근심을 해결하는 해우소解憂所 구실을 하였다. 궁궐에는 그런 냄새, 비단 분뇨 냄새만이 아니라 그곳에서 일하며 먹고 배설하고 하는 사람 냄새가 배어 있었다.

경훈각 아궁이 | 1917년 화재 이후 다시 지으면서 아궁이 부분을 많이 서양식으로 개량하였다.

　경훈각의 사람 냄새는 다른 곳에서도 찾아볼 수 있다. 옆면을 보면 돌로 쌓은 기단에 큰 구멍이 있는데 들여다보면 아궁이이다. 이른바 개량식이다. 일제강점기에 다시 만든 티가 난다. 그런 것이나마 아궁이가 있으면 굴뚝이 있게 마련이다. 굴뚝은 건물에 붙어 있지 않고 조금 떨어진 꽃밭 안에 무슨 조형 작품처럼 서 있다. 자칫 건물의 미관을 해칠 굴뚝을 오히려 하나의 조형 작품으로 반전시키는 그 슬기는 오늘 우리가 본받을 만하다. 하지만 창덕궁 중궁전 일대의 굴뚝들은 긴장하고 살펴보아야 한다. 굴뚝을 쌓은 벽돌부터 중간중간 박아 넣은 문양이 모두 전통적인 것이 아니다. 일본 냄새가 짙다.

　굴뚝이 서 있는 꽃밭은 화계이다. 창덕궁 중궁전은 뒤편 산자락이 내려오다가 끝나는 지점, 궁궐의 가장 깊숙한 곳에 자리 잡고 있다. 산자락의 마지막을 장대석으로 쌓아 몇 개의 단으로 마감을 하고 그곳에 각종 꽃을 심어둔 화계가 중궁전의 서쪽, 북쪽, 동쪽을 길게 감싸고 있다. 저 화계에는 사시사철 끊이지 않고 꽃이 피었으리라. 아기자기하고 아름답게 꾸며져 있었으리라. 왕비를 위하여, 여기 오는 궁중 사람들을 위하여.

창덕궁 대조전 화계 | 온전한 제 모습일까? 특히 저 굴뚝에는 의심의 눈초리를 거둘 수 없다. 그래도 꽃이 핀 모습은 그런대로 볼 만하다.

지금은 꽃과 나무가 있기는 있지만 왠지 제 것으로 보이지 않는다. 나무들은 화계에서 자라기에는 너무 커서 그 뿌리 때문에 화계 장대석 사이 틈이 벌어진다. 꽃들은 외국인이 한복 입은 것처럼 뭔가 어울리지 않는다. 왕조가 무너진 것은 그리 서럽지 않으나, 화계를 아름답게 꾸미던 조경의 흐름이 끊어진 것은 아쉽기 그지없다.

성정각

성의정심하는 집　　《대학》이라는 유교 경전에서는 수기치인修己治人,
자기를 다스리고 남을 다스리는 것의 단계를 격물格物−치지

창덕궁 성정각 | 보춘정, 희우루 현판이 붙어 있고, 뒤로는 관물헌이 보인다.

致知-성의誠意-정심正心-수신修身-제가齊家-치국治國-명명덕어천하明明德於天下
로 말하고 있다. 그 가운데 '성의'란 뜻을 순수하게 하여 집중하는 것이요,
'정심'이란 마음을 바르게 하는 것을 가리킨다. 희정당의 동남쪽 바로 곁
에 있는 건물의 이름이 성정각誠正閣이다. '성정誠正'이란 말은 성의와 정심
의 앞 글자를 따온 것이다.

　이 건물은 임금이, 또 왕세자가 이렇게 자기 훈련을 하던 곳이다. 임금
이 학자들과 책을 공부하며 정책을 토론하는 경연經筵을 열거나, 왕세자가
선생님들과 공부를 하는 서연書筵을 열던 곳으로 자주 쓰였다. 문 이름도
영현문迎賢門, 현자를 맞이하는 문이다. 영현문 밖에도 몇 겹 담과 행각이
있고 문들이 있었으나 지금은 없어지고 넓은 길이 되어 있다. 동편의 담장
에 나 있는 자시문資始門을 나서면 바로 동궁인 중희당重熙堂 앞 마당이다.

　성정각은 꽤 높은 기단 위에 앉아 있으면서 독특하게 곁에 커다란 누

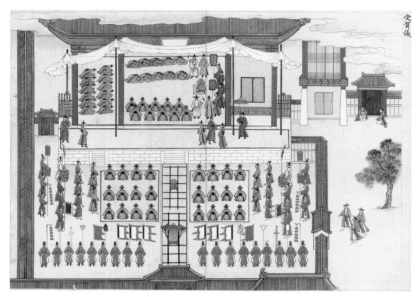

〈수하의〉,《왕세자입학도첩》 | 1817년(순조 17) 3월 효명세자가 성균관에 입학하는 의식을 기록한 그림 가운데 절차를 모두 마친 왕세자가 하례를 받는 장면이다. 장소는 성정각으로 보인다. (국립고궁박물관 소장)

를 거느리고 있다. 전체적으로 기품이 높아 보일 수밖에 없다. 그런데 성정각이 언제 지어졌는지는 기록에서 명확히 확인되지 않는다.《승정원일기》의 1697년숙종 23 12월 13일 기사가 성정각이 처음 나오는 기록이다.[66] 날씨가 추워졌는데도 왕세자가 매일 서연을 여는데, 성정각이 허술하고 추우니 왕세자가 늘 머무는 곳에서 서연을 열게 하자는 건의를 숙종이 받아들였다는 내용이다. 후일 경종景宗이 되는 왕세자가 10살이 되어 서연을 하게 되자, 그 장소를 대전 가까이 두기 위하여 성정각을 짓지 않았나 추정하게 하는 자료다.

성정각은 1917년 내전 일대의 대화재 당시 다행히 화를 면했다. 지금까지 원래의 골격을 유지하고 있는 몇 안되는 건물 가운데 하나인 연유이다. 그 화재 이후 성정각은 순종과 순종비의 임시 침소로 사용되기도 하였

성정각 동남쪽의 행각 ǀ 처마 아래 현판과 마당의 돌절구는 일제강점기에 이곳이 내의원으로 쓰였던 시절의 흔적이다.

다.[67] 다만 이후 희정당 자리에 원래의 희정당보다 훨씬 큰 경복궁 강녕전이 들어오면서 그 권역이 동쪽으로 확장되어, 그 담장이 성정각 처마 밑까지 비집고 들어와 어색한 장면을 연출하고 있다.

성정각 본채는 정면 5간, 측면 2간인데 정면으로 보았을 때 서쪽 2간은 마루, 동쪽 2간은 방이고 맨 오른쪽은 부엌이다. 그 본채의 동쪽에 3간짜리 누가 남북으로 길게 솟아 있다.《궁궐지》에는 누의 동쪽이 "희우루喜雨樓", 남쪽이 "보춘정報春亭"으로 기재되어 있다.[68] 〈동궐도〉나 〈동궐도형〉에도 동쪽에 희우루 편액, 남쪽에 보춘정 편액이 달려 있는 것으로 그려져 있다. 그런데 한때는 희우루 편액이 남쪽에, 보춘정 편액이 동쪽에 달려 있었다. 무슨 이유인지 편액의 위치가 잘못되었던 것이다. 이를 바로잡은 것은 2000년대 들어서였다. 물론 편액이 달린 곳이 어느 쪽이든 기

뽐을 주는 단비, 또 봄기운을 전해주는 공간이라는 뿌듯한 뜻은 어디 가
지 않을 것이다.

일제강점기에 성정각을 내의원으로 썼던 시절이 있었다. 그 흔적이 지
금도 남아 있다. 성정각 동남쪽 행각에 처마 밑에 "조화어약調和御藥", "보
호성궁保護聖躬"이라는 현판이 달려 있다. 임금의 약을 지어 임금님의 몸을
보호한다는 뜻이다. 성정각은 임금의 몸을 보호하거나 임금이 드실 약을
짓는 일과는 거리가 먼 곳인데? 원래는 인정전 서편의 내의원에 있던 현
판을 일제강점기에 성정각을 내의원으로 쓰면서 옮겨 단 것이 아닐까 싶
다. 그리고 보니 마당에는 약재를 빻던 돌절구도 놓여 있다. 내의원도 다
시 지었으니 저 현판들과 돌절구는 원래 자리를 찾아서, 그게 어려우면
어디 적절한 곳을 정하여 돌려놓았으면 좋겠다.

집희 관물헌　　　　　성정각 바로 뒤편에 꽤 큰 건물이 한 채 있다. 정
　　　　　　　　　　면 7간, 측면 3간의 일자 건물인데 겉모습이 잘
　　　　　　　　　　생겼다. 편액은 달랑 "집희緝熙" 두 글자만 쓰여
있는데 한눈에 보기에도 편액 치고는 서툰 글씨이다. 갑자년에 쓴 어필로
표기되어 있다. 갑자년이라면 1864년, 고종 원년이 될 터이고 그해에 고
종은 열세 살이었다. 아직 어린 소년 임금이 무언가를 기념해서 편액을 쓴
듯하다. '집희'란 '빛남, 밝음, 인격이 계속하여 오래 빛남'이라는 뜻과 '계
승하여 넓힘'이라는 뜻이 있다. 그런데 건물 이름에는 대개 '전당합각재헌
루정殿堂閤閣齋軒樓亭' 가운데 한 자가 붙게 마련인데, 단지 '집희'라고만 되어
있다, 집희전은 아닐 테고, 집희당이라는 것인지, 집희각 아니면 집희재,
집희헌 가운데 하나인지 알 수가 없다. 경희궁에 있던 동궁의 안채에 해당
하는 건물이 집희당緝熙堂이기는 한데 그것에서 따온 것 같지도 않다. 건물
이름이 아니라 이 건물에 사는 사람의 '인격이 오래 빛나기를' 바란다거
나, 아니면 자신이 새로 임금이 되었으니 왕위를 '계승하여 넓히겠다'는

창덕궁 관물헌 | 앞의 성정각과는 서로 연결되면서도 구별되었을 터인데, 지금은 구별이 없어졌다.

의지 표명 정도로 읽힌다.

이 건물의 본 이름은 관물헌觀物軒이다. 〈동궐도〉에는 "유여청헌有餘淸軒"이라고 기재되어 있는데 정식 이름인지 별명인지 모르겠다. 임금은 이런저런 형식으로 신하들을 만나고, 또는 경연을 열고 할 때 어느 한 건물에서 그런 일을 모두 처리하지 않고 필요에 따라 건물들을 옮겨 다녔다. 그렇게 임금이 활동하는 건물들은 내전에 속하는지, 편전에 속하는지 가르기가 쉽지 않다. 창덕궁의 건물로는 희정당, 성정각과 함께 관물헌이 그에 포함된다.

관물헌은 1781년정조 5 8월 《승정원일기》에 처음 기사가 나오는 것으로 보아 그 무렵에 세워진 것으로 추정된다.[69] 고종의 생부인 흥선대원군은 실권을 쥐고 있던 시절 창덕궁에 들어오면 이곳에 머무른 것으로 전하며, 1882년 임오군란壬午軍亂 직후 다시 권력을 잡았을 때도 이 건물에 기거했다고 한다. 흥선대원군이 권력을 잃은 뒤에는 관물헌은 내전처럼 쓰였던 듯하다. 명성왕후가 관물헌에서 왕자, 후일의 순종이 되는 이척을 낳기도 하였다.[70] 1884년 갑신정변 때는 김옥균金玉均 일파가 관물헌을 거사 본부로 썼다. 고종도 갑신정변 당시 급변하는 상황 속에서 여기저기 거처를 옮겨 다녔는데, 종친 이재원李載元의 집에 머물다가 다시 창덕궁으로 들어왔을 때 이곳 관물헌에 머물기도 하였다.[71] 창덕궁 건물들 가운데서 역사적 사건들의 배경으로 상당히 큰 비중을 차지하고 있는 셈이다.

지금 관물헌은 건물 자체는 어느 정도 제 모습을 유지하고 있지만, 주변 환경이 너무 변해 있다. 앞으로는 성정각과 단절되다시피 하였고, 서측에는 희정당의 담장이 바로 치고 들어와 있다. 뒤편에 있던 건물들은 사라졌고, 이해하기 어려운 담장이나 굴뚝 등이 어색하게 자리 잡고 있다. 결과를 놓고 볼 때 희정당에서 대조전, 성정각, 관물헌으로 이어지는 창덕궁의 내전 일대는 창덕궁에서 가장 왜곡이 심한 부분이 되어버렸다. 차라리 건물들이 완전히 없어진 영역은 대부분의 사람들이 공터려니, 길이려니, 잔디밭이려니 하고 무심히 지나칠 것이다. 그중에 의문을 품을 줄 아는 사람들이라면 잔디밭을 보면 뭔가 있었겠구나, 뭐가 있었을까 자극이라도 받을 것이다. 그러나 지금 저 희정당, 대조전, 성정각, 관물헌처럼 바탕부터 바뀌고 왜곡된 채로 남아 있는 건물들을 보면 무엇이 잘못되었는지, 원래의 모습은 어떠했을지 생각하기보다는 잘못된 상태 그대로 그러려니, 그랬으려니 하고 인정하고 지나가기 쉽다. 그냥 인정하고 지나가는 데 그치는 것이 아니다. 대부분의 사람들은 창덕궁을 관람하면서 창덕궁의 중심 영역인 데다 어찌 되었든 건물이 그중 많이 남아 있는 이곳에서 '궁궐은 이렇구나' 하는 인상을 강하게 받는다. 참 어이없고 답답한 일이다. 어떻게 망가지고 왜곡되었는가를 살필 게 아니라면 이곳은 차라리 관람하지 않는 편이 나을지도 모르겠다는 생각까지 든다.

5

동궁과 그 너머

중희당

장대한 동궁

성정각과 관물헌의 동쪽은 지금은 시멘트로 덮인 넓은 길이다. 그 앞에는 넓은 잔디밭에 소나무들이 듬성듬성 서 있다. 궁궐에서 넓은 길, 잔디밭을 보면 무언가 있다가 없어진 자리가 아닐까 일단 의심을 해봐야 한다. 그런 의심의 눈으로 보자면 의아한 것은 넓은 길, 잔디밭에 그치지 않는다. 시멘트로 덮인 길 동편 담장 안에 2층 건물이 보인다. 그 누각에 잇대어 서북쪽으로 육모지붕의 정자 같은 건물이 있고, 거기서 다시 좁은 복도 모양의 건물이 이어진다. 2층 누각에 "승화루承華樓"라는 편액이 붙어 있다. 그 1층은 지금은 건물 모양을 잃었지만 의신합儀宸閤이다. 육모지붕의 정자 같은 건물이 삼삼와三三窩이며, 복도 같은 건물이 칠분서七分序이

창덕궁 칠분서 | 사진 중앙의 칠분서는 본래 중희당에서 삼삼와를 거쳐 승화루까지 연결되는 통로의 일부였으나 중희당이 없어지면서 그 연결 부분이 뚝 끊어지고, 그 자리에 매화나무가 자라고 있다.

다. 그런데 그 칠분서가 가다가 길 쪽을 향해 직각으로 꺾여서는 그만 끝나버렸다. 복도가 가다가 갑자기 끝나는 것은 이상하지 않은가? 애초부터 이렇게 이상하게 건물을 지었을 리 없다.

〈동궐도〉를 비롯한 옛 자료를 보면 원래는 그 칠분서에 이어 매우 장대한 건물이 있었으니, 바로 중희당重熙堂이다. 〈동궐도〉 등에 나타난 중희당은 대단하다. 정면의 간수가 〈동궐도〉에는 9간, 〈동궐도형〉에는 8간으로 되어 있다. 〈동궐도형〉이 그려진 1908년 무렵에는 중희당이 "금무今無", 즉 지금은 없다고 기재되어 있어서 그 간수도 정확하다고 볼 수 없다. 〈동궐도〉가 더 정확하지 않은가 생각된다. 측면은 〈동궐도〉를 봐서는 판단하기 어렵고, 〈동궐도형〉에는 3간으로 표기되어 있지만 한 간의 길이가 길게 되어 있어서 4간으로 볼 수도 있겠다. 중희당 전체 규모는 크게 보면 36간, 작게 보더라도 24간이 된다. 어느 쪽이든 상당히 큰 건물인 셈이다.

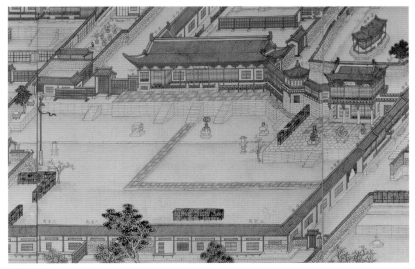

〈동궐도〉 중 중희당 부분 | 크고 화려한 건물들로 둘러싸인 앞마당에 풍기대, 혼천의, 측우기 등 각종 과학 기기들을 설치하였다.

〈동궐도〉에 보이는 중희당은 상당히 높은 기단 위에 앉아 있다. 기단을 오르는 계단은 셋이 있다. 기단 아래로는 넓은 마당이 조성되어 있고, 그 마당은 행각과 담으로 둘러싸여 있다. 중희당과 부속 건물로 이루어진 일곽의 규모는 인정전 조정보다는 작지만 희정당이나 대조전보다 크게 그려져 있다. 넓은 마당에는 혼천의渾天儀로 보이는 천문 관측 기구, 풍기대風旗臺, 측우기測雨器와 일영대日影臺 등 과학 기구들이 배치되어 있다.

중희당의 주인들　　중희당의 주인은 누구이며, 그 용도는 무엇이기에 이렇게 대단하게 만들었나? 1782년정조 6 9월 7일 정조 임금의 후궁인 궁인宮人 성씨가 아들을 낳았다. 왕비와 혼인하고도 20년째 아들이 없었던 정조가 나이 31세에 처음으로 얻은 아들이었다. 정조는 아버지가 된 기쁨을 감추지 못하고 승지

〈문효세자책례계병〉 중 왕세자수책도 ｜ 문효세자가 세자로 책봉되는 장면을 그린 병풍 가운데 문효세자가
중희당에서 책보를 받는 장면이다. 오른편에 승화루와 삼삼와가 보인다. (서울대학교박물관 소장)

와 규장각 관원들을 불러 자랑을 하였다.[72] 2년 만에 그 왕자를 세자로 정
하였다.[73] 이 인물이 문효세자文孝世子이다.

정조 초년까지 동궁은 창경궁의 시민당時敏堂이었다. 하지만 그 시민
당이 1780년정조 4 7월 13일 불에 탔다.[74] 곧바로 중건하는 공사를 시작했
으나 정조는 중건을 멈추게 하였다.[75] 정조는 흉년을 이유로 들었지만, 그
때부터 이미 내심 다른 곳에 동궁을 새로 조성하려는 의도를 갖고 있었던
것이 아닌가 짐작된다. 시민당이 불탄 지 2년이 지난 1782년정조 6, 문효
세자가 태어난 그해에 정조는 관물헌 동편에 중희당을 짓게 하고 스스로
편액을 써서 붙였다.[76] 시민당의 화재와 문효세자의 탄생 그리고 중희당
의 건설은 묘하게 맞물려 이루어졌다. 중희당은 창덕궁과 창경궁을 가르
는 산줄기의 등성이에 올라앉은 형세였다. 보통은 건물을 짓지 않는 자리
라고 할 수 있다. 하지만 정조가 무리하게 동궁을 창덕궁으로 끌어놓은 것

중희당 편액 | 정조가 중희당을 지으면서 직접 쓴 어필이다. 하지만 새로 동궁을 중희당을 지은 보람도 없이, 그 주인인 문효세자가 세상을 떠나고 말았다. (국립고궁박물관 소장)

이다. 그러나 인명은 인간이 어찌할 수 없는 일. 그렇게 얻은 문효세자가 1786년정조 10에 훙서하였다.[77] 우리 나이로 다섯 살이었다. 왕세자가 없는 동궁은 주인 잃은 빈집인 셈이다. 하지만 따지고 보면 동궁에 주인이 있는 시기, 다시 말해서 왕세자가 있는 시기는 실은 그리 길지 않았다. 특히 조선 후기 이후에는 왕세자가 있던 기간이 매우 짧았다. 그럴 때 동궁을 굳이 비워둘 필요는 없으니 임금이 관원들을 만나는 용도, 말하자면 편전처럼 사용하였다.

중희당의 다음 주인은 후일의 순조, 이공李玜이라는 사람이다. 1790년정조 14에 태어나 1800년정조 24에 즉위하였으니 10년 동안 중희당의 주인이었을까? 아니다. 1800년 1월에야 왕세자로 책봉되었고, 같은 해 6월에 정조가 승하하자 왕위를 이었으니 왕세자로 있던 기간은 반년도 되지 않았다. 중희당을 본격적으로 사용한 왕세자는 순조의 아들 효명세자였다. 효명세자는 1809년순조 9 순조와 순원왕후 사이에서 태어났고, 네 살 되던 1812년순조 12에 왕세자에 책봉되었다. 열아홉 살 되던 1827년순조 27 2월 순조는 그에게 대리청정을 하게 했고, 그 처소를 중희당으로 하라고 명하였다.[78] 하지만 대리청정을 한 지 3년 남짓 된 1830년순조 30 5월에 스물두 살 젊은 나이에 훙서하였다.[79] 중희당은 또 주인을 잃었다.

승화루에서 바라본 중희당 터 | 궁궐에서 넓은 터가 비어 있으면 거기에는 뭔가 있었겠구나 생각해야 한다. 정조 임금은 아들을 얻은 것을 기념하여 이곳에 한껏 크고 화려하게 건물을 지었다. 동궁 중희당이다.

우연이겠지만, 중희당은 외형은 장대한 동궁이었으되 그 주인이 머문 기간은 짧았고, 그 주인들도 임금으로 즉위하기 전에 훙서하는 운명을 피하지 못하였다. 조선 후기 조선의 왕실에는 손孫이 귀하였다. 왕위의 승계가 적장자로 이어지지 못하고 할아버지에서 손자로, 또는 정통성에 문제가 많은 방계로 넘어갔다. 그러한 조선왕조의 명운을 대표적으로 드러내 보이는 건물이 중희당인 셈이다.

1891년고종 28 3월 고종은 중건소重建所에 창덕궁 함녕전의 전각들을 이건하여 경복궁의 동궁 정당인 계조당을 고쳐 지으라 명하였다.[80] 그해 5월에는 다시 중건소에 중희당을 이건하는 일을 거행하도록 하였다.[81] 5월 12일에는 주춧돌을 놓고 기둥을 세울 날짜가 5월 13일로 정해졌다.[82] 중희당이 경복궁의 계조당을 고쳐 짓는 데 쓰였음을 알 수 있다.

창덕궁 승화루, 삼삼와 | 오른쪽 승화루는 왕세자 전용의 서재라고 할 수 있었고, 왼편의 정자 모양의 통로는 삼삼와라고 하였다. 정면에서 보이는 승화루의 모습에서 왜 소주합루라는 별명이 붙었는지 알 수 있다.

동궁에 딸린 건물들　중희당 동편의 2층 건물 승화루는 별명이 소주합루小宙合樓, 즉 '작은 주합루'이다. 동궁의 정당인 중희당의 부속 건물로서 왕세자가 볼 책을 보관하고, 왕세자가 공부하던 곳이다. 〈동궐도〉에는 승화루 뒤로 수방재漱芳齋와 그 동쪽으로 복도로 연결되어 있는 연영합延英閣, 그리고 작은 부속 건물들로 구성된 아기자기한 공간이 있다. 누가 보아도 왕세자와 왕세자빈의 생활 공간이다. 그런데 이런 건물들에 대해서 《궁궐지》에는 아무런 기술이 없다. 〈동궐도형〉에 오면 그 건물들은 모두 보이지 않고, 육각형의 평원루平遠樓와 기다란 창고 건물만 표기되어 있어 지금과 거의 같다. 〈동궐도형〉이 1908년 전후해서 제작되었음을 고려할 때 그 전에 이렇게 변형되었을 것으로 추정된다. 언제 누가 왜 이렇게 변형시켰는지 확실하게 말하기 어려우나, 1907년 순종이 경운궁에서 창덕궁으로 이어하기 위하

창덕궁 상량정 | 〈동궐도〉에는 없는데, 언제인가 세자빈궁이 사라진 자리에 들어섰다.

여 창덕궁을 수리할 때 이렇게 변형된 것이 아닌가 짐작된다.

지금은 평원루는 상량정上凉亭으로 이름이 바뀌어 있는데, 왜 그렇게 바뀌었는지 관련 자료를 찾기가 어렵다. 어딘지 제대로 된 편액이 아니라는 느낌이다. 건물 자체는 빨라도 19세기 전반에 지어진 것이다. 창살이나 난간의 문양은 물론이고, 내부를 들여다보면 한 곳으로 모이는 서까래와 그 한가운데 학이 두 마리 날고 있는 문양이 빚어내는 조형미가 그야말로 하나의 작품이다. 정자 앞에는 꼭 양반집 무덤 앞의 상석처럼 생긴 네모난 대리석이 놓여 있다. 그곳에서 내려다보면 기와지붕이 물결치는 낙선재 일곽과 그 너머 창경궁, 앞 숲과 멀리 보이는 목멱산의 풍광이 자못 볼 만하다. 그런 풍경을 보자고 만들어놓은 좌대인 듯하다.

상량정의 서쪽에는 승화루 영역을 가르는 담장이 있고, 그 담장에는 만월문滿月門이 나 있다. 문의 틀이 원형으로 되어 있는데 문짝은 여닫이가

만월문과 담장 | 원래 이곳은 세자빈궁이었기에 섬세하고 아름답게 꾸몄다. 엉망으로 관리되고 있던 담장의 문양들은 근년에 새로 단장하였다. 하지만 새것의 느낌은 지우기 어렵다.

아닌 미닫이 형식이다. 이국적인 분위기, 다시 말하자면 중국풍이 물씬 풍긴다. 굳이 여기에 왜 이런 만월문을 만들었을까? 만월문 동편에 서서 그 문을 통해 서편을 보면 서울의 주산인 백악 봉우리가 그 한가운데를 채우며 다가선다. 보통 문의 네모난 틀보다는 둥근 틀에 넣어 보는 것이 훨씬 어울리는 것 같다. 결코 우연이라고 할 수 없는 산과 문의 연결. 정교한 설계에 감탄이 절로 난다. 만월문 서편에서 만월문과 그 담장을 보면 감탄과 탄식이 절로 교차한다. 이 공간과 저 공간을 나누는 시설에 지나지 않는 담장을 어떻게 하면 이렇게 아름답게 꾸밀 수 있을까? 이런 문양을 온전히 보존하려면 그럴 사람을 키우고, 기술을 전승하고, 정성을 발휘할 여건을 만들어야 하지 않나? 우리는 왜 이런 담장을 온전히 보전하지 못하며, 왜 이런 작품을 만들지 못하는 걸까? 만월문 동쪽에서 서쪽으로 내다보면 인정전과 창덕궁 내전 일대의 건물들이 한눈에 들어온다. 참 묘한 자리다.

낙선재 일곽

낙선재 내력

중희당이 선 자리는 나지막하기는 하지만 등성이 위였다. 이 등성이가 창덕궁과 창경궁을 가르는 경계가 되는 것이다. 그래서 자료에 따라서는 중 희당을 창덕궁에 넣기도 하고 창경궁에 넣기도 한다. 중희당 등성이가 끝 나는 지점, 지금 낙선재 구역으로 넘어가는 자리에 지금은 사라진 건양문 建陽門이라는 문이 있어 창덕궁과 창경궁을 가르는 경계가 되었다. 건양문 은 1간짜리 작은 문이지만 그 서쪽은 창덕궁, 동쪽은 창경궁이었다. 지금 은 건양문을 드나드는 느낌을 받을 수는 없다. 주의 깊게 보지 않으면 등 성이라고 알아차리기도 어려울 정도요, 그 위에 아무런 흔적도 없기 때문 이다. 하지만 이 등성이는 창덕궁에서 종묘로 흘러내리는 아주 중요한 맥 이다. 이 등성이 남쪽에는 제법 앞을 가리는 숲이 있다. 가만히 보면 밑에 낮게나마 축대를 쌓았다. 흙을 돋우어 조산造山을 만든 것이다.

건양문은 지금 없지만, 그 문을 지나 동쪽으로 들어가면 이른바 낙선 재 구역이다. 원래는 창경궁에 속한 구역이지만 지금은 창덕궁의 일부처 럼 되어 있다. 서에서 동으로 흐르는 나지막한 산자락에 기대어 낙선재 樂善齋와 석복헌錫福軒, 수강재壽康齋가 나란히 앉아 있다. 그 건물들을 감싼 'ㅁ'자 모양 행각 셋이 서로 이어져서 크게 하나의 구역, 낙선재 일곽을 이 루고 있다. 그 앞과 서쪽 옆은 널찍한 공터, 꽃나무들이 심겨 있는 정도이 다. 하지만 이곳 역시 이랬을 리가 있겠나? 건양문에서 창경궁의 동궁 동 쪽의 동룡문銅龍門을 지나서 선인문으로 이어지는 길이 나 있었다. 그 길 좌우에는 군인들이나 하급 실무자들의 공간이 빽빽이 들어차 있었다. 일 제강점기 이후 지금까지 낙선재에서 석복헌, 수강재에 이르는 일대가 창 덕궁으로 편입되고, 그 길은 단절되어서 이 일대의 공간 구성은 본질적으

창덕궁 낙선재 일곽 ┃ 꽃이 만발한 봄에 상량정 앞 좌대에서 남으로 바라보았다. 낙선재 일곽이 한눈에 들어오는 가운데, 멀리 목멱산이 안산이 되어 살짝 앞을 막아준다.

로 왜곡되어 있는 상태다.

〈동궐도〉에는 낙선재와 석복헌 자리에는 건물은 없고 마치 과수원처럼 나무들이 심어져 있다. 낙선재와 석복헌에 관한 기록은 드물다. 1721년경종 1 8월에 낙선당樂善堂에서 임금이 고위 관원들을 만났다는《경종실록景宗實錄》의 기록으로 보건대 숙종 말년에서 경종 초년에는 낙선당이 있었음을 알 수 있다.[83] 영조 연간에도 낙선당은 그대로 있어서 왕세자가 신하들을 만나는 곳으로 쓰였다.[84] 그러다가 1756년영조 32 5월에 낙선당에 불이 났다.[85] 그 무렵은 사도세자思悼世子가 대리청정을 하고 있던 시절로, 낙선당을 정당으로 쓰고 있었다. 이 낙선당의 터가 오늘날의 낙선재일까? 낙선당과 낙선재를 같은 건물로 보아야 할까? 이 문제에 대해서는 확답을 내리기는 어렵다. 당시에는 창경궁의 시민당도 있어서 낙선당이 불탄 뒤 왕세자는 시민당을 이용하였다. 낙선당과 시민당 모두 비슷한 용도로 왕세자가 썼다는 점이 주목된다.[86] 두 건물은 가까이 있었던 듯하다. 그렇다면 낙선당이 오늘날의 낙선재 자리에 있었던 것으로 보는 데 무리가 없다.

낙선재는 1847년현종 13에 다시 모습을 드러냈다. 1848년현종 14 후궁 경빈慶嬪 김씨를 예를 갖추어 맞아들이면서 그 거처로 마련한 것이다.[87] 낙선재를 무슨 국상을 당한 후궁의 거처였다고 소개하는 경우가 있는 모양이다. 국상을 당한 후궁이란 누구를 가리키며, 그 거처가 따로 있는 경우가 어디 있나? 도대체 어디서 나온 건지 그 출처를 모르겠다. 낙선재는 그때그때 왕실 가족들의 거처로 사용되었으며, 때로는 임금들이 기거하는 건물로 사용되기도 하였다. 1917년 화재 때는 낙선재를 순종의 임시 거처로 썼으며,[88] 1926년에는 순종의 어진을 봉안하기도 하였다.[89] 순종 사후에는 남은 황실 가족들이 살았고, 마지막으로 1989년까지 영친왕英親王의 부인 이방자李方子 여사가 이곳에서 살았다. 1997년에 낙선재 서편에 있던 일본식 부속 건물을 헐어 없애고 본모습을 되살려 일반에게 공개하고 있다. 그 주위에 있던 많은 건물들을 모두 되살린 것이 아니기 때문에 주위가 텅 빈 느낌을 주기는 하나, 이 낙선재 구역에 들어가면 사람이 살았던 냄새가 배어 있다.

낙선재 눈맛 　　낙선재를 들어갈 때는 문을 잘 골라야 한다. 관람 동선을 따라 서향으로 난 문으로 들어가는 경우가 많으나, 그보다 남향으로 난 정문 장락문長樂門으로 들어가는 것이 좋다. 들어가되 무엇에 쫓기듯 성급하게 들어가는 것보다는 한 걸음 멈추어 천천히 문과 그 문으로 보이는 경치를 보면서 들어가는 것이 좋다. '장락長樂'은 글자 그대로는 '길이길이 즐긴다'는 뜻이

낙선재 장락문 | 낙선재 정문인 장락문을 통해 들여다본 낙선재와 그 뒤 상량정이 어우러진 풍경. 아기자기하다.

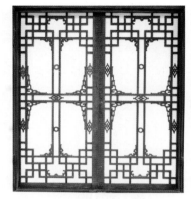

낙선재 문살 ㅣ 온돌방에 있는 문살(왼쪽)과 누마루 안쪽에 있는 문살(오른쪽)이다. 저 문살을 바라보고 있으면 지루할까? 수심에 젖게 될까?

되겠지만, 한편으론 서왕모西王母라는 할머니 신선이 살던 월궁月宮의 이름이라고도 하니 이 문 안은 신선의 세계라는 뜻이 스며있는 셈이다. 장락문이라는 편액 글씨가 꽤 힘이 있어 자세히 살펴보니 "대원군장大院君章"이라는 낙관까지 새겨 있는 것으로 보아 흥선대원군의 글씨인 모양이다. 장락문으로 들여다보이는 풍경은 낙선재에 붙은 누마루와 행랑과 저 뒤편의 상량정으로 짜여 있어 그대로 구도를 잘 잡은 한 폭의 그림이다.

장락문 안으로 들어서면 안정감 있는 집이란 어떤 것인가를 볼 수 있다. 적당한 높이의 기단 위에 정면 6간, 측면 2간의 본채가 안정감 있게 자리 잡고 있다. 계단 앞에는 노둣돌도 있다. 누군가 대단히 높은 분이 여기까지 무언가를 타고 오셔서 내릴 때 딛는 돌이다. 궁궐 안 후궁의 거처, 여기까지 탈것을 타고 오는 분은 누구겠는가? 임금 아니면 그럴 사람이 없다. 서편은 누가 앞으로 돌출되어 있다. 방과 누 사이에는 컴퍼스로 그은 듯 동그란 문이 있다. 동쪽의 방도 잘 꾸며져 있다. 문이나 창이나 그 문살은 솜씨 좋은 장인이 공을 들여 만든 아름다움이 베풀어져 있다.

들여다보는 낙선재의 모습도 아름답지만, 낙선재 마루에 걸터앉아 내

낙선재 내부 ┃ 마루와 방, 다채로운 문살, 시중드는 사람들의 통로 등이 오밀조밀하게 꾸며져 있다.

다보는 맛은 더욱 좋다. 동쪽의 담에 새겨진 거북등 문양, 앞 행랑의 문살
이 그려내는 문양, 그리고 행랑 너머로 보이는 앞 숲이 참 짜임새 있다. 눈
맛을 좀 더 만족시키려면 고개를 숙여 누마루 밑의 화방벽을 보시라. 화
방벽이란 불씨가 날리는 것을 막기 위해 아궁이 앞에 설치한 작은 벽인데,
그 면을 그저 지극히 단순한 벽돌, 짧은 선분만 가지고 면 분할을 했는데
도 몬드리안의 그림은 저리 가라다. 마루 전면에 붙은 편액이나 주련도 옹
방강翁方綱이니 섭지선葉志詵이니 하는 당대 청나라 최고의 학자들의 글씨
다. 그 사람들이 직접 써준 것은 아니고, 집자集字한 것이다. 안방, 건넌방
에 앉아 앞뒤를 내다보면 더욱 깊은 분위기를 느낄 수 있겠는데 들어가지
말라고 하니 아쉽다.

　낙선재의 뒤란은 참 아기자기하다. 규모가 크거나 설치물들이 화려하
지는 않으나 짜임새 있게 꾸며져 있다. 화계에는 꽃과 나무는 물론이요

낙선재 뒤란과 화계 | 괴석은 물론 굴뚝조차도 설치 작품이 되었다. 사진 오른쪽에서 두 번째 괴석의 받침대에는 소영주(小瀛洲)라는 글자가, 그 왼쪽의 세연지에는 금사연지(琴史硯池)라는 글자가 새겨져 있다.

굴뚝도 있다. 화계 위편 담장에는 원이 계속 이어지는 문양이 새겨져 있다. '오래오래 영원히!'라는 구호겠다. 특히 눈여겨볼 것은 괴석이다. 화강암 받침대 위에 괴이하게 생긴 돌을 받쳐놓은 것을 괴석이라 하는데, 주요 건물의 앞이나 화계 같은 곳에 놓여 있다. 그러한 괴석에 담긴 뜻을 알려주는 중요한 단서가 바로 이 낙선재 뒤란의 괴석이다. 화강암 받침대를 보면 "소영주小瀛洲"라고 뚜렷이 새겨져 있다. 이것이 '작은 영주'란다. 영주는 중국 전설 속에서 봉래蓬萊, 방장方丈과 함께 동쪽 바다 가운데 있다고 하는 삼신산三神山의 하나이다. 그러니까 이 괴석은 여기가 신선이 사는 곳, 선경仙境이라는 의미를 담고 있는 것이다. 혹은 그런 곳이 되었으면 좋겠다는 염원의 표현이다.

괴석 옆에는 한 변이 어른이 양팔을 벌린 길이 정도에 깊이는 한 팔길이 정도 되는 네모난 돌그릇이 있다. 커다란 돌 하나를 깎고 갈아서 만들었는데 아쉽게도 금이 가 있다. 흔히 "세연지洗硯池"라는 이름으로 불린다. 이름만 보면 벼루를 씻는 그릇으로 오인하기 쉬우나, 굳이 벼루를 이렇게 거창한 돌그릇을 만들어 씻었을 리는 없다. 이런 돌그릇은 낙선재 위 승화루 옆에도 있고, 후원의 연경당 뜰에도 있다. 연못을 만들기에는 적합지 않은 지형에 설치하는 간이 연못 혹은 대용 연못이 아닌가 짐작된다. 연못을 만드는 뜻은 그 자체 경치를 즐기려는 것도 있겠지만 연못에 비치는 먼 데 경치를 보겠다는 뜻, 즉 차경借景에 있다고 한다. 그런 뜻을 살리기 위해서는 이곳에 연못을 팠으면 좋겠는데 지형상 그러기가 쉽지 않으니 이런 식으로 대용을 만든 것이 아닐까.

중국 사람들은 조경을 하면서 아예 인력으로 자연을 만들어버린다. 중국 베이징의 자금성 서편에는 북해北海, 중해中海, 남해南海라고 불리는 바다가 있고, 뒤편에는 그것을 판 흙으로 만든 경산景山이라는 산이 있다. 그 어마어마한 규모부터가 비인간적이다. 중국 특유의 무지막지함이 유감없이 드러나 있다. 푸근하게 다가가고 싶은 마음이 무색하게 사람을 압도한다. 너무나 인공적이고, 반자연적이다. 한편 일본의 조경은 또 다른 의미에서 반자연적이며 인공적이다. 일본 사람들은 자연을 꾸며놓는다. 모두 반듯반듯하고 오밀조밀하고 올망졸망하다. 그야말로 '일본식으로' 자연을 모방하였다는 느낌, 자연미는 없이 느끼한 인공미만 남는다.

이에 비해 우리나라에서는 집을 지을 때 자연을 끌어 들인다. 집 뒤에 정원을 조성하는데, 그 정원은 뒷산으로 연결된다. 주위 자연 환경을 다치지 않으면서 그것에 푸근히 안겨 있다. 자연을 손상시키지 않는 범위 안에서 인공을 가하는 절제, 자연과의 조화. 이것이 우리나라 조경과 건축의 정신이 아닌가. 낙선재에서 새기는 우리의 건축 정신이다.

창덕궁 석복헌 | 바깥 행랑채에 문이 있고, 다시 중행랑 문이 있다. 문 안 건물이 'ㅁ'자 모양으로 되어 있는데, 아담하고 포근하다. 그런 가운데서도 윗분들의 방과 아랫사람들의 방은 높이에 차등을 두었다.

여성 공간의 아늑함, 석복헌   낙선재의 동편으로 석복헌錫福軒이 있다. 석복헌은 〈동궐도〉에도 그려져 있지 않고, 다른 기록에도 별로 등장하지 않는다. 대체로 낙선재와 연혁을 같이하는 것 아닌가 생각된다. 석복헌은 본채는 정면 6간, 측면 2간으로 낙선재와 같다. 그런데 본채에서 바로 붙여 행각이 'ㅁ'자로 조성되어 있어서 그 안마당은 아주 아담하고, 아늑하다. 그 바깥으로 중행랑채, 바깥 행랑채가 있어서 겹겹이 보호막을 이루고 있다.

크기가 정성이나 맛과 꼭 비례하지는 않는다. 작은 집에 반영된 건축 기술과 거기 깃든 정성은 매우 감칠맛이 있다. 석복헌은 여러 문의 창살에서 풍기는 여성적인 분위기가 물씬하다. 안방에서 행랑채로 내려가면서 높이도 낮아지는데 그 방들을 잇는 쪽마루가 있고, 쪽마루 가에는 난간까지 둘렀다. 층을 이룬 것은 각각 그 방의 주인의 신분을 드러내는 것이기

한정당 괴석 ᅵ 괴석도 괴석이려니와 그 받침대가 더 눈길을 끈다. 두툼하면서 정교하다. 무언가 이야기를 하고 있음이 분명하다.

도 하리라. 안방이나 대청마루에서 내려다보면 저기 중행랑채에서 수발들기 위해 준비하고 있는 궁녀, 바깥행랑채에서 꿈지럭거리며 일을 하고 있는 노복들이 보이는 듯하다. 겉으로는 위세를 부리지만 허약한 왕실 여인의 흰 얼굴도 어른거린다.

석복헌 뒤편 화계에 나 있는 계단을 오르면 등성이에 집이 한 채 있다. 편액에 "한정당閒靜堂"이라고 쓰여 있는 아담한 휴식용 건물이다. 한정당의 특징은 그 앞뜰에 괴석이 여럿 놓여 있어 석물 치레가 대단하다는 점이다. 괴석도 괴석이지만 그 받침대에 새긴 문양들 또한 볼 만하다. 구름 문양, 꽃 문양 혹은 단순한 띠를 두른 모양인데 터질 듯한 양감과 대담하게 단순화한 구도가 돋보인다. 언제 만든 것인지 확실치는 않으나 대체로 18세기 말 아니면 19세기 초엽의 것이 아닌가 짐작되는데, 자신감 넘치는 당시 문화의 분위기가 어렴풋하게나마 전해진다.

수강궁 터 수강재　　　　석복헌 안 행랑을 나와 동쪽으로 담장 문을 하나
　　　　　　　　　　　더 들어서면 수강재壽康齋다. 석복헌과 수강재는
　　　　　　　　　　　안채가 서로 복도로도 연결되어 있다. 이름에 목
숨 수壽, 편안할 강康이 들어 있는 것으로 보아 나이가 많은 사람이 살던
집으로 짐작하기 쉽다. 하지만 반드시 그렇다고 할 수는 없다. 수강궁壽康宮
이라는 이름은 태종이 세종에게 왕위를 물려주고 상왕上王으로 있을 때 지
은 상왕궁의 이름이다.[90] 상왕 태종은 2년이 못되는 기간에 이 수강궁에
머물다가,[91] 한양을 벗어나 경기도 풍양지금의 경기도 남양주 진접읍으로 갔다. 성
종 대에 창경궁을 지을 때 수강궁 자리가 그 터에 포함되었고, 그 뒤로는
특별히 기억되지 않았던 듯하다. 1785년정조 9에 이르러서야 옛 수강궁 자
리에 건물을 다시 짓고 그 이름을 수강재라고 붙였다.[92]

　　정조 이후 임금들이 수강재에 임어하여 경연을 열고 관원들을 만났다
는 기사가 《승정원일기》에 등장한다. 편전 중 하나로 쓰인 것이다. 그리고
그렇게 쓰일 때는 가까이 있는 동궁의 중희당과 연계되곤 하였다. 1827년
순조 27 2월, 효명세자는 대리청정을 할 때 그 정당은 중희당으로, 별당은
수강재로 정하였다.[93] 이렇게 보면 조선 후기부터 말기까지 수강재는 노인
의 거처가 아닌 젊은이들의 활동 공간이었다고 할 수 있다. 1848년헌종 14
10월에 고쳐 지은 뒤로는[94] 당시 대왕대비였던 순원왕후의 거처로 사용하
였다. 헌종의 총애를 받는 경빈 김씨는 낙선재에, 헌종의 할머니인 순원왕
후는 수강재에 기거하였던 것이다. 수강재는 그 이후로도 필요할 때마다
수리를 하면서 유지되었다. 그러다가 어느 때인가, 아마도 일제강점기나
그 이후 크게 수리를 하면서 제 모습을 상당히 잃어버린 게 아닌가 싶다.
자세히 살펴보면 수리한 부분, 꺼칠한 부분이 많다.

　　낙선재, 석복헌, 수강재 뒤는 나지막한 산자락이 받쳐주고 있는데, 그
산자락 끝에는 각각 화계가 조성되어 있고, 화계 위는 각종 문양이 새겨
진 담장으로 막혀 있다. 세 집에는 각각 그 화계를 지나 올라가는 계단이

석복헌에서 수강재로 통하는 뒤란 일각문의 문설주 | 좌우 벽면에 매화와 포도를 그려넣었다. 아니, 흙으로 빚어 구워 넣었다.

있고, 계단을 올라서 작은 문을 들어서면 그곳에는 정자 혹은 별당이라 할 법한 집들이 있어 각각의 후원을 이루고 있다. 수강재 뒤 후원에도 그렇게 아담한 집이 한 채 있다. 지금은 편액이 없지만 본래 이름은 취운정翠雲亭이다. 이름과는 달리 마루도 있고 온돌방도 있어 정자라기보다는 별당이라고 봐야 한다. 저 방에 들어가 조용히 푹 쉬고 싶은 생각이 저절로 든다. 그 정도구나 하고 다음으로 발길을 옮기면 미진하다. 아니 크게 미흡하다. 아까운 볼거리를 놓치는 것이다. 그 건물의 동편에 온돌방에 불을 땔 때는 아궁이가 있는데, 그 아궁이 위에 서보시라. 거기서 동쪽을, 북쪽을, 남쪽을 휘둘러보면 의외로 전망이 훤하다.

　　바로 앞에는 담장이 가로막고 있다. 지금 창덕궁과 창경궁을 가르는 경계다. 그 담장은 여러 차례 보수를 하였던 듯, 각 부분이 서로 다른 모양을 하고 있어 담장 하나를 만드는 미감도 저렇게 다를 수 있구나 하는 점을 잘 드러낸다. 그 담장 너머로 번듯하게 동향을 하고 앉아 있는 건물이 창경궁의 외전의 정전인 명정전이다. 이 취운정이 놓여 있는 이 자락이 바로 창경궁을 받쳐주는 주맥인 셈이다. 시선을 동으로 좀 더 멀리 던지면 거대한 서울대학교병원이 떡하니 가로막아 선다. 그 자리는 원래 정조

봄철의 낙선재 일곽 화계 | 그야말로 꽃대궐이다. 저 멀리로는 인왕산이 슬쩍 모습을 드러냈다.

의 아버지 사도세자의 사당인 경모궁景慕宮이 있던 곳이다. 서울대학교병
원 너머로는 서울의 좌청룡 타락산駝駱山이 주택들에 짓눌려 신음하고 있
다. 시선을 왼쪽으로 돌리면 창경궁의 내전인 환경전歡慶殿, 경춘전景春殿과
중궁전인 통명전通明殿, 양화당養和堂이 보인다. 통명전 위에는 자경전慈慶殿
터가 있다, 경모궁과 자경전 터를 한 눈에 볼 수 있는 자리가 바로 여기다.
시선을 남으로 돌리면 멀리 목멱산이 살며시 막아주고 있다. 그야말로 창
경궁과 서울 동쪽을 일람하기에 좋은 자리다.

6

후원

주합루 일원

후원 가는 길

낙선재, 석복헌, 수강재를 둘러보고 나면 더 동쪽으로는 갈 수 없다. 관리자용 비상문 외에는 제대로 된 문 하나 나 있지 않은 담으로 막혀 있다. 다시 중희당 터로 돌아 나와 북쪽으로 가는 길밖에 없다. 중희당 터에서 북쪽을 바라보면 후원으로 가는 길이 있고, 그 오른편에 문이 하나 있다. 창경궁으로 통하는 문이다. 그 문을 들어서서 계단을 내려가면 창경궁의 중궁전인 통명전이다. 후원으로 들어가는 길은 기다란 담장 사이로 나 있다. 오른쪽은 창경궁의 담장이요, 왼쪽은 창덕궁의 담장이겠다.

복잡한 도심도 아니고 궁궐에 무슨 담장이 이렇게 골목길을 만들며 서로 가까이 있을까? 무언가 이상하다. 그런 눈으로 가만히 보니 왼쪽의

후원으로 가는 길 ㅣ 양편에 담장을 쌓고 이렇게 넓은 포장도로를 만들 이유가 없다. 조선시대에는 이렇지 않았다. 특히 왼쪽의 담장은 쌓은 방식부터가 전통과 거리가 멀다.

담장은 돌을 마름모꼴로 쌓았다. 우리나라 전통 돌쌓기와는 아주 다른 모습이다. 〈동궐도〉와 〈동궐도형〉에는 이 담장이 없다. 이 담장의 안쪽은 창덕궁의 중궁전 영역인데, 그곳 화계 위의 담장은 이 담장이 아니다. 중궁전의 담장은 저만큼 서쪽으로 떨어져 있다. 이 담장은 일제강점기에 나라 잃은 순종과 황실 가족의 공간이 창덕궁의 대전과 중궁전 일대로 제한되면서 그 영역을 구별하고 일반인의 접근을 제한하기 위해서 쌓은 것이 아닌가 추측된다. 이 일대를 이해하는 데 보이게, 보이지 않게 많은 제약을 주는 담장이다.

그렇게 보자니 길바닥도 문제다. 시멘트로 포장되어 있다. 길의 폭도 트럭이 다닐 만큼 넓다. 과하다. 옛날에는 흙바닥에 박석을 듬성듬성 박아 놓았을 것이다. 길의 폭은 기껏해야 그리 크지 않은 가마를 메고 갈 정도면 족하다. 아니 그래야 더 흥취가 날 터이다. 그런데 언제 누가 왜 이렇게 넓은 시멘트 길을 내었나? 일제강점기에 일본인들이 이렇게 했나? 아니다. 모든 걸 일본인들 탓으로 돌리는 것은 화풀이요, 남 탓이 될 수도 있다. 이승만 대통령 때 그랬나? 그때는 문화유산 관리에 별 관심도 노력도 기울이지 않았다. 그저 현상유지, 그것도 문화재관리국이 알아서 하라고 했단다. 그래서 많이 팔아 없애고 망가지고 했지만, 이렇게 돈을 들여 망가뜨리지는 않았다. 그러면 언제의 소행인가? 개발의 시대, 시멘트로 문화재를 만들어 대던 박정희 대통령 시기, 1960년대다. '안 되면 되게 하라'는 인식의 소산이다. 이 길은 후원을 한 바퀴 휘돌아가면서 산자락의 맥을 잘라, 경관을 해치고 숲을 갈라놓고 생태계를 교란시키는 데 큰 몫을 하고 있다. 관리의 편의, 더 나아가 혹 군사적 목적이 있는지는 몰라도 문화유산을 대하는 자세로 적합하지 않은 것만은 움직일 수 없는 사실이다.

택수재 터 부용정　　　관리도로를 따라 고개인지 아닌지 의식도 못한 채 마루를 넘어서면 전혀 새로운 풍광이 눈앞에 확 펼쳐진다. 산세가 마치 삼태기 같이 동쪽을 향해 팔을 벌리고 있다. 'ㄷ'자 모양으로 우묵하게 조성된 형국 가운데 네모난 연못이 있다. 연못의 북쪽 높은 자리에 의젓하게 서 있는 2층 건물이 남향을 하고 앉아 다가오는 이들을 맞아준다. 더 가까이 가보면 연못의 남쪽에는 지붕이 열십자 모양의 아기자기한 정자가 연못에 발을 담그듯 두 돌기둥을 연못 물 속에 박고 서 있다. 연못 동쪽에는 꽤 큰 건물이 연못쪽을 등을 대고 동편을 바라보고 앉아 있다. 2층 건물에는 "주합루宙合樓"라는 편액이 달려 있다. 남쪽 정자는 부용정芙蓉亭이요, 동쪽 건물은 영화당暎花堂이다. 이 주합루 일대는 아주 잘 짜여 있는 풍광이다. 경치로 보아도 동궐에서 으뜸이요, 더구나 역사문화적인 맥락에서 보자 해도 창덕궁 전체를 통틀어서 할 말이 많은 곳 중 하나다.

　연못은 상당히 규모가 크다. 네모진 호안은 장대석으로 쌓고 한가운

주합루 권역의 물고기 머리 모양 조각 | 서북쪽 기슭에서 모인 물이 연못으로 들어가는 부분에 만들어 넣은 물고기 머리 모양의 조각. 과도하게 커서 어울리지 않는다. 옆에 있는 돌기둥에는 난데없이 오얏꽃 문양이 새겨져 있다.

데 동그란 섬을 만들어 소나무를 심었다. 전형적인 방지方池 형태의 연못이다. 하늘은 둥글고 땅은 네모나다는 전통적인 우주관을 표현한 것이다. 그저 하늘과 땅의 모양만 말하는 것이 아니다. 하늘과 땅 사이에 사람이 있으니 사람은 하늘과 땅의 운행 원리를 구현하고 있는 소우주요, 따라서 하늘의 뜻 자연의 섭리를 거스르지 말아야 한다는 인간관도 내포하고 있는 사상이다.

　그런데 좀 유심히 보면 이 연못은 특이한 점이 또 있다. 그저 땅만 판다고 해서 연못이 되는 것이 아니다. 연못이 연못으로서 존립하려면 물이 있어야 하고, 물을 한 번 채워서 되는 것이 아니라 자꾸 새 물을 넣고 헌 물을 빼내서 순환시켜야만 한다. 그러려면 어디서 물이 들어오는 데가 있어야 하는데 이 연못은 그럴 만한 곳이 없다. 서북 모퉁이에 아가리를 딱 벌리고 있는 형상의 커다란 물고기인지 용인지 짐승 머리가 조각되어 있기는 하지만, 그곳은 마른 개울. 비가 오지 않으면 들어올 물도 없다. 그런데도 지금 크고 작은 물고기들이 떼를 지어 살고 있다. 이 무슨 조화인가? 물은 바로 땅속에서 솟아난다.

창덕궁 주합루 일대 풍경 ｜ 연못 너머로는 어수문, 주합루, 서향각이 어울리고, 가까이로는 왼쪽에 부용정, 오른쪽에 영화당이 서 있어 한 폭의 그림이 되었다. 아름답다. 과연 우리나라를 대표할 만하다.

원래 이곳은 지하수원이 있어서 땅 밑에 물이 풍부했었던 모양이다. 세조 때는 우물을 네 개나 파고 이름을 마니摩尼, 파려玻瓈, 유리琉璃, 옥정玉井이라 하였다. 그러나 세월이 가면서 두 우물만 남고 그마저 쑥대밭이 되었다. 1690년숙종 16에 두 우물을 수리하게 하고 그러한 연유를 비에 새겨 세우게 하였다. 연못의 서쪽에 있는 그 비각을 지금은 사정기비각四井記碑閣이라고 부르는데, 본래 이름은 술성각述盛閣이었다.[95] 그 뒤 1707년숙종 33에 그 우물 자리에 연못을 파고 연못가에 택수재澤水齋라는 집을 지었다.[96] 그러다가 정조 초년에 연못을 다시 고쳐 만들면서 택수재도 고쳐 짓고 이름도 부용정으로 고쳤다.[97]

사정기비 | 숙종이 지은 〈어제열무정방사정기〉라는 글을 새긴 비석이다. 열무정 곁의 네 우물에 대한 기록인데, 네 우물은 사라지고 비석만 남았다.

부용정은 위에서 보면 열십자 모양을 하고 있다. 지붕도 따라서 구조가 복잡한데, 추녀 부분의 서까래 구성이 무슨 작품을 보는 것처럼 감칠맛이 있다. 마루 주위에 난간을 둘렀고, 들어 올릴 수 있는 분합문을 달았다. 내부에는 다시 불발기창이라 하여 사람이 앉은 눈높이 정도에 팔각형의 창을 낸 문을 달아 중앙의 방과 그 주위를 구분하였다. 위치에 따라 바닥의 높이도 다르게 하였다. 북쪽으로 돌출된 부분이 한 뼘 정도 높은데 그 부분은 돌기둥을 연못 속에 박고 그 위에 기둥을 세웠다. 그 자리에 앉아 좌우를 둘러보면 물 위에 떠있는 듯 색다른 느낌이 들 것이다. 그 자리에서 정좌하면 자연스럽게 남쪽을 바라보게 된다. 한 단 높은 데다 남쪽을 바라보는 자리. 임금 외에 다른 어떤 사람이 감히 앉을 엄두를 내겠는가?

창덕궁 부용정 ᅵ 주합루 앞 연못 남쪽 기슭에 지붕이 십자로 짜여진 정자가 두 기둥을 물 가운데 담그고 있다. 대단히 공을 들였다.

1795년정조 19 3월 10일 정조는 규장각 신하들과 그 아들이나 조카 형제들 64명, 그리고 영의정과 과거에 특별히 응시할 자격을 획득한 사람 등을 모아 후원에서 꽃놀이 겸 낚시 대회를 열었다. 그때 정조는 부용정의 작은 누에 임어하여 태액지太液池에다 낚시를 드리웠고, 여러 신하들은 연못가에 둘러앉아 낚싯줄을 던졌다. 임금이 네 마리를 낚았고, 참여한 사람들 가운데는 낚은 사람도 있었고 낚지 못한 사람도 있었다. 한 마리를 낚을 때마다 음악을 한 곡 연주하고 다시 연못에다 놓아주었다.[98] 그 시절 궁궐에서 벌인 놀이 가운데 가장 성대한 것이 아니었을까 싶다. 여기서 말하는 부용정의 작은 누라는 것은 연못 쪽으로 돌출된 부분이겠다.

정조는 가까운 신하들이 이 연못에 배 띄우고 술 마시며 시 짓는 것을 부용정에서 바라보며 즐기기도 하였다.[99] 정조만이 아니라 그 이후 임금들도 후원이나 특히 가까운 춘당대春塘臺에 들러 이런저런 행사를 할 때

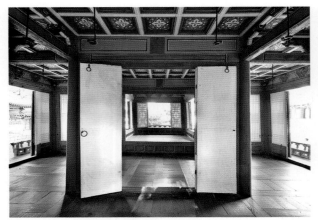

그 가운데 따로 만나볼 필요가 있는 사람들을 이 부용정으로 불렀다. 승지들을 이곳으로 불러 일을 처리하거나, 혹은 특정한 인물들을 일부러 불러 만나기도 하였다. 부용정은 임금과 신하들이 만나는 장소 가운데 가장 낭만적인 장소였다고 할 수 있다.

　요즘 이 연못을 "부용지芙蓉池"라고 하는 이들이 있다. 안내판에도, 문화재청을 비롯한 여러 사이트의 안내문에도 그렇게 되어 있다. 하지만 그 근거가 있는지 모르겠다. 위 자료에는 "태액지"라고 표기되어 있고, "부용정 연지芙蓉亭蓮池"라고 표기한 자료들은 확인되지만,[100] "부용지"라는 표기는 찾지 못하겠다. 연못가에 정자가 있다고 해서 그 정자 이름에서 정亭 자를 떼고 지池 자를 붙이는 것은 옳지 않다. 정자 이름과 연못 이름이 연결되어 있으리란 법이 없기 때문이다. 이름을 함부로 만들어 부르는 것은 그 대상을 바르게 이해하는 데 큰 걸림돌이 될 수 있다.

　부용정에서 연못 건너를 바라보는 풍광은 일품이다. 부용정 곁에서 보는 것도 좋지만, 부용정을 통해서 바라보는 것은 또 다른 맛이 있다. 특히 신록이 돋을 때나 단풍이 질 때는 한 폭의 그림이라는 말로 모자란다. 우

부용정에서 내다본 풍경 | 정면에 둥그런 섬이 있고 그 건너편에 어수문, 어수문 안에 주합루가 있다. 오른편으로 보이는 건물은 영화당, 왼편으로 보이는 건물은 사정기비각이다. 바로 아래는 연못물이 넘실거린다. 임금의 자리답다.

리나라를 외국에 소개하는 화보에 빠지지 않고 등장하는 최고의 경관이다. 부용정 안에 들어가 적절한 자리에서 느긋하게 보면 또 달리 보이겠지만 그것은 함부로 하기 어려운 일이니 참기로 하고 상상으로만 그려보자.

등용문 어수문 　　　　　태액지 혹은 부용정 연지라고 부르는 이 연못의 주인은 실은 부용정이 아니다. 부용정은 정자. 늘 사람이 들어가 활동하는 공간은 아니다. 이 연못의 주인은 주합루宙合樓. 저 위에서 남으로 내려다보고 있는 저 2층 건물이다. 그 건물은 다섯 단 축대 위에 앉아 있다. 각 축대가 상당히 높다. 연못

가에서 그 건물까지 오르는 계단을 오르려면 숨이 찰 정도다. 그 첫 번째 기단에는 좌우로 취병翠屛이 길게 막아서고 있다. 취병이란 대나무 등으로 기둥을 세우고, 그 기둥들을 가로로 엮어서 틀을 짜고 그 틀 안에 덩굴 식물 등을 심어서 만든 푸른 병풍. 돌담을 만들자니 답답하고 그냥 두자니 휑하여 시야를 살짝 가릴 필요가 있는 곳에 설치한다.

좌우로 기다란 취병의 한가운데에 문이 셋이 있다. 그중 가운데 문은 대단히 화려한데, 편액에 "어수문魚水門"이라고 쓰여 있다. 어수魚水라. 물고기와 물. 물고기는 물을 떠나서 살 수 없으니 이 둘은 서로 뗄 수 없는 관계를 맺고 있다. 흔히 물은 배를 띄우기도 하지만, 뒤집기도 한다고 하여 물과 배의 관계를 주수론舟水論으로 말하였다. 주수론에서 물은 백성, 배는 임금을 가리킨다. 그런데 어수문에서 물은? 고기는? 여기서는 물이 임금을 가리키고 물고기는 신하들을 가리킨다. 물고기가 물을 떠나서 살 수 없듯 신하들도 임금을 벗어나서 존재할 수 없다. 그러니 임금의 뜻 안에서 그에 맞추어 움직이라는 뜻이다.

한 걸음 더 나아가자면, '물고기들아, 그 낮은 물에서만 놀지 말고 좀 더 높은 데로 나아오라. 힘껏 도약하여 이 문으로 올라오라'는 뜻을 담고 있는지도 모르겠다. 실제 그런 뜻을 헤아리고 실천하려는가? 연못가에는 수면 위로 높이 뛰어오른 물고기가 한 마리 있다. 물론 진짜 물고기는 아니다. 연못의 동남쪽 모퉁이에 연못가에 쌓아 올린 장대석이 지면 위에 하나 더 놓여 있는데, 그 장대석에 돋을새김으로 물고기가 새겨 있다. 탱탱한 몸뚱이에 꼬리를 약간 치켜들어 힘을 주고 있는데, 입은 주욱 찢어져 여유 있는 미소를 머금고 있다.

어수문은 기둥 두 개로 지붕을 받치는 일주문一柱門 형태를 띠고 있다. 규모는 그리 크지 않다. 하지만 지붕 형태는 팔작지붕에, 처마는 겹처마, 다포식 포작에는 단청이 화려하다. 그것도 모자라 임금이 앉는 자리 위를 장식하는 닫집처럼 화려한 장식을 덧붙였다. 문의 윗부분 상인방上引枋 위

창덕궁 어수문 | 안으로 주합루가 보인다. 어수문은 한껏 치장을 하였는데, 특히 상인방에는 청룡, 황룡이 꿈틀거리고 있다. 용문, 임금의 문이다.

에는 크고 두꺼운 나무판에 투각透刻으로 청룡青龍 황룡黃龍 한 쌍을 새겨
올렸다. 그 위에는 홍살문처럼 화살 장식을 세웠다. 문짝은 판자가 아니라
살문으로 만들어 바람의 저항을 적게 받게 하였다. 전체적으로 문이라고
하기에는 지나치게 온갖 장식을 베풀었다. 그러나 화려하되 요란하지는
않다는 느낌이 든다.

쌍룡이 서려 있는 홍살문. 누가 드나들라는 문인가? 문의 형태와 장식이 이미 임금만이 드나들 수 있는 문이니 신하들은 감히 드나들 엄두를 내지 말라고 말하고 있다. 그럼 신하들은 어디로 드나들란 말인가? 어수문 양옆에 문이 있다. 그 문은 마치 장난감처럼 작다. 지붕이라고 할 것도 없이 위쪽을 활처럼 굽게 만들어 덮었다. 어른이 서면 머리가 닿을 높이다. 고개를 숙이지 않을 수 없다. '이 문으로 들어오는 사람들이여, 고개를 숙이라' 하고 겸손을 강요하는가 보다. 어수문과 양옆의 문은 비교하기 어려울 정도로 너무 극심하게 대비된다. 임금과 신하들의 대비가 과도하게 설정된 것이 아닌가? 뭔가 불편한 마음이 든다.

어수문은 대단히 공을 들여 만든 문이다. 그 공은 어수문으로 오르는 계단에도 반영되어 있다. 계단의 양옆을 막은 소맷돌이 대단하다. 크고 두꺼운데다 그 호孤의 선이 컴퍼스로 그은 듯 긴장감이 있다. 양옆 소맷돌의 바깥 면에 구름을 한 덩이 둥실 새겨 넣었는데, 그 구름이 참 넉넉하게 두툼하다. 구름이 새겨져 있는 소맷돌, 그 사이로 올라가는 것은 무지개를 타고 구름 위의 세계로 올라섬을 뜻한다. 어수문을 오르는 행위는 그런 것이다. 물고기가 날아올라 용이 되는 곳. 이 문은 등용문登龍門이라고 할 수 있다.

어수문을 들어서 기단을 몇 숨 오르면 마지막으로 주합루 기단을 오르는 계단이 있다. 그 계단의 소맷돌에도 역시 구름이 새겨져 있다. 이번에는 한 덩이가 아니라 여러 구름 덩이들이 잔잔하게 퍼져 있다. 아래 소맷돌의 구름이 뭉게구름이라면 이것은 양떼구름 아니면 새털구름. 더 높은 하늘에 떠 있는 구름이다. 그 계단을 올라가야 들어갈 수 있는 건물, 주합루는 그렇게 높은 집이다.

정조의 과욕의 산물　지금은 흔히 건물 전체를 가리켜 주합루라 부르고 있지만, 엄밀하게 말하자면 주합루는 이 건물

주합루 계단 소맷돌 | 뭉게구름 위 새털구름처럼 잔잔한 구름이 가득 찼다. 높은 경지다.

의 2층만을 가리키는 이름이다. 1층의 이름은 규장각이었다. 규장각이란 잘 알려진 대로 정조가 세운 기구로 그가 탕평정치蕩平政治를 추진할 때 그 중추가 되었던 기관이다. 하지만 이 문장의 앞부분은 조금 수정되어야 한다. 지금 국립고궁박물관에 남아 있는 규장각 편액은 정조의 증조할아버지인 숙종의 글씨로 알려져 있다.[101] 증손자가 세운 기구의 현판을 어떻게 이미 돌아가신 증조할아버지가 쓸 수 있겠는가?

본래 규장각은 숙종이 1694년숙종 20에 종부시 안에 왕실 족보나 임금의 글씨, 임금이 지은 책 등을 보관할 목적으로 지은 건물이었다.[102] 숙종은 새로 지은 규장각에 친히 편액 글씨를 써서 걸게 하였다.[103] 규장각은 왕실 자료를 보관하는 곳으로서,[104] 영조 대에도 임금이 친히 찾아가서 그 상태를 살펴볼 정도로 관심을 받았다.[105]

그렇던 규장각이 정조가 즉위하면서 근본적인 변화를 겪었다. 정조는

1776년 3월 10일 경희궁에서 할아버지 영조의 뒤를 이어 즉위하였다.[106] 그로부터 한 달 열흘쯤 지난 4월 19일자《승정원일기》에 규장각 상량문을 써서 바친 관원에게 특별상을 내렸다는 기사가 있다.[107] 규장각을 짓는다는 기사는 확인되지 않는데 상량문을 썼다는 기사부터 나오니 좀 이상하기는 한데, 정조가 즉위하면서 바로 혹은 즉위하기 이전에 규장각을 짓게 하였음을 짐작케 하는 근거가 되는 자료다. 정조는 궁중의 장인匠人도 규장각을 짓는 일을 돕도록 하는가 하면,[108] 관련 관원들을 여러 차례 공사 현장에 가서 상황을 보고 오게 하면서까지 공사를 독려하였다.[109] 그 결과 즉위한 지 넉 달이 지난 7월 20일에는 공사를 마쳤다.[110]

　규장각 건물이 완성되고 두 달쯤 뒤에는 관원을 임명하고 관원들을 뒷받침할 실무자들을 두는 규정까지 완성되었다.[111] 규장각은 건물이 아니라 하나의 관서로 서게 되었다. 법전에 규정된 관서로서 규장각이 하는 일은 "열성조列聖朝, 역대 임금의 어제御製, 어필御筆, 고명顧命과 당저當宁, 현 임금의 어진御眞, 어제, 어필 등을 경봉敬奉"하는 것이다.[112] '어제'란 무엇인가? 임금이 지은 글이다. 대개 임금의 글은 예문관 등에서 대신 짓는 경우가

창덕궁 주합루 | 경사지를 계단식으로 축대를 쌓아 화계로 꾸미고, 그 위 높은 자리에 2층 건물을 우뚝 세웠다. 1층이 규장각, 2층이 주합루다. 주합루는 현 임금의 어진을 봉안하는 사당이었다.

많은데 여기서 말하는 어제는 임금이 직접 지은 글을 가리킨다. '어필'은 임금이 친히 쓴 글씨다. '고명'은 중국으로부터 받은 조선의 임금임을 인정하는 문서다. 모두 그 임금들이 살아생전에 남긴 직접 자료들이다. '경봉'이란 무엇인가? 공경하며 받들어 모셔둔다는 뜻이리라. 어떻게 하는 것이 공경하며 받들어 모셔두는 것인가? 단순한 보관이 아니라, 그것을 존중하며 필요할 때 꺼내보며 공경의 예를 표하는 것이다. 이렇게 역대 임금 관련 자료를 보관하고 높이는 일이 종부시에 규장각 건물을 지은 목적이었다고 할 수 있다. 규장각을 창덕궁 후원으로 옮겨 지은 뒤에는 책이나 문서는 그곳으로 옮기고, 종부시의 규장각 건물에는 그것들을 새긴 목판을 보관하였다.[113]

그런데 규장각이 하는 일에 대한 법전에서 눈여겨보아야 할 점은 뒷부분, 현 임금에 대한 규정이다. 현 임금은 역대 임금을 기억하고 높이는

행위를 해야 할 의무의 담당자이다. 그런데 그 의무의 담당자가 슬쩍 경봉의 대상으로 끼어들었다. 어진이란 임금의 초상화를 가리킨다. 조선왕조 당시 초상화는 단순한 그림이 아니었다. 오늘날의 초상화나 증명사진과는 전혀 다른 의미와 무게를 갖고 있었다. 초상화는 혼령이 깃들어 있다고 생각되는, 신주나 위패에 버금가는 상징물이었다. 그렇기에 어진을 모셔놓는다는 것은 그것을 공경한다는 뜻을 품고 있다. 어진을 모셔놓는 곳은 사당에 버금가는 공간이었다. 이렇게 보면 현 임금, 다시 말하자면 자신의 어진까지 봉안하였다는 것은 자신의 생사당生祠堂을 만든 것이나 진배없었다. 정조의 증조인 숙종은 강화행궁 옆에 장녕전長寧殿을 짓고 자신의 어

주합루에서 내다본 풍광 | 자연 속으로 들어온 인공. 사시사철 시시때때로 다른 그림을 그려내리라.

진을 봉안케 하였으며, 조부인 영조는 그 옆에 만녕전萬寧殿을 짓고 자신의
어진을 봉안케 한 바 있었다. 영조는 또 경희궁에 태녕전泰寧殿을 짓고 어
진을 봉안케 하기도 하였다. 정조는 여기서 한 걸음 더 나아갔다.

　정조는 자신의 어진을 규장각 가운데서도 위층 주합루에 두었다. 게다
가 그 주합루 편액은 정조 자신이 직접 써서 달았다.[114] 주합루는 주위 경
치를 둘러보며 쉬는 공간이 아니었다. 당저 어진을 모셔놓고 담당자들이
시시때때로 봉심奉審하는 곳이었다.[115] '봉심'이란 살펴보는 것이다. 그저 단
순하게 무슨 문제가 생기지나 않았나 확인하는 데 그치지 않고, 공경하는
마음으로 둘러보는 것이다.

　봄가을 첫 달에는 왕세자가 전직 현직 규장각 관원들을 이끌고 좋은
날을 받아 주합루의 당저 어진을 봉심하였다. 네 계절의 첫 달 보름에는
전현직 규장각 관원들이 봉심하였고, 매달 5일이 지나면 한 번씩 규장각

의 제학提學이나 직제학直提學 가운데 한 사람과 직각直閣이나 대교待教 가운데 한 사람이 실무자들을 데리고 봉심하였다.[116] 주합루 어진을 봉심하는 것은 규장각 관원들에게 주어진 업무 가운데 가장 중요했다고 해도 지나친 말이 아니다. 동궐 후원에 규장각을 만들면서 2층으로 하고, 그 2층 주합루에 자신의 어진을 봉안한 정조의 그 조치를 어떻게 이해해야 하나? 더 나아가 정조라는 인물을 어떻게 이해해야 하나? 주합루를 보고 있자니 당혹스러워진다.

주합루는 1층은 정면 5간, 측면 4간인데 가장자리를 돌아가면서 동쪽과 서쪽은 복도, 앞뒤는 툇간이다. 가운데 정면 1간, 측면 2간은 마루이고, 좌우는 같은 크기의 방으로 되어 있다. 그 마루와 방에는 분합문이 달려 있어 올렸다 내렸다 할 수 있게 되어 있다. 2층은 하나로 트여 있는데 바닥은 모두 마루로 되어 있다. 1층과 같이 분합문이 달려 있는데, 그 분합문 안 공간에 당저 어진을 봉안했었다. 2층이지만 지붕은 홑지붕이어서 시원한 느낌이 든다. 뒤편 양쪽에 오르내리는 계단이 설치되어 있다.

웬 친잠권민?   주합루는 넓은 터에 꽤 많은 부속 건물들을 거느리고 있다. 바로 서쪽에는 서향각書香閣이 있다. 서향각은 어진이나 어제, 어필을 이안移安하거나 포쇄曝曬하던 곳이다.[117] '이안'은 신주나 어진 또는 어제, 어필 등 중요한 물품을 보관한 곳을 수리하거나 대청소를 할 때 임시로 옮겨 봉안하는 것을 말한다. 한지로 만든 책이나 그림은 1년이나 2년에 한 차례 그늘에서 바람을 쐬어주어야 한다. 이를 포쇄라 한다. 서향각은 동향으로 주합루를 바라보고 있는데, 정면이 8간, 측면이 3간인 큰 건물이다. 가장자리는 복도와 툇간이고, 중앙에 마루방, 그 좌우는 온돌방으로 되어 있다.

지금 그 서향각에는 웬 "친잠권민親蠶勸民"이라고 금물로 쓴 현판이 걸려 있다. 친히 누에를 쳐서 백성들에게 양잠을 권한다는 뜻이겠다. 누가

서향각 편액 | 책을 관리하던 건물인데, 그럴 필요가 없어진 왕조 말, 양잠을 권하는 뜻으로 누에를 치는 방으로 쓰였다. 저기 "친잠권민"에는 흔쾌하게 받아들일 수 없는 어두운 그늘이 드리워져 있다.

친잠권민을 하였나? 조선시대에는 누에를 쳐서 비단을 짜는 것이 매우 중요한 산업이었다. 남성들이 농사짓는 데 대해서, 누에치고 비단을 짜거나 그게 아니면 베나 무명으로 옷감을 짜는 것은 여성들의 몫이었다. 이 둘을 합하여 '농상農桑'이라고 하였다. 그래서 왕비가 친히 본을 보이기 위해서 친잠을 하였다. 그럼 여기서 친잠권민을 한 왕비는 누구였을까? 왜 여기서 양잠을 했을까? 이는 전통도 그 왕비의 의지도 아니었다. 여기 서향각에 양잠소가 설치된 때는 1911년, 일제 식민지가 되고 한 해가 지난 때였다. 나라 잃은 황제의 부인, 그가 누군들 무슨 의미가 있었을까? 당연히 조선총독부 농상공부에서 한 조치였고, 그 양잠의 기술은 일본에서 온 것이었다.[118]

서향각이 양잠소가 된 것을 기념해야 하나? '기념'이란 말이 '기린다, 높이 평가하여 길이 기억한다'는 뜻이라면 나는 찬성할 수 없다. 아무리 양잠 관련 단체가 이곳을 높이 평가하여 양잠사의 첫머리에 기록했다 하더라도 나는 찬성하지 않겠다. 오히려 비웃을 수밖에 없다. 이것이 양잠사의 시작이라면 그 이전까지 있었던 양잠의 전통은 어디로 가야 할까? 선잠단先蠶壇이니 채상단採桑壇이니 만들어서 정성을 들이고 공을 들이던 양잠의 역사는 어디다 써야 할까? 물론 누군가는 여기에 '근대'를 붙일 것이다. '근대 양잠사의 시작'이라고. 하지만 근대든 전통이든 양잠사의 명소, 기릴 장소로 서향각을 꼽는다는 것은 답답한 일이요, 비통한 일이다.

주합루 주변　　　주합루의 서북쪽 조금 높은 지대에는 희우정喜雨亭
　　　　　　　　이라는 정자가 외따로 앉아 있다. 정자라는 이름
　　　　　　　　이 붙기는 했지만 방 하나에 마루 하나로 구성되어 있고, 문과 창도 달렸다. 1645년인조 23에 초가집으로 처음 지었던 것인데, 1690년숙종 16 오랜 가뭄 끝에 비가 오기 시작하여 매우 기뻐서 취향정醉香亭이라는 이름을 희우정으로 바꾸었다고 한다.[119] 하긴 꽃향기에 취하는 것보다는 반가운 빗소리에 젖는 것이 훨씬 좋겠다.

　　그 동쪽, 주합루의 동북쪽에서 희우정과 대칭을 이루는 건물이 천석정千石亭이다.[120] 동편에 1간 마루, 서편에 2간 방이 있고 방 앞쪽으로 누가 돌출되어 있다. 누에는 "제월광풍霽月光風"이라는 현판이 달려 있다. '비가 개니 밝은 달빛 쏟아지며 맑은 바람이 분다.' 그런 달밤에 거기 가만히 앉아 있고 싶다. 위 건물들은 거기 있던 사람들과 그 몸내가 사라지긴 했어도 그냥저냥 제자리를 지키고 있으니 이제라도 이런저런 말이나 붙이지, 아예 제자리가 어딘지도 모르게 사라진 건물들에 대해서는 어떻게 뭐라 이야기를 꺼낼까? 막막하기 그지없다. 하지만 그 사라진 건물들에 대한 예의로, 우리 학생들을 위해서, 후대를 위해서 기록이라도 전해주는 것이 역사를 공부하는 자의 의무. 힘들지만 자료를 찾고 현장을 뒤져서 옛 모습을 더듬어보자.

창덕궁 천석정 | 비 갠 뒤에 나온 달, 밝은 빛 속의 소슬한 바람. 단순히 눈에 보이는 경치만을 가리키는 말이 아니다. 그러한 데 노니는 높은 경지의 정신세계를 드러낸 말이다.

규장각 일대 건물들 가운데 당시 기준으로 가장 중요한 자료들을 보관하던 곳이 봉모당奉謨堂이다. 봉모당에는 역대 임금들의 어제와 어필, 어화御畵, 임금이 그린 그림, 고명, 임금이 남긴 유언인 유고遺誥, 비밀 교지인 밀교密敎 및 왕실의 여러 족보, 임금의 각종 도장, 임금 재위 기간의 치적을 정리한 보감寶鑑과 임금의 행적을 정리한 행장行狀 및 그 임금의 인적 사항을 간략하게 정리하여 무덤에 묻은 문장인 지문誌文 등을 봉안하였다. 봉모당은 임금과 왕세자도 나아가서 절을 올리고, 규장각 관원들이 정기적으로 봉심하던 곳이다.[121] 주합루의 서남쪽에 있었는데 현재는 사라졌고, 이문원 영역에 새 봉모당이 생겼다.

규장각은 조선 국내는 물론 중국의 책들을 힘껏 수집하였다. 그렇게 수집한 책을 보관하던 서고가 열고관閱古觀과 개유와皆有窩이다. 열고관과 개유와는 주합루에서 남쪽으로 부용정보다 더 남쪽 높은 지대에 있었다.

창덕궁 열고관, 개유와 | 규장각의 서고였던 건물로, 공들여 지었음을 한눈에 알 수 있다. 정성껏 만들고 힘껏 사 모은 책을 보관할 만하다. (《조선고적도보》)

둘은 정丁 자 모양으로 붙어 있었는데 남쪽의 2층 부분이 열고관, 북쪽 부분이 개유와였다. 개유와에는 중국의 서적을 보관하였다고 한다.[122] 〈동궐도〉에는 이 둘의 이름이 뒤바뀌어 기재되어 있다.

규장각의 종말   규장각은 처음에는 임금과 직접 관련된 자료들을 경봉하기 위한 공간으로 시작하였다. 그러다 점차 왕실의 족보와 관련 귀중품을 보관하는 곳으로, 왕립 서고로, 연구소로, 그리고 나중에는 임금을 측근에서 보필하는 관서로 발전하였다. 정조는 젊고 유능하지만 서얼이라는 신분에 얽매여 있던 인재들을 발굴하여 검서관이라는 직임을 맡겨 규장각에서 자료를 정리하고 연구하게 하였다. 규장각은 임금의 비서실, 정책개발실, 감사실, 출판소 등으로 그 기능을 확장시켜 나아갔다. 정조가 탕평 정책을 추진하는 데 중추 기구로 삼은 규장각은 전기 세종 대의 집현전과 더불어 조선 왕조 양대 치적의 산실이 되었다.

하지만 양지가 있으면 음지가 있는 법. 어찌 보면 옥상옥屋上屋으로, 승정원이나 홍문관 등 다른 관서와 겹치는 부분이 있어 기존의 관료 기구들을 위축시키는 역기능이 없지 않았다. 또한 임금에게 과도하게 권력을 집중시키는 구심점이 되었다고 할 수 있다. 나는 규장각이 19세기 정치가 세도정치로 빠지게 된 근본 원인이었다고 생각한다. 주합루 일대는 단지 위치 좋고 풍광 좋은 공간으로 그치는 것이 아니라, 조선 후기에서 말기로 가는 그 시대의 빛과 그림자가 교차하는 역사의 현장이다.

지금 주합루 일대는 그 풍광이 아름답지만 무언가 비어 있다. 허전하다. 영화당에서 남쪽으로 있었던 담장, 그 담장에 있었던 의춘문宜春門을 비롯한 문들이 없어져서 툭 터져버렸기 때문이리라. 또 어수문 좌우에 근년에 새로 설치한 취병이라는 것이 전혀 취병 같은 느낌을 주지 않아서도 그렇다. 주변의 건물이 없어지고 담장들도 없어졌으니 휑할 수밖에 없다. 연못에 배를 띄우면 한결 운치가 있을 것 같고, 연못에 연꽃이 가득차면 충만감이 있을 것 같은데 그렇지 못하다. 이 모든 것들이 채워진다 해도 여전히 허전함은 남을 것이다. 왜 그럴까?

사람이 사라졌기 때문이다. 이 또한 어쩔 수 없는 역사적 한계라 치자. 그래도 다른 이유가 더 있다. 뭔가? 공간을 빼앗겼다. 주합루 안에 모셔져 경봉되던 어진은 어디론가 사라졌다. 사당에 준하던 공간이 통감, 총독들이 주관하는 연회의 장소가 되었다. 이 일대는 궁궐의 후원이 아니라 일본인들이 즐겨 찾는 고급 관광지 비원이 되었다. 그리고 더 허망하게도, 내용물을 모두 빼앗겼다. 규장각 여기저기 보관하며 열독하던 책과 기타 자료들은 대한제국 제실 소유에서 총독부로 넘어갔다가 나중에 경성제국대학도서관으로 옮겨갔다. 그 가치를 일제는 충분히 알았고 잘 이용하였다.

1945년 8월 15일, 일제는 항복하였다. 항복이 일주일 아니 어쩌면 한 사나흘만 늦었어도 일본은 규장각 도서들 가운데 핵심 자료들을 일본으로 가져갔을 것이다. 하지만 그럴 여유는 일제에게 주어지지 않았고, 다행스럽게도 규장각 도서들은 이 땅에 남게 되었다. 서울 동숭동 경성제국대학 자리에는 국립 서울대학교가 들어섰고, 규장각 도서는 서울대학교도서관에서 관리하게 되었다. 한국전쟁을 거치면서도 천만다행으로 살아남았고, 지금은 법인 서울대학교의 부속 기관인 규장각한국학연구원이 관리하고 있다.

춘당춘색고금동,   부용정 연못의 동변, 상당히 높은 기단 위에 동쪽
영화당   을 바라보고 있는 집이 영화당暎花堂이다. 영화당
                       은 후원 초입 일대의 건물들 가운데 가장 오래된
것이다. 언제 처음 지어졌는지 확인이 되지 않으나, 기록으로는 광해군 대에 창덕궁, 창경궁을 다시 지을 때 함께 지어진 것이 확인된다.[123] 그 후 무너진 채 있던 것을 1692년숙종 18에 고쳐 지었다. 조선 후기에는 그 내부에 선조, 효종, 현종, 숙종의 글씨를 새긴 현판들이 붙어 있었다. 《궁궐지》에는 편액이 영조의 어필이라 하는데,[124] 지금까지 그것이 유지되고 있는 것으로 보인다. 영화당은 정면 5간 측면 3간인데, 정면에서 보았을 때 2간은 방, 3간은 마루로 되어 있다.

영화당은 높은 기단 위에 지은 데다 앞마당이 넓고, 그 마당의 동쪽은 지형이 낮아서 전망이 탁 트인 곳이다. 이 영화당 앞마당을 춘당대春塘臺라고 한다. 춘당대는 궁궐 안에서 많은 사람이 모여서 하는 여러 행사 장소로도 가장 많이 쓰였던 공간이다. 과거를 보기도 하였고, 간단한 시험을 보아서 사람을 뽑는 시사試士나 활쏘기 시험이자 대회인 시사試射, 군대 사열인 열무閱武를 열기도 하였다. 종친 혹은 관원들이 다수 참여하는 잔치를 베풀기도 하였다. 특히 임금이 대보단에 제사 지내러 갈 때는 재숙을 이곳에서 자주 하였다. 또 중국 황제가 있는 곳을 향하여 예를 올리는 망

창덕궁 영화당 | 동쪽을 내려다보는 자리에 앉아 있다. 그 앞의 공간, 춘당대의 주인이다.

궐례望闕禮나 망배례望拜禮도 이곳에서 자주 행하였다. 춘당대는 궁궐의 가장 대표적인 종합 행사장이었다. 그런 행사는 대개 임금이 주최하는 것이며, 임금이 친히 임어할 때가 많았는데, 그때 임금이 임어하는 건물이 바로 영화당이었다.

이 춘당대 일대는 조선시대 선비들에게도 유명한 곳이었다. 조선시대에 양반 신분을 획득하고 보장받는 데 가장 긴요한 것은 관원이 되는 것이었고, 관원이 되기 위해서는 과거에 급제해야만 했다. 그리고 춘당대는 몇 단계로 되어 있는 과거 절차 가운데 최종 시험을 치르는 곳으로 자주 쓰였다. 완판본 〈춘향가〉에 보면 이도령이 장원 급제할 때의 과거 문제가 '춘당춘색고금동春塘春色古今同'이었다고 한다. 춘향가뿐만 아니라 이런 이야

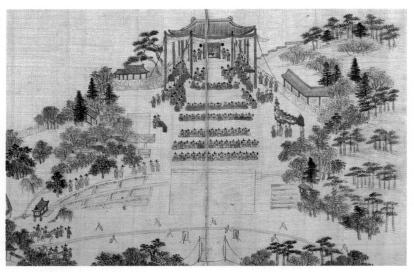

〈영화당친림사선도〉, 《어제준천제명첩》 | 개천을 준설한 일에 참여한 사람들의 노고를 위로하기 위하여 영조 임금이 영화당에 친히 납시어 음식을 하사하는 일을 그린 기록화다. (부산시립박물관 소장)

기도 있다. "어느 시골 선비가 과거 보러 가다가 웬 늙은이를 만나서 수작을 나누게 되었는데, '춘당춘색고금동'이라는 구절을 유념하라고 하여 별소리를 다 한다고 타박을 하고 헤어졌다. 그런데 막상 과장에 들어갔더니 그 문제가 나왔다. 일필휘지로 써 내니 당연 장원급제를 하였고, 시험관 앞에 나아가 절을 하고 고개를 들라 해서 들어보니, 아니? 그때 그 늙은이가 저 위에 앉아 있는 것 아닌가. 그래서 죽을죄를 졌다고 했더니 괜찮다, 앞으로 상감의 뜻을 잘 받들어 열심히 잘해라 해서 그 뒤로 잘 먹고 잘 살았다." 낯설지 않은 이야기일 터이다.

그런데 왜 하필 '춘당춘색고금동'인가? 이 구절의 뜻은 '춘당의 봄빛은 옛날이나 지금이나 같다'는 것이다. 바로 선비들이 과거를 보던 그 자리가 춘당대요, 춘당지를 내려다보는 곳이기 때문이다. 과거 이야기가 나올 때는 으레 이곳이 배경으로 등장하였던 것이다. 그러니 과거 공부를 하던 선비 치고 이곳을 모르는 사람이 있었을 리 없다. 꼭 한 번 그 장소에서 행해지는 과거에 참여하고 싶고, 그곳에서 자기 이름이 불리기를 바랐을 테니 유명하지 않을 수가 없었다.

그러나 애석하게도 지금 춘당대는 분단의 아픔을 겪고 있다. 춘당대와 그 동쪽의 춘당지春塘池가 웬 담장으로 나뉘어 있다. 일본인들이 창경궁을 창경원으로, 창덕궁을 비원으로 왜곡하면서 후원까지도 둘로 분리하기 위해 쌓은 담이다. 그것이 아직까지도 그대로 이어지고 있다. 게다가 담장만으로 모자라서 화장실도 한몫 거들고 있다. 더구나 그 담장 안으로는 비싼 소나무를 잔뜩 심어놓았다. 돈을 들여 조경을 해서 이 공간의 뜻과 내력을 한 번 더 확인 사살한 것이다. 일제의 잔재를 청산하는 일은 이다지도 힘겹다. 참 오래 걸린다. 얼마나 더 지나야 이 후원이 통일이 될까? 내가 눈을 감기 전에 그 통일을 볼 수 있을까? 휴전선 못지않게 나를 비장하게 만드는 곳이다.

의두합과 애련정

의두합이 북향한 뜻   영화당을 나서서 왼편으로 산자락을 끼고 후원으로 좀 더 깊숙이 들어가다 보면 왼편으로 담장이 나온다. 거기에는 기와지붕을 한 일각문一角門인 금마문金馬門이 있다. 금마문을 들어서면 동서로 길게 쌓은 축대 위에 궁궐에 있는 것 치고는 크지 않은 건물이 있다. 정면 4간, 측면 3간이다. 크기만이 아니라 그 모양이나 분위기도 지금까지 보아왔던 여느 궁궐 건물들과는 사뭇 다르다.

기둥과 기둥을 가로로 잇는 나무인 창방昌枋 위에 아무런 구조물이 없

창덕궁 의두합(왼쪽)과 운경거(오른쪽) | 젊은 왕세자는 북두성을 바라보면서, 시를 짓고 악기를 연주하며 무엇을 연마하고 무엇을 꿈꾸었을까? 그 한창 나이에 그 꿈을 내려놓고 차마 어떻게 떠났을까?

이 바로 서까래를 걸쳤다. 아주 간단하고 소박한 이러한 방식을 민도리 형식이라 한다. 민도리집에는 단청을 입히지 않는다. 짚신에 편자 달지 않듯이. 당연히 다소 꺼칠한 듯도 하고 담박한 듯도 한 느낌을 준다. 궁궐 건물이 아닌 민가에서 흔히 볼 수 있는 양식이다. 이런 건물은 궁궐에서는 도리어 낯설게 느껴지게 마련이다. 전체 형태는 가운데에 마루가 있고 그 양쪽으로 방이 있는 일반적인 모습이다. 그나마 동쪽에 누마루 방이 있어 좀 특별함을 갖추었다. 그 누마루는 이래뵈도 영춘루迎春樓라는 별도의 이름을 갖고 있고, 지금은 보이지 않으나 편액까지 달고 있었다.[125]

이 건물의 특징은 또 한 가지 있다. 현장에서 그것이 무언지 찾아보시라고 문제를 내보면 대개는 이것저것 형태를 지적하는 답만 내놓는다. 하지만 건물의 특징을 정하는 요소는 형태만 있는 것이 아니다. 의식하지 않으면 그냥 지나치기 쉬운 요소가 좌향이다. 이 건물은 남쪽으로 산자락을 기대고 앉아 북쪽을 바라보고 있다. 북향이다. 이 부근에는 다른 터도 있어 충분히 남향으로 반듯하게 자리를 잡을 수도 있는데 왜 굳이 이 자리에 북향으로 집을 지었을까? 거기에 무슨 내력이 있을 것 같다. 조선총독부가 보기 싫어 북향으로 지었다는 한용운韓龍雲의 심우장尋牛莊이 그렇듯.

지금 마루에 붙은 편액에는 "기오헌寄傲軒"이라고 쓰여 있다. 하지만 기오헌은 집 전체의 이름이 아닌, 남쪽 마루의 이름이다. 옛 자료들을 종합하여 볼 때 전체 집의 이름은 의두합倚斗閤이라 해야 맞는다. '기오寄傲'라면 오만한 데, 다시 말하자면 높은 어떤 데 기댄다는 뜻일 것이요, '의두倚斗'라면 북두성에 의지한다는 뜻이다. 서로 뜻이 통하도록 이름을 지은 것이 아닐까 싶다.

의두합 서편에는 작은 건물이 하나 있다. 무슨 헛간 같기도 하고 뒷간 같기도 하나, 아니다. 1간 반인데 이래봬도 1간은 온돌방이고, 반 간은 마루로 되어 있다. 따로 운경거韻磬居라는 이름도 갖고 있다.[126] '운韻'이란 한시를 지을 때 첫째 연과 셋째 연의 마지막 글자가 같은 성조를 갖게 하는 것을 말한다. 운율韻律이요, 시詩요, 노래다. '경磬'이란 경쇠, 옥이나 돌을 깎아서 만든 악기이다. 각각 다른 음을 내는 부메랑 같이 생긴 경쇠를 여러 개 달아놓고 치는 타악기이다. 국악기 가운데 음의 높낮이를 맞출 때 기본이 되는 악기이다. 경이란 악기의 총칭이요, 나아가 음악 연주를 가리킨다고 하겠다. 그렇게 보면 운경거는 시를 읊고 음악을 연주하는 곳, 홀로 수련을 하던 곳이 아닌가 싶다.

효명세자의 흔적　　　　　이런 곳에 이렇게 독특하게 집을 짓고 이런 이름을 지어 붙인 장본인은 순조의 아들 효명세자이다. 효명세자는 19세가 되는 1827년 1월 자신을 모시는 춘방과 계방에 영을 내려서 "내가 19세가 되었다. 반성하고 공부하겠으니 권면하라"고 하였다. 공부를 하지 않았던 것도 아닌데 새삼스러

운 일이었다. 그때 의두합도 고쳐 지었다.[127]

순조 대는 임금의 힘은 미약하고 몇몇 가문의 대표자가 실권을 쥐고 행사하는 세도정치기였다. 효명세자는 이러한 상황을 타개하여 정국 운영의 주도권을 회복하려는 의지를 갖고 있었다. 그때 전범典範으로 삼은 사람은 자신의 할아버지 정조였다. 그렇기에 그는 자신이 독서할 곳을 군이 규장각 뒤편 기슭, 이 좁은 곳에 북향으로 지었다. 지금 의두합 뒤로 가파르고 긴 계단이 나 있는데 그 계단을 올라 작은 문 둘만 지나면 바로 규장각이다. 이렇게 보면 '오儆'나 '두斗'는 정조 또는 정조가 만든 규장각을 가리키는 것으로 미루어 짐작할 수 있다.

그러나 좋은 배경에 자질과 의욕을 갖추었으며, 부왕의 지원을 받아 대리청정을 하던 효명세자는 대리청정한 지 4년차인 1830년 5월 6일 창덕궁 희정당에서 훙서하였다.[128] 사람의 목숨은 하늘에 달린 일, 효명세자의 급서는 조선왕조의 기운이 크게 꺾이는 계기가 되었다. 효명세자가 갑자기 죽고 난 뒤 부왕 순조는 다시 국정을 맡았다가 3년 만에 승하하였다. 순조의 손자, 효명세자의 여덟 살짜리 아들이 임금이 되었다. 헌종이다. 왕위에 오른 헌종은 아버지 효명세자를 임금으로 추존하여 익종이라는 묘호를 올렸다. 의두합은 속절없는 임금 익종의 의욕과 좌절이 배어 있는 집이다.

늙은 불로문   의두합에서 금마문을 다시 나와 왼쪽으로 돌면 같은 담장에 웬 돌문이 있다. 커다란 바위를 'ㄷ' 자로 깎아서 엎어놓은 모양이다. 지금은 문틀만 있고 문짝은 없지만, 문짝 없는 문이 있겠는가? 문틀에는 돌쩌귀를 박았던 흔적이 있다. 그 돌로 된 문틀 윗부분에는 "불로문不老門"이라고 새겨 있다. 어디서 본 듯한데? 기억을 살려보니 지하철 3호선 경복궁 역에도 있다. 물론 이것이 원작이고, 경복궁 역에 있는 것이 모조품이다.

창덕궁 불로문 | 큰 돌을 깎아 'ㄷ'자 모양의 문틀을 만들었다. 문짝이 달려 있었을 것인데, 지금은 돌쩌귀 달았던 흔적만 남았다. 저 문을 드나들면 늙지 않는다는 뜻일까? 저 문틀을 만드느라 너무 힘이 들어 늙을 지경이 되었다는 뜻일까?

　얼마나 큰 바위를 쪼아 저런 모양을 만들었을까? 자칫 망치질 한 번 잘못하여 돌에 쩌억 금이라도 가버리면 헛일이 되어버릴 터. 얼마나 정신을 집중하고, 얼마나 공을 들였을까? 얼마나 많은 시간이 걸렸을까? 불로문, 늙지 않는 문. 일을 하다 보니 시간 가는 줄 몰라 늙는 줄도 몰랐다는 뜻인가? 아니면 이 문을 지나가는 이들이 늙지 말라는 염원을 담은 것인지? 각자 해석하기 나름이겠다. 세상이 늙고 싶은 사람이 어디 있겠냐마는, 또 세상에 늙지 않는 사람이 어디 있는가? 세월 가면 나이를 먹게 마련이요, 나이를 먹으면 늙게 마련이다. 이는 자연의 이치다. 이를 피해갈 사람, 이를 피해갈 천지만물은 아무것도 없다. 지나치게 늙지 않으려고 발버둥치는 것도 과욕이요, 자연의 순리를 거스르는 짓이다. 불로문은 오히려 그런 진리를 깨달으라고 말하고 있는지도 모르겠다.

연꽃 드문 애련정　　　불로문을 들어서면 아무것도 없다. 맞은편에 또
　　　　　　　　　　담이 있고 거기 일각문이 있다. 왼편, 남쪽 담장
　　　　　　　　　　너머로 의두합이 보이고, 오른편에는 연못이 있
다. 그 사이는 빈터다. 그런데 의문이 든다. 굳이 이렇게 빈터를 만들 리가
있나? 여기서 북으로 연못과 애련정愛蓮亭을 보아서는 이 공간을 이해하기
어렵다는 생각이 든다. 정자는 멀리서 바라보기 위해서 짓는 것이 아니다.
그 정자에 앉아서 주위를 바라보기 위해서 짓는다. 그러면 저 애련정으로
가서 이곳을 보아야 할 것이다.

　《궁궐지》에는 "숙종 18년에 연못 가운데 섬을 쌓고 정자를 지어 이름
을 애련정이라고 했다. 그 동쪽에 불로문이라는 돌문이 있고, 정자의 남쪽
에는 함벽정涵碧亭 터가 있었다. 돌문 밖에 연못이 있는데 불로지不老池라고
했다"라고 적혀 있다.[129] 지금 애련정은 연못 가운데 섬 안에 있지 않고, 연
못 북쪽 가에 두 기둥을 담그고 걸쳐 있다. 불로문 밖에 있다던 불로지도
〈동궐도〉에는 표기되어 있으나 지금은 그저 길이 되었다. 숙종이 그토록
사랑했다던 연꽃도 자꾸 가져다 심어도 견디지 못하고 스러진다. 그리고
애련정 주위 공간이 옹색해서 그런지 "들어가지 마시오"라는 팻말이 가로
막고 있다.

　애련정 앞 연못의 이름은 무엇인가? '애련지愛蓮池'라고 할 근거는 없
다. 굳이 애련정과 연관 지으려면 '애련정 연못'이라고 하면 된다. 연못의
서북쪽 모퉁이에는 넓은 바위에 물길을 내었고, 그 물길이 어른 가슴 높
이쯤 되는 곳으로 떨어지게 하였다. 그 위에서 모인 물을 이곳으로 유도하
여 떨어지게 하고, 그 떨어지는 자리는 둥글게 파서 물이 잠시 숨을 고르
고 연못으로 흘러들게 만들었다. 유속과 수온을 조절하기 위한 장치이다.
그 곁에 북쪽의 산자락을 흘러내리지 않게 마감한 돌 하나에 전서로 "태
액太液"이라는 글자가 새겨져 있다. 그렇다면 태액이 이 연못 고유의 이름
인가? 그렇지는 않다. 태액은 중국 한漢나라의 건장궁建章宮과 당唐나라의

창덕궁 애련정 | 연못에 걸쳐 있는 애련정이 수면에 분신을 하나 더 낳았다.

대명궁大明宮 등 궁궐과 금金나라, 원元나라, 명나라, 청淸나라의 수도에 있던 연못들의 이름이었다. 주합루 앞 연못도 "태액"이라고 표기한 자료가 있는 것으로 보자면[130] '태액'이란 어떤 특정한 연못만을 가리키는 고유 명사라기보다는 큰 연못을 가리키는 대표적인 이름으로 여기저기 쓰인 것으로 보아야 할 듯하다.

연못 남쪽에서 보는 애련정은 그저 연못 건너편에 있는 아담하고 예쁜 정자일 뿐이다. 그러나 애련정에 올라서, 아니 올라서지 않더라도 그 앞에서 그 기둥과 창방이 만들어주는 사각형의 틀, 거기 무슨 장치처럼 설치된 낙양각 속으로 바라보는 경관은 참 뭐라고 표현하기 어렵다. 아,

애련정에서 내다본 풍광 | 그냥 보는 것보다 저 낙양각을 통해 보면 더 깊고 그윽해 보이지 않는가?

봄여름가을겨울 사시사철 이렇게 조경을 하고 이렇게 집을 짓고 이렇게 바라보며 사는 수도 있구나 하는 것을 보여준다. 그 경관이 많이 망가진 상태인데도 그렇다.

　애련정 뒤편 기슭에 있는 괴석은 또 어떠한가? 별것 아닌 것 같아 보이지만 그 받침대를 보라. 특히 서북쪽에 있는 받침대의 남쪽 면에는 웬 짐승이 눈을 부릅뜨고 정면으로 쳐다보고 있다. 목에는 방울을 걸어서 개 같은데, 뿔이 둘 나 있으니 개는 아니다. 무언가 내가 아직 이름을 알지 못하는 이 짐승, 무섭게 보이려고 애를 쓰나 별로 무섭지 않다. 다가가 머리를 쓰다듬고 싶어진다. 그러면 싫어할까? 괴석 받침의 좌우에는 연꽃이 탱탱한 꽃잎을 피우고 있다. 괴석, 아니 괴석 받침대 구경만 해도 즐겁다.

　그런데 왜 들어가지 말라는지 나는 알다가도 모르겠다. 관리의 편의를

위해서라면 본말이 전도된 것이다. 궁궐을 아예 닫아걸면 모를까, 이왕 열
었으면 좋은 것을 정확하게, 적극적으로 보여주는 자세가 필요하다. 궁궐
의 본질, 궁궐의 가치를 알게 해줘야 한다. 궁궐 본연의 모습 외에 다른 것
을 만들어 보여주려고 할 것 없다. 보여주는 이들은 궁궐 본연의 모습을
그저 정확하고 정직하게, 친절하고 엄정하게 보여주면 그만이다. 거기서
무엇을 느끼고 생각하고 깨닫고 즐기는 것은 보는 이들의 몫이다. 각자 보
는 눈의 높이만큼, 느끼는 가슴의 섬세함만큼, 생각하는 머리의 크기만큼
보고 느끼고 생각한다.

물과 물고기의 관계,   애련정 연못 서편 위로는 다시 널찍한 터가 열린
어수당   다. 어수당魚水堂이라는 건물이 있었던 자리다.[131]
                     지금은 그저 빈터로만 남아 있다. 〈동궐도〉에 어
수당은 정면 4간 측면 3간의 크지도 작지도 않은 크기에 사방으로 툇간을
두른 팔작지붕 건물로 그려져 있다. 어수당 서쪽에 또 연못이 하나 있는데
애련정 연못보다는 조금 작거나 같거나 한 크기로 방향을 같이하고 있다.

〈동궐도〉 중 어수당 부분 | 좌우에 연못을 거느리고 있는 어수당은 훌륭한 기품과 분위기를 갖고 있었으리라. 의두합이 스스로를 낮추는 건물이라면, 어수당은 권위를 뽐내는 건물로 대비되지 않았을까?

어수당은 양옆으로 연못을 거느린 별장과도 같은 건물이었던 셈이다. 하지만 1908년에 그린 〈동궐도형〉에는 어수당이 없고, 서쪽의 연못은 크기와 방향이 바뀌어 있다. 그 사이 무언가 이 일대에 큰 변화가 있었음을 보여준다.

《한경지략》에는 어수당을 효종 대에 창건하였다고 기록되어 있다.[132] 그런데 《광해군일기光海君日記》에 이미 어수당이라는 이름이 등장한다.[133] 아마도 《한경지략》을 쓴 유본예가 착오를 일으킨 것으로 보인다. 그렇다고 해서 《한경지략》에 있는 "효종은 매번 우암尤庵 송시열宋時烈을 이곳으로 불러 보았다, 건물 이름의 '어수물고기와 물'는 임금과 신하가 서로 뜻을 얻음을 우의로 표현한 것이다"라는 이야기까지 부정할 필요는 없다고 본다. 효종이 힘이 센 청나라를 치는 전쟁을 추진하는 데 송시열에게 힘을 보태달라는 은밀하면서도 위험한 이야기를 나누기 위해서는 궁궐 가운데서도 후원 깊숙한 데 있는 이 어수당이 제격이었겠다.

효종, 숙종, 정조, 순조 등 여러 임금들이 어수당을 찾아서 뱃놀이나 관등觀燈 놀이를 하였고, 이를 시로 남겼다.[134] 이 일대는 지금도 분위기가 좋은데, 어수당과 연못이 제대로 남아 있었다면 정말 멋진 풍광을 보여주었을 것이다.

연경당

신선 세상으로 들어가는 문

어수당이 있던 터 앞으로 개울이 흐른다. 돌로 양옆과 바닥을 쌓은 개울, 석거石渠라고 한다. 어수당 앞에서는 서에서 동으로 흐르지만, 조금 거슬러 올라가면 북에서 남으로, 조금 더 가면 다시 서에서 동으로 방향을 튼다. 그 개울에 작고 야무져 보이는 돌다리가 몇 군데 걸쳐 있다. 그 가운데 상류 쪽의 돌다리는 폭이 큰 가마 한 대는 넉넉히 지나갈 만큼 넉넉하다. 이 돌다리를 건너면 연경당演慶堂의 대문 장락문長樂門으로 들어가게 된다. 그렇게 보면 석거는 연경당의 금천이요, 이 다리는 연경당의 금천교가 되는 셈이다.

금천교 좌우에는 괴석들이 여럿 서 있다. 그중 돌다리를 건너기 전 바로 왼편에 있는 괴석은 상당히 크다. 그에 맞게 받침대도 든든히 만들었는데, 그 받침대의 네 모서리에는 웬 동물들이 돋을새김으로 새겨져 있다. 다리가 넷 달린 개구리 같이 생긴 동물이 셋은 괴석이 있는 안에서 기어 나오고 하나는 기어 들어가고 있다. 어기적어기적 다리를 바꾸어가며 기는 자세를 하고 있다. 이게 무슨 동물일까? 질문을 하면 대부분 개구리라고 대답한다. 개구리? 개구리인지 맹꽁이인지 두꺼비인지 기실 이름을 써

연경당 장락문 | 들어가려면 작은 돌다리 금천교를 건너야 하고, 그 금천교를 건너기 전에 괴석에 눈길을 주어야 했을 것이다. 여기가 어딘가? 나는 누구인가? 한번 옷깃을 여며야 했으리라.

붙여놓기 전에는 구별이 되지 않는다. 하지만 개구리라고 하면 다음 이야기가 이어지지 않는다. 움직이는 자세도 대개 개구리는 두 다리에 힘을 모아 풀쩍 뛰지 않나?

장락문 앞 괴석에서 놀 만한 짐승은 개구리도 맹꽁이도 아닌 두꺼비다. 두꺼비는 어디 사는가? 다리 셋 달린 까마귀삼족오三足烏가 일궁日宮을 상징하는 데 비해 두꺼비는 월궁月宮을 상징하는 것으로 인식되어왔다. 두꺼비가 노는 괴석은 낙선재 뒤란의 소영주 괴석과 마찬가지로 월궁, 여성 신선들이 사는 곳이란 뜻을 담고 있는 것이다. 이 일대가 신선이 사는 그런 곳이었으면 좋겠다는 소망의 표현이리라.

그런 뜻은 연경당의 대문에도 담겨 있다. 돌다리를 건너면 바로 들어가게 되는 연경당 대문은 좌우로 행랑채를 거느린 솟을대문이다. 그런데 이 문의 이름이 어인 일인지 낙선재의 대문과 같은 장락문인 데다 글씨

체까지 상당히 닮았다. 다만 낙선재의 장락문에는 "대원군장大院君章"이라
는 낙관이 있는데 이 연경당의 장락문에는 없다. 그리고 보니 글씨도 낙선
재 장락문에 비해 힘이 없이 얌전해 보인다. 물론 그 뜻은 여전히 달에 있
는 신선의 공간이라는 뜻이다. 하지만 장락문 안에 있는 집 연경당이 과연
신선이 노닐던 곳이었을까? 그것은 희망사항일 뿐, 거기는 사람이 만들고
사람이 살던 공간이었다.

효명세자의 공간,　　연경당은 1827년순조 27에 대리청정을 하던 효명
연경당　　　　　　 세자가 진장각의 옛 터에 창건하였고, 순조에게
　　　　　　　　　 존호를 올릴 때 이곳에서 경사스런 예를 행하였
기에 연경당이라고 이름 지었다 한다. 유본예가 지은 《한경지략》이 전해
주는 이야기다.[135] 1827년순조 27 7월 22일 왕세자가 부왕 순조와 모후 순원
왕후에게 존호尊號를 올리겠다는 제언을 하여 고위 관료들의 흔쾌한 동의
를 얻어냈다.[136] 존호를 올린다는 것은 임금이나 왕비에게 존경의 뜻을 담
아 공식 호칭에 새로운 글자를 덧붙이는 것을 말한다. 존호를 올리는 이유
는 나라의 경사가 있기 때문인데, 이때 나라의 경사란 며칠 전에 왕세자

빈이 원손元孫을 낳은 것을 가리켰다.[137] 다시 말해서 왕세자 자신이 아들을 얻은 것이었다. 존호를 올리는 일은 관례대로 진행되어 그해 9월 9일 자경전에서 순조와 순원왕후에게 책보를 올리는 의식을 거행하고[138] 진하 등 축하 행사를 창경궁 명정전 등에서 행하였다.

이처럼 《순조실록純祖實錄》과 《승정원일기》, 《일성록》 등 공식 연대기 자료에는 1827년순조 27에 순조와 순원왕후에게 존호를 올렸다는 사실은 기록되어 있으나, 그 장소는 자경전과 명정전 등이지 연경당은 어디에도 나오지 않는다. 존호를 올린 곳이 연경당이라서 그렇게 이름을 지었다는 《한경지략》의 내용은 현재 확인되는 자료로는 수긍하기 어렵다. 아마도 유본예가 착오를 일으킨 것이 아닌가 생각할 수밖에 없다. 오늘날 우리는 마음만 먹으면 실록, 《승정원일기》, 《일성록》을 비롯한 많은 자료들을 앉은 자리에서 검색할 수 있다. 하지만 순조 대 규장각 검서관이었던 유본예는 실록은 물론 다른 연대기 자료들도 쉽게 볼 수 없었다. 그러니 유본예의 글에 다소 착오가 있다고 해서 너무 쉽게 그를 비난하거나 비하해서는 안 된다. 그 시대의 한계와 장점을 동시에 감안하면서 그가 전해주는 이야기를 들어야 한다.

《궁궐지》에는 연경당은 순조 28년, 1828년에 효명세자가 진장각 터에 고쳐 지었다고 되어 있다.[139] 효명세자가 연경당을 고쳐 짓고 그곳에서 처음 연 행사가 1828년순조 28 2월에 행한 진작이다.[140] 자신의 모후인 순원왕후가 40세 되는 것을 기념하여 잔치를 베푼 것이다. 진작 의례의 본 행사와 부대 행사는 2월 12일과 그다음 날 자경전과 환취정環翠亭 일대에서 행하였다. 이 진작 절차를 익히는 의식인 습의習儀 가운데 첫 번째 습의를 1월 20일 연경당에서 행하였기에 《진작의궤進爵儀軌》 부편附編에 연경당에 관한 자료들이 실려 있다. 그 가운데 연경당의 건물 모양을 알려주는 도식圖式이 있는데, 이를 보면 연경당은 담장과 부속 건물로 둘러싸인 공간 안에 있는 'ㄷ'자 모양의 건물이었다.

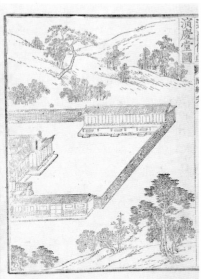

〈연경당도〉, 《무자진작의궤》 ┃ 1828년(순조 28)에 순조비 순원왕후가 40세가 되던 해 2월 탄일을 맞아 이를 기념하여 행한 진작 의식의 전후 경위와 관련 내용을 수록하여 만든 《무자진작의궤》에 수록된 연경당은 'ㄷ'자 모양의 건물이다. (서울대학교 규장각한국학연구원 소장)

그해 6월 1일에 두 번째 진작을 연경당에서 행하였다. 이때 나타난 건물 규모를 보면 정당 동온돌 2간 반, 남반침南半寢 2간, 북반침北半寢 1간, 동퇴東退 3간, 서온돌 4간 반, 청동퇴聽東退 2간, 축화관祝華觀 1간, 대청 4간 반, 남퇴南退 3간 반 해서 모두 24간 크기이다. 앞마당에 설치한 보계는 동서 4간, 남북 6간인데 총 28간 규모였다.[141] 이렇게 연경당은 자경전보다는 작지만 왕실의 행사를 할 수 있는 형태와 규모를 갖추고 있었다.

1828년순조 28 3월 21일자 《승정원일기》에는 효명세자가 연경당에 좌정하여 윤대輪臺를 행하였다는 기사가 처음 등장한다.[142] 윤대는 임금이 하급 관원들을 만나보는 것인데, 이때는 효명세자가 대리청정을 하고 있었기 때문에 임금 대신 윤대를 한 것이다. 효명세자가 부왕 순조를 위해서

양반 가옥 형태로 지었고, 순조는 이곳에서 양반 복장을 하고 양반처럼 생활하였다는 흔히 알려진 이야기와는 사뭇 다르다. 적어도 효명세자가 처음 지은 연경당은 그런 용도가 아니었다.

1830년 5월 6일 효명세자가 급서함으로써 순조는 다시 친정을 할 수밖에 없게 되었다. 그 2년 뒤인 1832년순조 32 7월에 순조는 경희궁으로 이어하여[143] 1834년순조 34 11월 13일 경희궁 회상전會祥殿에서 승하하였다.[144] 뒤를 이어 왕위에 오른 헌종은 이듬해 4월 창덕궁으로 환어하였다.[145] 이때 순조의 어진을 주합루에, 익종으로 추존한 효명세자의 어진을 연경당에 봉안하여 절차 규정에 맞추어 봉심하였다.[146] 다만 이는 임시 봉안이었기에 정식으로 경모궁景慕宮 망묘루望廟樓에 봉안하자는 논의를 거쳐[147] 순조 어진은 경모궁 망묘루에, 익종 어진은 경우궁景祐宮의 성일헌誠一軒으로 옮겼다.[148] 효명세자는 살아서도 연경당에 머물렀고, 죽어서도 그의 어진이 잠시나마 연경당에 봉안되었다. 연경당은 효명세자의 공간이었다고 할 수 있다.

동궐도의 두 연경당　지금 남아 있는 연경당은 《무자진작의궤》에 묘사된 효명세자의 연경당과는 모습이 많이 다르다. 그 뒤에 고쳐 지은 것으로 보이는데, 1908년 〈동궐도형〉에는 연경당이 현재의 모습과 거의 같게 그려져 있다. 이렇게 연경당의 모양이 변하는 과정에서 참으로 풀기 어려운 숙제는 〈동궐도〉에 나타난 연경당의 모습이다. 〈동궐도〉에 연경당은 크게 'ㄷ'자 모양의 건물로 묘사되어 있다. 본채가 정면 9간, 측면 3간 혹은 4간으로 보이고, 그 양옆에서 앞으로 나온 익각翼閣도 적어도 3간은 된다. 그 동쪽에 정면이 6간인 일자 건물인 개금재開錦齋가 있고, 그 남쪽에는 문을 포함하여 6간짜리 행랑채인 운회헌雲檜軒이 있다. 효명세자가 고쳐 지었다는 연경당과 대체로 같다고 할 수 있다.

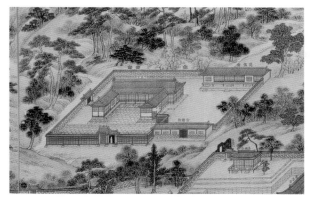

〈동궐도〉 중 연경당 부분
효명세자가 1828년 진장각 터에 새로 지었다고 하는 연경당이다. 잔치, 특히 왕실 여성을 위한 잔치를 열기에 편리한 모양으로 조성한 것이 아닐까 싶다.

그런데 〈동궐도〉를 볼 때 도저히 이해하기 어려운 부분이 있다. 〈동궐도〉 전체의 오른편 위쪽, 오른쪽에서부터 세 번째 폭, 가장 위쪽에 있는 건물군이다. 전면에는 북쪽 천안川岸에 장대석으로 축대를 쌓은 개울이 흐르고, 거기 나무다리가 걸쳐 있다. 그런데 〈동궐도〉에 묘사된 그 주변 지형으로 봐도, 현재 그곳을 찾아가도 그곳은 산비탈이어서 그렇게 개울이 흐를 수가 없다. 또한 〈동궐도〉의 다른 건물들은 거의 명칭이 기재되어 있는 데 비해 여기 건물들에는 아무 글씨도 쓰여 있지 않다. 그리고 그 구조는 오늘날의 연경당과 정확히 일치하지는 않지만 대체로 구조가 비슷하다고 볼 수 있다.

이 부분을 어떻게 이해해야 할까? 〈동궐도〉에 이렇게 지금의 연경당 터에는 'ㄷ'자 모양의 건물이 있고, 지금 연경당과 비슷한 모양의 건물군은 우상단에 별도로 묘사된 까닭은 무엇일까? 이에 대한 정확한 답은 찾기 어렵다. 다만 굳이 추정해보자면 〈동궐도〉를 그린 시점과 어떤 연관이 있지 않을까 생각된다. 연경당이라고 표기되어 있는 'ㄷ'자 모양의 건물은 순조 28년 당시까지 남아 있던 옛 진장각을 바탕으로 고쳐 지은 당시의 연경당이고, 우상단에 묘사된 건물군은 새로 지으려고 한 연경당의 구상

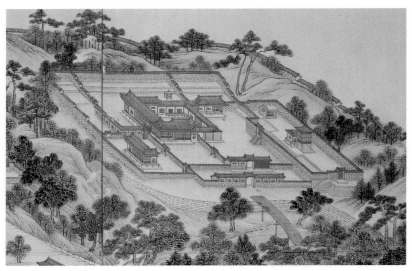

〈동궐도〉의 우상단의 건물군 부분 │ 실제로는 건물이 있기 힘든 구역에 그려져 있다. 어떤 건물인지 알려주는 표시가 전혀 없으나, 전반적인 구조는 오늘날의 연경당과 매우 유사하다.

도 혹은 투시도가 아닐까?

〈동궐도〉를 그린 시기는 효명세자가 대리청정을 하던 시기이다. 연경당을 고쳐 지은 시기와 겹친다. 그렇기에 〈동궐도〉에 진장각을 고쳐 지은 연경당을 그리고, 동시에 완전히 새로 고쳐 짓고자 구상한 연경당의 투시도를 우상단, 말하자면 난외에 그려서 반영한 것이 아닐까? 무리가 따를 수밖에 없으나, 내 추론의 도달점이다.

잘 지은 집? 건축을 공부하는 분들은 현재 연경당을 아주 짜임새 있게 잘 지은 집이라고 칭찬이 대단하다. 장락문을 들어서면 바깥행랑채 방들과 헛간, 마구간, 뒷간이 좌우로 벌려 있다. 그 안으로는 다시 중행랑채로 막혀 있으며 문이 둘 나 있다. 왼편 것은 안채로 통하는 문이며, 오른편 것은 사랑채로

연경당 안채 | 연경당의 안채는 별도의 다른 이름이 없었던 듯 알려져 있지 않다. 사랑채 못지않게 넓고 여러 부속 건물을 거느리고 있다.

통하는 문이다. 사랑채로 통하는 장양문長陽門을 들어서면 나지막한 담으로 안채와 사랑채 공간이 나뉘어 있지만, 실은 별도의 건물이 아니라 하나의 건물이다. 내부는 통하여 있다. 연경당은 정확하게 말하자면 사랑채의 이름이다. 대청마루와 방, 그리고 누마루방으로 구성되어 있다. 대청 앞에는 낙선재에서 본 바 있는, 말이나 가마에서 내릴 때 디딤돌인 노둣돌이 놓여 있다.

동쪽으로는 서재 겸 응접실로 쓰였다는 선향재善香齋가 있다. 선향재는 벽돌을 사용한 중국풍의 건물로서 서향인 이 집에는 햇볕을 가리는 차양이 설치되어 있다. 선향재보다 더 동편 비탈에는 돌난간을 두른 고급스런 정자 농수정濃繡亭이 있다. 연경당 뒤란으로 돌아들면 다시 안채와 구분 짓는 담에 작은 문이 있고, 그 문을 들어선 안채의 뒷담 밖에는 음식을 준비하는 반빗간이 있다. 안채의 서쪽과 남쪽으로는 안주인을 시중드는 여자

들의 활동 공간인 행랑채가 둘러싸고 있다. 안채는 규모는 그리 크지는 않
지만 역시 안방과 마루, 건넛방, 누마루 등이 갖추어져 있다. 넓지 않은 공
간에 건물들을 짜임새 있게 배치하여 잘 지은 집임에 틀림없다.

　하지만 역사를 공부하는 눈으로 보면 연경당은 여러모로 의문과 의혹
을 갖게 만든다. 궁궐 안에 민가 형식의 건물이 있다는 것도 이상한 점이
다. 건물의 애초 용도와 실제 활용도 무엇일까 뚜렷하게 잡히지 않는다.

연경당 사랑채 | 사진 중앙의 사랑채에 "연경당"이라는 편액이 붙어 있으므로, 엄밀히 보면 사랑채가 연경당이다. 오른쪽의 차양을 두른 긴 건물이 선향재다.

더구나 1884년 갑신정변 당시 10월 19일 고종이 피신을 하다가 이 건물에 머물렀다는 사실도 이 건물의 쓰임새가 비정상적이었다는 이야기의 한 부분을 이룬다.[149] 고종 말년, 순종 연간, 일제강점기로 가면서 이곳은 주로 접견소 아니면 연회장으로 쓰였다. 이 시기 연경당에 드나들고, 연경당에서 연회에 참석한 사람들은 거의가 일본인들이었다. 식민지가 된 나라의 기울어가는 국운의 어두운 그림자였다. 이렇게 보면 오늘날 이곳에서 무슨 공연을 자꾸 하는 것도 그리 탐탁하게 보이지 않는다. 연경당은 여러모로 생각을 복잡하게 만드는 공간이다.

존덕정

존덕정 앞 곡지   연경당 뒤 담장 문을 나서면 바로 동북쪽에 큰 연못으로 연결된다. 일반 관람로로 가자면 불로문에서 북으로 더 나아가면 된다. 연못의 경계가 구불구불한 곡지曲池. 가만히 보면 한반도 모양이다. 그래서 반도지半島池라는 이름으로 불리기도 한다. 그런데 정말 한반도 모양이라고 신기해하기에는 어딘가 석연치 않은 구석이 있다.

우선 그 방향이다. 곡지는 지도상의 북쪽 함경도 평안도 부분이 남쪽으로, 경상도 전라도 부분이 북쪽으로 향하여 누워 있다. 남북이 거꾸로 되었다. 그런데 그보다 더 미심쩍은 것은 연못의 모양 그 자체이다. 우리나라의 전통적인 연못 형태에는 네모 모양의 방지가 많지만 곡지가 없진 않다. 곡지라고 해서 잘못된 것이라 할 수는 없다. 그렇지만 이런 형태를 띠고 있는 것은 다른 예를 본 바가 없다.

옛 모습은 어떠하였을까? 〈동궐도〉에는 이 구역에 커다란 곡지 하나가 아닌, 위쪽부터 순서대로 방지 두 개와 안에 둥그런 섬이 있는 원지圓池 하나가 나란히 있는 것으로 묘사되어 있다. 그 동쪽으로는 북쪽에서 내려오는 개울이 나란히 흐르고 있다. 〈동궐도형〉에는 세 방향으로 둥그란 모양이 볼록볼록 튀어나간 곡지가 묘사되어 있다. 그 세 원이 모이는 가운데는 목줄처럼 가로지르는 띠가 있는데, 다리를 표현한 것이다. 지금 곡지 모양과 정확히 일치하지는 않는다.

창덕궁 곡지와 관람정 | 연못의 모양을 두고 한반도 모양이라고 말하는 이들도 있지만, 실제로는 한 줄로 늘어서 있던 연못 세 개를 이어서 합쳤을 뿐이다.

　고종 임금이 창덕궁에 마지막으로 임어한 때는 1894년이다. 그 뒤로 창덕궁은 빈 궁궐로 관리되고 있었다. 그러다가 고종이 왕위에 즉위한 지 40주년에 나이가 망육순望六旬, 즉 51세가 되는 해인 1902년에 이를 기념하기 위해 성대한 축하 행사를 계획하였다.[150] 그 행사 가운데 하나인 원유회苑遊會 장소가 창덕궁 금원禁苑으로 결정되었다.[151] 이 행사는 콜레라 등 내외 사정으로 지연되다가 이듬해 모두 정지되었다.[152] 행사는 하지 못하였지만 그 축하의 일환으로 세워진 것이 지금 광화문 네거리의 칭경기념비稱慶紀念碑이고, 마지막에 완성되지 못한 채 자리를 옮겨 앉아 있는 것이 원구단의 석고石鼓이다. 그것들처럼 동궐 후원도 그 행사장으로 준비되면서 존덕정 일대 연못도 바뀌었던 것이다. 연못의 동쪽 가장자리에는 지붕이 부채를 편 모양인 관람정觀纜亭이라는 정자도 생겼다. 기둥이 가늘고 주춧돌에 장식이 있는데, 대한제국기 풍이라고 하겠다. 관람정은 임금이 낚

곡지 옛 모습 | 1902년 이곳에서 고종 즉위 40주년을 기념하는 행사를 하기 위하여 곡지에 다리를 놓는 등 이런저런 준비를 하였으나, 행사는 콜레라로 무산되고 다리는 무너졌다.

시하던 곳이라고들 한다.

이 연못을 "반도지"라고 부르는 것이 근거가 없듯 "관람지觀纜池"라고 하는 것 역시 근거가 없다. 그저 이 일대에서 가장 오래되고 근거가 있는 존덕정에 기대어 "존덕정 앞 곡지"로 부르는 수밖에 없다. 일본인들이 곡지를 만들었다는 것은 사실이 아니지만, 1902년 이후 이 연못 일대를 일본인들이 제멋대로 이용하면서 왜곡한 것까지 부정할 수는 없다. 1905년 이후 이곳은 각종 원유회 장소로 애용되었다.[153] 원유회를 연 주인은 말할 것도 없이 통감부의 일본인들이었다.

임금의 정자,
존덕정

곡지의 본래 주인은 그 북쪽에 있는 존덕정尊德亭이다. 동쪽의 관람정이나 서쪽 높은 지형에 앉아 있는 승재정勝在亭은 곁에서 보는 자리이지 주인의 자리가 아니다. 존덕정은 남쪽의 곡지와 그 북쪽의 연못 사이에 끼어 있다. 북쪽의 연못은 사각형과 반원형이 결합된 모양이다. 《궁궐지》는 이 연못 이름이 반월지半月池라고 알려준다. 옛날부터 있던 것으로 연못 주위에 쌓은 장대석은 아직도 탄탄해 보인다. 위 연못에서 아래로 물을 흘려보

창덕궁 존덕정 | 육모정의 여섯 기둥 가운데 둘을 반월지에 박아 세웠다. 지붕은 겹지붕. 대단히 공을 들인 정자다. 오른편으로 보이는 건물이 폄우사다.

내는 개울에 놓인 돌다리는 규모는 작은데 치장은 굉장히 화려하다. 아래는 홍예를 하나 틀었고, 위에는 돌난간을 두었다. 그 다리 아래에는 긴 장대석을 하나 걸친 돌다리도 있다. 아마도 아랫것들 다니는 다리였겠다. 다리 이쪽저쪽에는 괴석, 해시계 받침대인 일영대 등 공을 들여 치장한 석물들이 있다.

　존덕정은 바닥 평면이 육각형으로 되어 있다. 여섯 개의 기둥 가운데 둘은 그 북쪽 연못에 돌기둥을 박아 그 위에 세웠다. 반쯤은 연못에 걸친 자세이다. 이렇게 짓기는 건축공학적으로 대단히 어려웠을 터인데 굳이 멋을 부리고 흥취를 냈다. 지붕은 겹지붕이다. 안에서 올려다보면 육각형 구조의 지붕을 받치는 구조를 사각형으로 틀을 잡고 다시 그 위 천장에는 육각형의 감실을 만들었다. 그 감실 안에 청룡과 황룡이 놀고 있다. 그러고 보니 처마 밑에는 장식이 은근히 화려하다. 바닥도 주위를 돌며 시중

드는 이들의 공간과 내부
가 구별되어 있다. 평범한
정자가 아니라 한껏 꾸민
정자이다. 궁궐 안에 있는
것이 모두 임금의 정자이
겠지만 특히 이 존덕정은
영락없는 용의 정자요, 임
금의 정자다.

존덕정은 《궁궐지》에
"인조 22년에 건립되었
다, 처음엔 육면정六面亭이
라고 부르다가 뒤에 지금
의 이름으로 고쳤다"라고
되어 있다.[154] 인조 22년은
1644년. 병자호란으로부
터 8년이 지난 해이다. 그

존덕정 천장 | 육각형 감실 안에 쌍룡이 꿈틀거리고 있다. 주변의 문양도 대단히 화려하다.

런데 《인조실록仁祖實錄》을 찾아보니 1646년인조 24 2월 후원에 팔각정을 지
었다는 기사가 눈에 띈다. "왕세자가 청나라에 인질로 잡혀갔다가 돌아왔
을 때 임금이 청나라 서울의 궁궐의 제도를 물으니 팔각정이 가장 절묘하
다고 대답했다. 그래서 그 도형을 그릴 수 있겠느냐 물어서 도면을 그려
바치니 임금이 크게 기뻐하며 그대로 후원에 가장 기묘하게 정자를 짓게
했다. 북경 궁궐의 연못에는 황제가 기르는 다섯 색깔 고기들이 있었는데
세자가 돌아올 때 그 물고기를 그릇에 담아 와서 궁궐 연못에 풀어놓으니
아주 번성했다. 단 그 고기에는 독성이 있어서 사람이 먹을 수 없었다."[155]
대략 이런 내용이다.

인조는 반정으로 임금이 되었지만 이괄의 난에, 청나라의 침입에 이리

저리 시달려 임금으로서 이렇다 할 치적을 남기지 못했다. 27년 재위 기간 내내 내우외환에 시달렸다. 하지만 인조는 그런 와중에도 망가진 어수당을 다시 고치고, 연못을 파고, 그림으로 치장한 배를 띄우고, 여자 악사들을 불러 술자리를 베풀기도 하였다. 내시와 궁녀들에게 이런 일을 누설하지 말라고 했지만 바깥사람들도 다 알았다고 한다.[156] 아무리 내우외환에 시달린다 해도 임금인데 그 정도도 못하랴 하는 생각이 들다가도, 오죽 인기가 없었으면 실록에 이런 기사가 실렸을까 싶다. 위 실록 기사들을 읽고 보니 존덕정이 왠지 찜찜하니 달리 보인다.

만천명월주인옹,
정조

위 《인조실록》의 팔각정이 《궁궐지》의 육면정, 지금의 존덕정으로 이어졌는지는 모르겠다. 언젠가 다시 지은 것 아닌가 싶은데 기록으로 확인하기는 어렵다. 애초의 정자에는 선조의 어필, 인조의 어필 등을 새긴 게판揭板이 걸려 있었다고 하고, 편액은 현종의 어필이라고 하는데 지금은 모두 사라졌다. 지금 그런 마음으로 둘러보다 보니 존덕정 안 북쪽 창방 위의 게판이 눈길을 잡아끈다. 아무런 장식이 없는 빛바랜 나무판이다. 그저 작은 글씨만 빽빽이 새겨져 있다. 다가가 더듬더듬 읽어보니 그 글의 제목이 "만천명월주인옹자서萬川明月主人翁自序"이다. 내용을 보면 그 요지가 '만 개의 개울에 밝은 달이 빛나고 있다. 하지만 하늘에 있는 달은 오직 하나뿐이다. 그 달이 바로 나 임금이고, 신하들 백성들은 모두 개울과 같은 존재이다, 그러니 신하들 백성들은 나의 뜻에 맞추어 움직이는 것이 태극, 음양, 오행의 이치에 합당한 일'이라는 것이다.

이렇게 말할 수 있는 사람이 누구인가? 임금이다. 아무리 임금이라지만 오만하다고 하겠다. 이렇게 말한 임금은 드물다. 임금 가운데서도 강력한 왕권을 추구하고 행사했던 임금이라야 할 것이다. 이렇게 말한 임금이 누구인가? 성과 이름을 이산李祘, 호를 홍재弘齋, 능호는 건릉健陵, 묘호

존덕정 안에서 북으로 본 풍경 | 파노라마 사진을 보는 느낌이다. 고개를 들면 위에 글씨가 빼곡한 현판이 걸려 있다. 글 제목은 만천명월주인옹자서. 누가 묻지도 않았는데 정조가 스스로를 설명하는 글을 지었다.

를 정조라고 하는 바로 그 사람이다. 생부 사도세자가 죄인으로 몰려 할 아버지 영조에게 죽임을 당하고, 그 할아버지 손에 자라 임금이 되었으나, 사방에 자신을 인정하지도 않는 세력에 둘러싸였으면서도 자신의 뜻대로 정국을 운영하고자 했던 임금. 임금 자신이 정국 운영의 방향을 제시하여 이끌어가고자 했던, 이른바 준론탕평峻論蕩平을 추진한 임금이다. 정조는 이 글을 지어 신하들에게 그대로 쓰게 하고 그 가운데 여럿을 뽑아서 이렇게 나무판에 새겨서 여기저기 걸어두었다. 그 가운데 하나가 지금 존덕정 안에 빛바랜 채 남아 있는 것이다.

　이후의 임금들도 후원을 찾으면 존덕정을 즐겨 들렀다. 순조 같은 임금은 가끔 존덕정에서 특정 관원들을 불러 만나는 소대, 누구누구를 지명해서 어떤 경전을 읽고 해석하는 시험인 응강應講을 했다. 다른 임금들도 이 일대를 좋아했고, 머물러 풍광을 감상하고 시를 지었다.

창덕궁 폄우사 | 존덕정의 서편에 있는 작은 건물인데, 그래도 방과 마루를 함께 갖추었다. 어리석음을 찌른다는 것은 어떻게 하는 것일까?

이 일대는 공부하는 곳이기도 하였다. 그랬음을 보여주는 건물이 존덕정 서편에 있는 폄우사砭愚榭다. 돌침 폄砭, 어리석을 우愚. 사榭는 건물에 붙는 이름으로, 매우 드물게 나오는 글자다. 돌로 만든 침으로 어리석음을 찌르는 집. 그런 이름이 붙은 건물은 어떤 건물인가? 바로 이 폄우사가 그 예다. 서쪽 1간은 방, 동쪽 2간은 마루로 되어 있다. 정자는 시원하기는 하지만 추울 때는 이용할 수가 없으니 추우나 더우나 이용할 수 있게 방과 마루를 겸하였다. 폄우사 뒤편에는 평평하고 너른 마당이고, 북쪽 끝에 큰 은행나무가 서 있다. 춥다 덥다 핑계 말고, 앉아 있지만 말고 운동도 해가며 꾸준히 공부하라! 기분 좋은 압박을 주는 집이다.

옥류천

요산요수 옥류천

후원은 정자들의 숲이라 할 정도로 정자들이 많
이 있었다. 시기에 따라 세워지고 없어지고 해서
모두 몇 개인지 헤아리기가 어렵지만 경관 좋은
등성이, 분위기 좋은 골짜기마다 정자가 있었다고 봐야 할 것이다. 존덕정
주위에도 망춘정望春亭, 청심정淸心亭, 낙민정樂民亭 등 정자들이 더 있었다는
기록이 있으나 지금은 청심정 외에 나머지 정자들은 자취를 찾기 어렵다.
존덕정에서 북으로 가는 관람 동선은 비탈길이다. 그 비탈길을 올라 고갯
마루에 올라서면 취규정聚奎亭이 있다. 1640년인조 18에 세웠다고 하는데,[157]
정면 3간 측면 2간으로 정자라고 하기에는 큰 규모이다. 꽤 여러 사람이
모여 앉을 수 있는데다 위치도 주위를 둘러볼 수 있는 등성이 위에 있어
서 장대將臺 같은 인상을 준다. 취규정을 지나 서쪽으로 조금 가면 북으로
내려가는 오솔길이 있다. 이 등성이 북쪽 그 오솔길의 끝은 수계가 갈린
다. 옥류천玉流川 영역이다.

여기 이런 데가 있나 싶게 아기자기한 골짜기이다. 북쪽으로는 궁성
의 북문인 건무문建武門이 있다. 그 문을 나가면 궁궐 밖. 옛날에는 숲이었
을 터이나 지금은 성균관대학교 땅이다. 그 골짜기의 서북쪽에서 작은 개
울이 흘러내려 봉긋이 솟은 바위를 감싸고 돌아 한 길 조금 못되는 폭포
를 이루었다가 동쪽으로 흘러 나간다. 이 물은 궁궐 밖으로 나가 성균관을
감싸는 서쪽 물줄기가 되었다가 홍덕동천興德洞川으로 합류한다. 홍덕동천
은 오늘날의 대학로, 옛날의 서울대학교 문리대 앞으로 흐르는 개울인데,
복개되어 보이지 않는다. 옥류천 양옆과 바닥은 잘 다듬은 돌로 쌓고 깔았
다. 그 개울 주변에는 위에서부터 태극정太極亭, 청의정淸漪亭, 농산정籠山亭,
소요정逍遙亭, 취한정翠寒亭 등 정자 다섯이 이리저리 배치되어 있다.

옥류천 일대 옛 모습 | 그리 크지 않은 계류를 따라 다섯 개 정자들이 숲속에서 풍류를 즐기기 딱 알맞게 옹기종기 들어섰다. 《인정전 사진첩》)

정자가 이렇게 모여 있다는 것은 곧 임금들이 자주 이곳에 왔었다는 뜻. 여러 임금들이 이곳, 이 정자들을 소재로 시를 짓고 기문記文을 썼다. 숙종은 태극정, 청의정, 소요정을 묶어서 기문을 썼다. "옛 임금들이 산수山水를 좋아해서 맑은 물이 흐르는 이곳, 뒤로 높은 산을 등지고 앞으로 옥류玉流를 끌어안는 곳에 정자들을 짓고, 정자 곁에 연못을 파고 물길을 팠으며, 바위를 깎아서 물길을 인도하였다. 그 제도는 사치스럽지 않으나 큰 기상이 한껏 펼쳐졌다. 비 오고 바람 불면 폭포가 날아 흘러 우레 소리를 낸다. 임금들이 정무를 돌보는 여가에 특별히 이곳에 임어하여 샘을 보며 공자와 맹자의 가르침을 되새겼다. 어진 이는 산을 좋아하고 지혜로운 이는 물을 좋아한다고 했는데, 어짊과 지혜로움은 오직 성인만이 겸할 수 있는 바이다. 꼭 산이나 물에서 찾을 것이 아니다. 나는 부족하나 선왕들

청의정과 태극정 ┃ 소박해 보이는 초가지붕의 청의정과, 반듯한 기와지붕의 태극정이 원과 사각형의 대비를 이루며 나란히 서 있다.

의 뜻을 본받아 그 마음으로 내 마음을 삼고자 하는 것이지 세속의 즐거움을 즐기려는 것이 아니다. 하루 이틀 이 마음을 지켜 나아가면 나라는 거의 잘 다스려지리라"라는 내용이다.¹⁵⁸ 말은 그럴 듯하다. 크지 않은 골짜기에 정자 몇을 가꾸면서도 공자와 맹자를 끌어 들이고 자기 수양을 앞세우는 그 논리가 대단하다.

다섯 정자　　　　　　태극정은 사모지붕의 1간짜리 전형적인 정자로 허리쯤 되는 높은 기단 위에 반듯하게 앉아 있다. 《궁궐지》에 1636년인조 14에 지은 것으로 옛 이름은 운영정雲影亭이었다고 기록되어 있다.¹⁵⁹ 이 옥류천에 있는 정자들 가운데 가장 격이 높지 않을까 짐작된다. 곁에는 돌을 잘 깎아 테를 두른 구덩

청의정 천장 | 바닥은 네모, 기둥을 엮는 방에 해당하는 구조물은 팔각형, 그 위 초가지붕은 결국 원. 천원지방, 땅과 하늘이 이어졌다.

이도 있다. 무언가를 태우기 위한 시설일 듯한데, 아마도 이곳에서 시를 짓고 글을 쓰고 했을 때 나오는 폐지를 태운 것이 아닐까? 지금 태극정은 옛것이 아닌 다시 지은 것이라서 아쉬움을 남긴다.

청의정은 오늘날 이 옥류천에 있는 정자들, 아니 궁궐 전체의 정자들 가운데서 가장 사랑받는 정자가 아닐까 싶다. 역시 1636년에 세웠다고 기록되어 있다.[160] 네모난 섬에 네 기둥을 세우고, 기둥과 기둥을 잇는 나무 방枋은 팔각형으로 두르고, 그 위에 원형 초가지붕을 얹었다. 사각형에서 시작하여 원형으로 끝난다. 천원지방天圓地方을 생각하지 않을 수 없다. 멀리서 보면 초가지붕이 매우 소박한 느낌을 주는데, 자세히 보면 기둥을 받친 주춧돌이나 기둥은 매우 세심하고 화려하게 다듬어져 있다. 지금은 논으로 둘러싸여 있지만, 논으로 만든 것은 1970~1980년대 이후로 보이고, 원래는 물을 가두어 만든 못이었다.

농산정은 5간짜리 긴 일자집에 방과 마루와 부엌으로 구성된 건물이다. 정자라고 하기에는 어울리지 않는다. 이곳에 임금이나 다른 왕실 가족들이 행차하여 행사를 할 때 음식을 준비하는 등 뒷바라지하는 데 쓰이던 건물로 보인다.[161] 농산정 남쪽, 옥류천으로 들어가는 초입에 있는 정자가 취한정翠寒亭이다.[162] 〈동궐도〉에는 정면 3간인데 동쪽 1간은 방, 서쪽 2간은

창덕궁 소요정 | 계곡이 패일까 천안과 바닥을 돌로 다스렸다. 비가 웬만큼 와도 걱정이 없게 되었다.

마루를 들인 모습으로 그려져 있다. 이름에 들어간 찰 한寒 자에서 추울 때도 머물 수 있게 방을 만든 의도가 읽힌다. 다만 지금은 전체가 트인 마루로 되어 있다.

옥류천의 한가운데, 가장 요지를 차지하고 있는 정자가 소요정이다. 건물 자체는 평범하다고 할 1간짜리 사모지붕 건물이다. 《궁궐지》에 따르면 소요정은 1636년인조 14에 지었으며, 처음 이름은 환서정歎逝亭이었는데 이후 소요정으로 고쳤다고 한다.[163] '소요逍遙'란 무엇인가? 《장자莊子》에서 말하는 그것일 터. 아무것에도 얽매이지 않는 절대 자유. 그래도 잘 와 닿지 않는다. 소요하지 못하는 내가 소요의 경지를 어찌 알겠나? 정조 임금

창덕궁 옥류천 ㅣ 작은 계곡에 상당히 큰 바위가 위로 불쑥 솟고 그 앞에 넓은 터를 만들었다. 그곳에 물이 휘돌아 흐르게 홈을 팠다. 저 물길에 잔을 띄웠을까?

이 쓴 소요정 기문에 의존하여 헤아려보자.[164] "소요하려면 마음과 땅이 서로 만나야 하는데, 이 정자에 좋은 자연이 있으니 소요하기가 좋다, 그래서 소요정이라고 이름을 지었다, 그런데 이번 가을에 무너져서 고쳤는데 이는 공경하고 말없이 다스리는 데 도움이 되기 때문이지 한가로이 놀기 위해서가 아니다." 정조의 글은 현란하고 어려워서 나로서는 정확히 옮기기가 어렵다. 굳이 직역을 할 필요도 없다. 대강 이런 내용인 줄 알면 될 것이다. 소요정의 정취를 느끼는 것이 목적이니까.

소요정에서 바라보면 옥류천 한가운데 불쑥 솟은 바위가 정면으로 보인다. 전면에 인조의 친필로 "옥류천玉流川"이란 글씨가 새겨져 있고, 그 아래에는 숙종이 지은 시가 새겨져 있다.

폭포수 삼백척을 날아 흘러　　　　　　　　　飛流三百尺

아득히 구천에서 내려오누나 　　　　　遙落九天來
보고 있노라니 문득 흰 무지개 일어나고 　　看是白虹起
일만 골짜기에 우레 소리 가득하다. 　　　轟成萬壑雷

　세 척이나 될까 말까, 폭포라고 하기도 어려운 물줄기를 두고 삼백 척
이라니? 시적인 과장이라고 웃어넘겨야지 따지면 우습다. 그런데 이 공간,
옥류천 일대를 어떻게 받아들여야 할까? 풍광이 압도당할 만큼 장대하지
도 않는다. 손에 꼽을 만한 건조물이 있는 것도 아니다. 분위기는 아기자
기하지만, 임금이 신하들과 와서 놀기에 알맞은 정도가 이 정도인가 싶다.
임금이 길어다 마셨다는 샘인 어정御井이 지금도 물을 내고 있으나 갈수기
에는 개울에 물이 마른다. 나는 새도 떨어뜨리는 절대 권력자 임금이 보이
기보다는, 애면글면 자신의 지위를 유지하느라, 자신에게 맡겨진 몫을 감
당하느라 애쓰는 한 인간이 보이는 듯하다. 궁중의 영화보다는 인생무상
비슷한 엷은 허무감에 젖게 된다. 나만 그런가 모르겠지만.

돌아 나오는 길　　　　　옥류천에서 북쪽으로는 더 갈 데가 없다. 돌아 나
　　　　　　　　　　　와야 한다. 옥류천으로 내려갔던 오솔길을 되짚
　　　　　　　　　　　어 나와 취규정 부근 등성이로 올라서면 길이 몇
갈래 갈린다. 오른편으로 나 있는 관리도로는 후원을 바깥쪽으로 휘돌아
나가는 길이다. 가다 보면 응봉에서 흘러내리는 산자락의 주맥을 넘어가
게 되어 있다. 관리도로를 내느라 그 맥을 자르고 좌우편에 축대를 과도하
게 쌓았다. 그 고개를 넘어 더 가다 보면 작은 골짜기가 있는데 길의 오른
편에 600년 되었다는 다래나무가 길게 뻗어 있다. 다시 더 가노라면 몇몇
물길을 지나치게 되고, 길이 남쪽으로 방향을 트는 서북쪽 모퉁이에는 신
선원전이 있다. 원래 대보단이 있던 자리다. 신선원전은 일제강점기에 새
로 만든 것이요, 어진도 없는 빈집이라 들어가 볼 의욕이 생기지 않는다.

창덕궁 능허정 ¦ 높은 등성이에 외롭게 서 있는 정자. 허허롭다. 저기 앉으면 마음을 비우기 좋겠다.

그래서인지 공개도 하지 않고 있다. 이래저래 이쪽 길은 인적이 드문 길이
되어 있다.

다시 취규정으로 돌아가서, 서쪽으로 조금 가다가 응봉에서 흘러내려
오는 주맥을 넘기 전에 보면 왼편으로 등성이를 따라 오솔길이 나 있다.
이 길을 따라가면 규장각 쪽으로 이어진다. 그 길가에는 사모지붕의 간결
한 정자인 능허정凌虛亭이 있다. 1691년숙종 17에 지었다.[165] 후원에서 가장
높은 곳에 있는 정자다. 그만큼 전망도 좋았을 터, 후원의 좋은 경치 열을
꼽는 상림십경上林十景 가운데 능허모설凌虛暮雪, 해 저물녘 능허정에 내리는 눈이 들어
있다. 숙종 이후 임금들이 이곳에서 읊은 시들도 여러 수 전한다. 임금들
이 이 길을 자주 다녔고, 이 정자에도 들렀다는 것인데, 지금은 일반 관람
객들은 가볼 수 없다.

청심정과 빙옥지 돌거북 | 옥처럼 깨끗한 얼음이 채워진 돌로 만든 작은 연못. 그 앞에 거북이는 북향을 하고 엎드려 있다. 저 정자에서 이 거북이를 보면 마음이 맑아지나 보다. 적어도 쉽게 흔들리지는 않겠다.

　능허정이 있는 등성이의 동쪽 골짜기 일대도 자못 풍광이 좋았던 듯하다. 〈동궐도〉에는 백운사白雲舍, 사가정四佳亭 그리고 이름이 적혀 있지 않은 건물들도 있다. 백운사 뒤에는 산단山壇도 그려져 있고, 앞의 바위에 예필睿筆, 왕세자의 글씨로 "명월송간개明月松間開 청천석상류淸泉石上流", 그 서편으로 조금 떨어진 바위에도 예필로 "천성동泉聲洞"이라는 글씨가 쓰여 있는 것으로 묘사되어 있다. 글씨의 주인은 효명세자가 아니었을까 짐작된다. '밝은 달은 소나무 사이로 떠오르고, 맑은 샘물은 돌 위로 흐르네', '맑은 물소리 울리는 골짜기'. 시적인 풍경이다. 하지만 지금은 그 건물들도, 바위글씨도 찾기 어렵다. 이 부근에는 청심정淸心亭만이 남아 있다. 청심정은

《궁궐지》에는 "정자 남쪽에 돌을 깎아 만든 연못이 있는데 이름이 빙옥지氷玉池라 한다"라고 되어 있다.[166] 돌거북 한 마리가 그 빙옥지 남변에서 북쪽을 바라보고 있다. 청심정은 원래는 폄우사에서 길이 이어져 있었던 듯하다. 그 길에는 태청문이 있었다고 하는데 지금은 길과 문 모두 없어졌고, 연경당으로만 길이 통한다.

연경당에서 규장각 뒤편 고개를 넘으면 이문원 쪽으로 나가는 길이 이어진다. 이 고개를 넘어 나올 때는 시선을 조심하는 것이 좋다. 지금까지 창덕궁과 그 후원을 한 바퀴 돌면서 젖은 정취가 일거에 사라지기 십상이다. 창덕궁 서편 일대는 고층 건물에서부터 공동 주택, 거기다가 물자가 궁하던 1950~1960년대에 억지로 지은 듯이 보이는 단층 건물까지 갖가지 건물들이 에워싸고 있다. 저만큼 원서동 비탈을 뒤덮은 집들이 창덕궁을 넘어다보고 있는가 하면, 궁성에 바로 잇대어 궁성을 타고 넘어올 듯이 깔고 앉은 집들도 있다. 해방과 전쟁 뒤 법이 바로 서지 못했을 때의 산물일 터. 이런 집들을 보노라면 참 답답하다. 궁궐 때문에 주위 주민들이 피해를 입어서는 안 되겠지만, 궁궐과 어울리는 집들을 짓도록 유도할 수는 없을까?

사라진 왕조의 궁궐이 21세기 우리들의 삶과 무슨 관계가 있는가? 궁궐이 우리에게 무슨 의미와 가치가 있는가? 궁궐에서 무엇을 보고 무엇을 찾을 것인가? 그것을 우리 삶을 가꿔나가는 데 어떻게 연결시킬까? 이에 대한 적절한 답을 찾는 것이 곧 문화를 계승하고 창달하는 길일 텐데. 이런 생각을 잠시 하다 보니 이제 나가는 문이다. 문을 나서면 다시 현실이다. 문득 이곳이 서울 한복판임을 깨닫게 된다.

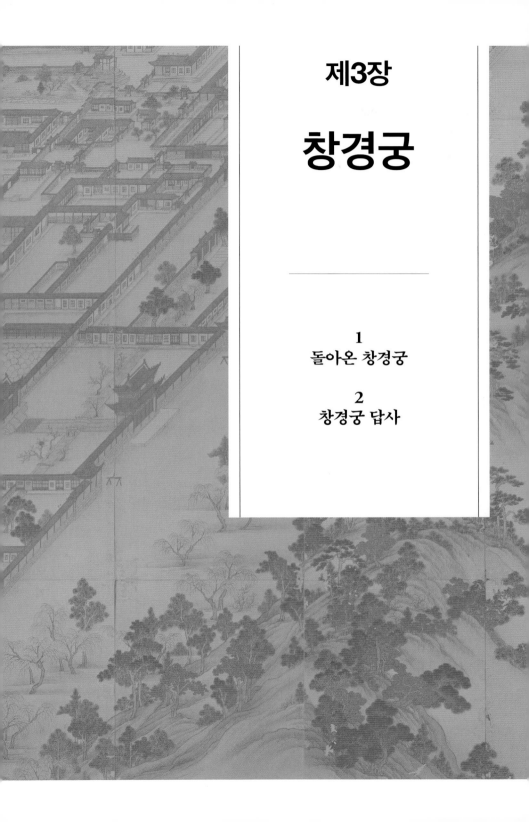

제3장

창경궁

창경궁
昌慶宮

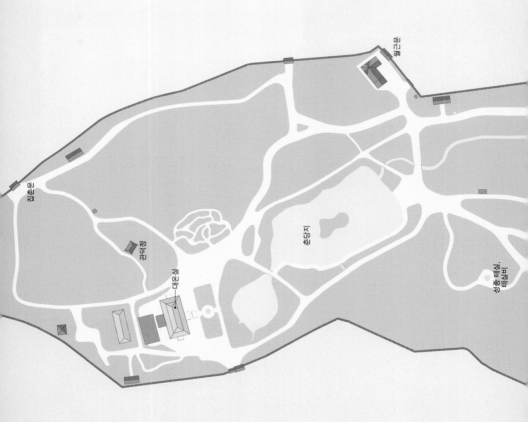

N

집춘문

관덕정

홍화문

춘당지

대온실

성종 태실, 태실비

선인문

홍화문

옥천교

명정문

궐내각사 터

명정전

관천대

문정전

빈양문

숭문당

집복헌 영춘헌

환경전

함인정

양화당

통명전

경춘전

1

돌아온 창경궁

창경궁 약사

동궐 창경궁

창경궁昌慶宮은 일제강점기 이후 1980년대까지만 해도 '창경원昌慶苑'으로 더 잘 알려져 있었다. 임금과 왕족을 비롯한 사람들이 살며 활동을 하던 궁궐이 기화요초가 난만하고 갖가지 짐승들이 우글거리는 유원지이자 구경거리가 되어버린 것이다. 그렇게 창경원으로 전락하였던 곳을 창경궁으로 복원하는 공사가 1984년부터 시작되었다. 동물원과 벚나무들은 다른 곳으로 옮겨졌으며, 원래의 전각들이 일부 복원되기도 하였다. 창경원은 다시 창경궁으로 제 이름을 되찾았으나 아직도 창경원이라는 이름이 입에 붙어 무의식중에 튀어나오는 경우가 더러 있다. 하지만 이곳은 조선시대에는 어엿한 궁궐이었다.

창경궁 전경 ǀ 멀리 백악과 인왕산이 받쳐주고 있는 가운데 응봉에서 흘러내리는 산자락에 창경궁이 안겨 있다. 동향으로 살짝 비튼 모습이 포근하다.

창경궁은 성종成宗 연간에 처음 지어졌다. 1482년성종 13 12월 창덕궁 수리를 논의하는 자리에서 성종은 수강궁壽康宮을 수리하라는 명을 내렸다. 수강궁은 세종이 즉위하면서 상왕으로 물러난 태종의 상왕궁으로 마련하였던 곳이었다. 그 수강궁을 확장하여 성종 당시의 세 대비, 곧 세조의 비인 정희왕후貞熹王后, 성종의 생부 덕종德宗의 비인 소혜왕후昭惠王后, 예종睿宗의 비인 안순왕후安順王后의 처소로 삼으려는 뜻이었다.

수강궁을 확장하는 공사는 그 이듬해 봄부터 시작되어 1년 반이 지난 1484년성종 15 9월에 1차로 마무리되었다. 그때 주요 건물들의 이름이 정해졌고, 또 홍문관 응교應敎였던 김종직金宗直이 창경궁 상량문을 지어 바쳤다는 기사로 보아 이때 이미 '창경궁'이라는 새 이름도 지어졌다. 1484년 부터 다시 보완하는 공사를 한 뒤 1485년성종 16 5월에 소혜왕후와 안순왕후가 이어하였다. 당시 창경궁은 독립적인 궁궐로서 규모를 갖추고는 있었지만, 임금이 기거하며 정사를 처리하는 궁궐로는 쓰이지 않았다. 창경궁은 창덕궁과 담장 하나를 사이에 두고 붙어 있으면서 창덕궁의 부족한 기능, 곧 창덕궁에 미처 다 수용할 수 없는 임금의 할머니나 어머니 같은 왕실 가족과 그에 딸린 인원을 수용하는 역할을 맡은 궁궐이었다.

창경궁도 경복궁이나 창덕궁과 마찬가지로 임진왜란으로 완전히 불타 없어졌다. 창경궁의 중건은 1615년광해군 7 경운궁에서 창덕궁으로 이어하면서 바로 시작되었다. 광해군은 창덕궁으로 이어하자마자 창경궁의 주요 전각을 수리하라는 명을 내렸다. 더 나아가 외전 주요 건물뿐 아니라 각 아문을 속히 수리하여 그해 안으로 공사를 마치도록 독촉하였다. 이러한 광해군의 적극적인 추진에 힘입어 창경궁 중건 공사는 약 1년 만에 완료된 듯하다.

광해군 대 다시 모양을 갖추었던 창경궁은 창덕궁과 함께 인조반정 직후 이괄의 난으로 상당히 망가졌다. 그때부터 인조는 광해군 대에 지었던 경덕궁에서 9년을 살았는데 그 기간에 다시 정묘호란丁卯胡亂을 만나 강화도로 피난을 가는 등 곤욕을 치르기도 하였다. 인조는 1632년인조 10 말에 경덕궁에서 창덕궁으로 돌아왔으나 창덕궁은 아직 완전히 복구되지 않은 상태였다. 따라서 이런저런 논의 끝에 그 이듬해인 1633년인조 11에 창경궁을 수리하게 되었는데, 인경궁의 전각을 별당 몇 채 정도가 아니라 다수를 헐어다 짓기로 방침을 정하였다. 이렇게 기존의 터에 인경궁 건물을 헐어다 옮겨 짓는 방식이었기 때문에 공사는 별다른 어려움 없이 진척되어 4개월이라는 짧은 기간에 끝마칠 수 있었다.

이때 인경궁의 전각을 이건하여 세운 전각이 내전의 통명전通明殿, 양화당養和堂, 연희당延禧堂, 연경당演慶堂, 환경전歡慶殿, 경춘전景春殿 그리고 함인정涵仁亭 및 그 부속 건물들이다. 보수된 건물은 내전의 여휘당麗輝堂과 몇몇 실무용 건물들, 외전의 명정전文政殿, 문정전文政殿, 숭문당崇文堂, 동궁의 시민당時敏堂, 진수당進修堂 등이었다. 인조는 1633년인조 11 7월 창덕궁에서 창경궁으로 이어하였다. 광해군이 무리하게 짓기만 하고 들어가 살아 보지는 못한 인경궁의 건물들이 자리를 창경궁으로 옮겨 광해군을 몰아낸 인조가 사는 건물들로 쓰이게 된 셈이었다. 이때 갖추어진 모습이 창경궁의 바탕이 되어 그 일부가 오늘날까지 남아 있는 것이다.

인조가 창경궁에 기거하던 1636년인조 14 12월 다시 병자호란이 일어났다. 인조와 조선 조정은 남한산성으로 들어가 청나라에 대항하였으나 결국 항복하고 말았다. 인조는 이듬해 1월 다시 서울로 돌아와 창경궁 양화당을 거처로 삼았다. 이렇게 광해군에서 인조 연간에 창경궁은 새로 모습을 갖추고 임금이 임어하여, 창덕궁을 보완하는 것은 물론 독자적인 궁궐로 자리 잡게 되었다.

인조 이후 동궐이 법궁이 되고 경희궁이 이궁이 되는 새로운 양궐체제가 정립된 이후 임금들이 가장 자주 그리고 오래 임어하였던 궁궐은 단연 창덕궁이다. 전체 기간 중 창덕궁에 임어한 기간이 약 62퍼센트이며, 창경궁은 17퍼센트, 경희궁은 20퍼센트 정도이다. 각 궁궐에 임어한 횟수는 창덕궁이 37회, 창경궁이 13회, 경희궁이 31회로 창덕궁이 가장 많고 창경궁이 가장 적다. 이는 창덕궁이 원론적인 의미의 법궁이고, 경희궁이 이궁임을 보여준다. 창경궁의 경우 그곳에 공식적으로는 한 번도 임어하지 않은 임금이 효종에서 철종哲宗까지 아홉 명 가운데 네 명이나 된다. 그러나 이러한 임금들도 공식적으로 창경궁에 임어하지 않았을 뿐, 창덕궁에 살면서도 필요에 따라 창덕궁을 보완하는 기능을 가진 창경궁의 전각들을 임의로 활용하였다.

일제강점기 명정전 명정전 앞 조정이 난데없이 모란꽃밭으로 변했다. 문정전 뒤편으로는 낯선 서양 건물
이 들어섰다. 궁궐과는 상관이 없는 표본실이다.

변질과 훼철   1894년 이후 고종은 다시는 동궐에 임어하지 않
았다. 경복궁에서 러시아공사관으로, 러시아공사
관에서 경운궁으로 옮겨가는 격랑의 역사 속에서
불안한 곳인 동궐을 기피하였기 때문이었다. 동궐, 좀 더 정확히 말하자면
창덕궁에 임금, 이 역시 굳이 정확히 하자면 황제가 다시 임어한 때는
1907년이었다. 1907년 일제는 고종을 억지로 황제위에서 끌어내리고 순
종을 황제로 앉힌 뒤 고종은 경운궁에 그대로 머물게 하고 순종만 창덕궁
으로 이어하게 하였다.

    1907년 순종이 창덕궁으로 이어하면서 일제의 왜곡과 파괴의 손길은
대한제국을 본격적으로 유린하기 시작하였고, 그 대상으로 궁궐이 앞줄
에 서게 되었다. 특히 순종이 옮겨간 창덕궁이 일제의 손을 많이 탔지만,
창덕궁과 담장 하나를 사이에 두고 잇닿아 있는 창경궁도 그에 못지않았

일제강점기 창경원 풍경 ¦ 통명전 옆쪽에서 바라본 풍경이다. 환경전 뒤로는 웬 나무들이 많이 심겨 있는데, 그 사이사이로 흰옷 입은 사람들이 구경 다니고 있다. (《창덕궁 내외 사진첩》)

다. 1907년 11월 순종이 창덕궁으로 이어하는 것과 때를 맞추어 일제는 순종을 위로한다는 명목으로 창경궁의 보루각報漏閣, 물시계이 설치되어 있던 곳 일대에 동물원을 개설하는 공사를 시작하였다. 공사가 진행되면서 식물원도 함께 설치하여 1909년 11월 1일 개원식을 열고 이어 공중의 관람을 허가하였다. 엄청난 규모의 동물원과 식물원을 개설하면서 그곳에 있던 창경궁의 건물들은 소리 소문도 없이 사라져 버렸다.

　동물원, 식물원과 함께 박물관도 개설하였다. "국내 고래古來의 각도서미술품各圖書美術品과 현세계에 문명적 기관 진품을 수취收聚 공람供覽케 하야 국민의 지식을 계발케 흠"을 목적으로 제실박물관帝室博物館의 설립이 1908년부터 추진되어 1909년 11월 1일에 개관하였다. 박물관은 동물원식물원과 함께 궁내부宮內府 소관이었다. 물론 그 궁내부는 대한제국의 뜻을 받들어 움직이는 관서가 아니라 일본의 뜻, 통감부의 지휘를 받아 움

직이는 기관이었다. 제실박물관은 처음에는 창덕궁박물관으로 불리다가 나중에는 이왕가박물관으로 이름이 바뀌었다. 그렇게 박물관이 들어서면서 그 부근의 다른 건물들은 덩달아 진열실이 되어버렸다.

제실박물관은 개관 초기에는 창경궁의 건물을 사용하다가 1910년 7월에 통명전 뒤에 새 건물을 짓기 시작하였다.[1] 그 박물관이 들어선 자리는 창경궁의 중궁전인 통명전의 북쪽 일대, 정조가 어머니 혜경궁惠慶宮 홍氏를 위해 지은 자경전이 있던 곳이다. 창경궁에서 가장 높은 터에 일본 어디에 있는 건물을 그대로 옮긴 듯, 붉은 벽돌에 양철 지붕을 한 전형적인 일본풍의 건물이 들어섰다. 1937년에 박물관이 덕수궁으로 옮겨 가면서 이 건물은 왕실 소장 도서를 관리하는 장서각藏書閣이 되었고, 1981년에 도서를 한국학중앙연구원으로 옮긴 뒤에도 건물만은 남아 있었으나 1992년에 조용히 헐려 없어졌다.

유원지 창경원   1911년 4월 26일에는 이왕가박물관과 동물원, 식물원을 통칭하여 '창경원'이라는 이름이 붙었다.

창경궁이 창경원이 된 것이다. '궁宮'이란 임금과 왕실이 사는 곳을 가리키는 말이요, '원苑'이란 사냥이나 야유 등 놀이를 하는 곳을 가리키는 말이다. 황제와 그 식솔들이 살던 곳이 수많은 사람들의 구경거리가 된 것이다. 더욱 분위기를 갖추기 위하여 일본에서 벚나무, 아니 사쿠라를 수천 그루 옮겨다 심었다. 1924년부터는 밤에도 개장을 하였다. 이름하여 '창경원 밤 벚꽃놀이'다. 그것은 일제강점기 서울의 가장 대표적인 관광자원이자 낭만이었다. 1929년 조선매일신문사 출판부에서 발행한 안내 책자《대경성大京城》에 경성의 명소 창경원은 다음과 같이 소개되어 있다.

> 여기는 옛날에 창경궁이었던 곳으로 이왕가의 정원 중 하나이다. 여름에 수목이 울창하며 특히 벚나무가 많다. 시원한 바람이 불어 삼복의 더위를 잊게 하는 곳이다. 목요일을 제외하고 원내의 일부를 개방한다. 봄에 꽃이 필 때에는 하루에도 입장객이 2만여 명이 넘을 정도로 성황을 이룬다. 특히 창경원의 밤 벚꽃놀이는 경성 시민 연중행락에서 수위를 차지하며, 또 여름의 납량, 가을의 달맞이, 겨울의 설경 등도 가히 아름답다. 홍화문弘化門, 명정문, 명정전, 오른쪽에 식물원, 왼쪽에 동물원, 정면에 박물관 이 셋까지 총칭하여 창경원이라 부른다. 식물원의 온실도 규모나 내용 모두 동양제일로 여겨지며, 거기서 깊이 들어가면 산자수명한 비원이 있으며, 또 비원의 왼쪽에는 이왕 전하가 살고 계시는 창덕궁이 있다.

4월 한 달 온 나라를 희게 뒤덮었다가 한순간 눈발처럼 떨어져 내려 없어지는 꽃나무. 우리는 그 꽃을 벚꽃, 그 나무를 벚나무라 부른다. 우리가 우리 손으로 심고 가꾸어 우리가 즐길 때는 그렇게 부르는 것이 지극히 당연하다. 그러나 같은 나무라도 그 나무가 어디서 왔는가에 따라 이름을 달리 불러야 마땅하지 않을까. 제주도에서 왕벚나무 자생지가 발견되었다 하여 왕벚나무의 원산지는 일본이 아니라 우리나라라고 말하는 이

들도 있다. 일본에는 없는 왕벚나무의 자생지가 제주도에서 발견된 것은 기분 나쁜 일은 아니다.

하지만 왕벚나무의 원산지가 제주도냐 아니냐가 중요한 것이 아니다. 지금 우리나라에 여기저기 심어놓고 벚꽃놀이를 하는 그 나무는 왕벚나무는 맞지만 일본에서 개량한 원예종이라고 한다. 원산지가 어디든, 나무의 품종이 무엇이든 나무야 무슨 죄가 있으랴. 문제는 나무를 심고 가꾸어 완상하는 주체와 그 주체의 의도이다. 일제는 다른 나라를 식민지로 집어삼키고, 그 식민지 국민들의 넋을 빼 바보로 만들어 저희들 시키는 대로 고분고분 따르게 만들 심산으로 궁궐에 자기 나라의 상징이라 내세우는 나무를 가져다 심었다. 이는 나무를 보고 즐기려 한 일이 아니라, 악랄한 식민통치를 용이하게 하려 한 고약한 짓이었다.

창경원의 벚나무들은 한국 사람들이 자기들이 좋아서 심은 나무가 아니라, 일본 제국주의자들이 조선을 집어삼키고 고분고분 복종하도록 만들기 위해 심은 일본의 나무다. 그래서 그 나무 이름은 벚나무가 아니라 사쿠라다. '창경원 밤 벚꽃놀이'. 그 전통 아닌 전통은 1970년대 후반까지 이어져 서울 최고의 낭만으로 꼽혔다. 우리는 속없이 그렇게 흐느적거리며 봄을 즐겼다.

1988년 서울올림픽 준비를 시작하면서부터 비로소 창경원을 그대로 둘 수 없다 하여 창경궁으로 되돌리는 작업이 시작되었다. 그때까지 남아 있던 동물원은 과천의 서울대공원으로 옮겼다. 식물원만이 아직 끈질기게 남아 있다. 사쿠라도 일부는 어린이대공원으로, 대부분은 여의도로 옮겨심었다. 명정전 회랑과 편전인 문정전을 다시 지었다. 이제 창경궁에는 사쿠라는 몇 그루 없다. '창경원 밤 벚꽃놀이'도 사라졌다. 대신 봄이면 벚꽃놀이 인파가 여의도로 몰린다. 여의도에 옮겨진 나무는 벚나무인지 사쿠라인지 그걸 모르겠다.

창경궁 바로 보기

원형과 실상   창경궁은 창덕궁과 둘이면서 하나인 관계를 맺고 있었다. 서로 연결되어 크게 동궐이라는 하나의 궁역을 형성하는 동시에 각각 독자적으로 궁궐의 공간구조를 갖추고 있었다. 그렇기는 하지만 창경궁의 공간구조는 완벽하다고 하기는 어렵다. 우선 정문 홍화문에서 외전의 법전인 명정전 사이에 중문이 하나 없다. 그 거리가 짧기 때문에 중문을 세울 여건이 되지 않기 때문이겠다. 이에 비해 내전과 생활기거공간은 매우 넓게 발달되어 있다. 세자의 공간인 동궁은 창경궁에 있고, 창덕궁에는 없었다. 하지만 정조 연간에 창덕궁과 창경궁의 경계인 등성이에 중희당을 지으면서 두 궁궐 공동의 동궁이 되었다. 후원도 두 궁궐을 모두 받쳐주는 공간으로 조성되어 있다.

〈동궐도〉를 살펴보면, 창경궁에 궐내각사는 아주 적게 배치되어 있다. 정2품 서반 아문인 오위도총부, 세자를 보필하고 호위하는 정3품 동반 아문인 세자시강원과 정5품 서반 아문인 세자익위사를 제외하면 번듯한 궐내각사라고 할 만한 관서는 배치되지 않았다. 활자를 관리하여 책을 만드는 관서들, 궁궐에서 쓰는 말과 각종 가마를 관리하는 내사복시內司僕寺, 그리고 궁궐을 수비하는 소소한 군사 조직 정도만 보인다. 창경궁에는 선원전도 없었다. 창경궁에는 임금의 정치와 행정, 제의 등 공식적인 활동을 위한 공간이 매우 미약했다. 결국 창경궁은 명목상으로

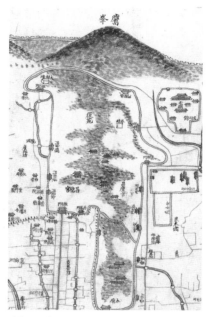

《청구요람》에 실린 〈도성전도〉의 동궐 부분 | 응봉에서 흘러내리는 산줄기가 창덕궁 및 창경궁을 지나 종묘까지 흘러내린다. 창덕궁과 창경궁은 둘이자 하나인 궁궐, 동궐이었다.

는 독립적인 궁궐이지만 실질적으로는 창덕궁에 부족한 주거 공간의 보완이 주 기능이었던 궁궐이다. 창덕궁과 묶여서 하나의 궁궐, 곧 동궐로 인식될 수밖에 없는 궁궐이라고 할 수 있다.

동궐 가운데 창경궁은 창덕궁에 비해서 더 심하게 망가져 버렸다. 그냥 돌아보아서는 궁궐로서 본모습을 가늠하기 어렵게 되어버렸다. 그렇다고 이제 와서 창경궁을 복원하는 공사를 벌이는 것도 마땅치 않다. 원형과는 무관한, 의미도 없고 감동도 없는 건조물만 낳을 것이 예측되기 때문이다. 그러면 어떻게 해야 할까? 제 모습을 잃어버린 창경궁을 구석구석 돌아다니며, 아무것도 없어 보이는 그 자리에서 여기는 무엇이 있었다

고 되살려주고 싶다.《궁궐지》, 〈동궐도〉 같은 자료에 기대어 담담하게 그 이력과 본모습을 그려보는 글을 올리고 싶다. 다소 부질없어 보일 수도 있고, 혹은 지루해 보일 수도 있겠으나 21세기 초엽에 창경궁에 조사弔詞를 올릴 수는 없는 일. 그렇다고 꼭 돈을 들여 건물을 재현하지 않고 우리 머릿속에서, 마음속에서 그려보고 느껴보고 싶다.

2

창경궁 답사

외전

창경궁 답사의
출발점

창경궁을 가려면 도대체 어디를 출발점으로 삼아
야 할까? 출발점이 가장 뚜렷하게 떠오르지 않는
다. 옛날에는 어땠을까? 흥인문을 들어와 운종가
를 따라 서쪽으로 중심가로 들어오다 보면 야트막한 고개를 넘게 되어 있
었다. 그 고개 인근에 배밭이 꽤 있었는지 이름이 배오개^{이현梨峴}이다. 배오
개를 막 넘어선 자리, 오늘날의 종로4가에서 북으로 올라가는 길이 갈라
진다. 오늘날도 그 길의 골격은 남아 있다. 그 길로 쭉 따라 올라가다 보면
좀 큰 네거리가 나온다. 하지만 옛날에는 그 네거리에서 서편으로 가는
길, 오늘날의 율곡로는 없었다. 창덕궁, 창경궁에서 종묘로 흐르는 산줄기
의 맥이 흐르기 때문이다. 그 길을 굳이 낸 것은 그 맥을 끊으려는 일제의

372

창경궁 월근문 | 동궐 후원에서 사도세자의 사당인 경모궁으로 바로 통하던 문이다. 정조 임금이 이 문을 내고 부지런히 드나들었다.

간계다. 이제 그 맥을 다시 잇기 위하여 도로를 지하로 묻는 공사를 하고 있다.

그 네거리를 지나 계속 북으로 가면 길의 서편에는 궁성이 이어지고, 드문드문 문이 나 있다. 남에서 북으로 가면서 선인문宣仁門, 홍화문이 동향으로 있고, 방향이 굽은 부분에 월근문月覲門이 남향으로 있다. 지금은 길가에 이렇게 문이 셋 있지만 옛날에는 홍화문과 월근문 사이에 통화문通化門이 하나 더 있었으나 지금은 흔적조차 찾기 어렵다. 다른 궁궐도 그렇듯 창경궁 앞에 와서 서둘러 안으로 들어가기보다는 그 앞에서 좀 둘러보는 것이 좋겠다. 그 문들이 창경궁의 특성을 드러내고 있기 때문이다.

먼저 북쪽 궁성이 꺾이는 모퉁이에 있는 월근문을 보고 가자. 정조는 즉위한 지 열흘쯤 된 시점에서 바로 자신의 생부 사도세자에게 장헌莊獻이라는 존호를 올리고, 그 사당을 경모궁景慕宮이라고 이름 지었다.[2] 그리고

경모궁 터 | 경모궁은 창경궁 홍화문의 동편 등성이에 넓게 자리 잡고 있었다. 지금은 서울대학교 의과대학과 병원이 그 자리를 차지하고 있어, 경모궁 터는 아주 작은 구역에 그 흔적을 유지하고 있다.

곧바로 경모궁을 고쳐 지으라 하여 8월에는 개건 공사를 마쳤다. 그야말로 '궁'이라는 이름에 걸맞게 큰 규모였다. 일제강점기 때 경모궁 자리에 병원이 들어섰고, 그것이 오늘날 서울대학교병원이다.

정조는 경모궁을 고쳐 짓는 동시에 창경궁을 수리하는 공사를 벌이고, 그 공사가 끝날 즈음에는 창경궁의 궁성 동편에 경모궁에 드나들기 쉽도록 문을 하나 더 내었다.[3] 그 문이 바로 월근문이다. 달 월月, 뵐 근覲. 그 월근문을 통해 정조는 한 달에 한 번 혹은 두 달에 한 번 경모궁을 참배하였다. 지금 그 월근문이 창경궁의 궁성 모퉁이에 남아 있는 것이다. 문들이 보통 3간이나 1간인 데 비해서 월근문은 2간으로 되어 있다. 2간의 문 크기가 서로 달라, 바라보기에 오른편은 크고 왼편은 작다. 그리 장대하거나 화려한 모양은 아니나 그런 사연이 있었나 하며 보아둘 만하다. 오늘날 월근문을 들어서면 후원의 춘당지 인근이 나온다.

월근문과 마주보는 자리, 경모궁 궁장에 지었던 일첨문日瞻門은 서울대학교병원 부지의 서북쪽 모퉁이로 창경궁로가 치고 지나가면서 없어지고, 그 자리는 높은 축대가 되었다. 월근문보다 더 남쪽에 있던 통화문을 들어서면 후원의 바로 남쪽에 밀집되어 배치된 생활기거공간으로 들어설 수 있었다. 통화문은 1간짜리 작은 문이지만 드나드는 사람이 많았던 문이다. 생활기거공간의 건물들이 없어질 때 함께 없어진 듯하다. 통화문이 창경궁의 정문 홍화문을 북쪽에서 보필하던 문이라면, 홍화문 남쪽에 있는 문은 선인문이다. 선인문은 월근문처럼 2간으로 되어 있다. 오른쪽 1간은 크고, 왼쪽 1간은 작다. 선인문 안으로 들어가면 금천에 놓인 평평한 돌다리를 건너게 된다. 지금도 그 선인문과 돌다리는 남아 있다. 하지만 문을 들어서 돌다리를 건너면 양쪽에 있던 실무 공간들과, 더 깊숙이 들어가면 있던 동궁 영역은 사라지고 바뀌었다. 일제강점기 이 자리에 동물원이 들어섰던 탓이다.

홍화문과 옥천교　　　　창경궁의 정문은 홍화문弘化門이다. 창경궁 동쪽 궁성에 있던 네 문들 가운데 당연히 격이 가장 높다. 정면이 3간, 측면이 2간에 겹지붕을 하고 있다. 궁궐 정문으로서는 얼핏 작아 보이기도 하지만, 전체적으로 단단하면서도 날렵한 느낌을 준다. 홍화문은 동향을 하고 있다. 하지만 길은 동쪽으로 뻗어나가지 못한다. 앞에 큰 둥성이가 가로막고 있기 때문이다. 그래서 동향을 한 문임에도 궁성을 따라 남북으로 난 길로 이어질 수밖에 없었다. 하여 홍화문 앞은 광장과 같은 느낌이 들지 않는다. 하지만 그곳도 옛날에는 임금과 백성이 만나는 곳이었다. 기근이 들면 홍화문 앞에서 굶주린 백성들에게 쌀을 나누어주기도 하였다. 〈홍화문사미도弘化門賜米圖〉가 그 사실을 전해주고 있다.

홍화문을 들어서면 금천이 북쪽에서 남쪽으로 흐르고 그 금천에 옥천

현재 홍화문(위) ⎮ 제자리 제 모습의 골격은 유지하고 있다. 어문 안으로 명정문이 있고, 명정문 안으로 명정전이 보이는데 축이 조금 비틀려 보인다.

일제강점기의 홍화문(아래) ⎮ 창경원 현판이 기둥에 달려 있다. (국립중앙박물관 유리건판)

교玉川橋가 놓여 있다. 옥천교 건너에는 명정문이 있고, 그 좌우로 회랑이 가로지르고 있다. 홍화문을 들어서서 옥천교를 건너 명정문으로 들어서기까지의 길은 아주 짧다. 그런데 답답하다기보다는 아늑한 느낌이 든다. 왜 그런가? 살구며 매화 같은 나무들 때문인 듯도 하지만, 그것이 다는 아니고 또 다른 이유가 있지 않을까?

유심히 살펴보지 않으면 그냥 지나치기 쉬우나, 금천이 흘러오는 북쪽

〈홍화문사미도〉, 《정리의궤》 | 정조 임금이 1795년 사도세자의 묘인 현륭원에 갔다 온 뒤 홍화문 앞에서 도성민들에게 쌀을 나누어주는 장면이다. (프랑스국립도서관 소장)

과 흘러나가는 남쪽에도 회랑이 있다. 지금은 사람이 다니는 회랑처럼 되어 있으나, 아무래도 복원한다고 하면서 잘못 해석한 것으로 보인다. 〈동궐도〉나 〈동궐도형〉에는 칸칸이 막혀 방이나 마루방으로 꾸며져 있는 행각으로 표현되어 있다. 그게 맞다. 그리고 보니 이 행각과 바깥 궁성이 만나는 부분은 십자각十字閣 모양을 하고 있다. 십자각 부분이 조금 더 바깥쪽으로 튀어나가 홍화문을 좌우에서 받쳐주면서, 그 앞을 하나의 마당으로 꾸며준다.

이렇게 보니 이 행각 부분은 치밀한 연출이다. 그 방이나 마루방을 알뜰하게 쓸 수 있을 뿐만 아니라 홍화문에서 명정문에 이르는 공간을 그냥

홍화문 남쪽의 행각 마지막 부분 | 명정전에서 궁성까지 이어지는 행각이 십자각 모양으로 마무리되었다. 홍화문에서 명정전까지 길이가 짧기에 문을 하나 줄이다 보니 행각을 궁성까지 이은 것이다.

터진 공간으로 내버려두지 않고, 사방이 막힌 하나의 마당, 닫힌 공간으로 꾸민 것이다. 이 공간은 명정문 안의 조정을 뒷받침하는 아랫조정의 기능을 한다. 다른 궁궐에는 이런 공간이 둘 있는데 비해 창경궁은 공간이 부족하므로 하나만 꾸민 것이다. 다른 궁궐 못지않게, 더욱더 요긴하게 쓰였을 것이다.

다른 궁궐들의 금천이 모두 마른 개울이 되어버린 데 비해 창경궁의 금천만은 지금도 물이 흐르고 있다. 물이 모여드는 배후지인 후원이 넓기 때문이겠다. 사실 흐른다기보다는 젖어 있는 정도지만 그래도 반갑다. 옥천교는 홍예 둘이 받치고 있는 돌다리인데, 두 홍예가 만나는 자리에 큰 돌이 튀어나와 있다. 받침대로 보인다. 창덕궁의 금천교에는 그 받침대 위에 남에는 백택, 북에는 현무로 보이는 석수가 있다. 이로 미루어 보자면 옥천교의 그 돌 받침대 위에 그 물길을 지키는 돌짐승이 있어야 마땅하

창경궁 옥천교 | 홍예가 만나는 부분의 북쪽에 놓인 좌대에는 현무에 해당하는 석수가 앉아 있어야 하는데 비었다. 어느 못된 손이 어디로 가져갔을까?

다. 그런데 없다. 어디로 갔을까? 혹 일본인들이 가져간 것은 아닐까? 옥천교에도 다른 궁궐의 금천교와 같이 돌난간이 설치되어 있다. 난간 돌기둥의 윗부분에는 이곳을 지키는 짐승이 조각되어 있다. 그런데 서남쪽에 자리한 것은 머리 부분이 깨져 있다. 창경원 시절의 상처로 보인다. 어느 손의 소행일까? 어느 못된 일본인이 아닐까 혐의를 두지만, 늘 그렇듯 혐의는 있으나 물증은 없다.

정전 명정전　　　　　창경궁 외전의 정전은 명정전明政殿이다. 홍화문에
　　　　　　　　　　서 명정전에 이르는 동선은 짧다. 거리가 짧은 것
　　　　　　　　　　만이 아니다. 홍화문을 들어서면 바로 옥천교요,
옥천교를 건너면 바로 명정문이다. 경복궁으로 말하자면 홍례문, 창덕궁으로 말하자면 진선문에 해당하는 문이 생략되었다. 명정문을 들어서면

창경궁 외조 | 홍화문, 명정문, 명정전이 한 줄로 늘어섰다. 한 줄은 한 줄인데 일직선은 아니다. 명정전의 축과 명정문 및 홍화문의 축이 틀어졌다.

명정전 조정이다. 홍화문을 들어서서 옥천교를 건너 명정문에 이르는 길은 직선으로 이어지나 명정문을 들어서면서 살짝 각도가 꺾인다. 지형에 맞추어 건물을 배치하다 보면 주요 건물의 축을 직선으로 일치시킬 수 없는 사정이 생기게 마련인데, 그럴 때는 지나는 사람이 느끼지 못하도록 그 축을 길 중간이 아닌 문에서 살짝 꺾어줘야 한다. 그렇게 하면 길을 지날 때 위화감이 느껴지지 않는다.

명정문을 들어서면 그리 넓지는 않으나 바닥에는 박석이 깔려 있고 회랑에 둘러싸여 포근한 느낌을 주는 마당이 나온다. 이것이 창경궁의 조정이다. 저 앞 2층 기단 위에 단층의 아담한 법전 명정전이 앉아 있다. 명정전은 지붕이 단층인 데다 칸수도 정면 5간, 측면 3간 해서 15간이다. 25간의 근정전은 물론이요, 20간인 인정전에 비해서도 작다. 회랑은 1980년대에 복원한 것이라 깊은 맛이 덜한데, 특히 주춧돌의 모양이 제각

명정전 내부 | 바닥의 전돌은 새로 깔았고, 일월오봉병 뒤의 합판도 전혀 원래의 모습이 아닌 것으로 보인다. 단청도 많이 바래고 벗겨졌다. 전체적으로 썰렁한 기운이 감돈다.

각이다. 원래 이렇지는 않았을 텐데 복원하면서 아무것이나 가져다 쓴 결과로 보인다. 명정전 안은 영락없이 썰렁하다.

명정전은 그렇지만 가볍게 볼 건물이 아니다. 우선 창경궁 외전의 정전이라는 점에서 그렇다. 그러나 명정전의 가치는 거기서 그치지 않는다. 오늘날까지 남아 있는 궁궐 건물들은 모두 광해군 대 이후 다시 지은 것이다. 광해군 대 다시 지은 건물조차 대부분 화재를 입어 다시 지었다. 외전의 정전은 다 그렇다. 그런 가운데 이 명정전만은 제 모습을 유지하고 있다. 그렇게 보면 웅장하고 화려하지 않은 점이 오히려 명정전의 본 모습이요, 가치라고 볼 수도 있다. 그런 눈으로 보니 천장 봉황의 소박하지만 자연스러운 자태가 새삼 눈에 들어온다.

명정전의 특징으로 빼놓을 수 없는 것이 동향이라는 점이다. 서울에 있는 다섯 궁궐의 외전 정전 가운데 유일하게 명정전만이 동향이다. 명정

창경궁 명정전 일대 | 명정전은 동향, 문정전은 남향을 하고 있다. 명정전 뒤에 지붕만 보이는 건물은 숭문당이다. 뒤로는 지금은 창덕궁에 속하게 된 낙선재 일곽이 살짝 보인다.

명정전 천장 봉황 | 봉황이 엄격하게 점대칭을 하고 있지 않다. 오히려 그래서 자연스럽다.

전이 동향이니 홍화문에서 명정전에 이르는 축도 동향이다. 임금은 남면
한다는 원칙을 벗어나 이렇게 동향으로 한 것은 지형 때문이다. 낙선재-
석복헌-수강재가 기대어 있는 북쪽의 산등성이가 동쪽으로 흘러내리고
있고, 명정전은 이 등성이에 의지하여 지었기 때문에 동향을 할 수밖에
없었다.

문정전과 숭문당　　　 명정전 남쪽에 있는 건물이 창경궁의 편전인 문
　　　　　　　　　　 정전文政殿이다. 문정전은 상참이나 경연 등을 여
　　　　　　　　　　 는 공간으로 쓰였다. 국상이 났을 때는 시신을 모
시는 빈전이나 신주를 모시는 혼전으로 쓰기도 하였다. 보통 편전은 외전
과 내전 사이에 있는데, 특이하게도 문정전은 명정전 남쪽에 바로 붙어
있다. 아마도 선인문을 통해 접근하기 쉬운 지점을 선택한 것으로 보인다.

창경궁 숭문당 ┃ 임금이 신료들을 만나는 데 많이 이용하였다. 건물의 모양이 소박하여 친근감을 준다.

문정전은 명정전과 달리 남향을 하고 있다. 광해군 대에 창경궁을 중건하
면서 문정전도 명정전과 동일하게 동향으로 만들려는 시도도 없지 않았
으나, 그렇게 하려면 넓은 면적을 할애하고 명정전 조정도 줄여야 했기
때문에 임진왜란 이전대로 남향으로 하였다. 문정전의 기둥은 원기둥이
아니라 사각기둥이다. 사각기둥은 원기둥보다 대체로 크기도 작고 품격도
낮은 것으로 인식되었다.[4] 지금의 문정전은 일제강점기에 사라졌다가
1980년대 중반에 다시 지은 것이다.

　　명정전 뒤편, 서쪽에 숭문당崇文堂이 있다. 명정전과 마찬가지로 동향
을 하고 있는데 경사지에 지었기 때문에 전면은 누樓 모양을 하고 있고,
후면은 지면에 바로 닿았다. 크지 않은 건물이지만 한결 고풍스럽다. 숭문
당은 편전 문정전을 보조하여, 임금이 신료들을 만나거나 경연을 여는 용
도로 많이 쓰였다. 특히 영조는 이 건물에 자주 임어하여 활동하였다.

창경궁 빈양문 | 안쪽은 명정전이다. 빈양문을 나오면 함인정이 보이고, 서편 담 너머 등성이에는 취운정이 있다.

내전

함인정 　　　　명정전은 다른 궁궐의 정전과는 달리 뒤편으로
　　　　　　　복도가 연결되었다. 그 복도 끝에 문이 있는데 빈
　　　　　　　양문賓陽門이다. 빈양문을 나서면 내전 영역이다.
달리 보면 외전에서 내전으로 들어섰다고 할 수도 있다. 빈양문 밖은 휑하
니 넓은 빈터다. 그 한가운데 꽤 높은 기단 위에 함인정涵仁亭이라는 정자
가 덩그러니 앉아 있다. 정면 3간, 측면 3간 해서 9간이나 된다. 정자라고
하기에는 크다. 이렇게 넓은 터에 정자가 있는 것이 어색한데, 이곳에는
원래 인양전仁陽殿이라는 건물이 있었다는 기록으로 보아 그 건물이 있던
때는 다른 부속 건물들로 채워져 있었을 것이다. 인양전이 없어진 뒤 인조

창경궁 함인정 | 외전인 명정전과 내전인 환경전 사이에 있는 정자. 말이 정자지 편전과 같은 기능을 담당하였다. 지금은 주위 부속 건물들이 없어져서 거의 정자처럼 되었다.

연간에 인경궁의 건물들을 헐어다 창경궁을 수리하였다. 그때 옮겨다 지은 건물 중에 인경궁의 함인당涵仁堂이 있었는데, 이 함인당이 함인정이 된 것으로 보인다. 다만 함인정은 1830년순조 30에 불타서 1833년순조 33에 다시 지었는데, 이후에도 주변에는 다른 건물들이 있었으나 순종 대 이후 창경궁이 제 모습을 잃어가면서 이렇게 된 것으로 보인다.

함인정 안을 들여다보면 기둥과 서까래가 만나는 방 위에 사방으로 시구를 새긴 현판이 달려 있다. 동쪽에 "춘수만사택春水滿四澤", 남쪽에 "하운다기봉夏雲多奇峯", 서쪽에 "추월양명휘秋月揚明輝", 북쪽에 "동령수고송冬嶺秀孤松"이다. 춘하추동 네 계절을 앞에 두고, '봉'과 '송' 운자를 맞춘 것으로 이해된다.

봄이 되니 사방 연못에 물이 가득 차고

함인정 안의 사시 현판 | 시의 내용에 따라 춘하추동을 순서대로 동남서북에 맞추었다.

여름 구름 높은 봉우리에 가득 걸렸네.
가을 밤 달은 밝은 빛 뿌리고
겨울 넘어가는 고개에는 외로운 소나무 우뚝 서 있다.

도연명陶淵明이 지은 〈사시四時〉라는 제목의 시다. 함인정 서쪽은 산등성이인데 담으로 막혀 있다. 그 담 너머에는 취운정翠雲亭이라는 정자가 있다. 수강재의 후원 정자로 지금은 창덕궁의 일부처럼 되어 있어 전혀 창경궁의 일부라는 느낌이 들지 않는다. 하지만 원래는 그 일대도 창경궁에 포함되었던 곳으로, 지금처럼 담장으로 완전히 분단되어 있지 않고 곳곳에 있는 문으로 드나들 수 있었다. 그래야 사람 사는 분위기가 살아나지 지금같아서는 너무 답답하다.

창경궁 환경전(오른쪽), 경춘전(왼쪽) | 원래는 각각 행각과 담장으로 둘러싸여 구역이 나뉘어 있었으나, 지금은 부속 건물들은 없어지고 본채만 남아 서로 가까워졌다.

환경전과 경춘전　　　함인정의 북쪽으로는 환경전歡慶殿이 남향으로 앉아 있다. 환경전은 1830년순조 30 순조의 아들 효명세자가 갑자기 죽었을 때 그 시신을 모신 빈궁으로 쓰였는데, 이곳에서 불이 나서 경춘전, 양화당, 함인정, 숭문당, 영춘헌까지 피해를 입었다. 재궁梓宮, 관도 겉은 검게 탔으나 다행히 그 안의 시신은 손상이 없어 다시 염을 하여 장례를 치렀다. 불탄 건물은 1833년순조 33에 중건하였다.[5]

　환경전은 정면 5간, 측면 2간 건물을 반 간짜리 복도가 사방에서 감싸고 있는 모양이다. 복도는 시중드는 사람들의 통로이다. 기단은 높지만 월대는 없다. 지금의 환경전은 정면 가운데 3간이 대청마루이고, 〈동궐도〉에서도 마찬가지이다. 하지만 〈동궐도형〉을 보면 가운데 6간 대청마루가 있

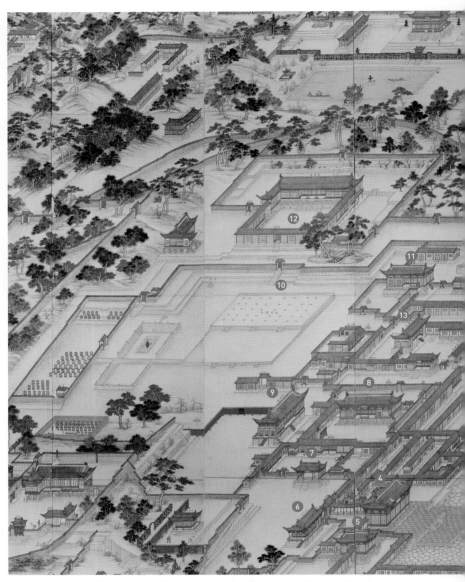

〈동궐도〉 중 창경궁 명정전과 그 북쪽 부분 ┃ 창경궁의 외전과 내전, 그 북쪽 생활기거공간 일대의 모습이 다. 통명전은 1834년 복원되기 전에 그려졌기 때문에 터만 있다. 지금은 일부 전각만 남아 있고 나머지 영역은 모두 잔디밭, 나무가 서 있는 공터 혹은 숲이 되었다.

1 홍화문 2 옥천교 3 명정문 4 명정전 5 문정전 6 숭문당 7 함인정 8 환경전 9 경춘전
10 통명전 터 11 양화당 12 자경전 13 연희당 14 궁녀들의 방 15 집복헌 16 영춘헌 17 요화당
18 신독재 19 통화전 20 내농포 21 춘당지

고, 동쪽에 2간, 서쪽에 2간 온돌방이 있어 구조가 다르다. 또 정면의 행각의 문에서 대청으로 이어지는 복도가 있었다. 이 복도는 〈동궐도〉에는 그려져 있지 않다. 또한 〈동궐도〉나 〈동궐도형〉을 보면 남쪽의 함인정과의 사이에는 공묵합恭黙閤 등 행각이 있었으며 서쪽과 북쪽은 행각으로, 동쪽은 담장으로 둘러싸여 있었다.

환경전은 건물 모양으로 보나 위치로 보나 임금이 기거하는 건물, 대전이었음을 알 수 있다. 하지만 부속 건물은 모두 없어진 채 본채만이 외롭게 서 있어 황량함마저 느끼게 한다. 환경전의 동쪽에는 잔디밭이 넓게 조성되어 있는데 그 한구석에는 웬 커다란 석탑이 한 기 서 있어 어색함을 더하고 있다.

환경전의 서편에 환경전과 비슷한 크기의 건물 경춘전景春殿이 있다. 경춘전은 별다른 부속 건물을 거느리고 있지 않다. 그 뒤편에는 산자락을 서너 층의 석축으로 마감한 화계가 있어, 산자락을 기대고 동쪽을 향하여 환경전을 바라보는 모양이다. 연산군 때 소혜왕후, 숙종 때 인현왕후, 그리고 순조 대에 혜경궁 홍씨가 이곳에서 승하하였다. 또한 1752년영조 28에 정조, 1827년순조 27에 헌종이 이곳에서 탄생하였다는 기록 등으로 보자면 왕비나 왕세자빈 또는 대비 같은 왕실의 고위 여성들이 주로 썼던 건물임을 알 수 있다.[6] 다만 숙종 임금이 임어한 때도 있었고, 영조 대에는 사도세자가 잠시 기거하기도 하였다.

정조는 자신이 태어난 이곳을 각별하게 생각하였다. 이 건물의 동벽에는 용 그림이 있었는데, 사도세자가 용이 침실로 들어오는 태몽을 꾸고 정조를 낳은 뒤에 그것을 기려서 그린 것이라고 한다. 정조는 이를 기려 기문을 짓고, "탄생전誕生殿"이라고 현판을 써서 걸기도 하였다. 정조의 아들인 순조는 다시 자기 할아버지 사도세자와 아버지 정조의 그러한 행적을 듣고 역시 기문을 짓고 "경춘전"이라는 편액을 써서 걸었다.

창경궁 통명전 | 크고 화려하지는 않으나 단아한 기품이 느껴진다. 동편에 보이는 건물이 양화당이다.

중궁전 통명전　　　경춘전의 북쪽으로는 건물 한 채가 기품 있게 앉
　　　　　　　　　아 있다. 창경궁의 중궁전인 통명전通明殿이다. 통
　　　　　　　　　명전의 겉으로 드러난 가장 두드러진 특징은 용
마루가 없다는 점이다. 《궁궐지》와 〈동궐도형〉에 "무량각無樑閣"이라고 표
기되어 있다. 통명전이 침전이라는 뜻이겠다.

　　통명전의 크기와 구조는 환경전, 경춘천과 비슷하다. 가운데 6간은 대
청마루이고, 동서에 각각 2간짜리 온돌방이 있으며, 복도가 사방을 둘러
싸고 있다. 환경전, 경춘전과 달리 앞에는 월대가 넓게 조성되어 있다. 월
대는 통명전이 내진찬을 비롯해 왕비가 주도하는 행사를 치르는 공간이
었음을 보여주는 시설이다. 하지만 통명전도 주변의 다른 건물들과 마찬

통명전 내부 | 궁궐의 다른 정전 건물들과 마찬가지로 가운데는 대청마루, 양옆은 온돌방으로 되어 있다. 대청마루 북쪽 창문 위에 통명전 어필 편액이 번듯하게 걸려 있다.

가지로 부속 건물들을 잃고 덩그러니 홀로 있다. 통명전이 창경궁의 중궁전인데 이렇게 썰렁하고, 이렇게 허술하였을 리가 있겠는가? 홍화문을 들어서서 통명전에 당도하려면 아홉 겹 문을 통과해야 했을 것이다. 이른바 구중궁궐 깊은 곳. 하지만 실제로 어느 길로 가야 하였을까? 궁궐을 잘 알지 못하는 사람들은 미로를 헤매듯 해야 했을 것이다.

　　그런데 〈동궐도〉의 통명전 자리에는 2층 기단 위에 있는 정면 8줄, 측면 5줄　40개의 주춧돌만 그려져 있다. 1790년^{정조 14} 정월에 불에 탄 뒤, 40년도 넘은 1834년^{순조 34}에 가서야 중건되었기 때문이다.[7] 그 사이에 통명전은 그저 빈터로만 있고, 아마도 인근의 경춘전이 중궁전처럼 쓰였을 것이다. 〈동궐도〉는 1830년 경춘전 화재 이전에 그려졌으니 터만 묘사되어 있는 것이다. 〈동궐도형〉에는 현재의 모습대로 그려져 있다.

　　통명전의 동쪽으로는 통명전보다는 작지만 그래도 번듯한 건물인 양

장춘각 터 | 저 동그란 샘에서 솟아나는 물이 좁은 물길을 지나 연못을 채웠다. 그 위로 돌다리가 놓여 있는데, 이는 실은 다리가 아니라 그 위에 있던 장춘각이라는 건물을 받치는 기반이었다.

화당養和堂이 있다. 양화당은 병자호란 당시 인조 임금이 남한산성에서 돌아와서 임어하였던 역사가 있다.

통명전의 바로 서편에는 가장자리나 바닥이 모두 돌로 조성된 직사각형의 연못이 있다. 가장자리에 돌로 난간을 둘렀고, 두툼한 돌다리가 놓여 있다. 그 돌다리를 중간에 교각 하나가 받쳐주고 있다. 그런데 이것이 과연 다리일까? 의문이 들어 《궁궐지》를 찾아보니 통명전을 다룬 기록에 "서쪽에 연지蓮池가 있고, 돌난간石欄을 둘렀다"고 되어 있다. 그런데 통명전 다음다음에 장춘각藏春閣이라는 건물이 소개되어 있다. 통명전 서쪽에 있었는데 《궁궐지》를 기술할 당시, 즉 헌종 대에는 없었다고 하며 "장춘각 아래 연못을 팠고, 연못 위에 돌난간을 빙 둘렀다. 연못 북쪽에 작은 우물이 있다"고 되어 있다.[8] 달리 말하자면, 장춘각은 연못 위에 지은 건물이었다. 그런데 연못 위에 어떻게 건물을 지었을까? 그 답이 바로 지금까지 남아 있는 이 시설물이다. 이것은 돌다리가 건물의 받침대인 것이다. 장춘각은 연못을 위에서 내려다보기 위하여 지은 물 위의 작은 건물이었다.

통명전 부근에는 우물과 샘이 많다. 아마도 지하수가 풍부하게 지나가는 것으로 보인다. 장춘각 연못의 물은 그 북쪽에 있는 샘에서 돌로 만든 물길을 통해 공급된다. 그보다 조금 더 북쪽 기단 석축 아래에 또 샘이 있다. 이름이 열천洌泉인데, 숙종이 그 유래와 관련하여 다음과 같은 글을 남겼다. "모후인 명성왕후明聖王后가 장춘각을 좋아했다. 그 북쪽 석축 아래 샘이 있는데 경자년1660년 이후에 만든 것이다. 처음에는 작은 웅덩이에 지나지 않았는데 명성왕후가 이를 좋아해서 더 파서 넓게 만들라고 했다. 그 물이 맑고 찬데 사시사철 마르지 않았다. 그 물길의 북쪽에 평평한 돌이 있는데 옥같이 희다. 이를 '열천'이라고 이름 짓고, 면석에 글씨를 새겼다." 후일 영조가 이를 받아 1757년에 다시 기문을 지어 남기기도 했다.

〈동궐도〉에는 통명전에서 서쪽으로 나와 장춘각을 지난 곳에 상당히 넓은 장고와 염고가 그려져 있다. 〈동궐도형〉에는 장고와 염고는 사라지고, 그 자리의 북쪽에 여휘당麗暉堂이 있다. 'ㅁ'자에 가까운 모양의 15간 건물로 묘사되어 있는데, 통명전에 딸린 실무자들의 공간이었던 것으로 보인다. 〈동궐도형〉에 따르면 여휘당의 서남쪽에는 꽤 여러 단의 계단이 있고, 그 계단을 오르면 문이 있는데, 이 문을 들어서면 창덕궁의 중희당 뒤편이었다. 오늘날에는 그 계단만 남았다.

생활기거공간

자경전 터   지금의 통명전 옆 계단을 올라 오른쪽으로 돌아가면 통명전과 양화당의 바로 북쪽에 상당히 넓

명정전 위에서 본 창경궁 내전 일대 ㅣ 사진의 우측, 양화당 뒤편 높은 지형 위에는 자경전이 있었다. 자경전에서 내다보는 전망이 좋았을 것이다.

은 터가 나온다. 환취정環翠亭 자리다. 환취정은 정丁 자 모양의 건물로서 정자라기보다는 별채와 같은 기능을 했던 것으로 보이는데, 1724년경종 4 8월 경종이 여기서 승하하였다. 거기서 내다보는 경관이 매우 좋았을 것이다. 거기서 더 동쪽으로 가면 자경전慈慶殿이 있었던 자리이다.

자경전은 1777년정조 1 정조가 자신의 생모인 혜경궁 홍씨를 모시기 위해서 지은 건물이다. 정면이 9간, 측면이 4간 해서 36간의 크기에, 월대가 있는 기단에다 좌우와 전면에 행각을 거느려 그 안의 중정이 매우 넓은 위풍당당한 건물이었다. 뒤란도 넓고 석축으로 쌓은 화계가 장대했다. 어느 면에서는 중궁전인 통명전보다도 더 화려했다. 지대가 높은 곳이라 전망도 좋았다. 특히 동쪽으로 바로 건너다보이는 등성이에 혜경궁 홍씨의 남편, 사도세자의 사당인 경모궁이 있었다. 생과 사는 갈렸더라도 두 내외가 서로 바라다보며 회포를 푸시라는 배려였을까?

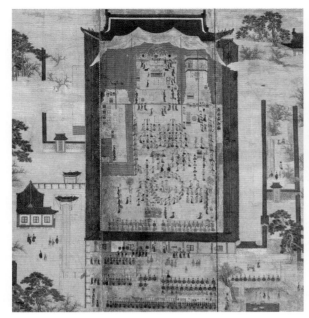

〈기축진찬도병〉 중 자경전 내진찬도 | 순조가 나이가 40세, 즉위한 지 30년이 되는 것을 기념하여 기축년, 곧 1829년(순조 29)에 큰 잔치를 벌였다. 그 가운데 왕실 여성들과 함께 하는 내진찬은 행각으로 둘러싸인 넓은 안마당을 갖고 있는 자경전에서 열렸다. (국립중앙박물관 소장)

혜경궁 홍씨 사후에 자경전은 대비나 왕대비 등이 기거하는 곳으로 쓰였다. 자연히 내진찬이나 진연 등 궁중 여성들의 가례 행사가 이곳에서 자주 열렸다. 이곳을 쓸 왕실의 웃어른이 계시지 않는 시기에는 임금이나 왕세자가 그때그때 필요한 용도로 썼다.

그러던 자경전은 1865년고종 2 10월 29일 창경궁을 떠났다. 경복궁으로 이건하였기 때문이다. 다만 지금 경복궁에 있는 자경전과 헷갈려서는 안 된다. 경복궁의 자경전은 새로 지은 별개의 건물이고, 창경궁의 자경전은 경복궁의 자미당紫微堂이 되었다.[9] 본래 자미당은 조선 초기에는 경복궁의 중궁전인 교태전 동쪽에 있는 건물이었는데, 규모가 상당하여 세종을 비롯한 임금들도 이용한 건물이었다. 창경궁의 자경전을 옮겨 지은 자미당은 고종이 신료들을 만나는 공간으로 애용되었다. 그러다 자미

당은 1876년고종 13 경복궁 내전
에 화재가 일어났을 때 불탔고,
1888년고종 25 복구되었다. 하지
만 이후의 종적은 기록에 나타
나지 않는다. 아마 1917년 창덕
궁 화재 이후 창덕궁을 복구할
때 경복궁의 건물들을 뜯어다
자재로 쓰면서 없어진 것으로
보인다.

풍기대 | 바람의 방향과 세기를 재는 데 썼던 기구다.
창경궁에서 지대가 높은 곳이라서 이곳에 세웠으리라
짐작된다. 임금은 기상까지도 책임을 지는 존재였다.

자경전 터의 동남쪽 언저리
에는 괴석과 함께 풍기대가 놓
여 있다. 경복궁 궐내각사 터에
있는 것과 같은 모양이다. 풍기
대는 가운데 뚫린 구멍에 긴 장
대를 꽂아 세우고 그 끝에 긴 천
을 달아 바람의 방향과 속도를
측정하던 기구이다. 그러고 보
니 창경궁에서는 가장 높은 이곳이 바람을 재기에는 적격이었겠다. 하지
만 자세히 보면 풍기대의 윗부분과 아랫부분의 석질이 서로 다르다. 중간
이 잘려나간 것을 나중에 이어붙였기 것이다. 돌로 된 풍기대조차 세월의
바람, 시대의 풍파를 견디지 못했다.

영춘헌과 집복헌　　자경전 터 남쪽으로 상당히 높고 넓은 계단이 있
　　　　　　　　　다. 원래부터 있던 것이 아니라 일제강점기에 조
　　　　　　　　　성된 것으로 보인다. 그 계단을 내려오면서 왼쪽,
그러니까 동쪽에 'ㅁ'자가 둘 붙은 모양의 건물이 있다. 그 가운데 동쪽에

창경궁 영춘헌과 집복헌 | 사도세자, 정조, 순조와 관련이 깊은 건물이다. 1830년에 불이 나서 다시 지었는데, 일제강점기에는 동물원 관리사무소로 쓰였다. 2000년도에 수리하였다.

있는 건물이 영춘헌迎春軒이고 서쪽 부분이 집복헌集福軒이다. 아주 단순한 구조가 1908년도에 작성된 〈동궐도형〉의 모습과 같다. 창경원 시절에 변형되었으나 1986년에 중건하면서 고친 결과이다. 그런데 〈동궐도형〉의 모습과 〈동궐도〉에 묘사된 모습은 서로 다르다. 〈동궐도〉는 1830년 화재 이전의 모습을, 〈동궐도형〉은 화재 이후의 모습을 담고 있는 바, 화재 이후 중수하면서 크게 변형된 것으로 보인다.

1830년에 창경궁 내전 일대에 큰 화재가 났을 때 이 일대도 불에 타 1833년에 중수하였다. 영춘헌은 장남궁長男宮이라는 건물을 헐어 그 자재로 다시 지은 것이다.[10] 〈동궐도〉를 보면 중희당 동북쪽에 왕세자빈의 거처인 연영합延英閤이 있는데, 그 건물의 동편에는 "천지장남지궁天地長男之宮"이라는 편액이 걸려 있다. 장남궁이란 이 연영합을 가리키는 것으로 보인다. 〈동궐도〉에 그려진 연영합은 정면이 7간에 측면이 3간은 되어 보이고,

서쪽에는 앞으로 정면 2간 측면 2간의 누가 돌출되어 있다. 옮기면서 누는 없애고, 뒤편으로 'ㄷ'자 모양 행각을 덧붙여 오늘날과 같은 'ㅁ'자 모양의 영춘헌이 된 듯하다. 집복헌은 영춘헌의 부속 행각으로, 영춘헌의 서행각에 'ㄷ'자 모양의 행각 건물을 덧붙여 다시 'ㅁ'자가 된 모양이다. 집복헌 역시 1830년에 영춘헌과 함께 불타고 함께 중수되었다.[11]

영춘헌과 집복헌은 사도세자, 정조, 순조 3대에게는 매우 친숙한 공간이었다. 영춘헌은 정조가 오래 기거하였을 뿐 아니라, 숨을 거둔 곳이기도 하다. 집복헌은 1735년영조 11 정월에 사도세자가, 1790년정조 14 6월에는 사도세자의 손자인 순조가 태어난 곳이다. 〈동궐도〉에 그려진 그 시절의 영춘헌과 집복헌은 단순히 'ㅁ'자 둘을 붙여놓은 모양이 아니다. 집복헌이 현재 영춘헌과 집복헌을 합쳐놓은 모양이고, 그 동남쪽에 있는 정면 3간에 측면 3간인 비교적 작은 건물이 영춘헌으로 표기되어 있다. 하지만 그것이 영춘헌의 전부가 아니고, 그 뒤편 'ㅋ'자 모양 건물과 또 그 뒤편 경사지에 별채 둘을 더 거느린 공간 전체를 영춘헌으로 보아야 할 것이다. 이 정도는 되어야 임금들이 태어나고 승하하고 할 정도가 아닌가 여겨지는데, 1830년 화재 이전 영춘헌과 집복헌의 규모와 위치는 좀 더 따져보아야 할 과제이다.

궁녀들의 방?　　　　현재 영춘헌과 집복헌이 빈약해 보이는 또 다른 이유는 주위의 건물들이 모두 없어진 데 있다. 영춘헌과 집복헌 앞 남쪽과 동쪽 주위에는 서쪽에 양화당, 그 남쪽에 환경전, 그리고 영춘헌 동남쪽에 명정전과 그 회랑만 있을 뿐, 그 사이 넓은 공간에는 이제 빈터와 잔디밭만 넓게 펼쳐져 있다. 궁궐에 웬 잔디? 여기는 잔디밭이 있을 자리가 아니다.

〈동궐도〉를 보면, 환경전과 양화당 사이에는 연희당延禧堂이라는 제법 큰 건물이 동향을 하고 있고, 그 부속 건물들이 빽빽하게 들어차 있다. 거기서부터 동쪽으로 금천에 이르기까지, 집복헌 남쪽 명정전 회랑의 북쪽 바깥 사이의 구역은 행랑처럼 생긴 건물들이 여러 개의 사각형을 이루며 가득 차 있다. 문을 빼고서 보아도 문이나 창, 혹은 벽으로 닫혀 있는 공간만도 안되어도 170간은 된다. 마루나 창고로 보이는 공간도 있지만 주로 방으로 보이는 공간이 많다. 그 공간에 별도의 이름이 쓰여 있지는 않다. 상대적으로 낮은 신분의 사람들이 살았을 것으로 보인다. 이렇게 많은 방에 누가 살았을까? 궁궐에서 이렇게 한 구역에 모여 사는 엇비슷한 신분의 사람들, 그들은 누구였을까? 아무리 궁리를 해보아도 궁녀들이다. 모두 궁녀들의 방이라고 단언하기는 어렵지만, 이곳에는 주로 궁녀들이 살았을 것으로 짐작된다.

궁녀는 궁중의 내명부에 속한 하급 구성원이다. 내명부의 4품 이상은 후궁이다. 그 아래로는 가장 높은 품계인 정5품을 상궁尙宮이라 하였고, 그 이하 종9품까지는 시녀侍女라고 하였다. 이 상궁과 시녀를 합쳐서 부르는 말이 궁녀다. 궁녀는 기본적으로 국가에 속한 공노비公奴婢로, 관청에 속한 계집종 가운데 명민한 이들을 뽑아서 궁중에서 일하게 하였다. 하지만 조선 후기에 이르러 민간의 양인이나 중인, 심지어는 가난한 양반가의 딸들을 궁녀로 들이는 일이 많아졌다. 궁녀들은 대개 어린 나이에 선발되어 궁궐로 들어왔고, 들어오면 늙어서 더 이상 일을 할 수 없을 때까지 궁궐에서 살았다. 궁녀들은 각각 모시는 윗분이 정해지면 그 윗분의 거처가 일터가 되었다. 하지만 그곳이 그들이 일상생활을 하는 곳은 아니었다. 별개의 방을 배정받았는데, 대개 둘이 한 방을 썼다고 한다. 그들의 거처가 바로 창경궁의 명정전 북쪽, 이 일대에 집중되어 있었던 것이다.

공주들의 공간　　　　　다시 〈동궐도〉를 보면 영춘헌의 동북쪽, 후원으로 가는 길에는 행각이나 담장으로 작은 구역들이 형성되어 있고, 각자 이름을 가진 전각들이 배치되어 있다. 먼저 영춘헌의 동북쪽 가까이에 요화당瑤華堂, 습취헌翠耀軒, 난향각蘭香閣, 계월합桂月閤이 서로 연결되어 'ㅁ'자 모양을 만들면서 크게 한 구역을 이루고 있다. 이 건물들은 효종이 숙안淑安, 숙명淑明, 숙휘淑徽, 숙정淑靜 네 공주와 익평益平, 청평淸平, 인평寅平, 동평東平 네 부마를 위해서 만든 것이라고 한다.[12] 이 일대가 공주들의 기거 공간이었음을 알려준다.

지금은 흔적도 찾을 수 없지만, 요화당은 창경궁 후원 가까이에 있는 건물 중 요긴하게 쓰이는 건물이었다. 숙종이 요양 차 기거하기도 하였고, 영조는 여기서 관례를 치렀으며,[13] 야대夜對, 임금이 밤중에 신하를 불러 경연을 하는 것를 자주 열기도 하였다. 1786년정조 10에는 문효세자의 시신을 모시고 대렴大斂, 입관을 위해 소렴한 시신을 베로 감싸 매듭 짓는 것을 행하기도 하였다.

네 건물 가운데 가장 북쪽에 있는 것이 난향각인데, 그 난향각의 북쪽 바깥으로 신독재愼獨齋가 있다. 신독재는 2간 밖에 되지 않는 작은 건물이지만 주춧돌을 높게 하여 돌기둥 모양으로 만들고, 동편에 계단을 놓아 올라가게 하였다. 동편 1간은 남북이 트인 마루방을, 서편 1간은 온돌방을 두었다. 신독재는 왕세자가 책 읽고 공부하는 집이었다.[14] 신독재라고 이름을 짓고 편액을 단 것은 숙종이었는데, 이름의 뜻은 '은밀한 것이라도 보이지 않는 것이 없고, 은미한 것이라도 드러나지 않는 것이 없다, 그러니 홀로 있을 때 몸가짐을 더욱 삼가라'이다.

신독재의 북쪽에는 고서헌古書軒이 있고, 그 서편에 건례당建禮堂이 있다. 고서헌은 〈동궐도〉와 〈동궐도형〉에는 "고수원古修院"이라고 표기되어 있다. 실무자들이 기거하던 곳으로 짐작된다. 건례당은 본래 이름을 건극당建極堂이라고 했는데, 서편으로 산자락을 접한 넓은 터에 한가롭게 앉아 있다. 정면 4간의 팔작지붕 건물인데 전면 3간은 툇간마루로 되어 있고, 동편에는 부속 건물이 딸렸다. 건례당의 서남편에는 상당히 큰 장독대가 있고, 바로 뒤에는 연못도 그려져 있다. 지체가 좀 있는 왕실 가족의 거처였을 것이다.

요화당의 동편에는 통화전通和殿이 있었다. 〈동궐도〉를 보면 전殿 자가 붙은 건물답게 정면 3간, 측면 3간의 팔작지붕을 한 건물이 앞에 월대도 갖추고 있다. 정면 행각에는 솟을지붕을 한 3간 대문이 있다. 이처럼 번듯한 건물이었던 만큼 혼전으로 많이 이용되었다. 통화전의 뒤에는 "화초고花草庫", "오관五觀"이라고 표기되어 있는 건물이 'ㄴ'자로 붙어 있다. 그 'ㄴ'자의 안쪽에는 담장으로 둘러싸인 아늑한 공간이 있고, 꽃들이 피어 있다. 꽃을 가꾸던 공간이 아닌가 짐작된다. 하지만 지금 이러한 아기자기한 모습은 모두 사라졌다.

후원

춘당지

그곳에서 북쪽 담장 문을 나서면 후원이다. 후원에 들어서면 북에서 남으로 흐르는 금천에 가로 걸쳐서 관풍각觀豊閣이라는 1간짜리 사각형 정자 모양의 아담한 건물이 있다. 그 바로 북쪽 금천가에는 동편에 여섯 배미, 서편에 다섯 배미 작은 논들이 조성되어 있다. 임금이 농사의 형편을 살펴보기 위해 관리하는 내농포內農圃다. 관풍각은 그 논들을 바라보는 자리인 관가정觀稼亭이었던 셈이다. 그 논들의 북쪽에 커다란 연못이 있는데, 모서리를 둥글린 네모 모양이다. 춘당지春塘池다.《궁궐지》에는 백련담白蓮潭이라고 되어 있다.[15]

지금도 창경궁 그 자리에 연못이 있다. 대단히 큰 면적에 허리가 잘록한 호리병 모양이라서 전체가 한눈에 들어오지도 않는다. 지금도 그 연못을 춘당지라고 부르지만, 본래의 춘당지는 그 잘록한 허리 윗부분에 해당한다. 허리 아래 부분은 내농포였는데 이를 한데 합쳤다. 누가? 왜? 물론

창경궁 춘당지 | 상당히 큰 곡지 주변에 나무들이 잘 자라고 있어 주위 풍광이 아름답다. 하지만 그 아름다움 이면에는 변형 왜곡이라는 아픔이 숨어 있다.

일제다. 임금이 농사에 관심을 갖고 살펴보기 위해서 궁궐에 논을 만들어 농사를 지었다니? 조선의 임금들이 그렇게 훌륭한 생각을 해서 이런 논을 만들었단 말이지? 총독부 관리들로서는 그러한 논의 존재가 달가울 리가 없었겠다. 그 논을 파서 춘당지에 붙여버렸다. 그리고 유원지로 삼았다. 배를 띄우고, 케이블카를 놓았다. 연못가에 일본식 건물을 지어 고급 식당을 만들었다. 창경원에서도 가장 인기 있는 놀이터가 되었다. 지금은 건물, 배, 케이블카는 사라졌지만 연못은 망가진 모습 그대로 남아 있다.

　　지금 연못 주위에는 그저 산책로가 조성되어 있을 뿐이다. 그런데 그 북쪽에 커다란 유리 건물이 있다. 식물원 대온실이다. 궁내부가 1908년 1월부터 제실박물관 및 동물원과 함께 설치 계획을 세우고 조사하여,[16] 1909년 6월에 완공되었다. 완공되었을 때는 아직 황제였던 순종과 황후가 총리 이하 각 대신과 시종신들을 거느리고 관람하였다.[17] 식물원은 한

일제강점기 대온실과 춘당지 ｜ 일본인들이 원래의 춘당지와 그 하류에 있던 논들을 연결하여 호리병 모양의 큰 연못으로 만들어 유원지로 삼았다. 《창덕궁 내외 사진첩》

때 동물원과 함께 창경궁을 창경원으로 만들었던 대표적인 구경거리였다. 특히 유리로 건축한 대온실은 당시에는 동양 최대를 자랑하는 규모였다. 오늘날 동물원은 과천 서울대공원으로 이전하였지만, 대온실은 여전히 남아 기울어간 대한제국, 일제강점기의 분위기를 증언하고 있다.

관덕정   식물원에서는 더 이상 갈 곳이 없다. 원래는 후원이 창덕궁, 창경궁 구별 없이 계속 이어졌으나 지금은 튼튼한 담장으로 막혀 있다. 본래 춘당지 일대는 과거도 보고, 군사 훈련도 하고, 활쏘기도 하던 넓은 골짜기였으나 지금은 그럴 수가 없게 되었다. 돌아 나오면서 뭐가 있을까 하고 동쪽 담장 쪽을 기웃거려 보면 성균관으로 통하던 집춘문集春門이 있고, 그 부근에는 관덕정觀德亭이라는 정자가 외롭게 서 있다. 《궁궐지》에 따르면 정면

창경궁 관덕정 | 본래는 동궐 후원의 활터였으나 지금은 찾는 이가 드문 숲속의 호젓한 정자가 되었다.

3간, 측면 1간 반으로 4간 반이나 되는 크기여서 정자치고는 상당히 큰 편이었는데, 여느 정자와 같이 시흥을 돋우던 곳이 아니라 활쏘기 하던 사정射亭이기 때문에 그랬을 것이다. 지금은 2간 크기로 바뀌어 있다. 그나마 관덕정이 남아 있어 이곳이 단지 놀이터가 아니라 이런저런 용도로 쓰이는 다목적 광장이었음을 알려준다.

궐내각사

주자소 일대

춘당지에서 흘러내리는 개울은 창경궁의 금천이다. 그 개울을 따라 내려오다 보면 다시 명정전

창경궁 선인문 ┃ 선인문을 안에서 찍었다. 선인문을 들어와 사진 가까이 보이는 금천에 걸친 돌다리를 건너면 창경궁의 궐내각사 구역으로 들어설 수 있었다. 그래서 실무 관원들이 주로 이용하였다.

회랑을 만나고, 홍화문 안의 처음 들어섰던 자리에 서게 된다. 거기서 홍화문을 나서면 창경궁 답사가 끝나겠지만 그래서는 미진하다. 개울을 따라 남쪽 회랑 밖으로 나가보아야 한다. 회랑 밖으로 나가면 동편 궁성에 선인문이 있다. 밖에서 선인문을 들어서면 바로 이 자리가 된다는 말이다. 선인문을 들어서서 금천에 걸린 돌다리를 건너면 잔디밭만이 드넓다. 궁궐의 잔디는 모두 '웬 잔디?'다. 이곳이라고 해서 예외가 될 수는 없는 일. 이곳의 잔디 밑에는 건물들이 깔려 있다.

〈동궐도〉를 보면, 선인문을 들어서서 금천을 건너면 북쪽, 서쪽, 남쪽이 모두 행각 아니면 담장으로 둘러싸인 널찍한 마당이 조성되어 있다. 먼저 북쪽으로 눈길을 돌려보면 경화문景化門이라는 1간짜리 문이 있고, 그오른편에 이름이 적혀 있지 않은 문이 하나 더 있다. 먼저 이름 없는 문으로 들어가면, 그 안은 전면과 좌우에 문이 하나씩 있는 담장으로 막힌 작

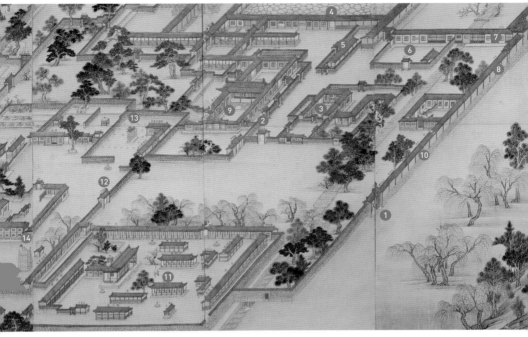

〈동궐도〉의 창경궁 궐내각사 일대 부분 | 1 선인문 2 경화문 3 규영신부 4 광정문 5 고문관 6 내궁방
7 주자소 8 판당 9 오위도총부 10 동소 11 내사복시 12 동룡문 13 금루각기 14 일영대

은 마당이고, 그 마당을 건너 전면의 문을 한 번 더 들어가면 좌우에 행각
을 거느린 'ㄷ'자 모양을 한 건물이 있다. 그 건물이 1795년정조 19에 새로
주조한 활자인 정리자整理字를 보관한 규영신부奎瀛新府이다.[18]

규영신부에서 뒤로 나가는 길이 있지만, 다시 돌아 나와 경화문으로
들어가자. 오른편은 규영신부의 담장이고, 왼편은 문이 셋 나 있는 담장
이다. 그 사이 길로 끝까지 들어가면 명정전 조정으로 통하는 광정문光政門
이 있다. 그 광정문 왼편으로 방향을 틀면 복도가 조성되어 있는데, 그 복
도를 따라 문을 둘 통과하면 편전인 문정전 앞뜰로 들어설 수 있다. 신료
들이 문정전에 들어가 임금을 뵐 때 주로 다닌 경로였다.

창경궁 명정전 행각의 남쪽 구역 | 원래는 궐내각사가 있던 곳인데 일제강점기에 동물원이 들어섰다가 나간 이후 잔디밭에 나무들이 촘촘히 서 있는 공원 같은 공간이 되었다.

광정문에 가는 길 오른쪽에는 남북으로 긴 네모 모양 담장 안에 긴 면이 5간, 짧은 면이 2간인 창고같이 생긴 건물이 길게 들어앉아 있다. 이름은 고문관考文館이다. 이 자리는 본래 창경궁의 홍문관 청사가 있던 자리인데, 숙종 대에 창경궁의 궐내각사를 창덕궁으로 합치면서 그 자리에 고문관이 들어섰다. 고문관은 책을 만들 때 교정校正을 보거나 사자寫字, 글자를 베껴 쓰는 일를 하는 공간이었다.[19]

규영신부나 고문관이나 다 책을 만드는 데 관련이 있다. 그런 공간이 더 없었을까? 〈동궐도〉를 조금 더 살펴보자. 고문관의 동쪽, 금천 서쪽 가에 내궁방內弓房이 있다. 내궁방은 임금이 쓰시거나 상품으로 하사할 활을 만들던 공방이다. 내궁방의 동쪽, 남쪽, 서쪽은 담장으로 되어 있고, 북쪽은 명정전 남쪽 회랑에서 홍화문 남쪽 궁성 사이를 잇는 행랑이다.

그 행랑은 궁성의 십자각까지 이어지는데, 그곳에 활자를 주조하는 곳인 주자소鑄字所가 있었다. 창경궁 홍화문 남쪽의 궁성은 담장이 아니라 행각이었는데, 그중 십자각의 남쪽 부분은 판당板堂이었다. 《한경지략》에 따르면 "판당은 책판冊板 및 주자鑄字를 두는 곳이다. 책을 인쇄할 때에는 매번 이곳에 인쇄소를 차린다. 그곳에 두는 동활자의 이름을 생생자生生字라고 한다"라고 하였다.[20] 다만 실제로는 생생자는 목활자이고, 동활자는 이

정리자 활자 | 창경궁에 있던 주자소에서 주조하여 판당에 두고 인쇄에 사용하였다. (국립중앙박물관 소장)

를 자본字本으로 삼아 제작한 정리자整理字이다. 《한경지략》에서 착오가 있었던 듯하다. 《한경지략》에는 또 "규영신부는 창경궁 선인문 안에 있는데, 정조 연간에 창덕궁 안의 관청 건물을 규장각의 주자소로 삼고 편액을 '규영신부'라고 달아서 설치되었다"고 기술되어 있다.[21]

조선왕조에서 책을 찍은 일을 맡은 관서는 교서관校書館이었다. 정조 대에 규장각의 기능이 확대되면서 이 교서관을 규장각의 일부로 편입시키면서 규장각을 내각內閣이라 하고, 교서관은 외각外閣이라고 하였다.[22] 자연히 그 실무 공간도 궁궐 안으로 들어오게 되었고, 창덕궁과 창경궁의 이곳저곳 몇 군데를 옮겨 다니다가 이곳에 자리 잡게 된 것이다. 홍화문 행각 남쪽, 선인문 안 북쪽 일대는 인쇄 출판 구역, 조선 후기 출판문화의 중심이었다.

오위도총부와
내사복시

다시 선인문으로 들어와 금천을 건넌 자리로 돌아오자. 조금 서쪽으로 나아가 북쪽으로 가면 솟

을지붕을 한 삼문이 있다. 도총부都摠府라고 되어 있는데, 정확히는 오위도총부五衛都摠府의 정문이다. 오위도총부는 오위五衛의 군무軍務를 다스리는 일을 관장하는 군사 기관이었다.[23]

오위도총부의 뿌리는 개국 초로 거슬러 올라간다. 막 조선이 세워진 1392년태조 1 7월에 의흥친군위義興親軍衛가 설치되었다. 의흥친군위는 개국을 추진한 세력의 무력 기반이었다. 그러다 개국 초기의 세력을 다투는 각 집단이 갖고 있던 사병을 혁파하여 군대를 공권력이 장악하는 과정에서 그 이름이 몇 차례 바뀌었다. 1400년정종 2에는 사병을 혁파하면서 1403년태종 3에 삼군도총제부三軍都摠制府가 되었다가, 1466년세조 12에 오위도총부로 이름을 고쳤다. 당시 오위도총부는 전국의 군대를 일원적으로 편제한 오위五衛를 총괄하는 부대, 전군을 지휘하는 부대였다. 그러나 조선 중기를 지나면서 오위 제도는 점차 약해졌고, 조선 후기에는 각자 독자적인 지휘 체계를 갖는 오군영五軍營으로 군사 제도가 재편되었다.[24] 이러한 변화 속에서 오위도총부는 명색만 남아 임금을 시위侍衛하고 궁궐에서 직숙直宿하는 직무만 남게 되었다.[25]

위장소衛將所는 오위장이 직숙하는 곳이다.[26] '직숙'의 '직直'이란 어떤 직무를 가진 자가 자기 위치에서 맡겨진 임무를 수행하는 것을 말한다. '사仕'가 청사에 출근하는 것이라면 '직'은 더 본격적인 임무 수행을 하는 상태를 가리킨다고 할 수 있다. '직숙'은 밤에 직을 서는 것이다. 그렇게 보면 위장소는 관서라기보다는 위장의 근무 공간이다. 동궐의 위장소는 동서남북 네 곳에 있었다. 남소南所는 창덕궁의 금호문金虎門 안, 서소西所는 요금문曜金門 안에 있었다. 동소東所와 북소北所는 창경궁에 있었는데,[27] 동소는 선인문 안에, 북소는 경화문 동편에 있었다.

선인문을 들어서서 금천교를 건너 왼편, 그러니까 남쪽에는 내사복시內司僕寺가 있었다. 궁궐의 말과 가마 등 탈것들을 관리하던 관청이다. 이 구역은 창경궁의 동남쪽 끝 부분이다. 차지하는 공간이 꽤 넓어서 그 안에

창경궁 오위도총부 터 | 오위도총부는 원래 창덕궁 금호문 안에 있었는데, 그곳에 이문원이 들어서면서 이곳, 창경궁 명정전 회랑 남쪽 구역으로 옮겨왔다. 지금은 나무들이 들어찬 잔디밭이 되었다.

는 내사복시 청사는 물론, 실무자들의 공간인 좌거달방^{左巨達房} 및 우거달방^{右巨達房}, 마구간인 마랑^{馬廊}과 말 먹일 꼴을 보관하는 좌추두간^{左蒭豆間} 우추두간^{右蒭豆間} 등도 있었다. 거기에 더하여 임금을 비롯하여 왕실 가족들이 타는 가마를 두는 덕응방^{德應房}과 교자방^{轎子房}도 있었다.

일영대 궁궐은 과학 기술의 중심지이기도 하였다. 천체의 운행과 기상 현상을 관측하고, 시각을 측정하는 시설들은 이를 관장하는 관상감에도 있었지만 궁궐에도 다 갖추어져 있었다. 이러한 과학 기기들은 세종 대에 집중적으로 갖추어졌다. 간의대^{簡儀臺}, 혼천의^{渾天儀}, 일영대^{日影臺}, 자격루^{自擊漏} 등이 그것이다.[28] 혼천의는 천체를 관측하는 기구이고, 간의는 이 혼천의의 구조를 간략하게 하여 더 편리하게 한 것이다. 대개 혼천의는 건물 안에 설치하고, 간의는 옥외에 대臺를 만들어 설치하였다. 일영대는 해의 그림자가 움직임을 관찰하여 시각을 측정하는 규표圭表를 설치한 대이다. 1438년세종 20에는 경복궁 천추전千秋殿 서쪽 뜰에 흠경각欽敬閣을 지었는데, 그 안에 옥루기륜玉漏機輪을 설치하였다. 이 옥류기륜이 바로 고인鼓人, 종인鍾人, 사진司辰, 옥녀玉女가 스스로 치고 움직이면서 시각을 알리게 만든 기구인 자격루다.[29] 일영대는 해시계이고, 자격루는 물시계인데, 시각을 측정하는 방식으로는 둘 다 한계를 갖고 있었다. 해시계는 밤중이나 흐려서 해가 나지 않았을 때는 시각을 측정할 수 없었다. 물시계는 사람이 늘 지키고 있어야 했을 뿐만 아니라 겨울에 물이 얼면 작동하지 않았다. 세월이 가면서 이러한 과학기기들은 계승, 발전되지 못하고 쇠퇴하였다. 1550년명종 5에 창덕궁에도 흠경각을 지었으나 후에 없어지고 그 자리에 만수전萬壽殿이 지어졌다.[30]

그러다 조선 후기 숙종 대에 이르면 천문 관측에 대한 관심이 새로워져, 1688년숙종 14 임금이 주로 기거하는 희정당 바로 앞의 제정각齊政閣이라는 건물에 선기옥형璿璣玉衡이라는 천문 관측 기구를 설치하였다.[31] 1694년숙종 20에는 제정각의 기구를 더 보완하였던 듯하다. 서운관에서 제정각의 북쪽 계단에 일영日影을 설치하고, 누기漏器도 제정각에 설치하였다는 기록이 있다.[32] 영조 연간에도 제정각의 선기옥형은 그대로 있었다. 하지만 이를 잘 알고 활용하지는 못했던 듯하다.

다시 〈동궐도〉를 보자. 선인문을 들어서서 금천을 건넌 자리로 돌아와서, 앞으로 곧장 나아가면 동룡문銅龍門이 나온다. 그 문을 들어서면 크게 보자면 동궁 영역이다. 그런데 문을 들어서서 바로 오른편에는 담장으로 둘러싸인 마당 안에 'ㄱ'자 모양의 기다란 건물에 "누수간漏水間"이라고 쓰여 있다. 그 서편 마당 한가운데는 장대석인지 벽돌인지를 쌓아서 무슨 단처럼 만든 것이 있는데 그 옆에 "금루각기禁漏閣基, 금루각 터"라고 쓰여 있다. 누국漏局이라고도 하는 보루각報漏閣 터임을 알 수 있다. 〈동궐도〉가 그려진

〈동궐도〉 중 금루각기(왼쪽), 일영대(오른쪽) 부분 | 금루각 터는 금루관(禁漏官)의 근무처인 직소와 금루서원방(禁漏書員房) 등 부속 건물은 남아 있으나 정작 그 터에는 표지인 듯한 구조물만 남아 있다. 일영대는 대 위에 해시계인 규표가 표현되어 있다.

순조 말년에 보루각은 제대로 운영되지 않았던 듯하다. 보루각 터는 오늘날 그 위치를 정확히 비정하기 어렵다. 그 위치를 가늠할 흔적이 아무것도 남아 있지 않다.

대신 현재 관천대觀天臺로 알려져 있는 시설 하나가 너른 잔디밭 공터에 홀로 남아 있다. 〈동궐도〉에는 춘방의 동남쪽, 내사복시의 서쪽 행각 바깥에 그려져 있다. 장대석으로 쌓았는데, 북쪽 부분이 계단으로 묘사되어 있다. 대 위에는 네 모서리에 돌기둥이 있고, 가운데 부분에 다시 낮은 단이 조성되어 있다. 그 단 위에 줄기 끝에 핀 나팔꽃처럼 생긴 구조물이 검은 색으로 그려져 있다.

문헌 자료에는 관천대라는 것은 나오지 않는다. 그러면 이것이 간의대인가? 간의대라고 보기에는 너무 작고 간략하다. 애초에 세종 연간에 경

창경궁 일영대 | 관천대라는 이름으로 알려져 있지만, 실제로는 저 위에 해시계를 설치하여 시간을 측정하던 일영대다. 별것 아닌 듯하지만 시각을 정확히 측정하려 한 노력이 깃들어 있다.

복궁에 세웠던 간의대는 작고 간단한 시설이 아니었다. 간의대는 경회루 북쪽에 돌을 쌓아서 만들었는데, 높이가 약 9미터, 길이가 약 14미터, 너비가 약 10미터나 되는 규모였다. 돌난간을 두르고 위에다 간의를 설치하고, 그 간의대의 남서쪽에 구리로 만든 표表를 박고 푸른 돌을 꽂아 규圭를 삼았다고 한다. 그 표의 서쪽에는 작은 건물을 지어 혼의渾儀를 두었는데 동쪽에 상象, 서쪽에 혼의渾儀를 두는 제도를 갖추기 위함이었다.[33] 이렇게 큰 규모였던 간의대는 명종 원년에 중수하였다고 하지만, 그 이후 없어져 조선 후기에는 복구되지 못하였다. 현재 창경궁에 남아 있는 것은 간의대로 보기 힘들다는 이야기이다.

　조선 후기 관상감과 궁궐에는 해시계인 일영대는 아직 남아 있었다. 1811년순조 11에는 관상감에 일영대가 있다는 기록이 있다.[34] 관상감은 계동의 옛 휘문고등학교 자리에 있었는데, 휘문고등학교가 강남으로 이전하면서 현대빌딩이 들어섰다. 그리고 거기 있던 일영대는 조금 남쪽으로 옮겨져 빌딩 앞에 서 있다. 계단 등이 사라지긴 하였으나 그 전반적인 형태가 창경궁에 있는 것과 흡사하다.

한편 정조 연간에는 청양문靑陽門과 건양문 사이에 일영대가 있었다는 기록이 있다.[35] 청양문은 창경궁의 기거 공간과 후원을 가르던 문이고, 건양문은 창경궁에서 창덕궁으로 넘어가는 등성이 마루에 있던 문이다. 이 기록에서 말하는 일영대가 현재 창경궁에 남아 있는

관상감 일영대 | 원래는 현재 위치보다 북쪽, 과거 휘문고등학교 자리에 있던 것인데 옮긴 것이다.

바로 그것인가는 좀 더 따져봐야 할 것이다. 다만 위치는 조금 바뀌었을지는 몰라도 같은 대상을 지칭하는 것으로 추정된다.

종합하자면, 현재 관천대라고 알려져 있는 창경궁의 시설물은 정확하게 말하자면 천문을 관측하는 간의대가 아닌, 해시계인 규표를 설치했던 일영대라고 해야 할 것이다. 〈동궐도형〉에도 다른 건물들은 많이 변형되거나 없어진 것이 많지만, 이 시설물은 "일영대"로 표기되어 남아 있다.

동궁

시민당

다시 〈동궐도〉로 돌아오자. 동룡문에서 앞으로 조금 나아가면 오른편에 계방桂坊, 왼편에 춘방春坊으로 들어가는 문이 마주보고 있다. 계방은 건물 규모가 작은 데 비해 춘방은 건물의 동수도 많고 각 건물의 규모도 상당하다. 춘방에는 업무용 건물 외에 정면이 6간, 측면이 적어도 2간은 되는 2층 건물도 있는데 "장서각藏書閣"이라고 표기되어 있다. 왕세자가 볼 책을 보관하는 건물이겠다. 계방과 춘방을 지나면 오른편에 집현문集賢門, 왼편에 집영문集英門이 있다. 집현문은 2간, 집영문은 1간이다. 집현문으로 들어서면 바로 왼쪽에 진수당進修堂이 2층 기단 위에 남향으로 앉아 있다. 정면 7간, 측면 3간의 번듯한 건물이다. 그 동편에는 4간짜리 일자 건물인 장경각藏經閣도 있다. 하지만 진수당이 동궁의 정당은 아니었다. 정당은 시민당時敏堂이었다. 하지만 〈동궐도〉에 시민당은 그저 주춧돌만 표시되어 있다. 1층 기단 위에 정면과 측면이 일정하지 않은 모양을 하고 있는데, 기단을 올라가는 계단은 동쪽에 셋이 조성되어 있다. 시민당은 명정전처럼 동향한 건물이었음을 알 수 있다.

시민당은 광해군 대에 동궐을 중건할 때 지어졌던 것으로 보인다. 그때부터 동궁의 정당으로 기록에 등장한다.[36] 그러다가 1780년정조 4 7월 13일 불에 탔고,[37] 곧바로 중건하는 공사를 시작했으나 정조가 이를 멈추게 했다.[38] 정조는 시민당 중건을 멈추게 하면서 흉년이란 이유를 들었지만, 그때부터 내심 다른 곳에 동궁을 새로 조성하려는 의도를 갖고 있었던 것이 아닌가 짐작된다. 실제로 시민당이 불탄 지 2년이 되는 1782년정조 6, 정조는 관물헌 동편에 중희당을 짓고 스스로 편액을 써서 붙였다.[39] 그 위치는 창덕궁과 창경궁을 가르는 산줄기의 등성이였다. 보통은 건물

〈동궐도〉 중 시민당 일대 부분 | 화면의 중앙에 주춧돌만 표현된 터가 시민당 터(1)다. 북쪽에 진수당(2)이 있고 남서쪽에 연못이 있다. 담장 너머 동쪽에 춘방(3)과 장서각(4)이 붙어 있고, 그 북쪽 공터 너머로는 계방(5)이 보인다.

을 짓지 않는 자리라고 할 수 있다. 그렇게 무리를 하면서 중희당을 지은 것은 이후 문효세자가 되는 아들이 태어났기 때문이었다.[40] 정조는 그 왕자를 왕세자로 정하고[41] 중희당에서 책봉문冊封文을 받게 하였다.[42] 이때부터 중희당이 동궁의 정당이 되었고, 시민당은 역사에서 사라졌다.

분단 실종
시민당에서 더 서쪽으로 가면 이제 수강재壽康齋 영역이다. 시민당 뒤편의 진수당 바로 서편에 용안재容安齋라는 건물이 있고, 그 바로 서편에 수강재가 있다. 시민당의 서남쪽에는 네모난 연못이 있고, 그 너머는 담장과 행각으로 경계가 지어져 있다. 경계는 있지만 필요한 곳에 문도 나 있어 왕래가 가능하다. 〈동궐도〉에서 그렇다는 말이다. 현실에서는 왕래가 불

시민당 터 인근에서 바라본 창경궁 외전 일대 | 등성이 너머로 창경궁의 외전 일대가 보인다. 오른쪽은 문정전, 왼쪽은 숭문당이다. 이 등성이는 지금은 창덕궁 영역으로 편입된 낙선재 일곽 쪽에서부터 흘러내려오는 산줄기다. 산줄기는 여전히 이어져 있으나, 창덕궁과 창경궁은 나뉘어버리고 말았다.

가능하다. 공중화장실이 가로막고 있고, 그 뒤편으로는 돌담이 굳건하게 서 있다.

　일제는 1909년 창경궁의 선인문 안 일대에 동물원을 만들었다.[43] 동물원의 규모는 상당히 크고 그 영역도 넓었다. 그 바람에 그 영역에 있던 전각들은 일제히 사라졌고, 창경궁은 창경원이 되었다. 그때 이 담장이 들어서서 그 너머 공간과 창경원을 갈랐다. 그 바람에 수강재, 석복헌, 낙선재 영역이 창덕궁으로 편입되었다. 심각한 분단이었다. 그 분단은 동물원이 1986년에 과천 서울대공원으로 옮겨간 이후로도 흔들림 없이 유지되면서 우리의 인식 속에서 창덕궁과 창경궁을 완강하게 가르고 있다. 창덕궁과 창경궁이 각각 별도의 궁궐이면서 또 합하여 한 궁궐인 동궐로 쓰였다는 사실을 깨닫지 못하게 하고 있다.

일제강점기 창경원 동물원 | 동물원, 식물원, 박물관, 표본실의 공통점은 관람의 대상이라는 점이다. 임금과 왕실 가족, 관원들이 살며 활동하던 궁궐을 잡혀와 구경거리가 된 짐승들의 우리로 만들었다. (《창덕궁 내외 사진첩》)

동물원이 있다가 나간 이 일대는 넓은 잔디밭, 공터가 되어 있다. 텅비어 있다. 공허하다. 이 공허한 공간에서 동물원의 추억만을 되새기는 것은 의미가 빈약하다. 더 깊이 파고 들어가 궁궐이 살아 있던 시절, 원래 이곳은 어떤 곳인가를 살펴봐야 한다. 그 작업은 어렵지만 아주 불가능하지는 않다. 이 공간, 이 장소는 아직도 여기 있으니까.

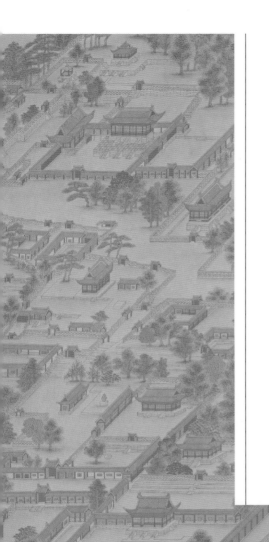

제4장

경희궁

경희궁
慶熙宮

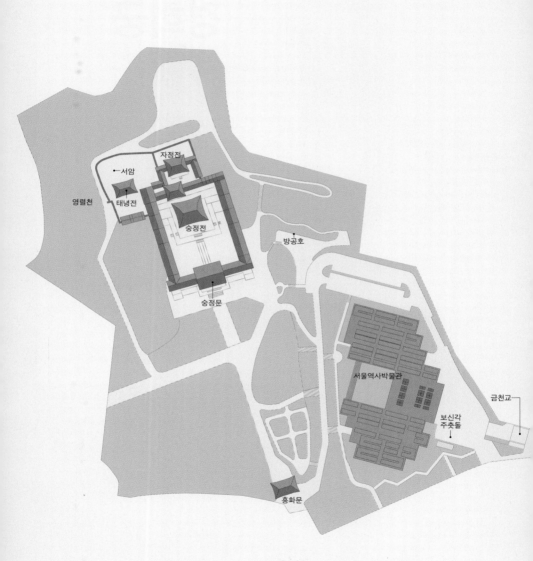

영렬천

서암

자정전

태녕전

숭정전

방공호

숭정문

서울역사박물관

금천교

보신각
주춧돌

흥화문

1

경희궁을 위한 애도

서궐 경희궁

광해군의 경덕궁   "경희궁慶熙宮이요?" 경희궁을 이야기하면 우리나
라 사람 열에 아홉은 고개를 갸우뚱하면서 반문
한다. "그런 궁궐도 있어요?" 열에 아홉이 많다면,
적어도 일고여덟은 그렇다고 봐야 한다. 경희궁은 어떤 궁궐인가? 어디에
있으며, 어느 길로 어떻게 가야 하는가? 이런 질문들은 이제 대답하기 어
렵게 되어버렸다. 서울에 있는 다른 궁궐들은 수난을 당한 끝에 궁성이 변
형되고, 위축되고, 궁역도 축소되었지만 그래도 대체로 정체성을 유지하
고 있으며 정문도 제자리를 지키고 있다고 할 수 있다. 그런데 경희궁은
어디서 출발해서 어디로 가야 하는지 막연하기만 하다. 왜 이렇게 되었는
가? 거기에는 경희궁의 기구한 역사가 서려 있다.

　1617년광해군 9 6월 인왕산 자락인 새문동塞門洞에 왕기가 있으니 그곳에 새 궁궐을 짓자는 술사의 말이 나왔다. 그 한 해 전에 인왕산 기슭에 규모가 크게 인경궁이라는 궁궐을 짓고 있는 중이었다. 신료들은 대부분 반대했지만 광해군은 경덕궁慶德宮이라는 이름의 새 궁궐을 짓기 시작하여 무리하게 추진하였다. 경덕궁 공사는 1619년광해군 11 8월 무렵에 거의 마무

경희궁 주변 | 사진의 왼편에 보이는 건물군이 복원된 경희궁 외전 영역이다. 그 아래쪽에 보이는 서울역사박물관과 사진 중앙부의 아파트로 둘러싸인 구역도 본래는 모두 경희궁 궁역이었다.

리 단계에 이르렀으나, 이후 매우 더디게 진척되었다. 1623년^{광해군 15}에 가서는 경덕궁과 인경궁은 함께 완공 단계에 이르렀으나, 광해군은 두 궁궐에 들어가지 못하고 왕위에서 쫓겨났다.

반정으로 임금이 된 인조는 당시 인목대비^{仁穆大妃}가 기거하고 있던 경운궁에서 즉위하였다.¹ 인조는 창덕궁에 진입하고 곧 김자점^{金自點}과 이시

방李時昉을 보내 반정한 뜻을 인목대비에게 아뢰었다. 그러나 대비는 이들을 반기지 않았다. 유폐되어 있는 10년 동안 아무도 와서 묻지 않더니 지금 어떤 사람들이기에 밤중에 승지와 사관도 없이 이렇게 바로 계를 올리느냐고 물었다. 두 사람이 돌아가 인조에게 이런 사정을 아뢰니 인조가 대장 이귀李貴와 도승지 이덕형李德泂, 동부승지 민성징閔聖徽 등에게 명하여 의장을 갖추고 가서 모셔오도록 하였다. 이귀 등이 경운궁에 가서 여러 차례 모시고 가기를 청하였으나 인목대비는 허락하지 않았다. 이에 인조가 친히 말을 타고 광해군을 매어 데리고 경운궁에 나아갔다. 경운궁에 이르러 말에서 내려 걸어서 서청문 밖에 이르러 재배하고 통곡하였다. 그리고 엎드려 대죄하였다. 인목대비는 하교하기를 "능양군은 종자宗子이니 궁궐에 들어와 대통을 잇는 것이 마땅하다, 막대한 공을 이루었는데 어찌 대죄할 일이 있는가"라고 말하였다. 인조가 광해군을 물리치는 가운데 일이 많고 겨를이 없어 이제야 와서 뵙게 되니 황공함을 이기지 못하겠다고 대답하였다. 그곳에서 어보를 받고, 별당에서 즉위하였다.

이후 인조는 창덕궁과 창경궁에 임어하였다. 그러다 인조가 임금이 된지 채 한 해가 되지 않은 1624년인조 2 1월, 함께 반정을 일으켰던 이괄李适이 반정의 논공행상에 불만을 품고 난을 일으켰다. 인조는 피난길에 오를 수밖에 없었고, 공주까지 피난을 갔다가 보름 만에 돌아왔다. 난 와중에 창덕궁과 창경궁이 크게 불탔으므로 인조는 경덕궁으로 임어하여 거기서 9년을 살았고, 이후 경덕궁은 실질적으로 이궁의 지위를 갖게 되었다.

경덕궁에 있던 1627년인조 5, 이번에는 정묘호란이 일어나 인조는 1월 26일부터 4월 12일까지 강화로 피난 갔다가 돌아왔다. 경덕궁에 임어했던 동안이라 해서 편안하지는 않았던 셈이다. 인조는 줄곧 경덕궁에서 지내다 1632년인조 10 11월에 창덕궁으로 이어하였다.[2] 그러나 그 무렵 창덕궁과 창경궁은 크게 훼손된 상태였으므로 인경궁의 건물들을 헐어다가 창경궁을 수리하는 데 썼다.[3] 그렇게 창덕궁과 창경궁에서 지낸 지 3년이 지난 1636년인조 14 12월, 다시 병자호란이 일어나 인조는 이번에는 남한산성으로 들어가 청나라에 맞섰으나 결국 이듬해 1월에 항복하였다. 인조는 왕세자와 왕자, 많은 관원들 그리고 백성들을 청나라에 인질로, 포로로 보내기로 하고 창경궁으로 되돌아왔다.

이렇듯 인조 연간에는 내외 정세가 매우 어려웠다. 인조반정 당시 불에 탄 이후 제대로 수리하지 못한 채 버려두고 있던 법궁 창덕궁을 본격적으로 수리하는 사업은 1647년인조 25에 가서야 시작할 수 있었다. 이때 재차 인경궁의 전각들을 헐어다 수리하는 데 썼다. 창덕궁은 법궁이었던 옛 모습을 거의 되찾았으나, 인경궁은 완전히 그 모습을 잃어버렸다. 결국 인조 연간에 그나마 제 모습을 지킨 궁궐은 경덕궁뿐이었다.

서궐의 전성시대   인조 이후에는 창덕궁과 창경궁은 합칭하여 동궐東闕이라 불렸고, 경덕궁은 서궐西闕로 불렸다. 동궐은 법궁, 서궐은 이궁의 자리를 차지함으로써 각각 새로운 양궐체제의 한 축이 되었다. 인조 이후 임금들은 법궁 동궐과 이궁 서궐을 오가며 생활하였다.

숙종은 변덕스런 성격답게 이어를 자주하였다. 창덕궁에 11회 21년, 창경궁에 5회 7년, 경덕궁에 9회 12년 반 정도 임어하였다. 임어한 기간도 상당하지만, 경덕궁은 다른 이유로도 숙종에게 각별한 궁궐이라고 할 수 있었다. 숙종은 1661년현종 2 8월 15일 경덕궁 회상전會祥殿에서 태어났고,[4] 1720년숙종 46 6월 8일 경덕궁 융복전隆福殿에서 승하하였다.[5] 경덕궁에서 59세를 맞아 기로소에 들었을 때[6] 이를 기념하여 경덕궁 경현당景賢堂에서 기로연을 크게 열기도 하였다.[7]

1760년영조 36 2월 영조는 경덕궁의 이름이 인조의 아버지 원종의 시호 '경덕敬德'과 음이 같다 하여 경희궁慶熙宮으로 바꾸었다. 영조는 이름만 바꾼 것이 아니라 재위 52년 동안 창덕궁에 26년 반, 창경궁에 7년 반 남짓,

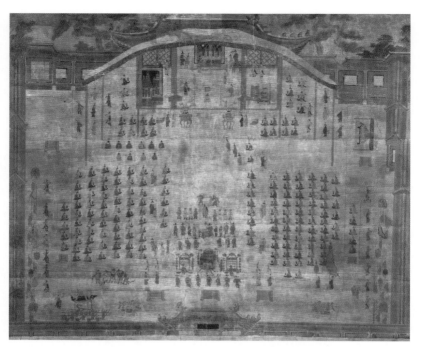

〈숭정전진연도〉(부분) | 1710년(숙종 30) 4월, 숙종이 50세 되는 것을 기념하여 경희궁의 법전인 숭정전에서 벌인 잔치를 그린 기록화이다. (국립중앙박물관 소장)

그리고 경희궁에 19년 가까이 임어하였다. 창덕궁 보경당에서 태어나서 창덕궁 인정문에서 즉위하였지만, 경희궁 집경당集慶堂에서 승하하였다. 영조에게 경희궁은 편하고 친숙한 궁궐이었다고 할 수 있다.

　이에 비해 정조는 경희궁을 그다지 선호하지 않았다. 왕세손王世孫 시절은 경희궁에서 많이 보냈고, 영조가 경희궁에서 승하함에 따라 즉위도 경희궁 숭정문崇政門에서 하였다. 하지만 정조는 즉위한 지 1년 5개월 만에 창덕궁으로 이어하였고,[8] 그 후 경희궁에 들러 이런저런 행사를 치르기는 하였지만 공식적으로 임어하지는 않았다. 정조는 궁궐 활용에서도 할아버지 영조와는 다른 성향을 보였다.

서궐임서 현판 | 1760년(영조 36) 10월 8일 영조가 경희궁 경현당에서 홍문관원 여섯 사람을 불러 만나면서 써 내린 현판이다. 뒤에 이들 여섯 신하들을 남두육성(南斗六星)에 비유한 "남두학사(南斗學士)" 네 글자가 더 있었다. (국립고궁박물관 소장)

효종에서 철종까지 아홉 임금들은 횟수가 많든 적든, 그 기간이 길든 짧든 모두 경희궁에 임어한 바 있다. 효종, 경종, 정조, 철종은 각 1회씩 1년 내외였고, 영조가 8회 약 19년으로 경희궁에 가장 자주, 길게 임어하였다. 숙종이 9회 12년 반으로 그다음이었다. 창덕궁 역시 모든 임금들이 자주 오랫동안 임어하였다. 이에 비해 창경궁은 창덕궁에 임어할 때 함께 활용한다는 점을 고려해야 하지만, 그래도 공식적으로 전혀 임어하지 않은 임금이 효종, 현종, 헌종, 철종 넷이나 되었다. 이러한 임어 실상을 놓고 보면 창덕궁이 법궁, 경희궁이 이궁임을 다시 확인하게 된다.

경희궁의 최후

궁궐로서의
수명을 다하다

흔히 일본인들이 자기네 자제들을 위한 중학교를 짓느라고 궁궐 경희궁을 파괴했다고 말하는데 그

것은 진실이 아니다. 경희궁의 궁궐로서의 역할은 이미 고종 초년 경복궁이 중건되면서 끝났다. 경복궁은 중건된 후 누가 말하지 않아도 자연히 법궁으로 인식되었고, 그때까지 법궁의 지위를 갖고 있던 동궐은 이궁이 되었다. 이렇게 되자 이궁 노릇을 하던 경희궁은 굳이 더 이상 궁궐로서 유지, 경영할 필요가 없는 존재로 밀려났다.

1865년고종 2 9월 초에는 경희궁 차비문差備門 밖 궐내각사 여러 곳의 문짝과 마룻장 등이 상당히 없어졌고, 차비문 안의 문짝도 많이 없어진 상태였다.[9] 경희궁이 오랫동안 비어 있는 통에 군사들이 뜯어갔기 때문이었다. 빈 궁궐로 관리되면서 위장衛將 등 경비 인력을 줄곧 배치하였지만 관리에 허점이 많았음을 알 수 있다. 계속 이곳저곳이 무너지고, 나무도 부러지고 넘어지고 하였다.

1868년고종 5 5월에는 밭으로 쓰이던 경희궁 안 빈터를 용동궁龍洞宮, 수진궁壽進宮, 명례궁明禮宮, 어의궁於義宮 네 궁방宮房에 골고루 분배하여 개간하도록 허락하였고, 1870년고종 7 3월에도 한 차례 더 분배하였다. 궁방이란 왕실의 주요 구성원들을 경제적으로 뒷받침하는 조직이고, 앞서의 네 궁방은 그 가운데서도 핵심이었다. 이렇게 나눠준 토지의 내역을 정리한 양안量案을 보면 분배한 땅의 전체 규모가 75동同으로 집계되어 있다.[10] 가로세로 각 10자尺가 1분分이고, 10분이 1동이니, 75동은 75,000자尺의 제곱이 되고, 가로세로 6자를 한 평坪으로 환산하면 약 2,000평 정도가 된다. 양안에는 태녕전泰寧殿, 경현당景賢堂, 광명전光明殿, 소성당小星堂 등 전각과 금상문金商門, 서성문瑞星門 그리고 여러 군데 담 등이 "기지基址"로 표기되어 있다. '기지'란 어떤 건물이 있다가 없어진 터를 가리키는 것으로 이때 이미 위 건물들은 없어졌음을 알 수 있다.

경희궁의 부지를 이렇게 네 궁방에 분배하고, 일부 건물들이 터로만 남아 있었다는 것은 경희궁이 궁궐로서의 기능을 잃어버렸음을 뜻한다. 하지만 궁궐 기능을 잃었다고 해도 건물들은 그대로 남아 있을 수 있다.

그런데 이 건물들은 왜 없어졌을까? 세월이 감에 따라 퇴락하여 허물어지거나 혹은 군졸들이 일부 부재를 뜯어가서 망가진 것도 있겠지만, 크고 번듯한 건물이 그렇게 없어진다는 것은 쉽게 수긍할 수 없다. 비록 제 몫을 다하지는 못했다 하더라도 지키는 군사들까지 배치되어 있었다는 점을 감안하면 국가적 차원에서 건물에 손을 댔다고 볼 수밖에 없다.

그리고 이 시기에 국가적 차원에서 궁궐의 건물에 손을 댈 일이라면, 고종 초년의 경복궁 중건을 빼놓고 다른 것을 생각할 수 없다. 경복궁 중건 사업은 재정의 어려움을 안고 급하게 추진되었기에 목재와 석재 등 부재를 준비하는 데 힘이 달렸다. 그러한 여건에서 손쉬운 방법으로 강구한 수단이 경복궁과 가까이 있으면서 사용하지 않는 궁궐, 즉 경희궁의 건물들을 해체하여 이건하는 것이었다. 이때 숭정전崇政殿, 회상전, 정심합, 사현합, 흥정당 등만 남기고 나머지 건물들을 헐어 그 목재를 경복궁으로 가져왔다. 하지만 그 가운데 많은 목재가 썩었기에 상태가 좋은 것만 골라 나인간[內人間]과 궐내각사를 짓는 데 사용했다. 궁궐 뜰에 깔린 전돌과 계체석[階砌石], 경계석도 뽑아다가 광화문 짓는 데 썼다. 이렇게 건물들을 경복궁 중건하는 데 가져다 쓴 결과 경희궁의 많은 구역이 비게 되었고, 그 빈터를 각 궁방에 나누어 주었던 것이다.

1872년고종 9 12월에는 당시 호조판서 김세균金世均이 숭정문 밖 빈터에 호조와 선혜청宣惠廳의 창고 건물 200간을 짓겠다고 하여 허락을 얻었다.[11] 서울 도성 안팎의 창고들이 거의 다 차서 흥선대원군이 별비미別備米 명목으로 거둔 곡식을 저장하기 위한 창고가 더 필요했기 때문이었다. 이를 보더라도 흥선대원군이 영향력을 행사하고 있던 시기에는 경희궁은 더 이상 궁궐로 쓰이지 않고 있었음이 분명하다.

1883년부터 조선은 서양식 양잠 사업을 권장하고 주도했는데, 그 일환으로 경희궁에 뽕나무를 많이 심어 숲을 조성하였다. 나라가 주도하는 양잠 사업은 오래 지속되지 못하였지만, 경희궁의 뽕나무 숲은 농민들이

경희궁 터 외전 내전 방향 사진 | 1902년 운교가 지어지기 이전의 사진이다. 사진 왼편의 숭정전, 내전 일부와 뒤 숲, 그리고 궁성이 남아 있고, 나머지 건물들은 없어진 상태다. (서울시립대학교박물관 소장)

계속 경작하였다.

한때는 경희궁에 조폐국造幣局을 설치하기도 하였다. 1883년 3월 10일에는 흥화문 주변에 설치했던 화약 제조소인 자초소煮硝所에서 실화로 큰 폭발이 일어나 흥화문이 파괴되었다. 그 밖에도 크고 작은 화재로 건물들이 소실되기도 하였다. 그럴 때마다 호조에서 담당하여 건물들을 복구하기도 하였다. 경희궁은 궁궐로서의 의미는 사라졌지만, 궁궐의 모습은 아직 유지하고 있었다.

1896년 2월 러시아공사관으로 옮겨 갔던 고종이 1897년 2월에 경운궁을 짓고 환궁하였다. 그러면서 대한제국을 선포하였고, 황제가 된 고종은 오로지 경운궁에만 임어하였다. 경운궁은 터가 좁았다. 그런 까닭에 경운궁에 있는 동안 여러 사람이 모이는 대규모 행사, 이를테면 황제가 외

경희궁 터 흥화문 방향 사진 | 앞의 사진과 동시에 촬영되었다. 흥화문과 궁성이 남아 있고, 궁성 안의 나머지 건물들은 거의 없어졌다. (서울시립대학교박물관 소장)

빈들을 초청하여 군대의 위용을 보여주는 관병식觀兵式 같은 행사는 주로 경희궁을 이용하였다. 1899년 6월 독일의 하인리히 황자가 방한했을 때 행한 관병식이 그 예이다. 이때 활쏘기 행사도 거행하였고, 그 활쏘기를 하는 사대射臺로 황학정黃鶴亭을 건설하기도 하였다.

　1902년 고종이 즉위한 지 40년이 되고, 나이가 51세가 되는 것을 기념하는 행사를 대대적으로 준비할 때 외국 축하사절을 초청하여 관병식을 열려고 했던 곳도 경희궁이었다. 이를 위해서 1902년 8월 경운궁에서 경희궁으로 바로 통하는 다리를 건설하기 시작하였다. 운교雲橋 혹은 홍교虹橋라고 불린 이 다리는 그해 11월 무렵 완공되었다. 그 무렵까지도 경희궁에 남아 있던 주요 전각들은 여전히 수리를 받는 등 관리가 되고 있었다. 하지만 1907년 고종이 황제위에서 물러나고, 뒤를 이은 순종이 바로

경희궁 운교 | 고종이 경운궁에서 경희궁 터로 가는 데 이용하는 길이었다. 1902년 11월에 건립되어 1908년 어간까지 남아 있었다. 《꼬레아 에 꼬레아니》

창덕궁으로 이어하면서 상황은 바뀌었다. 황제가 임어하던 궁궐 경운궁은 이제 태상황으로 밀려난 고종의 거처가 되어 이름도 덕수궁으로 바뀌었다. 이와 함께 경희궁도 더 이상 알뜰하게 관리되지 않는 옛 궁궐 터가 되었다. 경희궁은 고종이 강제로 퇴위를 당하고 순종이 황제가 된 융희 연간에 들어서면서 급속도로 훼손되고 파괴되기 시작하였다.

일제의 파괴   1905년 11월 을사늑약으로 통감부가 설치된 때부터 이미 경희궁은 대한제국의 뜻보다는 통감부의 뜻대로 요리되어 각급 학교나 일반인들의 운동회와 각종 연설회를 비롯한 대중 집회 장소로 자주 쓰였다. 그런데 이런 운동회나 연설회는 있는 공터를 활용하는 것이기에 외형적으로 큰 변화를 야기하지는 않았다. 그러나 1910년 경술국치 이후 총독부 체제로 넘어가는 시점에서 빈 궁궐이었던 경복궁과 경희궁은 그 대지와 건물이 이른바 국유, 곧 총독부 소유로 넘어갔고, 경희궁은 단순한 변화를 넘어 근본적인 변질을 겪지 않을 수 없게 되었다. 그 시발은 일본인 거류민단居留民團의 진출이었다.

통감부가 들어서면서 일본인들이 조선으로 다수 이주함에 따라 1905년 3월 일본인 거류민단이 설립되었다. 용산거류민단과 별도로 경성거류민단이 설립되어 그 영역이 서울 도성 안과 돈의문에서 숭례문 외부 일대, 그리고 흥인문 외부 일대로 확장되었다. 이렇게 일본인 거류민이 늘어나고 그 거주 지역이 확장되면서 그 자제들을 교육시키기 위한 각급 학교가 다수 세워지는 중에 거류민단립중학교를 세우는 것이 주요 현안으로 부각되었다. 그렇게 추진되던 거류민단립중학교를 두고 1909년 3월 31일 일진회장 이용구李容九와 송병준宋秉畯 두 사람이 자신들이 추진하는 학교 건설과 연계하자고 유인하였다. 이 중학교는 일본의 제도에 준해서 수업 연한을 5년으로 하였고, 첫 입학생들로 정원 400명을 입학시켜 4월에 개교하였다. 거류민단립중학교는 처음에는 독립문獨立門 옆의 옛 독립관獨立館에 설립되었다고 하는데, 당시 독립관이 친일 단체 일진회의 본부로 사용되고 있었기에 이런 결정이 가능했던 것으로 보인다. 이 거류민단립중학교는 1년 뒤인 1910년 3월 31일에 통감부에 인수되었고, 통감부가 총독부로 바뀌면서 총독부중학교가 되었다. 1915년에는 다시 경성중학교로 개칭되었고, 1925년에는 관리청이 경기도가 되면서 경성공립중학교로 개칭되었다.

이 학교가 경희궁을 침범한 것은 1910년을 전후한 시기로 보인다. 통감부중학교가 경희궁 자리에 들어서자 그때까지 남아 있던 숭정전, 회상전 등 건물들은 학교의 교사, 기숙사 등으로 쓰였다. 1920년대에는 경희궁의 궁역을 떼어내서 다른 용도로 쓰기 시작하였다. 1922년 6월에는 경희궁 동편에 전매국專賣局 관사를 지으면서 그 부지로 25,500평을 떼어냈

고, 1927년에서 1928년에는 경희궁 남쪽 도로를 확장하면서 또 궁역의 일부를 도로로 편입시켰다. 그 결과 1930년대 초에는 41,319평으로 면적이 줄어들었다. 반은 조금 넘고 3분의 2는 안 되게 남은 셈이었다. 이렇게 면적의 일부를 떼어내 처분하면서 동시에 그때까지 남아 있던 건물들도 모두 매각 처분하였다.

황학정은 1922년에 한국인 유지에게 매각되어 사직단 뒤편 옛 등과정登科亭 자리로 옮겨졌다. 경희궁에서 가장 격이 높고 그에 맞게 위엄을 갖춘 숭정전은 1926년 3월 일본 불교의 한 종파인 조동종曹洞宗에 속한 절인 조계사曹谿寺로 팔려갔다. 회상전도 그 2년 뒤인 1928년 5월 조계사로 팔려갔다. 흥정당도 1928년에 광운사光運寺라는 일본 절로 팔려갔고, 1931년에는 흥화문이 박문사博文社로 옮겨졌다. 일제의 경희궁 파괴는 건물에 그치지 않았다. 지형도 높은 곳을 깎아 낮은 곳을 메우는 등 크게 변형시켰다. 그 결과 경희궁은 궁궐로서의 외형 자체를 거의 잃어버렸다.

해방 뒤 일제가 물러가고 경성중학교 자리에 1946년 서울공립중학교가 들어섰다. 옛 경희궁의 흔적은 숭정전의 기단, 금천교의 일부처럼 남아 있던 용비천龍飛泉이라는 샘물, 진입로 화단의 돌거북 그리고 노거수 정도였으니 남은 게 거의 없다고 해도 지나치지 않은 형편이었다. 1951년에 서울공립중학교는 서울중학교와 서울고등학교로 분리되었고, 1971년에는 평준화 정책으로 중학교가 없어지면서 고등학교만 남았다. 1980년 서울고등학교가 서초동으로 이전하자 경희궁 중심 영역은 빈터로 남아 사적으로 지정되었다. 그런 곳이 어찌어찌하여 현대건설 소유가 되었고, 현대건설 측은 그 자리에 사옥을 지으려 하였다. 이에 1986년 서울특별시가 나서서 현대건설 사옥은 계동으로 옮기게 하고 그 터는 서울특별시의 소유로 삼았다.

1988년 4월에는 박문사의 정문으로 갔다가 당시에는 신라호텔의 정문으로 쓰이고 있던 흥화문을 경희궁 터로 이전하였다. 비록 제자리를 찾아주지는 못했지만, 경희궁에 다시 돌아온 첫 건물이었다. 그로부터 2000년까지 경희궁의 복원 정비를 추진하여 현재는 숭정전과 그 회랑, 자정전資政殿, 태녕전泰寧殿 등이 다시 지어져 있다.

도성 안의 널찍한 자리, 교통 좋고 번듯한 궁궐 터를 노리는 힘 있는 기관들이 여럿 있었다고 한다. 이에 서울특별시에서는 우여곡절 끝에 그 터 일부에 서울역사박물관을 지어 2002년 개관하였다. 궁궐 터에 박물관을 지었다는 사실 자체만 두고 보면 참 무지한 짓이라고 할 수 있다. 하지만 무슨 관공서나 회사 건물이나 아파트가 들어서지 않은 것만도 다행이라면 다행 아닌가? 하지만 이런 연유로 경희궁은 다른 궁궐에 비해서 매우 불비不備한 모습으로 남게 되었다.

2

경희궁을 찾아서

답사는 시간여행

경희궁 답사의
길잡이

지금 경희궁은 참 막막하다. 경희궁에 가면 온전한 옛 건물은 하나도, 말 그대로 하나도 없다. 한번 둘러보겠다고 마음먹고 찾아가려 한들 도대체 어디서부터 시작해야 할지, 어디로 가야 할지 막연하기 짝이 없다. 시작이야 광화문 네거리에서 출발하여 새문안로를 따라간다 해도 막상 경희궁, 또는 경희궁 터에 도달하면 어디서 무엇에다 눈길을 주어야 할지 모를 지경이다. 하지만 뜻이 있는 곳에 길이 있다고 했다. 잘 남아 있는 궁궐을 그윽한 눈길로 즐겁게 돌아보는 답사를 할 수 있으면 물론 좋다. 하지만 그렇게 하는 것만 답사는 아니다. 아무것도 없어 보이는 빈터를 둘러보는 것, 거기서 옛 모습을 그려보고, 그 향기를 맡아보고, 안타까움과 분노에 더하여 즐거움과 기쁨을 맛보는 것이 더 수준 높은 답사다. 경희궁 답사는 기구한 그 역사를 돌아보면서 옛 모습을 재구성하고, 그 재구성한 바를 따라서 돌아보는 답사. 그런 답사여야 한다.

그런 답사를 하려면 뭔가 비빌 언덕이 있어야 한다. 비빌 언덕이란 우선 자료다. 말이나 감상에 의존하는 것은 위험하다. 자료 없이 둘러본들 무엇이 보이겠는가? 옛 모습을 알려주는 믿을 만한 자료가 필요하다. 자료도 어느 하나에만 의존해서는 치우치기 쉽다. 여러 자료를 균형 있게 봐야 한다. 될 수 있는 한 관련 자료들을 많이 모아서 비교, 검토, 종합하는 것이 좋다. 하지만 모든 자료를 어찌 다 보랴? 가장 믿을 만하고 충실한 자료를 몇 선택할 수밖에.

경희궁의 본모습을 담고 있는 자료로 먼저 손꼽아야 할 것이 《궁궐지》이다. 《궁궐지》는 조선 숙종 연간에 만들어진 것이 있고, 다시 이를 보완하여 철종 대에 정리한 것이 있다. 두 《궁궐지》에 나타난 경희궁의 구체적인 모습에는 상당한 차이가 있다. 그것은 《궁궐지》를 만든 사람들의 생각이 달라서 그런 점도 일부 있지만, 경희궁의 모습 자체가 바뀌었기 때문이기도 하다.

경희궁의 원래 모습을 그려보고자 할 때 두 번째로 꼽아야 할 자료가 《궁궐지》와 비슷한 시기에 만들어진 〈서궐도안西闕圖案〉이다. 〈서궐도안〉은 경희궁 전체의 건물들을 비롯한 수목 등이 비교적 정교하게 선묘線描로 그려져 있고 각 건물의 명칭까지 쓰여 있으나 채색까지는 되지 않았다. 채색까지도 염두에 둔 밑그림이지만 어떤 이유로 미처 채색을 마치지 못한 미완성작이 아닌가 짐작된다. 채색이 되었다면 크기는 상대적으로 작지만 동궐을 그린 〈동궐도〉와 유사한 그림이 되지 않았을까 하는 아쉬움이 남는다. 2005년에 송규태 화백이 〈서궐도안〉을 바탕으로 색을 입혔다. 비록 원작은 아니지만 나의 부족한 상상력을 채워준다. 이러한 자료들을 바탕으로 이제는 사라진 경희궁의 원형을 더듬는 수밖에 없다.

〈서궐도안〉(위) | 〈동궐도〉처럼 서궐 전경을 공중에서 바라본 부감법을 적용하여, 오른편 위에서 왼편 아래로 사선으로 구도를 잡아 배치하였다. 건물과 수목을 선으로 윤곽을 표현하고 건물 이름까지 써넣었으나 채색을 하지 못한 상태로 그쳤다. (고려대학교박물관 소장)

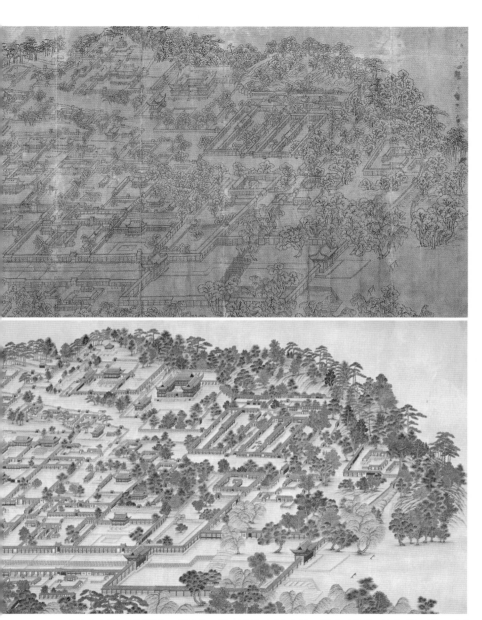

송규태, 〈서궐도〉(아래) ｜ 2005년에 〈서궐도안〉을 바탕으로 하고 〈동궐도〉를 참조하여 색을 입힌 그림이다. 경희궁의 공간구조와 건물 배치를 파악하는 데 도움이 된다. 작은 글씨로 건물 이름까지 써넣었으면 더 좋을 뻔했다. (서울역사박물관 소장)

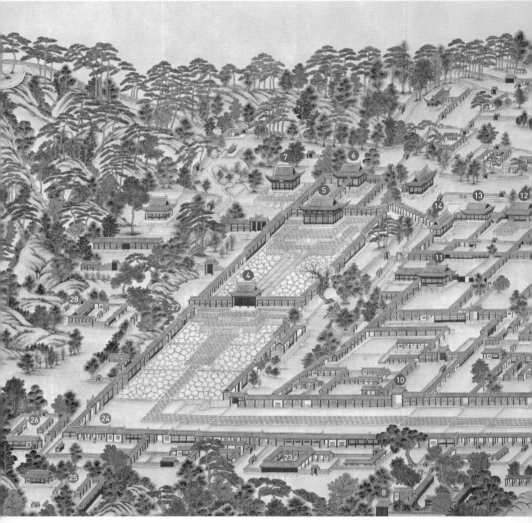

〈서궐도〉(부분) ㅣ 경희궁은 흥화문 서쪽으로 길게 회랑으로 둘러싸인 진입로를 따라가다가 북으로 꺾으면
외전의 정전인 숭정전에 이를 수 있었다. 숭정전의 동쪽에 내전, 그 다음 중앙부에 동궁, 북쪽으로는 생활
기거공간, 서쪽에 후원, 남쪽 궁성 쪽에 궐내각사를 배치하였다.

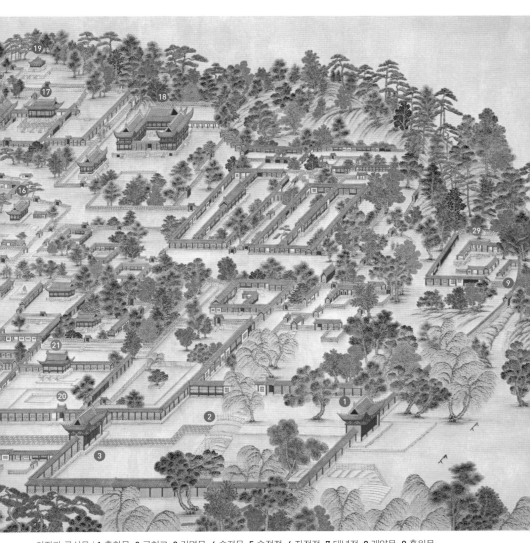

외전과 궁성문 | **1** 흥화문 **2** 금천교 **3** 건명문 **4** 숭정문 **5** 숭정전 **6** 자정전 **7** 태녕전 **8** 개양문 **9** 흥원문
내전과 후원 | **10** 광달문 **11** 흥정당 **12** 융복전 **13** 회상전 **14** 집경당 **15** 회경문 **16** 융무당 **17** 광명전 **18** 장락전 **19** 영화정
동궁과 궐내각사 | **20** 경현문 **21** 경현당 **22** 빈청 **23** 승정원 **24** 약방 **25** 도총부 **26** 옥당 **27** 예문관 **28** 내각 **29** 상의원

1902년의 숭정전 ㅣ 주위 행각이 사라진 채 숭정전 홀로 2층 월대 위에 덩그라니 남아 있다. 조정 마당에
잡초가 **무성**하다. (《조선고적도보》)

경희궁의 원형 　　　　광해군 대에 지어진 경덕궁은 규모가 있는 완비
　　　　　　　　　　　된 궁궐은 아니었다. 함께 공사가 진행되던 인경
　　　　　　　　　　　궁에 비해 규모가 훨씬 작았다. 인경궁의 규모가
600간 정도였던 데 비해 경덕궁 아문의 규모는 200간 남짓이었으며, 인경
궁의 정문인 명화문明化門은 창덕궁 돈화문처럼 2층으로 조성한 데 비해
경덕궁의 정문은 단층으로 조성하였다. 그러나 인조 대 이후 경희궁은 이
궁으로 쓰이면서 점차 궁궐로서 갖추어야 할 요소를 갖춰나갔다. 한창 때
경희궁에는 이름 있는 전각만 해도 120채가 넘었다. 이 전각들의 부속 건
물들까지 합하면 천 단위로 간을 세어야 하는 어엿한 궁궐이었다.
　　하지만 경희궁은 아무래도 궁궐로서 미흡한 면이 없지 않았다. 우선
그 자리가 반듯하지 못하였다. 크게 보자면 인왕산 자락에 자리 잡고 있지

만, 산을 바로 등지고 있지 않다. 인왕산에서 내려온 산자락은 거의 평지가 되다시피 한 상태로 북에서 남으로 경희궁의 서쪽을 지나 흘러내려 간다. 동쪽에는 구릉이라고 하기도 어려운 낮은 맥이 겨우 경계를 이루고 있다. 그 맥은 오늘날엔 주택이나 아파트, 음식점 사이에 묻혀버렸다. 그러다 보니 물길도 시원치 않다. 물길을 이룰 만한 배후지가 없다. 후원을 이룰 만한 산기슭도 없다. 배산임수의 조건이 온전치 못한 것이다. 궁궐로서는 면적도 좁다. 하지만 경희궁도 외전, 내전, 동궁, 궐내각사, 생활기거공간, 후원의 여섯 공간은 갖추고 있었다. 그렇지 않고는 궁궐로서의 제 기능을 온전히 발휘할 수 없었다. 다만 외전, 내전 등의 배치는 다른 궁궐들과는 다르게 되어 있었다. 반듯하지 못한 지형, 좁은 면적에 배치하다 보니 어쩔 수 없이 나타난 한계였다고 하겠다. 한계는 한계이지만, 또 다른 면에서는 경희궁의 특징이 되기도 하였다.

'복원'된 곳들

정문 홍화문　　　모든 궁궐이 그렇듯 경희궁도 궁성으로 둘러싸여 있었다. 궁성에는 밖으로 통하는 문이 동쪽에 둘, 서남북에 각각 하나씩 모두 다섯 개가 있었다. 그 가운데 정문은 동향을 하고 운종가雲從街를 맞이하는 홍화문興化門이었다. 홍화문 북쪽에는 홍원문興元門, 서쪽에 숭의문崇義門, 북쪽에 무덕문武德門, 남쪽에 개양문開陽門이 있었다. 경희궁의 전각들이 거의 모두 남향을 하고 있으므로 정문도 남향을 하는 것이 자연스러웠겠지만, 경희궁 주위의 지세와 도로가 그렇지 못하므로 정문을 궁성의 동남쪽에 배치하면서 동쪽을 바라보게 한 것이다. 홍화문은 임금과 외국 사신, 소수의 관원들이 드

1890년대 흥화문 부근 전경 ㅣ 사진 한가운데 흥화문과 옥천교, 부속 건물들이 있고, 상하로 궁성이 연결되어 있다. 궁성 안에는 건물들이 보이지 않는다.

나드는 의전적인 문이었다. 궁성의 남쪽, 흥화문에서 돈의문으로 이어지는 길에 면한 개양문으로는 관원들을 비롯한 많은 인원이 드나들었다. 개양문으로 들어서면 바로 왼편에 승정원, 오른편에 빈청 등 궐내각사가 있었다. 하지만 흥화문을 제외한 문들은 모두 사라져 오늘날은 그 자리를 가늠하는 것조차 어렵게 되었다.

경희궁의 정문은 흥화문이다. 정확히는, 흥화문이었다. 흥화문은 동향을 하고 운종가를 정면으로 맞이하였다. 운종가는 도성의 동대문인 흥인문興仁門에서부터 서쪽으로 곧바로 이어져, 흥화문을 향해 뻗어 있었다. 정면에서 보면 그렇게 길이 끝이 나는 것처럼 보였을 터이나, 운종가는 그렇게 끝나지 않았다. 흥화문에서 왼쪽으로, 그러니까 남쪽으로 돌아서 경희궁의 남쪽 궁성을 따라 조금 더 가서 도성의 서쪽 문인 돈의문敦義門으로 나갔다. 이렇게 꺾이는 것이 어색했겠으나, 운종가가 도성의 흥인문에서

일제강점기의 흥화문 | 노인이 앉아 있는 자리는 월대다. 월대는 박석으로 포장되고 삼도로 나뉘어 있으며 그 가운데 어로가 뚜렷하게 높게 구별되어 있다. (국립중앙박물관 유리건판)

돈의문으로 이어져야 했으니 하는 수 없는 일이다. 이렇게 운종가를 굽게 하면서까지 운종가를 정면으로 맞이하는 자리를 고수한 까닭은 흥화문이 운종가의 주인이었기 때문이다. 다시 말해서 궁궐 정문의 주인 임금은 궁궐만의 주인이 아니라 서울이라는 도시, 온 나라의 주인이었다는 사실을 새삼 보여준다.

지금 본래 흥화문이 있었던 자리는 가늠하기조차 어렵다. 그래도 추정을 해보자. 지금의 새문안로는 광화문 네거리에서 서쪽으로 가다가 서울역사박물관 못 미쳐 살짝 서남쪽으로 방향을 튼다. 그렇게 꺾어지기 직전 북쪽으로 새문안로3길이 갈라져 나간다. 그 도로를 따라가면 낮은 고개가 있다. 지금은 거의 잊혔지만 옛날에는 이 고개를 야주개^{夜珠峴}라고 하였다. 경희궁의 궁성은 야주개를 넘어 남으로 이어졌다. 그렇게 내려오던 경희궁의 궁성이 옛 운종가를 만나는 지점에 흥화문이 있었다. 지금의 구세

경희궁 흥화문 ' 경희궁 터로 돌아오긴 하였으나 제자리를 정확히 찾지 못하였다. 그러다 보니 동향이 아닌 남향을 하게 되었으며, 좌우에 궁성을 잇지도 못하였다.

군회관 자리다. 다만 지금은 새문안로가 남쪽으로 확장되어 옛 운종가보다 훨씬 넓어졌다. 옛 운종가의 도로 중심은 오늘날 새문안길의 북쪽 인도쯤일 것이다. 그 인도조차 변화가 생겼으니 정확한 위치는 발굴 등을 통해 좀 더 면밀히 조사해야 확인할 수 있겠다. 일단은 옛 흥화문 자리를 가리키는 표석이 구세군회관 앞 인도 한편을 지키고 있으나, 별반 눈길을 끌지 못한다.

흥화문 남쪽에서 서쪽으로 이어졌던 궁성은 지금은 자취도 없이 사라졌다. 대신 그 바깥을 따라 났던 길이 더욱 넓어져 8차선 대로가 되었다. 그 도로를 따라가다 보면 오른편으로 옛 문이 하나 남향으로 서 있다. 오늘날의 흥화문이다. 경희궁의 전각들이 이리저리 헐려나갈 때 흥화문도 그 수난을 면치 못하여, 남아 있던 건물들 가운데서도 가장 자주 옮겨 다니며 고초를 겪었다. 일제강점기 경희궁에 경성중학교가 들어선 뒤

1915년 8월 경희궁 남쪽의 도로가 확장되면서 흥화문은 그 위치와 좌향이 남향으로 바뀌어 경성중학교의 정문이 되었다. 그러다 1932년 10월 26일에 춘무산春畝山의 박문사 정문으로 옮겨졌다. 춘무산이란 오늘날의 장충체육관에서 반얀트리호텔까지 이어지는 산줄기, 목멱산의 동쪽 가지에 붙었던 이름이다. 그리고 박문사는 '이등박문', 바로 이토 히로부미의 영혼을 위로하기 위해 세워진 절이다. 해방 후에는 그 박문사 터에 영빈관이 들어서고, 그것이 다시 신라호텔로 바뀌고 하는 와중에도 흥화문은 계속 그 정문으로 남아 있었다. 그러다가 1988년 다시 경희궁 터로 돌아왔다. 하지만 경희궁의 원래 정문 자리에는 이미 구세군회관이 들어서 있어 하는 수 없이 빈터, 이전 서울고등학교 본관으로 들어가는 위치에 남향으로 자리 잡게 된 것이다. 고층 빌딩들이 가로막고 서 있는 자리에 좌우 궁성도 없이 그저 덩그러니 앉아 있다.

박물관 앞 금천교   조선시대에는 어느 궁궐이나 주변의 물길을 끌어들여 궁궐을 통과하게 해놓았었다. 이를 금천이라 하는데, 금천에는 당연히 다리가 놓여 있었다. 그 다리는 임금과 주요 인물들이 지나는 동선이므로 튼튼하고 위의를 갖춘 돌다리여야 했다. 이를 금천교라 한다. 경희궁도 예외가 아니어서 흥화문을 들어서면 금천이 흐르고 금천교가 놓여 있었다. 《궁궐지》에는 금천을 어구御溝, 즉 '임금의 개울'이라고 하였다.

경희궁의 금천은 다른 궁궐들보다 더 인위적으로 만든 것이 아니었을까 하는 생각이 든다. 큰 산을 등지고 있지 못한 지형 탓에 물길이 모여들어 큰 개울을 이룰 만한 배후지가 없다. 현재 서울역사박물관의 중정에 작은 인공 수로가 발굴되어 드러나 있기는 하고, 물길이 전혀 없지는 않았을 것이다. 그러나 금천이라 할 만큼 큰 물길이 자연스럽게 흘렀다고 보기는 어렵다. 〈서궐도안〉에도 물길의 시작이 애매하게 처리되어 있다.

경희궁 금천교 ｜ 옛 금천교 자리에 남아 있는 부재를 최대한 사용하여 새로 금천교를 만들었다. 하지만 위치와 크기가 완전히 같다고 하기는 어렵고, 주위 환경은 더욱 옛날과 달라졌다. 그래도 경희궁 터를 찾을 때에는 이 다리를 건너가면 좋겠다.

《궁궐지》에는 두 본 모두 경희궁 금천교의 이름이 비단 금錦 자를 써서 "금천교錦川橋"라고 적혀 있다. 창덕궁의 금천교도 같은 식으로 표기하니, 이는 고유명사인 셈이다. 그런데 막상 《궁궐지》에는 창덕궁의 금천교에 대해서는 기술한 바가 없고 경희궁의 금천교만 이렇게 기록하였다.

금천교는 일제강점기에 경희궁 자리에 경성중학교가 들어서면서 거의 사라지고 그 부재 일부만이 남아 있었다. 그러던 것을 2002년에 서울역사박물관을 지으면서 함께 복원하였다. 그 위치와 형태는 어느 정도 되살렸겠지만 온전한 복원은 아니다. 감안해서 보아야 할 점이다.

금천교 아래로는 물길이 흘렀을 터, 다른 궁궐의 예를 보더라도 경희궁 금천교에도 그 물길을 지키는 서수瑞獸가 있었을 것이다. 그런데 지금은 없다. 물길 자체가 없어져서 그 서수가 없어도 이상하다는 생각을 하기

가 어렵다. 그런데 현재 서초구 서초동으로 이사한 서울고등학교에 돌거
북이라고 불리는 동물상이 있다. 서울고등학교에서는 이 돌거북을 학교의
상징물로 여기고 있다고 한다. 학교에서 웬 돌거북을 상징물로 삼았을까?
서울고등학교가 경희궁 터에 있었음을 감안하고, 또 그 돌거북이라고 하
는 동물상의 모양을 보니 영락없는 현무, 이 금천교의 북쪽 물길을 지켰
을 것으로 보이는 현무다. 돌거북이라고 하면서 한강 이남 객지에 그대로
두어야 할지, 아니면 현무로 이름을 되찾아 비록 복원한 금천교지만 이
자리로 되돌려야 할지? 참 어려운 문제다.

건명문 안   오늘날에는 복원해놓은 금천교를 건너면 서울역
사박물관 마당이다. 여기서부터는 경희궁의 흔적
을 찾아보기 어렵다. 정면으로 가면 박물관 출입
문, 오른쪽으로 가면 주차장, 왼쪽으로 가면 도로변이다. 어디로 가야 할
까? 왼쪽으로 가야 한다.

〈서궐도안〉을 보면, 흥화문으로 들어선 이가 경희궁 깊은 곳으로 더
들어가려면 금천교를 건넌 뒤에 일단 왼쪽으로 방향을 꺾어 한 대여섯 걸
음을 옮기고 다시 오른쪽으로 꺾어야 한다. 그렇게 한 뒤 조금 더 정면으
로, 즉 서쪽으로 나아가면 문이 하나 나온다. 〈서궐도안〉에는 이름이 적혀
있지 않으나, 그 이름을 찾아보니 건명문建明門이다. 창덕궁으로 치면 진선
문, 경복궁으로 치면 홍례문에 해당하는 문이다. 밖으로부터 치자면 두 번
째 문, 중문인 셈이다.

건명문을 들어서면 좌우로 행각이 길게 평행으로 늘어서 있고, 그 사
이에는 웬만한 길보다 넓음직한 진입로가 나 있다. 그 진입로는 서쪽으로
한참을 진행하다가 오른편으로, 그러니까 북쪽으로 방향을 튼다. 그러면
서 몇 걸음 가서 살짝 경계를 긋듯 조금 높아지고, 또 몇 걸음 가서 높아
지기를 거듭한다. 그러면 상당히 높은 2층 기단의 월대가 조성되어 있고,

경희궁 숭정문 | 일제강점기에 학교 건물을 지으려고 숭정문 앞의 땅을 상당히 돋운 탓에 지형이 크게 변하였다. 때문에 이곳이 숭정문 안 조정을 뒷받침하는 공간임을 알아차리기 어렵게 되어 있다. 하지만 숭정문 위로 보이는 인왕산만은 여전히 그대로다.

거기 좌우로 행각을 거느린 문이 있다. 숭정문崇政門이다.

지금 숭정문 밖에서 정면을 바라봐도 숭정전은 잘 보이지 않는다. 겨우 지붕만 보일 정도다. 현재 숭정문 앞 지형이 원래보다 상당히 높아져 있는데도 이 정도다. 지형이 원래대로였다면 숭정전은 더 보기 힘들었을 것이다. 하지만 조금 더 멀리서, 오늘날 옮겨놓은 흥화문 가까이에서 보면 전혀 뜻하지 않은 장면이 시선을 잡아끈다. 숭정문과 숭정전, 그리고 잘 보이지 않지만 그 뒤의 자정전의 축軸이 일치한다. 그 축을 따라 고개를 들어 멀리 바라보면, 아! 거기 매우 인상적인 바위 봉우리가 정확하게 뒤를 받쳐주고 있다. 어디서 많이 보던 그 봉우리, 바로 인왕산의 정상이다.

흔히 말하는 치마바위다. 경희궁이 비록 위치가 치우쳐 있고, 진입로의 축이 서쪽으로 향하다 북쪽으로 꺾이긴 하지만, 그래도 경희궁을 대표하는 외전은 그 축을 인왕산에 맞춘 것이다. 어려운 조건 속에서도 정확하게 인왕산에 기댄 것이다.

그런데 지금 경희궁 일대의 지형은 대부분 왜곡되어 있다. 지금 숭정문은 암반 위에 쌓은 상당히 높은 기단 위에 복원되어 있는데도, 그 앞의 지면이 기단 높이만큼이나 높다. 중간의 땅이 푹 꺼진 모양새다. 〈서궐도안〉에 따르면 이렇지 않았다. 숭정문까지는 몇 차례 계단을 올라야 하는 오르막길이었다. 현재 숭정문 앞쪽의 땅이 상당히 돋워져 있다는 뜻이다. 그렇다면 어느 부분은 또 상당히 깎였을 것이다. 지형은 바탕이다. 지형이 왜곡되면 그 위의 건조물들은 따라서 왜곡되지 않을 수 없다. 경희궁을 둘러볼 때 가장 먼저, 그리고 끝까지 주의할 점이다. 이 숭정문 앞은 그냥 지나쳐도 좋을 공간이 아니다. 숭정문 안은 조정이다. 대단히 중요한 공간이다. 그리고 숭정문 앞은 바깥조정이다. 조정을 뒷받침하는 공간이다. 하지만 지금은 웬만큼 노력해서는 헤아려 보기가 어렵게 되었다.

조정과 숭정전 　　　숭정문 안, 회랑으로 둘러싸여 있는 공간이 조정이다. 조정은 외전 영역의 중심이며, 이 조정의 중심이 되는 정전은 숭정전崇政殿이었다. 숭정전은 2층 기단을 쌓고 그 위에 지었고, 건물 앞 기단은 특히 넓게 하여 월대를 조성하였다. 월대는 조정이 의식 행사를 치르는 공간임을 알려주는 시설이다. 숭정전은 기능과 용도가 예를 행하는 것으로 정해진 격이 높은 건물이었다. 즉, 법전이었다.

숭정전은 정면 5간, 측면 4간 주심포 팔작지붕의 크고 화려한 건물이지만 지붕이 중층은 아니었다. 그 점에서는 경복궁의 근정전이나 창덕궁의 인정전보다는 떨어지고, 창경궁의 명정전과 같았다고 할 수 있다. 하지

동국대학교 정각원 | 경희궁 숭정전이 일본 절 조계사로 팔려갔는데, 해방 이후 그 절의 자리에 동국대학교가 들어섰다. 숭정전은 정각원이라는 이름의 불당이 되어 높은 계단 위에 불안하게 앉아 있다.

만 경희궁에서 가장 격이 높고 임금의 존엄을 과시하는 건물이었음은 틀림없다.

숭정전은 경희궁 자리에 경성중학교가 들어선 뒤에는 교실로 사용되었다. 그러다 1926년 3월 일본 절인 조계사로 팔려나갔고, 해방 후 조계사 자리에 동국대학교가 들어선 지금은 정각원正覺院이라는 이름의 법당이 되어 있다. 동국대학교가 들어선 뒤에도 그 안에서 두 차례 자리를 옮겼고, 내부는 법당으로서의 역할에 맞게 모양이 크게 바뀌어 있다. 그런데 정각원 안에는 숭정전 편액이 걸려 있다. 천장에는 여전히 감실 모양으로 들어간 부분이 있고, 거기 용이 두 마리 날고 있다. 이 건물이 숭정전이었음을 보여주는 증거들이다.

여기서 그 용들을 건성으로 보지 말았으면 좋겠다. 특히 그 발가락을 세어봐야 한다. 반드시 그런 것은 아니지만 용도 등급이 있다. 그 등급은

발가락의 수효로 표현된다. 기본은 다섯 개인데 격이 아주 높은 경우, 예를 들어 중국 황제를 표현하는 용은 일곱 개까지도 있다. 조선에서는 임금은 다섯 개, 세자는 네 개가 기준이 되었다.

그런데 지금 정각원의 용 발가락에 이상한 점이 눈에 띈다. 용이 두 마리니까 여덟 개의 발이 있는데, 발가락 개수가 서로 다르다. 웬일인가? 처음부터 그렇게 만들었을 리 없을 텐데, 건물을 옮기고 하는 과정에서 부러져서 이렇게 되었을 것이다. 다행히 발가락이 온전한 발이 있어 그 수효를 알려준다. 일곱이다. 특이하다면 특이하다. 그런데 다시 생각하면 그리 특이할 것도 없다. 경복궁 근정전의 용 발가락도 일곱 개다. 그야말로 특이한 경우는 경운궁 앞 황궁우 천장에 있는 용이다. 발가락이 여덟 개다. 황궁우는 건물 평면이 팔각형에 기둥도 팔각형이니, 그 건물 전체를 관통하는 뜻을 담은 여덟이라는 숫자가 용의 발가락에도 반영된 것이리라.

그런데 정각원이 숭정전이요, 그 천장에 칠조룡 쌍룡이 있으니, 옛 숭

숭정전 용상 닫집의 칠조룡 | 동국대학교박물관에 있는 불상의 위에 장식처럼 남아 있다. 정각원이 되어 있는 숭정전 천장의 칠조룡과 아주 닮았다. 역시 발가락이 부러지기는 했지만 조금 덜하다.

정전 보개에도 쌍룡이 있었을 것이다. 충분히 그럴 수 있다. 아니, 반드시 그럴 것이다. 그런데 지금 정각원에는 없다. 어디 갔을까? 어디 먼 데로 가서 없어지지나 않았을까? 염려를 안고 알아보니 멀리 가지 않고, 동국 대학교박물관에 전시되어 있다. 확인하니 틀림없는 칠조룡, 정각원의 칠 조룡과 닮은 꼴이다. 반갑고 고맙다. 아무튼 지금 동국대학교 정각원으로 바뀌어 있는 숭정전은 상당히 변형되어 있지만, 본래의 골격과 외형을 간 직하고 있는 부분도 있다. 가능하다면 이 건물을 제자리로 되돌리는 것이 원칙에 맞는다.

그런데 지금 경희궁 터에 가보면 또 숭정전이 있다. 회랑에 둘러싸여 제법 번듯한 모양이다. 그런데 너무 깔끔하다. 새것이다. 돌은 하얗고 반 듯반듯하며 기와는 까맣고 매끈매끈하다. 내부에는 무슨 기물을 어설프게 늘어놓았다. 복원이라는 이름으로 새로 만든 것이다. 새로 지은 숭정전에

다시 지은 숭정전 ┃ 숭정전이지만 숭정전이 아니다. 다만 기단의 일부는 옛것을 활용하였다.

서 그래도 원형을 유지하고 있는 부분이 있다. 기단부 하월대가 그것이다. 이 부분의 장대석이나 계단들, 그 계단의 소맷돌 정도는 눈여겨볼 가치가 있다. 하지만 전체적으로는 깊은 맛이 없는 새것이다. 이 새로 복원한 건물을 숭정전이라 해야 할지, 동국대학교에 있는 정각원을 숭정전이라 해야 할지. 아리송하다.

자정전과 태녕전   숭정전 뒤편으로 자정문을 들어서면 숭정전의 후
                  전後殿인 자정전資政殿이 있다. 자정전은 애초에는
                  임금이 국사를 논의하는 회의인 상참을 열거나,
경연을 열거나, 이런저런 형식으로 고위 신료들을 만나는 편전으로 쓰였다. 그러다가 숙종 대부터는 어진이나 신주를 임시로 봉안하거나, 혹은 승하한 임금의 시신을 안치하는 빈전으로 쓰거나, 제사를 지내거나, 소소한

다시 지은 태녕전 | 임금의 어진을 모시던 건물이다. 그 외에도 빈전이나 혼전 등의 용도로도 쓰였다.

각종 시험을 보는 곳 등으로도 쓰였다. 여기에 흉례를 비롯한 여러 예를 행하는 기능이 더하여 쓰였다. 오늘날 자정전은 다시 지어져 있으나 별달리 쓰이는 바가 없다.

자정전 서편에는 또 자정전 못지않은 규모의 건물이 복원되어 있다. 태녕전泰寧殿이다. 태녕전이 애초에 언제 지어졌는지 알려주는 자료는 찾기 어렵다. 1744년영조 20에 영조의 어진을 봉안하는 곳으로 쓰기 위해서 크게 고쳤음이 확인된다.[12] 강화행궁에 장녕전을 짓고 숙종의 어진을 모셨던 사실을 본뜬 것이라고 할 수 있다. 궁궐 안에 현 임금의 어진을 모시는 건물을 만드는 일은 이 태녕전이 전례가 되어 정조는 주합루에 정조 자신의 어진을 봉안하게 하였다. 영조, 정조 대에 태녕전은 빈전이나 혼전 등 흉례를 행하는 공간으로 쓰였다.

태녕전의 서편에는 위선당爲善堂이 있고, 그 인근에 온천溫泉 우물 셋이

영렬천과 그 각자 | 샘이 있어 차고 맑은 물이 솟는 곳은 신령스럽다.

있었는데 그 이름을 영렬靈洌이라고 하였다고 한다.[13] 오늘날에도 샘이 있고, 바위에 새긴 그 각자刻字가 남아 있는데 이것이 과연 그 온천 셋 가운데 하나인지 모르겠다. 만약 뜨거운 온천이었다면 이름에 왜 찰 렬洌 자를 넣었을까? 이 또한 나는 풀지 못할 의문이다.

자취 추적

궐내각사

경희궁의 외전은 이렇게 정문인 흥화문에서 멀리 떨어져 궁궐 깊숙한 곳에 자리 잡고 있었다. 자연히 진입로가 길었고, 그 긴 진입로에서 갈라져 나

가듯 여러 공간을 배치하였다. 흥화문을 들어서고, 금천교를 건넌 다음에
는 건명문에 들어서게 되는데, 그 건명문에서 진행하는 진입로의 왼편에
는 길게 행각이 경계를 이루고 있었다. 그리고 그 행각에 문들이 몇 있어
서 그 문 안에 궐내각사들이 배치되어 있었다.

초입에는 빈청과 전설사, 내구內廐가 있었다. 빈청은 비변사의 당상들
이 궁궐에 들어와 모이던 회의실로, 궐내각사 가운데 가장 격이 높았다.
전설사는 장막을 담당하던 관서이다. 내구는 궁궐 안의 마구간으로, 임금
을 비롯하여 궁궐 사람들이 타는 말을 관리하던 곳이다.

더 서쪽으로 가다가 두 번째 문을 들어서면 남쪽 궁성에 있는 개양문
으로 곧바로 동선이 연결되었다. 개양문을 나서서 남쪽으로 바라보면 길
건너에 제법 높은 동산이 있었다. 방림원芳林苑인데 자료에 따라선 상림원
上林苑이라고 되어 있는 경우도 있다. 경희궁을 앞에서 살짝 막아주면서 전
경을 만들어주던 숲이다. 지금은 경향신문사, 러시아공사관 터 등이 차지
하고 있다.

개양문을 들어서면 그 서쪽에 큰 관청이 있었다. 승정원承政院이다. 승
정원은 당대 정보의 호수다. 조선 후기 관서들 가운데 가장 맡은 일이 많
고 무거웠던 관서라고 할 수 있다. 그렇기에 관원들이 주로 드나드는 개양
문 바로 안, 가장 긴요한 길목에 자리 잡고 있었던 것으로 보인다.

승정원에서 서편으로 뻗은 행각의 끝에는 약방藥房, 내의원이 있고, 그 남
쪽 안에는 도총부都摠府가 있었다. 약방에서 서쪽에 있는 금상문金商門으로
나간 행각 바깥에는 옥당玉堂, 홍문관이 있었다. 옥당에서 북쪽으로 좀 떨어
진 산기슭에는 내각內閣, 규장각이 있었다. 서궐인 이곳 경희궁에 임금이 임
어하는 동안에는 규장각도 이곳으로 옮겨와 근무하였다. 진입로가 북으로
방향을 틀고 난 뒤, 숭정문에 이르기 전 서쪽 행각의 북쪽 끝에는 예문관
藝文館이 있었다.

흥화문에서 숭정전에 이르는 진입로 좌우에는 이밖에도 궁궐의 건물

〈영종사마도〉(부분)
1770년(영조 46) 7월
4일 영조가 예전에 자신이
몸 담았던 사옹원을 찾아
자신의 소회를 적은 글을
내리고, 사옹원 당상들에
게 말 한 필씩과 음식을 하
사하였다. 영종은 영조의
옛 묘호이다. (국립중앙도
서관 소장)

시설을 관리하는 관서, 수비를 담당하는 부서 등 여러 관서들이 배치되어
있었다. 흥화문에서 북쪽 궁성에 있는 흥원문 안에는 옷을 만드는 일을 하
는 상의원尙衣院이 있었다. 이들 궁궐 안에 들어와 있는 관서들을 모두 합
하여 궐내각사라 부른다. 궐내각사는 임금을 측근에서 모시는 정무 관서
로부터 실무, 수비 관서에 이르기까지 모두 그 정점에 있는 임금을 향하
여 조직되고 움직였다. 궁궐 자체가 하나의 관부官府로서 국정 운영의 중
심이었다. 지금 경희궁 터에서 그러한 궐내각사의 흔적은 찾아보기 어렵
다. 경희궁이 정말로 그러한 최고의 관부, 국정 운영의 중심이었던가? 물
론 그러했다.

동궁 　　　　　　　　다시 건명문을 들어서서 이번에는 진행 방향의
　　　　　　　　　　오른편, 북쪽 행각을 따라가 보자. 북쪽 행각에도
　　　　　　　　　　당연히 문들이 나 있었다. 동에서 서로 가면서 이
름 있는 문이 다섯이 있었다. 문을 들어가면 그 안이 또 구역이 나뉘어 경

〈경현당석연도〉,《기사계첩》| 1719년(숙종 45) 숙종이 59세가 되어 기로소에 들어갔다. 이를 기념하여 4월 18일 기로소 당상들을 경희궁 경현당으로 불러 잔치를 베풀었고, 은잔을 하사하였다. 그 장면을 그린 것이다. (국립중앙박물관 소장)

희궁의 내전과 동궁 그리고 생활기거공간을 이루었다.

첫째 문이 경현문景賢門이다. 그 문을 들어서면 경현당景賢堂이 있었다. 경현당은 동궁에서 왕세자가 하례賀禮를 받는 정당이었다.[14] 경현당의 뒤편 서북쪽에는 일중각日中閣, 동쪽에는 서적을 보관하는 문헌각文獻閣이 있었다. 여기까지가 동궁의 외전인 셈이다. 그 뒤편으로는 동궁의 내당內堂인 집희당緝熙堂, 그 남쪽에는 세자가 동궁의 관료들을 만나는 작은 방인 중서헌重書軒, 그 동쪽에는 동궁의 별당인 경선당慶善堂 등 여러 건물들이 더 있어서 동궁의 내전 영역을 이루었다. 동궁 영역은 지금 서울역사박물관 건물과 그 앞마당에 깔렸다. 그 흔적이나마 남아 있나 두리번거려도 그것을 찾아볼 눈이 내게는 없다.

경성중학교 교사로 쓰이던 시절의 흥정당(왼쪽) ㅣ 앞에는 교사들이 의자에 앉거나 서 있고, 저 멀리 뒤편에는 학생들이 대기하고 있다.

광운사로 팔려간 흥정당(오른쪽) ㅣ 기본 골격은 유지하고 있으나 환경은 물론 그 기능과 본질도 바뀌었다.

편전   둘째 문이 회경문會慶門, 셋째 문이 광달문廣達門이다. 회경문 안이 내전과 동궁 사이의 공간인데 특별한 주요 건물은 없었다. 주요 건물들은 광달문 안에 주로 모여 있었다. 광달문을 들어서서 다시 중문에 해당하는 문을 두 개 더 들어가면 흥정당興政堂이 나왔다. 흥정당 역시 행각으로 둘러싸여 있었고, 그 안마당은 상당히 넓었다. 흥정당에서 더 들어가면 임금이 계시는 내전 영역이다. 흥정당은 임금이 신료들을 만나고, 경연을 여는 곳이었다.[15] 자정전이 공식적이고 의전적인 편전이라면 흥정당은 실제적이며 임의로운 편전이었다고 할 수 있겠다.

흥정당은 1915년 4월부터 1925년 3월까지 임시소학교교원양성소 부속 단급單級 소학교 교실로 사용되다가 1928년 3월 광운사라는 일본 절로 팔려나갔다. 광운사는 1907년에 세워졌는데 오늘날의 장충동2가의 일부, 동국대학교의 북쪽 퇴계로에 거의 가까이 근접한 지역인 서사헌정西四軒町에 있었다. 흥정당은 현재는 소재가 확인되지 않고 있다. 지금 흥정당 자리는 서울역사박물관 주차장이나 그 남쪽의 도로 부분에 포함된 것으로 어림짐작할 뿐, 아무런 흔적도 찾기 어렵다.

내전

홍정당에서 다시 뒤편으로 한 구역을 더 들어가면 회상전會祥殿과 융복전隆福殿 영역에 이를 수 있었다. 회상전은 숭정전과 자정전을 가르는 행각의 동편 끝에서 계단식 복도로 이어지는 첫 주요 건물이었다. 회상전은 《궁궐지》에 따르면 시어時御하는 내전이자,[16] 대내大內의 정전이었다.[17] '시어'란 '어느 시점에 임금이 어느 곳에 임어하고 계시다'라는 뜻이다. 다시 말하자면 임금이 공식적으로 자신의 임무를 수행하고 있는 곳이라는 뜻이므로 누구든지 임금에게 보고하고 논의하고 임금의 결재를 받으려면 시어하는 곳으로 가야 한다. 궁궐에서는 임금은 주로 '내전'에 시어한다. 내전은 임금의 공간인 대전과 왕비의 공간인 중궁전으로 구성된다. '대내'는 궁궐 전체를 가리키기도 하고, 내전을 가리키기도 하고, 대전을 가리키기도 한다.

그런 회상전을 행각이 둘러싸고 있었는데, 회상전의 별실別室로 동쪽 행각에 회장각會藏閣, 서쪽 행각에 무일합無逸閣이 있어 회상전을 보필하는 기능을 맡았다. 행각 안에 벽파담碧波潭이라는 연못이 있고, 그 서편에 집경당集慶堂이라는 건물이 있어 역시 회상전을 보필하였다. 회상전은 여러 건물들의 보필을 받으면서 실질적으로 경희궁에서 가장 중심이 되는 건물, 임금의 건물이었다.

회상전 바로 동편에는 융복전이 있었다. 회상전과 융복전은 〈서궐도안〉에 나란히 용마루가 없는 형태로 묘사되어 있다. 《궁궐지》에 융복전은 대내의 정침正寢이라고 기록되어 있다. 융복전이 중궁전이라는 기록은 보이지 않으나, 이상을 종합하여 보면 융복전은 중궁전의 정전이었음을 알 수 있다.

내전의 동편 가까이는 내원內苑, 내전 전용의 숲이었고, 그 내원에 있던 별당

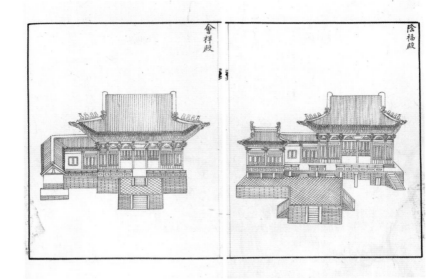

《서궐영건도감의궤》 중 회상전 (왼쪽) ⎸ 회상전은 정면 7간의 건물로, 보기에 왼편으로 행각이 연결되었다.
정면 중앙 3간 마루 앞에 크지 않은 월대가 그려져 있다. (서울대학교 규장각한국학연구원 소장)
《서궐영건도감의궤》 중 융복전 (오른쪽) ⎸ 융복전은 정면 6간, 정확하게는 4간과 반 간 둘 해서 5간이다.
왼편으로 행각과 부속 건물이 있고 월대가 조성되었다. (서울대학교 규장각한국학연구원 소장)

이 융무당隆武堂이다. 융무당이라는 이름으로 보아서 그 일대는 단순한 휴
식 공간이 아니라 군사적 기능이 있었던 듯하다. 융무당 남쪽에는 관사대
觀射臺가 있었고, 그 북쪽에는 봉황정鳳凰亭이 있었는데 모두 활쏘기를 하고
무예를 익히는 곳이었다. 회상전의 서편에는 덕유당德游堂이라는 건물이
있었고, 그 서편에는 사물헌四勿軒이 있었다. 사물헌의 서편에 있는 바위
가 서암瑞巖이라는 것인데, 오늘날까지 남아 있다. 봉황정 아래에서 광명
전 서편 일대에는 또 십이당十二堂이라 하여 당堂 자 붙은 건물이 열두 채
가 있었다. 모두 넓은 범위에서 내전의 부속 건물들이었다.

회상전 및 융복전과 그 주위 건물들은 경희궁의 내전을 이루었다. 그
런데 이 내전 영역은 외전인 숭정전과 가까웠고, 주위에 건물들이 밀집되

회상전 옛 모습 | 헨리 G. 웰본이 수집한 사진으로, 회상전의 모습을 담고 있다. 정면 7간의 건물로 좌우로 부속 건물이 연결되어 있고, 전면에 쪽마루가 설치되었다. 지붕에는 용마루가 있다. 《서궐영건도감의궤》, 〈서궐도안〉에 묘사된 회상전의 모습과 대비하면 달라진 부분이 있다. 경성중학교로 넘어가기 직전의 모습 이 아닌가 생각된다. (국립민속박물관 소장)

어 있어 여유 공간이 없었다. 임금이나 왕비의 공적인 활동 외에 편안한 일상생활을 위한 공간이 더 필요하였다. 더 나아가 다른 왕실 가족의 기거 공간도 필요하였다.

용복전의 동쪽에는 장락전長樂殿이 있었다. 동쪽이라고 하지만 바로 곁 에 붙어 있는 것이 아니라, 내전의 중심부에서 동북쪽으로 상당히 떨어져 별도의 영역을 이루고 있었다. 장락전은 대비를 모시기 위한 전각이었다. 대비는 물론 어느 한 분이 아니라 어느 시점의 왕실의 웃어른이 되는 전 왕비를 가리킨다.

장락전은 정면이 길고 측면이 짧은 건물이었고, 남향으로 앉아 있었 다. 그 동쪽에 용비루龍飛樓, 서쪽에 봉상루鳳翔樓가 남북으로 길게 놓여 있 었다. 용비루와 봉상루는 2층을 이루고 있어 용비루 1층은 경의헌敬義軒, 봉상루 1층은 백상헌百祥軒이라고 하였다. 전체적으로 평면도 넓고 높이도

높은 건물 세 채가 'ㄷ'자 모양을 하고 있었다. 봉상루의 서남쪽에는 어조당魚藻堂이 있고, 그 동편이자 'ㄷ'자 영역 전체의 남쪽에 연못이 있었다. 이 일대는 경희궁에서 가장 크고 널찍한 영역이었다. 웃어른 대비를 위한 배려였으리라. 지금은 서울역사박물관의 북쪽, 경희궁의 영역을 벗어난 지역이 되었다.

장락전의 서편, 회상전과 융복전의 북쪽 지역에는 광명전光明殿이 있었다. 광명전은 2층 기단 위에 상당한 규모를 갖고 번듯하게 자리 잡고 있었으며, 서쪽에는 협실夾室인 상휘당祥暉堂이 있고, 상휘당을 포함한 사방이 행각으로 둘러싸여 있었다. 행각 안은 제법 넓은 안마당을 이루었다. 왕실, 그 가운데서도 주로 여성들 중심의 각종 잔치를 열던 곳이다.

내전 영역 역시 일제강점기에 되돌릴 수 없을 지경으로 수난을 당했다. 회상전은 1911년 4월부터 1921년 3월까지 중학교 부설 임시소학교교원양성소의 교실 또는 기숙사로 사용되다가 1928년 5월 조계사로 매각되어 주지의 거처로 사용되었다. 그러다가 1936년 1월 14일 조계사에 불이

경희궁 방공호 │ 방공호의 내부는 생각보다 훨씬 크다. 상층부를 둥글게 시멘트로 틀을 잡고 그 아래 기다란 복도를 내고 한쪽에 칸칸이 방을 설치했다. 높이를 달리하여 또 다른 구역이 있다. 일본 제국주의자들이 전쟁을 단단히 준비했음을 볼 수 있다.

났을 때 타버리고 말았다. 옮겨진 건물들도 그렇게 속절없이 사라지거나 왜곡, 변형되었고, 남은 터도 깎이거나 메워져 제 모습을 잃어버렸다. 그나마 메워진 곳은 언젠가 드러나리라는 희망이라도 갖게 되지만, 깎인 부분은 기약할 바가 없다. 회상전, 융복전 일대는 그냥 깎인 것도 아니고 그자리에 어마어마한 방공호가 들어섰으니 제 모습을 되살릴 희망은 전혀 없다고 해야 할 지경이 되었다.

1937년 말 일제는 중국과 전쟁을 일으키면서 방공호와 연계하여 공원을 짓기 시작하였다. 1941년에는 방공법을 더 강화하였다. 이에 따라 경성부에서도 방공호 건설을 다그쳤고, 경성중학교가 된 경희궁의 터 안에도 방공호를 지었다. 광화문앞길에 있던 경성중앙전신국의 비밀 분국의 통신 시설을 대피시키기 위해 체신국 직원들과 경성중학교 근로보국대 학생들을 동원하여 방공호를 지은 것이다. 그 자리가 숭정전 동행각의 동쪽, 회상전과 융복전이 있던 곳이다. 대단히 큰 돔형의 시멘트 구조물을 만들고 그 위에 흙을 덮었는데, 지하에 철근콘크리트로 건물을 지은 셈이다. 실제로는 이 방공호는 전쟁이 끝날 때까지 사용하지 못하였다. 하지만 지금도 회상전, 융복전을 집어삼킨 채 일본의 침략 야욕의 증거물로서 그대로 지하에 남아 있다.

후원   경희궁은 바로 뒤에 번듯한 산자락을 등지고 있지 못하였다. 인왕산에서 남으로 흘러내려 가는 산자락, 그 등성이로 도성이 지나가는데 그 안쪽에 제법 큰 기슭이 있어 후원 노릇을 하였다고 할 수 있다. 그러나 건물 배치로 보자면 광명전의 서북쪽 영취정暎翠亭과 춘화정春和亭이 있는 일대가 경희궁 후원의 중심이었으며, 경치가 좋은 곳이었다. 경희궁에서 가장 깊숙한 곳이며, 또 그 지형이 높아서 거기 오르면 먼 산과 서울 시가가 내려다보였기에 숙종과 영조가 올라 시를 남기기도 하였다. 영조는 여기 올라 자신의 생모의 사당인 육상묘毓祥廟를 오랫동안 바라보다 내려오기도 하였다고 한다.

춘화정은 1704년숙종 30 겨울에 세웠다. 숙종은 자주 이 정자에 올라 시를 지었던 듯, 그가 남긴 몇 수가 《궁궐지》에 전한다. 정조도 숙종의 시에 운을 맞추어 시를 짓기도 하였다.[18]

신선이 사는가 삼청동에 빛나는 연기 둘러 있고,
때는 국화철이라 무더기 무더기 늦저녁 햇살에 노랗게 빛나네.
장안 만호 절구질 다듬이 소리 가을 정취 가득한데
난로 옆 키 큰 촛대에는 길다란 눈물 소리.

정조의 마음을 헤아리지 못하는 내가 이 시를 이해하고 음미하려 하는 것 자체가 무리일 터. 다만 정조가 할아버지 영조뿐만 아니라 그를 넘

반월형 석조 | 얼마나 큰 돌을, 얼마나 오랫동안, 얼마나 공을 들여 깎아야 이렇게 될까? 이 석조를 만든 사람들이나, 만들라고 한 사람이나 만만치 않은 내공을 가졌으리라.

어서 증조할아버지 숙종에게 기대려는 뜻을 갖고 있었음을 어렴풋하게나마 감지할 뿐이다.

1899년광무 3에 회상전의 북쪽, 그 영취정과 춘화정 사이 어간으로 짐작되는 곳에 사정射亭을 세웠으니 이것이 황학정黃鶴亭이다. 대한제국이 망하기 전에는 사람들이 여기에 모여서 활쏘기를 하였던 듯하다.

영취정과 춘화정이 있었던 곳은 높은 등성이지만, 주맥은 아니다. 주맥은 인왕산에서 내려와 목멱산으로 이어지는 등성이이다. 경희궁의 뒤가 아니라 서쪽을 감싸 안고 있었다. 그 등성이에는 도성이 따라갔다. 그 기슭, 도성 안이 경희궁의 후원 노릇을 한 셈이다. 오늘날 서울특별시교육청을 비롯해 기상청 서울관측소 등이 그 흐름을 끊고 들어앉아 있다.

춘화정 자리는 오늘날 어디인가? 그 일대가 일제강점기 이후 경희궁의 영역에서 떨어져 나간 터라 그 지점을 추정하는 것조차 막연하였다. 그러던 가운데 서울역사박물관에서 2015년 경희궁 전시를 준비하면서 지금의 성곡미술관 정원에서 반월형 석조를 발견하였다. 물을 가둘 수 있게 돌을 반원형으로 깎았는데, 지름이 250센티미터, 반지름이 145센티미터, 깊이가 60센티미터가 되는 크기이다. 놀라운 점은 여러 돌을 끼워 맞춘 것이 아니라 커다란 돌 하나를 깎았다는 사실이다. 안쪽에는 여의주를 가운데 두고 마주보고 있는 잉어 두 마리가 돋을새김으로 조각되어 있고, 반원형 테두리 위에는 서수瑞獸 세 마리가 안팎을 내다보며 지키고 있는 형세를 취하고 있다. 반원의 바깥 부분에도 꽃 문양이 띠를 이루며 정교하게 조각되어 있다.

크기나 조각의 솜씨를 보건대 민가에 있었다고 보기 어려운 명품이다. 민가가 아니라면 궁궐에 있었을 것이고, 궁궐이라면 경희궁일 것이다. 경희궁을 그린 〈서궐도안〉을 유심히 찾아보니, 춘화정 바로 서편에 이러한 반월형 석조가 그려져 있다. 이 반월형 석조를 움직이지 않았다고 전제하면, 현재 이 석조가 있는 성곡미술관 일대에 춘화정이 있었다고 볼 근거가 된다. 오늘날 지형에 〈서궐도안〉을 덮어서 추측할 수 있게 해주는 소중한 유물이라 할 수 있다.

경희궁은 이래저래 망가져 있어서 아무리 주의 깊게 답사를 하여도 그 전모를 헤아리기가 어렵다. 그렇다고 지금 경희궁을 복원한다는 것은 불가능할 뿐더러 불필요하다. 고종 초년 경복궁을 중건하면서 궁궐로서 기능이 끝나버린 경희궁을 살려 무엇하겠는가? 그렇다고 경희궁을 우리의 기억 속에서 지워버리자는 말은 아니다. 없어진 것도 역사의 일부. 그것을 포함해서 우리 인식 속에서 다시 세워 이해하는 작업은 어렵지만 반드시 해야 할 일이다.

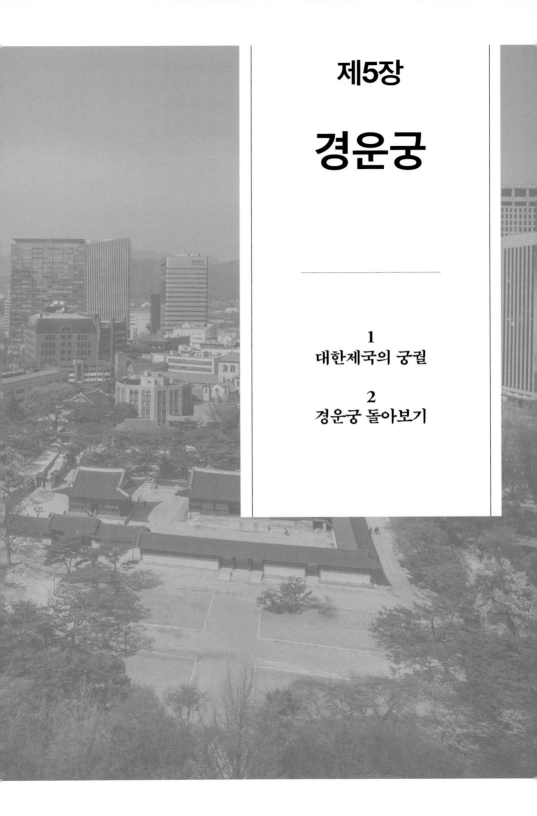

제5장

경운궁

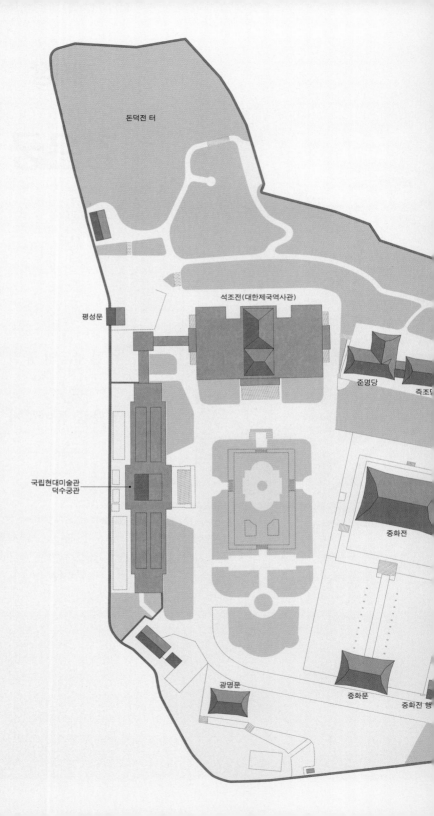

N

돈덕전 터

석조전(대한제국역사관)

평성문

준명당

즉조당

국립현대미술관
덕수궁관

중화전

광명문

중화문

중화전 행

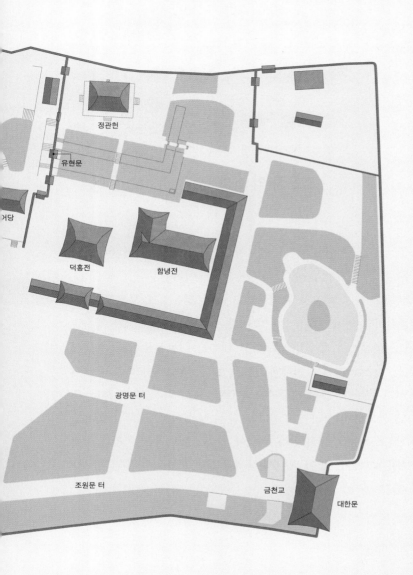

경운궁
慶運宮

정관헌

유현문

거당

덕홍전

함녕전

광명문 터

조원문 터

금천교

대한문

1

대한제국의 궁궐

'경운궁'의 소생

경운궁이라
부르는 이유

현재 서울특별시청의 서쪽으로 길 건너편에 궁궐
이 하나 있다. 아니 궁궐이라기보다는 궁궐 터,
궁궐의 흔적이라고 해야 맞을지도 모르겠다. 지
금 이곳의 공식적인 명칭은 덕수궁德壽宮이다. 하지만 원래 이름은 경운궁
慶運宮이었다. 경운궁에서 덕수궁으로 바뀐 데에는 대한제국 당대의 역사
가 겹쳐 있다. 이곳을 제대로 이해하려면 우선 그 명칭부터 바로 불러야
할 텐데, 어떻게 부를까? 그냥 지금까지 부르던 대로 덕수궁으로 하자, 새
삼스럽게 경운궁으로 바꾸려면 일반 시민들이 낯설어하고, 행정 비용도
적지 않게 든다고 하는 주장이 있다. 반면에 덕수궁으로 부르는 것은 이곳
을 궁궐로 보지 않는다는 뜻이 되니 대한제국 시절 궁궐의 이름인 경운궁

경운궁 편액 | 즉조당에 걸려 있었다. 편액 우상단에는 어필이라 쓰여 있고, 편액 좌측에는 광무 9년 (1905) 7월이라고 쓰여 있다. 그렇다면 이 편액의 글씨는 고종의 글씨다. 석어당, 즉조당 편액도 같은 시점에 어필로 썼다. 궁궐 이름을 써서 건 편액은 다른 예가 없다는 점에서 이 편액은 매우 특이하다. (국립고궁박물관 소장)

으로 되돌리는 것이 마땅하다는 주장도 있어 서로 맞서고 있다.

이곳의 이름을 덕수궁으로 유지할 것인가? 경운궁으로 바꿀 것인가? 2011년 12월 2일에 문화재청에서 주관하여 공청회를 하였다. 기껏 발제를 하고 토론을 하였다. 하지만 그 자리에서 결론이 나지 않았다. 그달 14일에 열린 문화재청 문화재위원회에서 보류 결정을 내렸다 한다. 보류란 덕수궁인가 경운궁인가 판단을 내리지 않겠다는 뜻. 전문가들이 모인 문화재위원회로서는 다소 비겁한 결정이라고 나는 생각한다. 이후 종전대로 덕수궁이란 명칭을 쓰고 있다.

이곳을 어떻게 부를 것인가 판단을 내리려면 이곳을 무엇으로 볼 것인가를 먼저 생각해야 한다. 다시 말해서 궁궐 혹은 궁궐 터로 볼 것인가, 아니면 황제 자리를 빼앗긴 전 황제의 거처 혹은 공원이나 미술관 등으로 볼 것인가? 이 질문에 대한 답에 따라서 명칭도 달라진다. 궁궐이란 무엇인가? 나는 '임금이 사는 곳'이라고 정의한다. '임금'이란 왕조사회의 최고

경운궁 대안문 옛 모습 | 신식 복장을 한 대한제국의 군인들의 옹위를 받으며 큰 가마가 막 대안문을 나서고 있다. 임금의 행차로 보인다. 1946~1947년에 미군정청 통역관으로 재직한 헨리 G. 웰본의 수집품이다. (국립민속박물관 소장)

통치자이다. '산다'는 것은 일상생활은 물론 공적인 활동도 포함한다. 그 가운데서도 더 의미가 있는 부분은 공적인 활동, 곧 임금이 공인으로서 하는 제반 활동이다. 궁궐이 그런 곳이 되기 위해서는 일상생활을 위한 공간 외에 의식과 행사를 치르는 공간, 정무 활동을 하는 공간, 그리고 그러한 임금을 보필하기 위해 활동하는 관원들의 공간 등이 필요하다.

　그런데 현재 대한민국에는 그런 궁궐은 없다. 하나도 없다. 대한민국은 민주공화국이지 왕국이 아니다. 임금도 사라지고, 임금을 중심으로 하는 왕조와 그 문화도 끝났다. 옛 궁궐이 불완전한 상태로 남아 있을 뿐이다. 그럼에도 우리는 경복궁, 창덕궁, 창경궁, 경희궁을 궁궐이라고 부른다. 옛 궁궐, 고궁古宮이지만 굳이 고궁이라고 하지 않고 궁궐이라고 부르는 경우가 더 많다. 그곳을 공원이나 유원지로 보지 않고 옛 궁궐로 보기

480

때문에 옛 고古 자를 떼고 궁궐이라고 부르는 것이다. 그곳에 가서 궁궐로
기능을 발휘하던 시절의 모습을 되새기고, 그 시절의 문화와 역사를 살펴
보려고 한다. 그것이 궁궐이 갖는 가치요, 의미다.

　이런 기준으로 본다면 이곳은 경운궁으로 불러야 마땅하다. 이곳은
1897년부터 1907년까지 대한제국의 고종 황제가 재위하던 광무光武 연간
에 유일하게 임어하였던 궁궐 경운궁이다. 이곳은 그 시기 격변의 현장이
었고, 대부분 망가지고 사라졌지만 그 흔적이 그래도 남아 있다. 이 점이
이곳의 가장 소중한 가치이다. 덕수궁은 1907년 고종이 강제로 퇴위당하
고 난 후 전 황제로서 살게 된 곳의 이름으로 붙여진 이름이다. 덕수궁은
궁궐의 이름이 아니다. 이곳을 덕수궁으로 부르면 그 이전 대한제국 광무
연간의 궁궐이라는 뜻이 실종될 우려가 있다.

　덕수궁이란 이름이 1907년 이후 오늘날까지 계속 사용해온 이름이기
에 익숙하다는 점은 인정한다. 행정 비용도 들고 다소 혼란이 있을 수 있
다는 점도 인정한다. 하지만 이러한 점들은 본질을 찾아 가치와 의미를 되
살리는 데 비하면 얼마든지 치러야 할, 그리 부담스럽지 않은 비용이라고
생각한다. 그래서 나는 지금의 공식 명칭 덕수궁을 버리고, 궁궐로서의 제
이름 경운궁으로 부른다. 앞으로도 줄곧 경운궁이라고 부를 것이다.

경운궁의 산수　　　　경운궁 역시 다른 궁궐들과 마찬가지로 산을 등
　　　　　　　　　　지고 물을 끌어안은 터에 자리 잡고 있다. 다만
　　　　　　　　　　그 산세와 수세가 뚜렷하지는 않다. 먼저 산세부
터 살펴보자. 인왕산 줄기는 남으로 흘러 목멱산으로 이어진다. 이어지기
는 이어지되 돈의문 가까이 오면 거의 평지처럼 낮아져 유심히 찾지 않으
면 도심에서 그 맥을 놓치기 쉽다. 본 줄기는 돈의문 자리에서 창덕여중
서쪽 경계 담장을 타고 내려와 이화여고를 관통하여 러시아대사관 서쪽
경계를 지나 옛 소의문 자리로 이어진다. 평안교회와 옛 중앙일보 빌딩 사

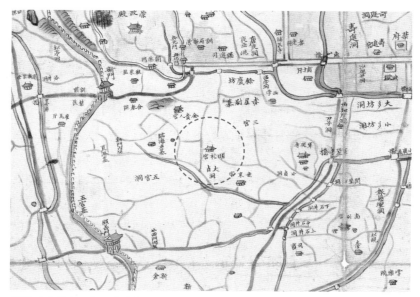

《여지도》에 실린 〈도성도〉의 명례궁 부분 | 조선시대 지도에는 경운궁이 없다. 궁궐이 아니었기 때문이다. 경운궁의 모태가 된 정릉동행궁은 이 지도에 명례궁(明禮宮)이 표기된 일대, 정릉동천 북쪽 언저리에 있었다고 보아야 할 것이다. (서울대학교 규장각한국학연구원 소장)

이 나지막한 고갯마루가 소의문이 있던 곳이다.

돈의문에서 한 줄기가 동남쪽으로 갈라져 나와 봉긋한 둔덕을 이루었다. 이 둔덕을 "상림원上林苑"으로 표기한 자료도 있고 혹은 "방림원芳林苑"이라 쓴 자료도 보인다. 이 상림원은 경희궁의 앞동산이었다. 오늘날 경향신문사 등이 덮어버린 그 상림원에서 산자락은 더욱 낮아지면서 옛 러시아공사관 터, 미국대사관저, 영국대사관으로 흘러내리다 서울특별시 의회 건물 가까이 이르러 평지가 된다.

이 산줄기와 도성이 지나가는 산줄기 사이는 자연스럽게 완만한 골이 형성되었으니 이른바 정릉동貞陵洞, 줄여서 정동貞洞이다. 여기서 '동洞'은 오늘날은 행정구역 명칭이지만, 조선시대에는 골짜기, 골이라는 뜻으로 쓰인 자연 지역 명칭이었다. 정릉동이라는 이름이 붙게 된 것은 이 곳에 정릉貞陵이 있었기 때문이다. 정릉은 태조의 계비인 신덕왕후의 능이다. 태조는 신덕왕후에 대한 사랑이 깊어서 그랬는지 그 능을 도성 안, 경복궁에서 그리 멀지 않은 이곳에 썼다. 상림원에서 서울시의회로 흐르는 산줄기의 가운데, 오늘날 미국대사관저 하비브하우스Habib House가 있는 자리가 정릉이 있던 자리로 추정된다. 정릉은 태종 연간에 현재의 성북구의 정릉으로 천장遷葬되었으나, 이 골 이름은 그대로 정동으로 내려와 오늘날까지 이어지고 있다.

정동 한가운데 가장 낮은 곳으로는 자연스럽게 물줄기가 흘렀을 것이다. 그 발원점은 당연히 돈의문에서 상림원으로 갈라지는 산줄기와, 돈의문에서 남으로 내려오는 도성이 지나갔던 산줄기가 갈라지는 사이였다. 그리고 발원점에서 동쪽으로 흘러내려 이화여고와 예원여중 사이, 정동제일교회와 정동극장 사이를 지나 경운궁 서쪽 궁성에 이르러 경운궁 안으로 잠깐 들어가서 금천이 되었다가 다시 경운궁을 벗어나서 서울특별시청 광장을 지나 개천으로 흘러들었다. 이 물줄기의 이름이 정릉동천貞陵洞川이다. 그 물줄기가 얼마나 클까마는, 그래도 한 골의 물줄기를 모은 것인데도 오늘날에는 종적을 찾기가 어렵다. 복개되어 도로로 변신하였기 때문이다. 오늘날의 정동길과 상당 부분이 겹칠 터인데, 그 흔적조차 찾아보기가 쉽지 않다.

경운궁은 상림원에서 흘러내리는 산줄기를 등지고 정릉동천을 끌어안아 배산임수를 갖춘 터에 자리를 잡았다. 좌향은 남향이다. 하지만 그 산세와 수세가 번듯하지는 못하다. 좌청룡 우백호가 뚜렷하지 않고, 뒤를 받쳐주는 산줄기도 약하다. 궁궐 앞으로 서에서 동으로 흐르는 정릉동천을 금천으로 끌어 들이기는 하였지만 그 수세 역시 길고 깊지는 못하였다. 주위 산수 형세가 이러하니 궁궐로서의 모양을 반듯하게 가꾸기가 어려웠다.

정동 전경 사진 ｜ 러시아공사관, 미국공사관 등이 보인다. 사진 중앙에서 왼편으로 보이는 1901년 화재 이전의 수옥헌으로 보인다. 2층 건물인 것은 같지만, 오늘날의 중명전과 상당한 차이가 있다. (《아펜젤러 사진첩》, 배재학당역사박물관 소장)

사지절단 　　　 경운궁을 중건할 때 궁궐 모양을 반듯하게 갖추지 못하게 된 원인으로 산세와 수세가 번듯하지 못한 것 외에도 더 주목할 점은 정동 일대에 이미 미국, 영국, 러시아 등 외국 공사관들이 들어서 있었다는 사실이다. 이 공사관들이 차지하고 있던 터를 피하여 옹색한 부지에 궁궐 터를 잡고 건물들을 배치할 수 밖에 없었다. 그 결과 경운궁의 공간 구성과 건물 배치는 매우 불규칙하게 되었다.

　경운궁의 역사와 외형을 종합적으로 정리한 대표적인 자료가 오다 쇼고[小田省吾]라고 하는 일본인 사학자가 1938년에 지은 《덕수궁사德壽宮史》라는 책이다. 그 책에는 1910년에 제작된 〈덕수궁평면도〉라는 도면이 있

정동 전경 사진 | 왼쪽 사진과 같은 장소에서 오른쪽을 보았다. 사진 가운데에 영국공사관이 보인다. 사진 오른편에 보이는 건물은 한옥 형태에 전면에 돌출된 부분이 있는 특이한 형태다. 총세관 임시 건물인데, 나중에 이곳에 돈덕전이 되는 건물이 들어섰다. (《아펜젤러 사진첩》, 배재학당역사박물관 소장)

는데, 그 도면과 현재 경운궁의 궁역을 비교하면 상당히 큰 차이가 있다.

　외전과 내전 등 경운궁의 주요부는 영국공사관의 남쪽과 미국공사관의 남쪽 평지에 남향으로 들어앉았다. 중건 이전에 이미 그곳에는 즉조당卽阼堂과 석어당昔御堂이 있었는데, 경운궁을 중건할 때 법전인 중화전中和殿, 왕의 침전인 함녕전咸寧殿을 비롯하여 역대 임금들의 어진을 모시던 선원전璿源殿, 고종이 대신과 외국 사절을 비롯한 주요 인물들을 접견하던 덕홍전德弘殿, 명성왕후의 빈전으로 쓸 때는 경소전景昭殿이라 하였다가 장례 후 혼전으로 쓰면서 이름을 바꾼 경효전景孝殿, 그 외에도 정관헌靜觀軒, 흠문각欽文閣, 수인당壽仁堂, 양심당養心堂, 영복당永福堂, 응복당膺福堂, 대유재大猷齋, 함유재咸有齋, 관명전觀明殿, 준명전浚明殿, 보문각寶文閣, 구성헌九成軒, 가정당

러시아영사관

프랑스영사관

미국영사관

영국영사관

1	대한문	12	양심당
2	금천교	13	포덕문
3	조원문	14	구성헌
4	중화문	15	평성문
5	중화전	16	돈덕전
6	준명당	17	중명전
7	즉조당	18	환벽정
8	석어당	19	선원전
9	덕홍전	20	양화당
10	함녕전	21	영성문
11	정관헌	22	홍교

1910년에 제작된 〈덕수궁평면도〉. 지금은 푸른색으로 구별한, 내전과 외전 일부만 남아 있다. 현존하는 건물은 붉은색, 사라진 건물 가운데 주요한 것은 검은색으로 표기하고 번호를 붙였다. 대한제국이 을사늑약으로 외교권을 잃은 뒤이기 때문에 본래 공사관이었던 외국공관들이 영사관으로 격하되어 있다.

嘉靖堂, 구여당九如堂, 덕경당德慶堂, 공묵헌恭黙軒 등 여러 전각들이 즐비하게 들어찼다.

이 주요부를 둘러싸고 궁성을 쌓고 남쪽에 정문으로 인화문仁化門, 동문으로 대안문大安門, 대안문 조금 북쪽으로 평장문平章門과 포덕문布德門, 북쪽 영국공사관 문과 마주보는 자리에 생양문生陽門, 서북쪽에 회극문會極門, 서쪽 미국공사관과 마주보는 자리에 평성문平成門, 그보다 조금 남쪽에 용강문用康門 등을 내었다. 용강문보다 조금 동쪽, 그러니까 내전 구역의 서남쪽 모퉁이에서 높은 담장의 벽 위로부터 길을 건너 언덕으로 홍교虹橋라 불리는 다리가 놓여 있었다. 그 다리를 건너가면 그곳에는 궁내부宮內府, 의정부議政府 등 고위 관서가 있었다. 이 문들은 거의 모두 없어지고, 대한문으로 이름이 바뀌어 남아 있는 대안문 외에는 오직 서쪽의 평성문만이 남아 있다. 남아 있기는 한데 평성문 편액은 간데없고 포덕문 편액이 떠억 붙어 있다. 무슨 조화인지 모르겠다.

서북쪽 회극문을 나선 곳, 영국공사관과 미국공사관 사이에는 돈덕전惇德殿이라는 2층의 서양식 건물이 있었다. 그 돈덕전의 북쪽 일대에는 1900년 내전 구역에 있던 선원전이 불이 나서 소실되자 그 이듬해 옮겨지은 선원전이 들어섰다. 그곳에는 선원전만이 아니라 사성당思成堂, 흥덕전興德殿, 흥복전興福殿, 의효전懿孝殿 등이 더 있었다. 선원전 일대의 북쪽으로는 영성문永成門이 나 있었고, 영성문 안, 선원전 일대의 동쪽이자 영국공사관의 북쪽 일대에는 양화당養花堂을 비롯하여 여러 채의 건물들과 수학원修學院이 있었다.

경운궁 내전 일대의 서문 평성문을 나서면 좁은 길 하나를 사이에 두고 미국공사관이 마주 섰는데, 그 서쪽 너머 일대에도 중명전重明殿, 만희당晚喜堂, 흠문각欽文閣, 장기당長慶堂, 양복당養福堂, 경효전景孝殿, 수풍당綏豊堂, 정이당貞頤堂, 강태실康泰室, 환벽정環碧亭 등 상당히 많은 경운궁의 전각들이 들어차 있었다. 그중 가장 북쪽에 있던 환벽정에서 서북쪽으로 담장 하나

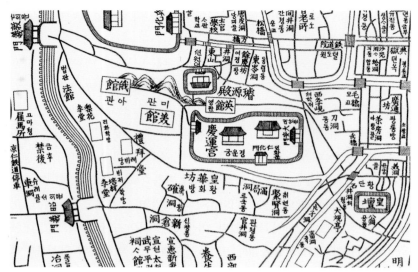

〈한성부지도〉의 정동 부분 ｜ 1902년 캐나다 선교사 제임스 게일이 만든 지도의 일부이다. 경운궁 주위로 외국 공사관 등이 빼곡히 들어서 있다. 미관(美館)은 미국공사관, 영관(英館)은 영국공사관, 아관(俄館)은 러시아공사관, 법관(法館)은 프랑스공사관을 가리킨다. 이화학당, 배재학당 등도 확인할 수 있다.

를 넘으면 러시아공사관이었다.

경운궁은 경복궁처럼 번듯한 모양은 아니나 그럭저럭 황제가 임어하는 궁궐로서 필요한 규모는 갖추고 있었던 셈이다. 그런 경운궁이 크게 망가진 계기는 1904년에 일어난 대화재였다. 이 화재로 내전 일대 주요부의 건물들이 대부분 타버렸다. 화재 직후 곧바로 복구에 착수하여 약 1년 남짓 걸려 완료하기는 하였으나 복구된 전각들의 모습은 원래의 것과 똑같지 않았다.

그러나 경운궁이 더욱 크게 변형되고 왜곡된 것은 황제의 궁궐이 아닌 퇴위당한 황제의 궁, 덕수궁이 되면서부터였다. 덕수궁은 국권을 상실하고 난 뒤, 더 나아가서는 1919년에 고종이 승하한 뒤 주인 없는 궁이 되었고, 1933년에는 공원이 되어 일반에게 공개되면서 궁역이 잘려나가고 건물들을 잃고 말았다. 그러므로 슬픈 일이기는 하지만 경운궁 답사는 지금의 덕수궁 주위를 돌며 그 잘려나간 영역들을 찾아보고, 궁궐이었던 시절의 주변 환경을 돌아보는 것으로 시작해야 마땅하다. 이렇게 잃어버린 흔적을 찾아다니는 일은 경운궁 본래의 모습, 다시 말하자면 대한제국 궁궐의 규모를 다시 그려보는 작업이요, 대한제국의 한 단면을 더듬어보는 작업이 될 것이다. 그러지 않고 현재의 덕수궁만 둘러본다면 이리저리 잘려나가고 오그라든 모습을 보고는 그것을 전체로 알고 '애개, 이것밖에 안 되나' 하는 깔보는 생각, 업신여기는 마음을 갖게 될 위험성이 매우 크다.

경운궁 주변 정동 일대는 대한제국의 현장으로, 가장 밀도 높은 근대사의 무대이기도 하였다. 대한제국 광무 연간으로 돌아가서 경운궁 주변 정동 일대는 어떠하였는지, 지금은 어떠한지 먼저 둘러보고 경운궁으로 들어가자.

근대사의 일번지, 정동

정동의 서양인들   미국은 서양 나라들 가운데 가장 이른 시기인 1882년 5월 조선과 제물포조약을 맺어 외교 통상 관계를 형성하였다. 1883년 5월 초대 공사 루시어스 푸트Lucius Foote가 부임하여 공사관으로 쓰기 위해 1884년 8월 즈음에 정동에 민가를 사들였다. 외국에 공관 부지를 판매한 사례가 없어 어려움이 있었는데 고종이 특별히 배려하여 민영교閔泳敎와 민계호閔啓鎬의 집을 사들일 수 있었다고 한다. 이들은 외척 계열이어서 왕실이 영향력을 쉽게 행사할 수 있었던 것이 아닐까 추측된다. 미국공사관 영역은 이후 그 주변의 터를 더 사들여 범위가 확장되었다. 미국공사관이 이곳에 자리를 잡으

하비브하우스 | 미국은 1884년 사들인 민가에 미국공사관을 개설한 이래 이를 서양식으로 바꾸거나 새로 짓지 않고 그대로 사용하였다. 1974~1976년에 옛 미국공사관을 대사관저인 하비브하우스로 만들었다.

면서 이 주변에 미국의 기독교 선교사들을 비롯한 서양인들이 자리 잡기 시작하였다.

  미국공사관 영역은 조선 초기 정릉의 봉분이 있던 자리를 포함하고 있는 것으로 보인다. 역시 현재로서는 추측으로 그칠 수밖에 없지만, 현재 미국대사관저 앞마당에 있는 잘생긴 석호石虎 한 쌍은 아마도 정릉에 있던 것이 아닐까? 서양 다른 나라들이 공관 건물을 자국 고유의 양식으로 지은 데 비하여 미국공사관은 독특하게도 한옥을 외형은 유지하고 내부만 서양식으로 바꾸어서 썼다. 그 건물은 일제강점기에 미국과 일본이 전쟁을 하는 와중에도, 한국전쟁의 포화 속에서도 파괴를 면하고 외형을 오늘날까지도 그대로 유지하고 있다. 지금은 하비브하우스라는 이름으로 미국대사관저로 쓰이고 있다.

  영국과 조선은 1883년 1월에 수호통상조약을 맺었다. 1884년 4월에

비준이 이루어졌고, 정동에 한옥이 여러 채 있는 상당히 넓은 터를 공관 터로 확보하였다. 다만 아직 공사관의 지위를 갖는 것은 아니고 임시 총영사가 주재하는 수준이었다. 영국공사관은 1889년 1월부터 설계가 시작되어 1890년부터 건축 공사가 시작되었다. 1년여 만에 벽돌로 지은 2층 건물인 1호관이 완공되었고, 2호관은 1892년 5월에 완공되었다. 등성이에 지어진 2층 건물은 당시로서는 상당히 두드러지는 외양으로 러시아공사관과 더불어 그 산자락의 주인처럼 보였다. 이 건물은 그 골격을 아직까지 유지하며 제자리를 지키고 있다. 영국이 차지하였던 넓은 터 가운데 동쪽에는 1889년 말에 영국의 국교인 성공회 성당이 들어섰다. 다만 현재 성공회 서울대성당 건물은 그때의 것이 아니라, 1922년에 착공되어 1926년에 준공된 것이다.

　독일은 영국과 같은 시점인 1883년 11월 26일 조선과 수호통상조약을 체결하고, 이듬해 10월에 비준서를 교환하고 공관을 개설하였다. 독일공관은 다른 나라에 비해서 자주 이전하였다. 처음에는 오늘날의 충무로 1가인 낙동駱洞의 한옥 건물을 임대하여 개설하였다가, 박동礴洞의 묄렌도르프의 집으로 이전하였다가, 정동의 육영공원育英公院과 맞바꾸게 되었다.

독일공사관의 외국인들 ǀ 독일공사관이 목멱산 북쪽 기슭에 있던 시절 외교관들이 부부 동반하여 무슨 모임을 갖고 있다. 멀리 종현성당, 오늘날의 명동성당이 보인다.

그 지위도 공사관보다 낮은 영사관領事館이었다. 정동에 있던 시절 독일영사관은 건물 형태는 여전히 한옥이었다.

1900년 3월 대한제국 궁내부에서 독일영사관 부지를 매입하면서, 대가로 거액의 대금과 상동尙洞의 관유지를 함께 넘겨주었다. 이에 따라 독일영사관은 새 부지에다 서양식 2층 벽돌 건물을 짓고 1902년 5월에 이전하였다. 그곳에 있을 때인 1903년에 영사관을 공사관으로 승격하였다. 하지만 1905년 을사늑약으로 대한제국의 외교권이 박탈되면서 다시 영사관으로 격하되었고, 1906년에는 돈의문 밖 평동平洞으로 또 이전하였다.

대한제국에서 독일영사관 부지를 매입한 의도는 경운궁을 정비하면서 그 부지를 궁궐로 포함시키려는 데 있었다. 하지만 그렇게 하면 궁성을 따라 나 있는 도로를 폐쇄해야 했는데, 그러지 않고 도로를 넘어가는 다리를 놓아 경운궁과 그 건너편 부지를 연결하였다. 이 다리는 운교雲橋라

경운궁 운교(왼쪽) ┃ 경운궁에서 궁성을 넘어 옛 독일공사관 자리로 이어지는 운교가 있었다. 오른편이 경운궁의 궁성, 왼편이 옛 독일공사관 자리의 축대이자 담장이다.
경운궁 운교 다리턱(오른쪽) ┃ 경운궁 운교는 사라졌지만, 그 홍예의 다리턱 부분은 여전히 궁성의 일부로 남아 이곳에 운교가 있었음을, 대한제국이 있었음을 증언하고 있다.

고도 하고 홍교虹橋라고도 하였는데, 그 다리턱의 흔적이 경운궁 궁성 중 지금 서울시립미술관 입구 쪽에 남아 있다. 궁성의 다른 부분은 모두 사고 석 혹은 사괴석이라고 하는 작은 돌들로 쌓여 있는데, 여기만 아주 큰 돌 들로 튼튼히 쌓여 있어 확연히 구분할 수 있다. 다리로 연결된 그 일대에 는 궁내부宮內府, 의정부議政府 등 궁궐과 바로 연결될 필요가 있는 고위 관 서들을 두었다. 일제강점기에 그 자리에 재판소가 들어섰고, 해방 이후 대 법원으로 쓰이다가, 지금은 서울시립미술관으로 꾸며져 있다.

프랑스는 조선과의 관계가 특히 각별하였다. 이미 18세기 말부터 프랑 스 신부들이 조선에 들어와 선교 활동을 하고 있었고, 19세기 초부터 천 주교 박해가 일어나 그들이 여럿 희생되었다. 이를 빌미로 1866년에 중국 에 와 있던 프랑스 함대의 로즈 제독이라는 사람이 군함을 몰고 와 강화 도를 침공하여 병인양요丙寅洋擾가 일어났다. 이와 같은 사정으로 프랑스는 조선에 대해 깊은 관심을 갖고 있었고, 조선은 프랑스에 대해 경계심을 갖고 있었다.

러시아공사관　　　　　　　　　　　　　　　　　　중화전

조선과 프랑스는 미국 등 다른 서양 나라들보다는 조금 늦은 1886년 6월 통상조약을 맺었다. 처음에는 프랑스 외교관은 그 지위가 정식 공사가 아니었다가 나중에 격상되었고, 공사관도 이곳저곳을 옮겨 다니다가 1896년에 이르러서야 정동에 자리 잡게 되었다.

　정동의 서쪽 경계는 돈의문에서 소의문으로 이어지는 도성이다. 그 도성 바로 안쪽 높은 지대, 오늘날 창덕여중 운동장 자리에 프랑스공사관이 있었다. 높은 지대에 프랑스풍의 뾰쪽한 3층 건물이 높이 솟아 있어 눈에 확 띄는 건물이었다. 동에는 러시아공사관, 서에는 프랑스공사관이 정동을 사이에 두고 서로 마주보는 듯한 형세였다. 1층과 2층은 넓고 3, 4층은

1904년 돈의문 일대 사진 | 돈의문 문루 용마루 위로 러시아공사관의 탑이 보이고, 사진 중앙에서 약간 왼쪽에 경운궁 중화전 지붕의 합각면, 오른편 끝 부분에 프랑스공사관, 그보다 조금 왼편에 2층 양옥인 손탁호텔의 후면과 측면이 보인다. (《엔 꼬레》)

탑처럼 좁게 올라간 모양이다. 도성과 바로 맞닿아 있어 도성 밖에서도 보였다. 아주 이질적인 건물임에도 도성과 묘한 조화를 이루는 건물이었다. 을사늑약 이후 프랑스공사관은 영사관으로 격하되었고, 1910년에는 영사관도 돈의문 밖으로 옮겨갔다. 그 자리에는 1914년에 서대문소학교가 설치되었고, 옛 프랑스공사관 건물은 소학교의 한 건물로 쓰이다가 1935년에 철거되었다. 2010년에 지금의 창덕여중 운동장 자리에서 프랑스공사관 유구가 발굴, 확인되었다.

1896년 2월 고종은 이른바 아관파천을 했다. '파천'이란 임금이 궁궐을 떠나 다른 곳으로 옮겨 감이요, '아관'이란 '아라사공사관俄羅斯公使館'을

러시아공사관 | 높은 지형에 규모도 서울에 있던 외국 공사관 가운데 가장 컸을 뿐만 아니라, 웬 깃발들을 많이 꼽아 놓아 강한 인상을 준다. 《버튼 홈즈의 여행 강의》

줄인 말이다. '아라사'는 러시아를 한자로 음차한 것이다. 조선과 러시아는 1884년에 통상조약通商條約을 맺기 위한 교섭을 시작하여 1885년 양력 7월 7일에 비준함으로써 국교를 수립하였다. 그에 따라 1885년부터 공사관을 짓기 시작하여 1890년에 준공하였다. 그 자리는 바로 상림원 옆, 동북쪽으로 경복궁을 바라보고 서남쪽으로는 정동을 내려다보는 등성이였다. 사바틴이라는 러시아인이 설계한 이 건물은 러시아풍의 벽돌 건물로 외벽을 희게 칠하였는데, 규모도 크고 또 일부를 탑처럼 높게 세워 그 일대뿐 아니라 서울 전체에서도 눈에 띄었다. 한국전쟁 와중에 폭격을 맞아 본 건물은 없어졌고, 지금은 탑 같은 부분만 남아 있다.

　러시아공사관에서 남쪽으로 내려오면 손탁호텔이 있었다. 오늘날의 이화여고 동문 안이다. 손탁Antoinette Sontag, 孫澤은 프랑스 알자스로렌 출신이면서 국적은 독일이었던 여인으로, 러시아 공사 베베르Karl Ivanovichi Weber

의 동생의 처형妻兄이었다. 1885년 8월 28일 대리공사 겸 총영사로 부임한 베베르를 따라 서울에 와, 명성왕후와 연결되어 궁궐에서 서양인을 접대하며 서양문화를 도입하는 데 교사 노릇을 하였다. 이런 인연으로 손탁은 정동 29번지에 있는 184평짜리 집 한 채를 하사받았고, 그 자리에 2층 양옥 호텔을 지었다. 서울 최초의 서양식 호텔 중 하나인 손탁호텔은 서양인 및 이들과 친한 민영환, 이완용, 서재필, 윤치호 등 내국인의 친목단체인 정동구락부의 근거지로 쓰이기도 하였다. 러일전쟁 이후 손탁호텔은 위축되었고, 손탁은 1909년 프랑스로 돌아갔다. 손탁호텔은 1917년 이화학당에 팔려, 1922년 헐리고 그 자리에 3층짜리 프라이홀Frey Hall이 들어섰다. 프라이홀은 이화여대, 이화여중, 서울예고 등이 사용하여 오다가 1975년 5월 화재로 없어지고 그 자리에 이화여고100주년기념관이 들어섰다.

선교사들의 학교와 육영공원

미국 감리교에서 파송된 여성 선교사 스크랜튼Scranton, M. F. 부인이 1886년에 정동의 서쪽 한구석에 여학생을 위한 학교를 세웠다. 여자 아이들을 교육한다는 생각이 없던 시절 어려운 출발을 한 것이다. 학생 수는 한 명으로 시작해서 1890년대에는 약 30명 정도가 되었다. 이곳은 초가 건물들이 들어찬 외곽 지대였는데, 'ㄷ'자 모양의 한옥 건물의 교사를 지어 출발하였다. 학교 이름의 유래 중에는 1887년 명성왕후가 이화학당이라고 교명을 지어 편액을 내려주었다는 설도 있다. 만약 그것이 사실이라면, 이화학당을 비롯해 배재 등 정동 일대에 학교들이 건립된 데에는 음으로 양으로 왕실의 지원이 힘이 되었음을 보여준다. 오늘날 이화를 한자로 "梨花"로 쓰면서 순결한 배꽃을 상징으로 내세우고 있지만, 원래는 "李花"로 썼었다는 견해도 있다. 만약 그렇다면 아마도 왕실과의 관련성 때문이 아닐까 추정되는데, 자료를 좀 더 확인해야 할 문제이다.

이화학당은 후에 점점 커져서 도성을 넘어 서쪽으로 영역을 확장하였

배재학당 편액 | 1886년 6월 8일 고종이 영재(英材)를 배양(培養)하라는 뜻으로 "배재"라는 학교 이름과 함께 편액을 내렸다 한다. (배재학당역사박물관 소장)

다. 본래 자리에는 중고등학교가 남고, 대학교는 분리되어 무악 자락으로 옮겨 갔다.

이화학당의 남쪽엔 배재학당培材學堂이 있었다. 배재학당은 미국 감리회에서 파송된 선교사 아펜젤러Appenzeller, H. G.가 1885년 8월에 세웠다. 서울에 처음 세워진 서양식 학교다. 아펜젤러는 한 달 먼저 서울에 와 있던 의사 스크랜튼Scranton, W. B의 집 한 채를 빌려 학교를 시작하였다. 스크랜튼은 후일 이화학당을 세운 스크랜튼 부인의 아들이다. 배재학당이 이화학당과 이웃하게 된 연유이다. 배재학당은 여학생을 대상으로 하는 이화학당보다 먼저인 1886년 6월 8일 고종으로부터 배재학당이란 교명과 편액을 하사받았다. 고종의 관심과 지원이 배재학당의 설립과 발전에 큰 힘이 되었음을 보여주는 일이다. 배재학당은 1886년 10월에 이미 학생수가 20명으로 늘어 새 교사가 필요하게 되었기에 1887년에 벽돌 건물을 지어학교 모습을 갖추었다. 배재학당은 중학부 외에 대학부가 생겨, 일반 대학부는 배재대학교로, 신학부는 감리교신학대학으로 분리 발전하였다. 배재고등학교는 1984년에 강동구 고덕동으로 이전하고, 옛 배재학당 자리에는 배재학당역사박물관이 자리를 지키고 있다.

배재학당의 학생 수가 늘어나고 활동이 활발해짐에 따라 아펜젤러는 배재학당과 이화학당 사이에 있는 건물들을 구입하여 예배당으로 삼았다. 이 두 학교의 학생들이 이 교회의 주요 구성원이 되어 개화운동을 벌였다. 이 교회는 1894년에는 교인 수가 200명을 넘어섰다. 이에 현대식 예배당을 건축하는 공사를 1895년 9월에 착공하여 1897년 12월 26일에 봉헌식을 가졌다. 현재 남아 있는 정동제일교회의 문화재예배당이다.

육영공원育英公院은 1886년 9월에 설립된 관립 신식 교육기관이다. 미국인 선교사들이 배재학당, 이화학당을 세웠다면 거의 같은 시기에 조선 정부에서는 육영공원을 세웠다고 할 수 있다. 고종이 조미수호통상조약에 따라 미국에 갔다 온 보빙사報聘使 일행의 건의를 수용하여 미국 공사 푸트를 통해 미국인 영어 교사 한 명과 소학小學 교사 세 명을 선임하여 시작하였다. 고위관원들의 추천을 받은 과거 급제자, 과거에 급제하였으나 아직 관직을 받지 못한 출신出身과 연소한 참하관으로 좌원左院을 구성하고, 총명한 양반 출신의 청년들인 유학幼學을 선발하여 우원右院을 구성하였다. 첫 해에는 좌원 13명, 우원 22명을 선발하여 출발하였으나 점차 신분제의 제약, 자발성의 결여, 관에서 운영함에 따른 비효율성 등이 문제가 되어 활발하게 지속되지 못하였다. 교육 내용은 영어를 비롯한 외국어와 서양의 기초 학문이었다. 육영공원은 세워진 지 5년이 되는 1891년 11월에 독일영사관과 맞바꾸게 되어 박동으로 이전하였다.

중명전   경운궁은 중심 영역 외에 따로 떨어져 있는 구역이 있었다. 공간이 부족하므로 미국공사관을 서편으로 넘어간 일대에 궁궐 영역을 확장하였던 것이다. 오늘날 이 영역의 중심을 이루는 건물로 중명전이 남아 있다. 중명전의 본래 이름은 수옥헌漱玉軒이었다. 수옥헌은 정조 이래 규장각 운영의 전통을 이어 고종이 경복궁 후원에 집옥재를 지어 도서를 수집 보관하고 어진을 봉안하였던 것처럼, 그와 유사하게 이용하기 위하여 지었던 것으로 보인다. 수옥헌은 경운궁이 궁궐로서 모양을 갖춰가던 동안에 지어져, 1901년고종 38. 광무 5에는 파수하는 군졸들을 배치하는 등 경운궁의 일부로 이용되고 있었다.[1] 그런데 신축된 지 얼마 되지 않아 1901년 10월 6일 수옥헌에 불이 났다.[2] 수옥헌은 처음부터 서양식 2층 벽돌 건물이었는데 이 화재 이후 곧바로 복구되면서 약간 모양이 달라진 것으로 보인다.

1904년 양력 4월 14일 함녕전에서 불이 나서 함녕전, 중화전, 즉조당, 석어당 등을 포함하여 경운궁 중심부가 잿더미가 되었을 때 고종은 경복궁이나 창덕궁 같은 다른 궁궐로 가지 않고 수옥헌으로 이어하였다.[3] 그이후 수옥헌은 고종이 신료들이나 일본 인사들을 접견하는 장소로 주로 이용되었다.

그러한 접견 가운데 일상적인 황제의 업무를 넘어서는 것이 벌어졌다. 1905년고종 42. 광무 9 양력 11월 10일 고종은 수옥헌에서 일본이 특파한 대사 이토 히로부미를 접견하여 일본의 국서를 받았다.[4] 내용은 1876년 강화도 조약에서 규정한 한국의 독립을 보장한다는 말을 뒤집은 것으로, 결국 일본이 대한제국을 병탄하겠다는 야욕을 드러낸 것이었다. 결국 11월 17일 수옥헌에서 이토가 참석하여 강압하는 가운데 박제순朴齊純 이하 이지용李址鎔, 이근택李根澤, 이완용李完用, 권중현權重顯 등 당시 대신들이 서명함으로써 수옥헌은 국망의 출발이 되는 을사늑약의 현장이 되었다.

이렇듯 이 영역은 처음에는 수옥헌으로 불렸다. 《승정원일기》를 기준으로 볼 때 수옥헌이란 이름은 1905년고종 42. 광무 9 양력 8월 20일에 고종이 비각이나 능침을 봉심했던 규장각 신료들을 만나는 장소로 등장하고 더 이상 나타나지 않는다. 그다음 1906년고종 43. 광무 10 양력 9월 28일에 규장각 관원인 김용덕金容悳이라는 사람이 유강원裕康園에 다녀온 결과를 보고하는 건물로 중명전이 처음 등장한다. 중명전은 이후 고종이 관료들을 만남을 하는 장소로서 기록에 나온다.

중명전 | 한동안 민간 사무실로 쓰면서 크게 변형되었던 외관을 가능한 한 되돌렸다. 주위 환경까지 바꿀 수 있으면 더 좋겠다.

　《일성록》에서도 중명전은 1906년 양력 9월 28일에 김용덕을 만나보는 장소로 처음 등장한다. 그런데 《일성록》에는 수옥헌이란 이름이 7개월 남짓 중명전과 중첩되어 나타난다.

　《고종실록高宗實錄》에도 중명전이 처음 등장하는 날짜와 사유는 앞의 두 자료와 같다. 그런데 《고종실록》에 수옥헌이란 이름이 등장하는 것은 중명전이 나타나기 직전인 1906년고종 43, 광무 10 양력 9월 13일 탄신일을 맞아 여러 대신들을 소견하는 장소로 나오는 것이 마지막이다.

　이상 살펴본 것처럼 대한제국의 공식적인 국가기록물인 세 자료에 중명전이라는 이름이 등장하는 시점은 일치하는 데 비해, 수옥헌이라는 이름이 사라지는 시점은 차이가 있다. 앞으로 좀 더 면밀하게 살펴보아야 할 여지가 있기는 하지만, 1906년 9월 말 수옥헌이 중명전으로 이름이 바뀌었다고 보아야 할 것이다. 다만 기록에는 이전 관행대로 수옥헌이라는 표

미국공사관 쪽에서 바라본 중명전 | 거꾸로 중명전에서도 미국공사관이 아주 잘 보였으리라. 당시 미국과 대한제국은 과연 이렇게 가까웠을까? (윌러드 스트레이트 사진, 1904년)

기가 좀 더 유지되기도 하다가 사라진 것으로 이해된다.

중명전은 그 뒤 계속 의식 행사를 치르거나 관료를 접견하는 장소로 쓰이다가 1907년 9월 9일을 마지막으로 공식 기록에 등장하지 않는다. 순종이 그곳을 떠났기 때문에 더 이상 공식적인 행사장으로 쓰이지 않았기 때문이다. 지금은 중명전으로 알려져 있는 이 건물에는 고종 황제로 대표되는 대한제국의 궁색한 처지와 그 결과인 국망의 그늘이 드리워져 있다. 이 점이 우리가 중명전에 눈길을 한 번 더 주는 소이이다.

이후 중명전은 화재로 내부가 전소되기도 했다가, 해방 뒤에는 개인 소유, 회사 소유로 넘어가기도 하였다. 그러나 이제는 문화재청 소유로 돌아와 덕수궁 소속 건물이 되었다. 변형되었던 내부 공간을 최대한 옛 모습대로 복구하고, 외부도 말끔하게 단장하여 전시장과 문화유산국민신탁의 사무 공간으로 쓰고 있다.

경운궁 선원전 | 1918년 일시 귀국한 영친왕이 경운궁 선원전에 참배하고 있다. 월대가 상당히 넓고, 사각 기둥에 한 간이 툇간을 이루었다. 현재 창덕궁 구선원전과는 크게 다르다. (《한말궁중관계사진첩》, 서울대학교박물관 소장)

선원전 　　　　　중명전과 미국공사관에서 산자락을 넘어 북쪽 일
　　　　　　　　대는 선원전을 비롯해서 사성당, 흥덕전, 흥복전
　　　　　　　　그리고 혼전 등이 한 영역을 이루고 있었다. 현
임금의 부, 조, 증조, 고조와 태조의 어진을 모셔놓고 다례를 지내는 궁궐
의 사당과, 그 부속 건물들 및 왕실의 흉례를 치르던 건물들이다. 그 북문
이 영성문永成門으로서 그 문을 나서면 지금의 새문안로로 통하였다. 이 일
대를 그래서 "영성문 대궐"이라고 부르기도 하였다. 비록 황제위를 잃은
태상황이지만 고종이 '덕수궁'에 머물 때는 선원전도 덕수궁에 그대로 있
었다. 그러나 1919년 고종이 승하하자 선원전은 창덕궁으로 옮겨갔고, 덕
수궁 선원전은 비게 되었다.

　　일제강점기에는 선원전 터에 일본인 여자 아이들을 교육하는 제일고
녀고등여학교를 세웠다. 해방 뒤에는 경기여고가 들어왔으나, 1988년 강남구

개포동으로 이전하였다. 2000년대 들어 미국 측에서 그 자리에 광화문앞 길에 있는 미국대사관과 대사관 직원 숙소를 옮겨 지으려다가 시민들의 반대로 무산되었다. 지금은 그 자리는 빈터로 남아 그 한가운데 회화나무 만 제자리를 지키고 있고, 선원전 주위 지역에는 덕수초등학교나 구세군 중앙회관 등이 들어서 있다.

원구단, 황궁우

사라진 원구단　　　　대한제국기 경운궁 주위를 둘러보면서 빼놓을 수 없는 곳이 원구단圜丘壇이다. 고종은 1897년 2월 20일 러시아공사관에서 경운궁으로 환궁한 뒤 음력 8월 14일 연호를 건양建陽에서 광무光武로 고치고, 천지天地에 고하기 위하여 원구단을 짓기로 하였다. 그 터는 원래는 조선시대 왕실의 별궁의 하나인 남별궁南別宮 자리였다. 숭례문에서 서북쪽, 도성 안으로 아주 낮은 산줄기가 흘러오다가 고개를 슬며시 머리를 드는데, 그 정수리에 해당되는 곳이 그곳이다. 경운궁에서 동편으로 정릉동천을 건너 소공동小公洞에 포함되는 곳이다.

　　음력 9월 17일 고종은 원구단에 나아가 천지에 고하는 제사를 드리고 황제에 즉위하였다. 원구단은 원형으로 된 세 단으로 구성되었다. 가장 상단에는 하늘의 신위인 호천상제昊天上帝와 땅의 신위인 황지지皇地祇 신위판神位版을 모시고 그 아래 단에는 순서대로 주천성신周天星辰, 풍운뇌우風雲雷雨, 오악오진사해사독五嶽五鎮四海四瀆의 신패神牌를 모셨다. 말하자면 하늘과 땅과 천체와 기상과 산과 바다와 강 등 자연의 신들을 두루 모신 것이다. 원구단은 경운궁과 대한제국의 정신적 출발지인 셈이다.

원구단 전경 | 외곽은 네모난 담장 안에 다시 원형 담장이 있고, 삼단의 원형 단을 이루었다. 단마다 돌난 간을 둘렀는데, 사방에 계단이 나 있다. 상단은 모가 있는 지붕을 씌웠고, 중단에는 길쭉한 지붕을 세웠다. 왼편으로는 삼문 안에 팔각에 세 겹 지붕의 황궁우가 있다. 《꼬레아 에 꼬레아니》)

경운궁을 답사하려면 원구단에서 출발하는 것이 좋고, 마땅하다. 그러나 지금 원구단은 없다. 1913년, 일제가 대한제국을 집어삼킨 지 3년쯤 지났을 때 조선총독부 철도국에서 굳이 원구단을 헐고 그 자리에 철도호텔을 세웠기 때문이다.

당시 철도는 일제가 한반도를 거쳐 만주로, 중국 대륙으로 진출하는 데 가장 긴요한 시설이었고, 철도국은 조선총독부에서 가장 힘 있는 부서이기도 했다. 그 철도국이 호텔을 지으면서 서울 한복판, 경운궁과 가까운 곳, 일본인들이 많이 들어와 살고 있는 목멱산 자락에 접한 원구단 자리를 택하여 호텔을 지은 것이다. 오늘날 철도호텔은 사라졌지만, 그 자리에는 여전히 웨스틴조선호텔이 버티고 있다.

웨스틴조선호텔에서 내려다본 황궁우 ┃ 일본인들이 처음 철도호텔을 지었을 때도 이 비슷하게 내려다보았을 터. 그들의 심사는 어떠했을까?

황궁우
원구단을 짓고 2년이 지난 뒤인 1899년에 황궁우皇穹宇가 지어졌다. 황제가 원구단에 제사를 지낼 때 대기하는 판위版位를 설치하기도 하고, 신위를 임시로 모셔두기도 하는 등 원구단에서 제사를 지낼 때 보조적인 공간으로 쓰기 위해서였다. 원구단은 사라졌지만, 황궁우는 여전히 남아 있다. 황궁우는 특이하게도 팔각형의 평면에 지붕이 세 겹으로 되어 있다. 기둥도 팔각형이다. 내부는 통층으로 천장이 매우 높은데, 그 천장에 목각으로 된 용 한 쌍이 달려 있다. 자세히 보면 그 용들의 발가락도 여덟 개다. 팔이라는 숫자에 무슨 깊은 뜻이 숨겨 있음직하다. 팔괘八卦에서 비롯된 황제의 수가 아닌가 짐작할 따름이다.

지금 황궁우 주위로는 돌난간이 둘려 있다. 그 모양이 반듯한 원도 아니고 불규칙하다. 웬 난간인가? 원구단을 헐어 없애면서 그곳에 둘렀던

돌난간을 이렇게 옮겨놓은
것이다. 황궁우 주위는 원
래는 담으로 둘러싸여 있
었고, 동편과 서편에는 기
다란 건물이 두 채 있었다.
　황궁우 앞, 웨스틴조선
호텔 사이에는 벽돌로 지
은 문이 있다. 홍예문이 셋
나 있는데, 중국풍이 물씬
풍긴다. 본래 이 문은 원구
단으로 통하던 문이었다.
이제 원구단은 이제 사라
지고 그 자리에는 호텔이
들어서 있지만, 그래도 그
문을 나가보자. 나가서 문
을 통해서 황궁우를 바라

보자. 그냥 황궁우를 보는
것보다는 한결 분위기가
살아난다.

황궁우 천장 | 팔각형의 천장 가운데 감실을 조성하고 그 안에
금색 목각 용 두 마리를 점대칭으로 배치하였다 용은 발톱이
여덟인 팔조룡이다.

　황궁우 서편에는 돌로 된 북, 즉 석고石鼓가 셋 있다. 지름이 1.5미터는
됨직하고, 북의 등에는 용이 힘차게 조각되어 있다. 양면은 매끄럽게 다
듬어져 있다. 석고는 중국에서 임금의 치적을 칭송하는 글을 새겨 전하려
고 만든 사례가 있다. 말하자면 비석과 같은 기능을 하는 것이다. 1902년
이 고종 나이 망육순, 곧 51세가 되는 동시에, 즉위한 지 40년이 되는 것
을 칭경稱慶하기 위한 만들었던 것이다. 지금 광화문 네거리 기념비전 안
에 있는 대한제국태황제보령망육순어극사십년칭경기념비大韓帝國太皇帝寶齡

황궁우 삼문(위) Ⅰ 답도와 서수, 돌난간 등에 공을 들였다. 문은 벽돌로 쌓아서 중국풍을 느끼게 한다.
석고(아래) Ⅰ 원래는 현재 롯데호텔 자리에 석고각을 세우고 그 안에 두려 하였으나 그 자리에 도서관이 들어서면서 여기로 옮긴 듯하다. 북의 등에는 용 조각이 화려하다. 고종을 칭송하는 글을 쓰려 했을 것이다.

望六旬御極四十年稱慶紀念碑를 세웠던 것과 맥락이다. 송성건의소頌聖建議所라는 조직에서 주도하여 만든 것이고, 본래는 오늘날의 롯데백화점 자리에 있었다. 당시 석고각石鼓閣을 세우기까지 하였는데, 그해 콜레라가 크게 번져 마무리를 짓지 못하였고 글도 새기지 못하였던 듯하다. 석고가 지금 자리로 온 것은 일제강점기에 본래 자리에 도서관이 들어서면서였다.

원구단인가, 원구단은 없다. 본 제단은 없어진 채 황궁우, 그
환구단인가? 리고 원래 이 자리와는 상관없는 석고만 남아 있
을 뿐이다. 하지만 다른 이유에서 또 원구단은 없다. 지금 원구단의 공식 명칭은 '환구단'이기 때문이다.

'圜'이라는 한자는 "원"으로도 읽고, "환"으로도 읽는다. '둥글다'는 뜻으로는 "원"이고, '두르다'는 뜻으로는 "환"이다. 원구단을 조성할 당시에는 어떻게 읽었을까? 우선 이를 알려주는 것이 당시에 발간된 한글 신문들로, 그 첫 번째로 꼽을 신문이 《독립신문》이다.

"이젼 남별궁 터던에 단을 모앗는디 일홈은 환구단圜丘壇 이라고도 ᄒ고 황단皇壇 이라고도 ᄒ는디"《독립신문》1897년 10월 12일
"대군쥬 폐하ᄭᅴ셔 어졔 오후 두시에 포덕문으로 츌궁 ᄒ시와 환구단에 친림 ᄒ셔셔 셩싱 셩긔 셩경확 시 칙기 ᄒᆸ시고 오늘 오젼 셰시에 환구단에 친림 ᄒ시와 텬디에 고ᄒ시고 대황뎨 위에 나아 가신다고 ᄒ더라"《독립신문》1897년 10월 12일

원구단 설립을 알리는 《독립신문》의 기사들이다. "환구단"으로 표기하고 있다. 그런데 같은 《독립신문》에는 아래 기사에서 보듯 "원구단"이라고 표기한 기사들도 적지 않게 나온다. 어떻게 읽었다는 것인지 《독립신문》만 봐서는 헛갈린다.

"원구단 뎨향에 쓰는 가무와 솟을 리슈만이가 도적 ᄒ여 가다가 곳 잡히여 죠률 증판을 당 ᄒ다더라"《독립신문》1899년 7월 7일
"죠셔 ᄒ야 굴샤듸 원구단 뎨긔 악긔 조셩시 감동 궁녀부 대신 민영규 이하 와"《독립신문》1899년 10월 26일

널리 알려지지는 않았지만《미일신문》도《독립신문》과 같은 시기에 발간되었던 한글 신문이다. 그런데《미일신문》은 한결같이 "원구단"으로 표기하고 있다.

"의정부 참졍 윤용션으로 원구단 황궁우 샹량문 졔술관을 명ᄒ옵시고"《미 일신문》1898년 9월 3일
"탁지부에셔 청의ᄒ 경효뎐 뎨긔 신조비 이쳔 이빅 륙십 삼원 륙십 칠젼 팔 리와 원구단 황궁우皇穹宇역비 삼만 삼쳔 이빅 팔원 구십륙젼 륙리와"《미일 신문》1898년 9월 28일

한글 신문만으로는 "원구단"이라고 했는지 "환구단"이라고 했는지 도 무지 판단이 서질 않는다. '圜'을 한글로 표기한 다른 자료는 없을까? 있 다. 가장 공신력이 있고 공공성이 강한 것이 화폐이다.

광무 10년, 그러니까 1907년에 발행한 금화를 보자. "이십원"이라고 한글로 뚜렷이 새겨져 있지 않은가? 아래는 융희 2년에 발행한 반원짜리 은화이다. 재미있게도 "반원"이라고 한글로 새겨져 있다. 친절하게 외국 인들을 위해서 영어로 "HALF WON"이라고 밝혀주기까지 하였다. 더 이 상 다른 자료가 필요할까? 뜻으로 보거나 자료로 보거나 "환구단"이 아니 라 "원구단"이 마땅하다고 본다. 그런데도 안내판을 비롯해서 공식 표기 는 환구단으로 하고 있으니 이래저래 거기 원구단은 없다. 원구단은 없지 만, 아니 없기에 더욱더 경운궁 답사는 그곳에서 시작했으면 좋겠다.

광무10년 20원 금화 ┃ 1906년(광무 10)에 발행한 금화. 한자로 "二十圜", 한글로 "이십원"이라고 뚜렷하게 새겨져 있다.
융희2년 반원 은화 ┃ 1908년(융희 2)에 발행한 은화. 한자로 "半圜", 한글로 "반원"으로, 영어로 "HALF WON"으로 표기하였다.

황궁우에서 출발하여 서울특별시청 광장 쪽으로 내려오다 보면 웬 문이 하나 놓여 있다. 정면 3간, 측면 2간의 맞배지붕 건물이다. 문은 문이되, 좌우에 담장이 짧게 달려 있다. 지금 웨스틴조선호텔 입구쯤에 있던 원구단 정문인데, 원구단이 헐리면서 이 문도 헐려서 수유리 어느 호텔로 팔려가 있다가 돌아온 것이다. 돌아왔지만 제자리로 갈 수가 없으니 궁여지책으로 위치도, 좌향도 맞지 않는 이곳에 이렇게 놓이게 되었다. 그나마 그 문은 늘 닫혀 있다. 답답하다.

서울특별시청 서소문별관에서 내려다 본 경운궁 전경 | 빌딩들이 둘러선 사이사이로 멀리 인왕산이 살짝 보인다.

2

경운궁 돌아보기

사라진 문, 옮겨진 문

잊힌 정문, 인화문   경운궁의 궁성은 다른 궁궐에 비해서 그 모양이
특히 불규칙하였다. 이미 미국, 영국, 러시아, 프
랑스, 독일 등의 외국 공관이 들어와 있는 사이에
자리를 잡다 보니 그렇게 되었다. 궁성의 남쪽에 정문으로서 인화문, 동문
으로 대안문, 대안문 조금 북쪽으로 평장문과 포덕문, 북쪽 영국공사관 문
과 마주보는 자리에 생양문, 서북쪽에 회극문, 서쪽 미국공사관과 마주보
는 자리에 평성문, 그보다 조금 남쪽에 용강문 등을 내었다. 지금 이 문들
은 거의 모두 없어지고, 대한문으로 이름이 바뀌어 남아 있는 대안문 외
에는 오직 서쪽의 평성문만이 남아 있다. 그만큼 주위가 변하였고, 따라서
궁성도 문도 영향을 받았기 때문이다.

지금 덕수궁의 정문은 대한문이다. 하지만 대한문은 원래 경운궁의 정
문은 아니었다. 경복궁의 광화문光化門, 창덕궁의 돈화문敦化門, 창경궁의 홍

경운궁 인화문 | 편액은 흰 바탕에 검은 글씨로 썼다. 정면 3간, 측면 2간에 단층 우진각지붕인데, 특이하게도 잡상이 11개나 된다. (서울시립대학교박물관 소장)

화문弘化門, 경희궁의 흥화문興化門 등 다른 궁궐들의 정문 이름은 모두 화化 자 돌림이다. 그런데 유독 경운궁만 다른 글자를 쓸 리가 있겠는가?

　1896년 처음 중건할 당시 경운궁의 정문은 남쪽으로 난 인화문仁化門이었다. 인화문은 경운궁의 정전인 중화전과 침전인 함녕전의 사이로 내다보이는 위치에 남향으로 앉아 있었다. 지금의 서울특별시청사 별관으로 쓰고 있는 건물의 자리. 1897년 고종이 러시아공사관에서 환궁할 때도 당연히 이 문으로 들어왔고, 독립협회원들이 복합상소伏閤上疏를 올릴 때도 이 문에서 하는 등 인화문은 경운궁의 정문으로서 제 구실을 다하였다. 인화문이 경운궁의 정문이 된 근거는 남향이라는 데 있었을 것이다. 하지만 지형으로 볼 때는 인화문은 앞이 가로막혀 있어 답답하고, 정면으로 도로가 뻗어나갈 수가 없다는 한계가 있었다.

새 정문, 대안문　　　1899년 3월에 경운궁의 동남쪽 모퉁이에 동향으로 새 문 대안문大安門을 냈다. 1900년대에는 대안문을 기점으로 하여 각 방향으로 뻗어나가는 방사상으로 도로가 나기 시작하였다. 그러면서 대안문은 도로들이 모여드는 서울의 중심지가 되었고, 자연히 경운궁의 주 출입문으로 많이 이용되었다. 인화문의 뒤를 이어 경운궁의 정문 노릇을 하게 된 대안문 앞은 다른 궁궐들의 정문과 마찬가지로 군대 사열, 복합상소, 군중 집회 등을 벌일 수 있는 넓은 광장이기도 하였다. 대안문이 정문 노릇을 하게 됨에 따라 인화문은 자주 쓰이지 않는 문으로 퇴화하였던 것으로 보인다.

　　경운궁은 1904년광무 8 양력 4월 14일에 일어난 대화재로 내전 일대가 모두 불타 없어졌다. 그리고 1년 반이 지난 1905년 말에는 거의 대부분의 건물들이 중건되었다. 경운궁 중건 공사가 끝날 무렵인 1906년 양력 4월 25일, 중건도감에서 대안문을 수리하는 공사를 음력 4월 12일로 택일하여 거행하겠다고 상주하자 고종은 이를 허락하면서 이름을 대한문으로 고치라고 명하였다.[5] 하지만 며칠 뒤 양력 5월 1일에 상량문 제술관製述官을 영돈령領敦寧 이근명李根命, 서사관書寫官을 윤용구尹用求, 현판 서사관書寫官을 남정철南廷哲로 정하였다는 기사 외에는 더 이상 다른 이야기를 실록이나 《일성록》에서 찾기 어렵다.[6]

　　그런데 대한문을 고치고 이름을 바꾼 데 대해서 오다 쇼고의 《덕수궁사》에 다음과 같은 이야기가 있다.

　　건양 2년(명치 30년) 2월 국왕이 노국공사관으로부터 본궁으로 환어한 후 오래지 않아 조선의 국정은 일변했다. 즉 동년 8월 16일 새로 연호를 세워서 광무로 하고(건양의 연호는 8월 12일의 조칙으로 폐하였다.) 그다음 국왕은 스스로 황제위에 즉위하고(양력 10월 12일, 음력 9월 17일) 국호를 대한大韓으로 고쳤던 것이다. 이와 같은 국가의 성사盛事가 본궁의 부흥과 서로 병행해서

경운궁 대안문 | 많은 사람들이 모여 있는데 거의 흰 옷을 입고 있다. 양력으로 1904년(고종 42) 1월 2일 승하하고 3월 15일에 발인한 헌종비 명헌태후를 추모하는 장면으로 생각된다. 오른편에 보이는 2층 건물은 원수부(元帥府)다.

진행된 일은 크게 주목할 가치가 있다. 그래서 광무 8년(명치 37년)에 이르러 본궁이 하루아침에 화재를 당한 것은 크게 통탄할 일이지만, 점점 그를 복구함에 그 의미가 연장되어 정문의 개축 개호로 나타났던 것이다.

당시 한국은 일찍이 이미 지나支那, 중국와 종속관계를 이탈해서 새로 한 번 도약해서 제국이 되었고 바로 한실漢室의 흥융興隆을 스스로 자임하고 있었다. 그것은 고종의 황제 즉위 조칙에도 "주왕周王이 일어나니 예가 시작되어서 성강成康의 시기로 정하여졌고, 한제漢帝가 창업해서 바탕을 여니 문경文景 연간으로 칭하여졌다. 이에 금 8월 16일에 천지, 종묘, 사직에 삼가 고하여 광무라고 건원하노라 운운" 한 데서도 알 수 있다. "인화"란 구명을 그만 쓰고, "대한"이란 두 글자가 새로 본궁의 정문의 명칭으로 채택된 것이다.

　광무와 대한제국으로 칭제건원한 것을 중국과의 종속 관계를 이탈하여 한실의 흥융을 자임한 것으로 보고, 그러한 맥락에서 대한문으로 개칭하였다는 해석이다. 그러나 이러한 해석은 어딘지 일제 식민사학의 냄새가 난다. 칭제건원이 중국으로부터의 이탈이라는 설명은 을미사변-아관파천-경운궁 환궁-칭제건원으로 이어지는 흐름에서 고종의 주된 의도가 중국이 아니라 일본의 압박으로부터 벗어나고자 하는 데 있었다는 점을 호도하고 있다. 또 대한제국을 건설하면서 "한실의 흥융"을 자임하였다는 점도 수긍이 되질 않는다. 한실漢室이 무엇을 가리키는가? 저 진秦나라 다음 유방劉邦이 세운 한나라? 왜 대한제국이 그 한나라의 융흥을 꾀했단 말인가? 광무라고 연호를 정하고 내린 교서에서 한제漢帝를 언급한 것은 연호를 쓰기 시작한 연원을 의례적으로 말한 것일 뿐, 무슨 그 한나라를 이어받는다는 의식을 갖고 한 말은 아니다. 대한문에 한漢 자가 들어갔다고 이를 한나라로 연결하는 것은 참으로 멀리도 끌어다 붙이는 이야기에 지나지 않는다.

대한문의 깊은 뜻　　또 대안문을 대한문으로 고친 주체가 이토 히로부미로 대표되는 통감부이고, 그 의도는 고종과 대한제국을 조롱하는 데 있다고 하는 이야기가 있다. 곧 한漢 자가 '놈'이라는 뜻이어서 대한문이란 큰 도적놈이 드나드는 문이라는 뜻이니, 대한문을 대안문으로 되돌려야 한다는 주장이다. 이러한 주장을 도대체 어떻게 받아들여야 할지 참으로 답답하다.

　대한문이라는 이름을 정한 1906년 4월 25일은 통감부가 설치된 2월 1일부터 석 달도 채 못된 시점으로 아직 이토 히로부미는 취임을 하지도 않았다. 하세가와[長谷川好道]가 통감 대리를 맡고 있었다. 일제가 대한제국

대한문으로 이름이 바뀐 대안문 사진 | 편액이 대한문으로 바뀌어 있다. 앞에 월대가 뚜렷하게 보이긴 하는데, 길이가 짧아 보인다. (국립고궁박물관 소장)

의 국권을 탈취하기 위한 절차를 착착 진행시키고 있기는 하였지만, 아직 이런 세세한 일까지 챙겼다고 보기는 어렵다. 일제가 을사늑약을 억지로 날조하여 시행하고 통감부가 설치되고 하던 그 시점에서 고종의 권한이 거의 빈껍데기만 남아가고 있기는 하였지만 궁궐문 이름을 정하는 것까지 외압에 의해 억지로 하였다고 보는 것이야말로 억지에 가깝다. 한漢 자가 놈을 뜻한다는 주장은 억지의 압권이다. 그러면 한강漢江, 북한산北漢山, 남한산南漢山, 그리고 서울의 다른 이름인 한양漢陽 등은 어떻게 설명할 것인가.

또 다른 속설에는 대안문의 안安 자가 여자가 갓을 쓰고 다니는 형상이고, 그것은 이토 히로부미의 수양딸이 되어 일본의 앞잡이 노릇을 하던 배정자裵貞子를 가리키는 것이어서, 대안문이라는 이름에 배정자가 드나드는 문이라는 뜻이 있기 때문에 이를 고쳤다는 것이다. 이런 속설은 그것을 그럴 듯하게 받아들이는 민심이 반영되어 있다는 점만을 인정하면 그뿐이다. 그 진위를 따지는 것은 아무런 의미를 찾을 수 없는 부질없는 일에 지나지 않는다. 그러니 명칭을 가지고 이런저런 설명을 억지로 달려고 하는 수고는 접어두는 것이 좋겠다.

왜 대한문으로 이름을 바꾸었는가? 그 이유를 헤아리려면 이름을 바꾸고, 그 뜻을 밝힌 글을 보는 것이 가장 확실한 방법이다. 그러한 글이 바로 상량문이다. 이근명이 짓고 윤용구가 쓴 대한문 상량문이 있다. 그 내용을 보면, 대한제국의 수도로서 한양의 산하가 아름다움과 경운궁이 그 궁궐로서 법전인 중화전을 갖추고 그 정문으로 대한문을 갖춤으로서 궁궐 제도를 완비한 것을 노래하였다. 이어서 소한霄漢, 운한雲漢 등 하늘을 가리키는 뜻으로 한漢 자를 취하였음을 밝히고 있다. 하늘을 바라보는 문, 하늘로 통하고자 하는 문임을 새삼 강조한 것이다.[7]

엉거주춤 밀려난   일제가 서울을 작은 도쿄로 만들려는 계획을 이
대한문   제 실행하면서 숭례문에서 지금의 광화문 네거리
                      로 곧바로 이어지는 길이 뚫렸다. 그 길이 지금은
세종대로로 합쳐진 태평로다. 조선시대 이래 숭례문에서 경복궁으로 가자면 오늘날의 남대문시장으로 해서 광교를 건너, 종루에서 서쪽으로 운종가를 따라가다가, 기념비전을 끼고 북쪽으로 돌아 광화문앞길로 가는 것이 정식 경로였다. 그런데 이 태평로가 뚫리면서 바로 숭례문에서 광화문 네거리를 지나 광화문앞길로 길이 통하게 되었고, 그러면서 쑥 돌출되어 있던 경운궁의 동쪽 담장을 치고 지나게 되었다. 그 바람에 그쪽에 있던 포덕문은 없어지고 대한문도 뒤로 물러앉게 되었다.

대한문은 1968년 1월부터 태평로의 폭을 더 확장하는 공사를 하면서 한 3년 가까이 길 가운데 섬처럼 홀로 앉아 있었다. 그러다가 1970년 말에 옮겨진 '덕수궁 돌담'에 맞추어 뒤로 물리는 공사를 하여 1971년 1월 2일에 준공하였다. 건물을 해체하지 않고 목조 가구를 유지한 채 그대로

1968년 1월에서 1970년 말 사이 대한문 | 대한문이 길 가운데 서 있다. 문이 아닌 섬이 되었다.

들어서 옮겼다고 하여 당시 "대한문이 걸어간다"고 관심을 끌었다. 그렇게 대한문은 제자리를 잃고 뒤로 물러앉았다. 그 결과 대한문은 궁궐 정문으로서 많은 것을 잃었다.

　궁궐 정문은 높다. 지엄한 임금이 계신 높은 곳 궁궐로 들어가는 문이기에 높다. 격이 높다. 격만 높은 것이 아니라 실제 높이도 높다. 정문은 월대 위에 있게 마련이다. 원래 대한문도 대안문 시절부터 당연히 월대 위에 있었다. 월대는 평지에서 계단으로 대여섯 단 올라가게 쌓은 넓은 기단이다. 궁궐 정문의 월대를 오르는 계단은 보통 세 부분으로 나뉘어져 있다. 그 셋 가운데 중앙 부분은 어계라 하여 임금만 오르내리도록 구별되었다. 그 어계와 좌우 계단의 경계 부분에 상서로운 동물, 서수를 한 쌍 조각하여 배치하였다.

　그런데 대한문 바로 앞에까지 차도가 지나게 되면서 대한문으로 드나

드는 길은 없어졌다. 널찍한 광장과 같은 기능을 담당하던 대한문 앞이 옹색한 인도의 모퉁이가 되었다. 그나마 인도를 차도 쪽으로 조금 내어서 공간을 넓혔지만 어색함을 면하지는 못하였다. 우선 월대가 없어졌다. 월대가 사라지니 계단도 사라지고, 계단이 사라지니 그 자리를 지키던 서수도 갈 곳을 잃었다. 서수들은 이리저리 옮겨 다니다가 지금은 대한문의 가운데 두 기둥 바로 앞에 하나씩 놓여 있다. 이런 동물상이 왜 여기 있는지 그 내력도 의미도 알아주는 이 드물다.

금천 없는 금천교   대한문을 들어서면 몇 걸음 못 가서 웬 다리를 건너게 된다. 단단하게 보이는 돌다리인데 그 밑으로는 개울도 아니고 그렇다고 연못도 아닌, 바닥과 측면이 시멘트로 발린 웅덩이가 있다. 일부러 이런 구조물을 만들었을

금천이 없는 금천교 ㅣ 아무도 다리라고 의식하며 대접해주지 않지만, 그나마 자리를 지키고 있어 다행이다. 사진 왼쪽 구석에 보이는 비석은 하마비다.

리는 없고, 무언가의 흔적일 텐데⋯. 무얼까? 이를 알아보려면 경운궁 남편의 '돌담'이 원래의 궁성이 아니라 1970년대 들어서면서 다시 만든 것이라는 사실을 되새길 필요가 있다.

　이 돌담이 원형이 아니라면, 이곳으로는 개울이 흘러가야 한다. 정동 일대의 물이 모여든 정릉동천이 경운궁 궁성 안으로 흘러들면? 당연히 경운궁의 금천이 되었으리라. 하지만 경운궁 궁성이 '덕수궁 돌담'이 되고, 또 그 안에 연못을 만들어 스케이트장으로 삼는 등 물길이 바뀌면서 금천의 흐름이 끊기어 볼썽사나운 시멘트 웅덩이가 된 것이다. 금천에는 금천교가 있게 마련. 대한문 바로 안에 있는 이 돌다리는 금천교가 분명하다. 금천의 물길이 끊어지면서 금천교는 다리 아닌 다리가 되어 이렇게 허망하게 남아 있는 것이다.

　그 다리 앞에는 뜬금없이 "대소인원개하마大小人員皆下馬"라는 글이 새

경운궁 함녕전, 덕홍전 일원 ｜ 행각 안 오른쪽이 함녕전, 왼쪽이 덕홍전이다. 함녕전 행각문에서 나오는 길이 다른 길을 만나 십자로를 이루는 지점, 그쯤에 광명문이 있었다.

겨진 비석이 하나 서 있다. 높든 낮든 이 앞을 지나는 사람들은 모두 말에서 내리라는 표지인 하마비下馬碑가 분명한데, 궁궐 정문을 이미 들어선 이곳에 웬 하마비? 구태여 하마비가 필요하다면 궁궐 정문을 들어서기 훨씬 전 저 바깥 어귀에 있어야 할 것이요, 궁궐의 격을 생각한다면 하마비는 필요 없다. 아마도 다른 데 어디 굴러다니던 것을 후대에 아무 생각 없이 이곳으로 옮겨놓은 것으로 추정된다. 없느니만 못한 것 가운데 하나다.

옮겨진 광명문　　　대한문을 들어와 금천교를 건너서 조금 가다가 오른쪽을 바라보면 잔디밭 건너편에 행각 안에 들어앉은 큰 건물이 보인다. 경운궁의 대전, 즉 임금의 거처이자 활동 공간인 함녕전咸寧殿이다. 그 중요한 대전 함녕전을 에워싼 건물이 행각 한 겹이 아니라 그 바깥에 또 한 겹이 더 있었다. 그

옮겨져 있던 광명문 | 경운궁의 남서쪽 모퉁이로 옮겨져 아무런 상관도 없는 자격루의 남은 부속품, 흥천사 종, 신기전 화차 복제품을 품고 있었다.

바깥 행각에 나있던 문이 광명문光明門이다. 그런데 그 광명문은 상당히 오랜 기간 경운궁의 서남쪽 한 모퉁이로 옮겨져 있었다. 어디론가 드나드는 문이 아니라 무슨 전시장처럼 쓰여 그 안에 흥천사興天寺 종과 자격루自擊漏 부재部材, 신기전神機箭 화차가 놓여 있었다.

흥천사 종은 신덕왕후의 명복을 비는 원찰願刹인 흥천사라는 절에 있던 종이다. 1396년 태조의 계비인 신덕왕후가 승하하자 태조는 서부西部 황화방皇華坊 북원北原, 그러니까 오늘날의 하비브하우스를 포함한 지역 어디쯤에 능을 조성하였다. 그리고 그 동편에 흥천사를 세우고, 그곳에 자주 갔다. 그러나 1408년태종 8 태조가 승하하자 사정은 크게 달라졌다. 그 이듬해인 1409년태종 9 신덕왕후와 정치적으로 대립하였던 임금 태종은 정릉을 서울 도성 밖 양주 땅, 오늘날의 성북구 정릉동으로 천장하였다. 정릉의 석물들 가운데 쓸 만한 것들은 개천을 파고 광통교廣通橋를 놓는 데 석재로 쓰게 했다.

그렇게 정릉이 없어진 뒤에도 흥천사는 남아 있었던 듯하나, 1504년^{연산군 10}과 1510년^{중종 5} 두 차례의 화재로 폐허가 되어 버렸다. 흥천사의 종은 그 이후 흥인문을 거쳐 광화문 앞에 있던 종각으로 옮겨졌다. 종으로서 제 몫을 다한 셈이다. 그러다가 일제강점기 광화문이 제자리를 잃어버릴 때 창경궁으로 옮겨졌다가 해방 후에 이곳으로 다시 옮겨졌던 것이다. 흥천사 종은 나름대로 파란만장한 역정을 거쳐 원래 있던 자리 근처로 되돌아왔던 셈이다.

자격루는 세종 때 장영실蔣英實이 처음 만든 자동 물시계이다. 낮에는 해시계로 시각을 측정했으나 밤이나 해가 뜨지 않는 흐린 날에는 이 물시계로 시각을 측정하였다. 자격루는 처음에는 경복궁 경회루 앞의 보루각에 설치되어 표준시계 역할을 하였다. 여기서 시각을 알리면 광화문을 거쳐 광화문앞길과 운종가에 있는 북이나 종을 쳐서 종루鐘樓로 전달하였다. 종루와 도성의 문들에서는 이를 받아서 종을 쳤다. 도성문을 닫는다는 표시로 28번을 치는 인경[人定]과 동틀 무렵에 도성문을 연다는 표시로 33번을 치는 바라[罷漏]가 있었고, 밤 시간을 다섯으로 나눈 오경五更 등을 알려주기 위해서도 쳤다. 자격루는 도성 사람들과 군사들의 밤 시간 생활을 위해서 시간을 측정하는 중요한 일을 맡고 있었다.

하지만 광명문으로 옮겨졌던 자격루는 세종 대의 것이 아니라 중종 연간에 새로 만든 것이다. 세종 대의 자격루가 경점更點 시각時刻만을 알려주었던 데 비해 이것은 인경에 28번, 바라에 33번 종을 치도록 개량된 것이다. 설치 장소도 경복궁이 아닌 창경궁이었다. 자격루는 크게 보면 불어나는 물의 높이를 재서 시각을 측정하는 부분과 지정된 시각을 자동적으로 알려주는 시보 장치 두 부분으로 구성되었다. 시보 장치는 매 십이지十二支마다 그에 해당하는 십이지신 모양의 인형이 나타나서 종을 울리고, 종이 울리면 그것이 무슨 시인지를 시패로 알려주는 종표鐘票 기구로 되

광명문 옛 모습 | 좌우로 행각을 거느리고 있는 본래의 모습. 문 안으로 행각과 그 안의 함녕전이 보인다.

어 있었다. 특히 물방울을 규칙적으로 떨어지게 하기 위해서 물통을 여러 개 설치하여 물의 압력의 오차를 줄였다. 이런 장치들을 갖추었던 자격루는 매우 크고 복잡한 기계였다. 그런데 한때 자격루라는 이름으로 광명문 안에 놓여 있던 것은 물동이와 놋쇠 원통 두 개 뿐이었다. 망가져도 너무 망가져 도저히 자격루라고 할 수 없는, 자격루의 극히 일부 부속품이었을 따름이다.

2018년에 광명문을 제자리로 되돌리기 위하여 공사를 하고 있다. 문화재청에 따르면 "자격루와 신기전은 대전의 국립문화재연구소 문화재보존과학센터로 옮겨 보존처리하고, 흥천사 종은 부피와 중량을 고려하여 경복궁 궐내각사 터에 임시 처리장을 만들어 보존처리할 예정이다. 보존처리를 마치면 자격루와 신기전은 국립고궁박물관으로, 흥천사 종은 역사적 사실을 바탕으로 마땅한 장소를 검토하여 이전 설치할 것"이라고 한다. 늦었지만 잘 된 일이다.

사라진 조원문　　　　금천교를 건너면 곧바로 서쪽으로 나아가는 길이
　　　　　　　　　　　넓게 열려 있다. 하지만 길이 있다고 아무 생각
　　　　　　　　　　　없이 따라가는 것은 답사가 아니다. 특히 경운궁
에서는 그렇다. 워낙 많은 건물들이 없어진 자리, 그 자리에 무엇이 있었
나 중요한 지점에서는 따지고 짚으면서 가지 않으면 궁궐 경운궁은 보이
지 않고, 유원지에 미술관이 되어버린 덕수궁만 보인다.

　　다른 궁궐들은 궁성의 문을 들어오면 금천을 건너기 전이나 건넌 뒤
에 다시 문을 하나 들어가게 되어 있다. 아랫조정으로 들어가는 문이다.
경복궁의 홍례문, 창덕궁의 진선문이 이에 해당된다. 창경궁은 그럴 공간
적인 여유가 없기에 명정문이 조정의 문이자 아랫조정의 문을 겸하고 있
다. 그렇다면 경운궁은 어떠한가? 경운궁에도 조정의 문인 중화문 이전에
문이 하나 더 있었다. 조원문朝元門이다. 조원문은 법전인 중화전의 외삼문
外三門으로 1902년에 지어졌다가 1904년 화재에 소실되었다. 1905년에 다

1904년 이전 경운궁 전경 | 궁성을 더 넓게 쌓는 공사가 진행되고 있다. 뒤편의 겹지붕 건물이 불타기 이전의 중화전, 그 앞 문이 중화문. 오른편에 비스듬히 보이는 건물이 조원문이다. 《꼬레아 에 꼬레아니》

시 지었으나 그 이후 경운궁이 제 기능을 잃어가면서 함께 없어진 것으로 보인다.

외전

터진 조정

온통 망가져 있는 경운궁에서 중화전 및 함녕전 일대는 그래도 어느 정도 옛 모습을 유지하고 있다. 하지만 어느 정도일 뿐 온전하지는 못하다. 이곳을 둘러볼 때라고 해서 마음을 느긋하게 먹고 눈을 즐겁게 할 수 없다. 중화전은 경운궁의 법전으로 경복궁의 근정전, 창덕궁의 인정전, 창경궁의 명정전에 해당하는 건물이다. 대한문을 들어서서 금천교를 건너 주

욱 앞으로 가다가 보면 오른쪽으로 중화문中和門이 남향하여 서 있다. 중화
전으로 들어가는 문이다. 그런데 중화문은 문이면서도 좌우가 터져버려
문이라는 생각이 쉽게 들지 않는다. 중화문을 바라보며 오른편으로 몇 걸
음 떨어진 곳에는 'ㄱ'자 모양으로 된 건물이 엉거주춤 서 있다. 폭이 한
3~4미터 되는데 바닥은 시멘트로 발려 있다. 얼핏 보아서는 도무지 무슨
기능을 했던 건물인지 알아보기 어렵지만, 중화전 회랑의 동남쪽 모퉁이
부분이다. 이런 회랑이 중화문 좌우에서 뻗어나가 중화전을 에워싸 널찍
한 마당, 바로 조정을 만들었던 것인데, 지금은 거의 없어지고 아주 일부
만이 남아 있는 것이다. 행색은 초라해도 이나마 남아 있어 중화문과 중화
전의 체면을 살려준다.

  회랑이 터져버린 탓에 중화문을 들어서도 안으로 들어왔다는 느낌은
들지 않는다. 중화전 앞마당, 조정에는 박석도 깔려 있고 품계석도 있으나
다른 궁궐에서 느끼게 되는 엄숙한 분위기는 감돌지 않는다. 그저 사방이
다 내다보이는 헤벌어진 마당일 따름이다. 가만히 보면 박석도 중화문에
서 중화전으로 이어지는 삼도 부분과 그 주변 부분이 서로 다르다. 주변을
복원하면서 석질이 다른 돌들로 대충대충 깔았음을 알 수 있다.

중화전　　　　　　　중화문을 들어서면 2층 기단 위에 법전 중화전이
　　　　　　　　　　앉아 있다. 황제의 위엄을 과시하려 애쓰는 양을
　　　　　　　　　　짐작 못할 바는 아니지만, 지금 중화전은 키가 넙
데데하니 좀 답답하다. 중화전은 1902년光武 6 2월에 공사를 시작하여 그해
10월에 완공하였다. 러시아공사관에서 환궁하면서 중건한 경운궁 건물들
가운데 가장 나중에 지어진 셈이다. 그때 모습은 근정전, 인정전 등과 같
이 중층 지붕으로 장엄하였으나, 1904년 화재 이후 중건하면서 단층으로
축소되었다. 지금 중화전이 답답한 것은 그 때문이다.

  외양은 그렇지만 중화전은 칭제건원을 하였던 대한제국의 궁궐 경운

경운궁 중화문(위) | 경운궁 조정으로 들어가는 문이지만 행각을 잃어버린채 홀로 덩그러니 앉아 있다.
중화문 회랑(아래) | 중화문 동쪽에 'ㄱ'자 모양의 건물이 외따로 서 있다. 안에 특별한 시설이나 구조를 갖
추고 있지도 않다. 무엇일까? 중화전 회랑의 한 모퉁이가 살아남은 것이다.

경운궁 중화전 | 회랑이 없어져 보호받지 못하는 권위가 되었다. 1904년 화재 이후 중층 지붕이 단층 지붕으로 바뀌었고, 기둥까지 짧아진 듯. 전체적으로 키가 작다. 게다가 주위는 고층 빌딩들이 에워싸고 있다.

궁의 법전이다. 그런 만큼 그에 걸맞은 치장을 하고 있다. 우선 다른 궁궐의 답도에는 봉황이 새겨져 있는 것과는 달리 중화문 답도와 중화전을 오르는 계단 답도에는 용 두 마리가 새겨져 있다. 중화전 안 천장에도 목각으로 된 황룡 두 마리가 날고 있다. 창덕궁의 인정전과 창경궁의 명정전에는 봉황이 날고 있는 것과 대비되는 일이다. 봉황보다는 용이 한 등급 높게 인식되었다.

한데 경복궁의 근정전에 날고 있는 용과 비교하면 중화전의 용은 키는 작달막한 것이 비만이다 싶을 정도로 살이 쪘다. 또 근정전의 용이 발가락이 일곱인 데 비해 중화전의 용은 다섯이다. 황제를 칭하기는 하였으나 중국보다는 낮춘 것인지 어떤 것인지 아직까지는 그 까닭을 명확히 알

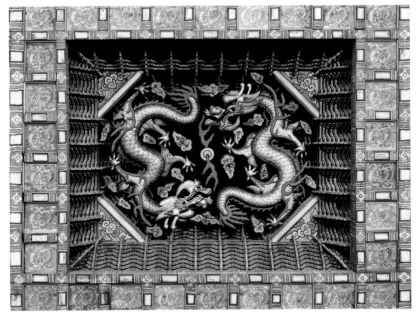

중화전 천장의 쌍룡 ∣ 몸매가 비둔해 보인다. 발가락이 다섯, 오조룡이다.

수 없다. 돌아서서 내다보면 앞으로는 고층 빌딩들이 시야를 온통 막아선
다. 마치 대한제국 시대를 보는 것 같아 답답하다.

내전

준명당, 즉조당,
석어당

중화전의 뒤쪽으로 돌아가면 서북쪽으로 석조전
石造殿이 버티고 있고 그 오른편으로 준명당浚明堂,
즉조당卽阼堂, 석어당昔御堂이 나란히 서 있다. 준명

당과 즉조당 앞에는 널찍한 잔디밭에 괴석들이 드문드문 서 있다. 잔디밭
이 있는 것으로 보아 저렇게 본채 건물들만 덜렁덜렁 있었던 것이 아니라
행랑채 같은 부속 건물들이 있었음을 알 수 있다. 준명당은 처음에는 이름
이 준명전浚明殿이었다가 어느 땐가 준명당으로 바뀌었다. 고종이 대신들
과 만나서 국정을 논의하던 건물이다. 말하자면 경운궁의 편전인 셈이다.

　　1623년 인조반정 당시 광해군이 머물던 궁궐은 창덕궁이다. 인조는
반정이 성공하고 나서 창덕궁에 있으면서 인목대비가 유폐되어 있던 서
궁경운궁으로 사람을 보내어 인목대비에서 반정을 인정해주기를 요청하였
다. 이에 화가 난 인목대비는 이를 거부하였다. 아차 싶었는지 인조는 직
접 경운궁으로 와서 인목대비에게 예를 갖추고 거기서 즉위하였다. 당시
인조가 즉위식을 행한 건물이 바로 즉조당이다. 즉조당 옆 석어당은 2층
건물인데, 단청도 칠하지 않은 특이한 모습이다. 이름으로 보아서는 옛날
임금이 임어한 적이 있는 건물이겠다. 즉조당과 석어당은 조선 후기 내내
경운궁의 옛 건물로서 기념물처럼 보존되어 온 듯하다. 1897년 고종이 러
시아공사관으로부터 환궁한 무렵에는 이 즉조당이 경운궁의 임시 법전
으로 사용되어 이름도 태극전太極殿이라 하였다. 그러다 이듬해 중화전으
로 개칭하였는데, 1902년 지금의 중화전이 지어지면서 다시 즉조당으로
환원되었다. 지금의 즉조당과 석어당은 광해군 연간의 그 건물은 아니다.
1904년 화재로 소실된 것을 다시 옛 모습대로 중건한 것이다.

함녕전과 덕홍전　　　석어당의 동쪽에 담장과 행랑으로 구역이 구별된
　　　　　　　　　　구역이 있는데 그곳에는 지금 함녕전咸寧殿과 덕
　　　　　　　　　　홍전德弘殿이 남아 있다. 함녕전은 경운궁의 침전
으로서 고종이 대부분의 시간을 보낸 곳이다. 1919년 고종이 승하한 곳도
이곳이다. 함녕전 앞의 행랑채도 지금은 붉은 벽으로 답답하게 막혀 있으
나 본래는 방들이었을 것이요, 그 행랑 밖에는 다시 외행랑이 있었으니

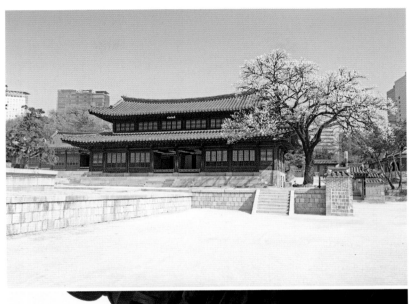

경운궁 석어당(위) 현재 경운궁에 유일하게 남아 있는 2층 전통 건축물이다. 옛날에 임금이 임어하셨던 건물이라는 뜻인데, 그 옛날이란 인조반정 시기를 가리킨다. 앞에 꽃이 만발한 나무는 살구나무다.

석어당 2층에서 내다본 풍경(아래) 즉조당, 준명당, 석조전이 보인다. 즉조당과 준명당은 연결되어 있다.

경운궁 덕홍전 | 덕홍전은 외전의 정전인 중화전과 대전의 정전인 함녕전 사이에 있다.

그 행랑의 문이 광명문이었다. 지금은 그런 부속 건물들이 모두 없어져 임금이 살던 모습을 가늠하기가 매우 어렵게 되었다. 그 옆의 덕홍전은 고종이 외국 사신이나 고위 관료들을 접견하는 용도로 많이 사용하던 건물이다. 일상생활을 하는 곳이 아니었기에 바닥은 전돌로 되어 있으며 전체가 한 공간으로 되어 있다. 함녕전과 덕홍전 사이에도 담이 있었을 터이나 지금은 없어지고, 부속 시설들도 사라져 휑한 느낌만이 감돈다.

덕홍전 안을 들여다보아도 아무것도 없이 휑하다. 한데 바깥 기둥의 윗부분에는 봉황으로 보이는 새의 머리가 한 쌍씩 마주보고 있다. 다른 건물에는 없는 장식이다. 문門과 호戶 위를 가로지르는, 상인방上引枋에 해당하는 나무에도 장식이 덧대어 있다. 그 한가운에 금색으로 칠한 꽃문양이 눈에 띈다. 꽃잎이 다섯에 꽃잎마다 각각 꽃술이 세 개씩 표현된 그 꽃은 오얏꽃이다. 석조전의 정면 현관 위 삼각형의 합각 부분에도 큰 것 하나,

덕홍전 내부 | 바닥은 마루가 아닌 전돌이다. 천장의 상들리에도 낯설고, 창방 위의 오얏꽃 문양도 낯설다. 온통 낯설다.

그 양옆에 작은 것 둘이 새겨져 있다.

　오얏은 토종 자두이다. 요즘 오얏은 굳이 찾아보지 않으면 쉽게 만나기는 어렵다. 오얏은 한자로 '이李'이다. 우리나라의 대성大姓 이씨의 성자이다. 조선왕조에서는 이 오얏이 특별히 강조되지 않았으나, 대한제국 들어와 황실의 문장紋章처럼 쓰이게 되었다. 일본 왕실이 국화를 문장으로 쓰고, 서양 왕실이나 귀족 가문들도 각각 꽃을 문장으로 쓰는 데 대해 대한제국 황실에서도 문장을 사용할 필요를 느껴 이화를 쓰게 된 것이 아닌가 싶다. 그런 끝에 이화가 건물의 장식으로도 등장하게 된 것이다. 하지만 국력이 뒷받침되지 못하는 한, 남들처럼 문장을 사용한다고 해서 힘센 나라들과 어깨를 맞대고 대등한 관계를 맺을 수 있는 것은 아니다. 오얏꽃 문양은 일제강점기에 들어서는 일제에 의해 교묘하게 비틀려, 망한 나라 왕실의 상징이자 일본 천황 휘하의 일개 귀족 가문의 문장으로 격하되어

석조전 합각의 오얏꽃 문양 | 장식을 한다고 하기는 했는데, 무게감은 없는 듯하다. 석조전 분수대 앞에 활짝 핀 벚꽃이 더 위화감을 키운다.

버렸다. 지금 저 덕홍전에 남아 있는 오얏꽃 문양이 언제 만들어 붙인 것인지는 정확히 알 수 없으나, 썰렁한 방 분위기와 함께 망국의 슬픔을 보여주고 있는 것이 아닌가 하는 감상을 갖게 만든다.

서양식 건물들

거북한 석조전　　　　　광명문에 놓여 있는 자격루나 흥천사 종은 온전하지가 못하고 자리가 엉뚱해서 그렇지 제것이긴 하다. 그런데 지금 덕수궁에는 궁궐과 전혀 어울리지 않는 존재이면서도 마치 주인이라도 되는 양 자리를 널찍하게 차지

덕수궁 석조전 | 왜 고유한 이름을 지어 붙이지 않았을까? 고종은 이 건물을 기꺼워하지 않았던 것 아닐까?

하고 있는 것들이 적지 않다. 우리 궁궐과는 근본적으로 이질적인 서양식 건물들이 바로 그것이다. 지금 덕수궁 영역 밖으로 나앉은 중명전은 제외하더라도 덕수궁 안에 있는 석조전은 피할 수 없이 눈에 띈다.

　석조전은 문제가 심각한 건물이다. 우선 덩치가 너무 크다. 그 큰 덩치로 정전인 중화전 뒤편에 서 있으니 마치 중화전을, 더 나아가서 경운궁 전체를 찍어 누르는 듯 보인다. 또 그 외형도 화강암으로 외부가 처리된 르네상스식이라서 너무 번듯번듯하고 그래서 위압적이다. 곡선과 곡면으로 처리된 그 주위의 목조 건물들과는 너무나 어울리지 않는다. 게다가 그 앞의 분수는 정말 분수없는 물건이다. 분수는 우리 전통 조경에는 없는 것이다. 옛날에는 물을 높이 뿜어 올릴 기술이 없어서 분수를 만들지 않았을까? 물의 낙차를 이용하면 어느 정도 높이까지는 뿜어 올릴 수 있다. 분수를 만들지 않은 데는 기술 부족보다는 더 깊은 뜻이 있음직하다. 물은 높은 곳에서 낮은 곳으로 흐르게 마련이다. 그것이 자연의 순리이다. 그렇다면 하늘로 치솟는 물은 역천逆天이요, 자연의 순리를 거스르는 모양이다. 그렇기 때문에 분수를 만들지 않았다고 이해해야 할 것이다. 그런 시각에서 보자면 석조전 앞의 분수는 오만하기 그지없는 행티를 벌이고 있는 꼴이다.

꼴사납기는 석조전이라는 이름도 어느 것에 뒤지지 않는다. 전殿 자는 궁궐에서는 임금이나 왕비가 주인인 건물에 붙는 글자이다. 집 이름을 지을 때는 내용이 그럴듯한 한자 이름을 붙여야 제격이다. 석조전이란 단지 돌로 만들었다는 뜻 외에 무슨 뜻이 있는가? 꼭 멋이라고는 전혀 없고, 아무런 철학도 담겨 있지 않은 청와대 같은 이름을 보는 것 같다. 궁궐 건물의 이름으로는 전혀 어울리지 않는다.

석조전은 1900년광무 4 대한제국의 재정고문역을 맡고 있던 영국인 총세무사 브라운John Mcleavy Brown이 주도하여 건축을 시작하였다. 애초에는 경희궁에 지을 예정이었으나 브라운의 주장을 따라 현 위치에 짓게 되었다. 이 위치를 고집한 것은 영국공사관이 바로 이웃해 있기 때문이 아닌가 생각된다. 지금은 그쪽의 문이 없어졌지만 당시에는 영국공사관 정문을 마주보며 바로 경운궁으로 들어올 수 있는 생양문이라는 문이 있었다. 브라운이 석조전 건축을 주도할 때는 영국 사람의 설계로 영국인 기술자들이 영국 회사의 물품들을 들여다 지었다. 그러다가 1905년 브라운을 밀어내고 일본인 메가타 다네타로[目賀田種太郎]가 재정고문으로 오면서 석조전 건축의 주도권도 그에게로 넘어가서 1909년융희 3에 완공되었다. 러시아 건축가 사바틴이 지은 중명전이 궁궐에 미친 러시아의 입김을 보여준다면 석조전은 영국의 입김, 그리고 나중에는 일본의 입김을 보여주는 징표라고 하겠다. 좀 더 넓게 보자면 당시 우리나라에서 경쟁을 벌이던 열강들의 이권 쟁탈을 엿볼 수 있다.

생겨날 때부터 외세의 개입을 상징했던 석조전은 그 이후에도 계속

앞에 분수가 없던 시절의 석조전 | 그 뒤로 보이는 서양 건물은 돈덕전. 돈덕전은 그 위치가 정확히 어디인지 가늠하기조차 어렵게 되었다. 《창덕궁 내외 사진첩》

이 땅에 들어온 외세와 인연을 맺었다. 고종이 살아 있을 때는 이 건물에서 살기도 하였지만, 그의 사후 경운궁이 황폐해지는 과정에서 석조전도 일본 미술품 진열 전시장으로 일반에 공개되었다. 그러다가 1937년에는 그 옆에 석조전 서관이라는 양식 건물이 하나 더 들어서 이왕직박물관李王職博物館으로 쓰이게 되었다. 해방 직후 우리나라의 운명을 놓고 미국과 소련이 흥정을 벌일 때는 그 접점인 미소공동위원회가 이곳에서 열리기도 하였다. 그 뒤에는 국제연합 한국위원단이 사용하였다.

　1953년 이후에는 우리 손으로 넘어와 국립박물관으로, 그다음은 국립현대미술관으로, 또 궁중유물전시관으로 쓰였다. 본래 궁중유물전시관은 창덕궁에 전해 내려오던 왕실 소유물을 창경궁의 장서각에 진열해서 보여주는 것으로 시작되었으나, 거기에 있던 서적이나 문서류들은 정신문화연구원현재 한국학중앙연구원으로 보내고 유물류는 이곳 석조전으로 옮겨 궁

현재의 석조전 내부 | 그럴 듯하게 꾸며놓았다. 하지만 여기서 대한제국의 어떤 영광을 엿볼 수 있을까?

중유물전시관으로 썼던 것이다. 궁중유물전시관은 그러다가 경복궁으로 옮겨 국립고궁박물관이 되었고, 석조전은 지금은 대한제국역사관으로 꾸며져 있다. 하지만 나는 석조전이 대한제국과 깊은 연관이 있는지 의문을 갖지 않을 수 없다. 석조전이 완성되었을 때 대한제국은 망하고, 황제는 존재하지 않았다. 석조전에서 대한제국의 흔적을 찾는 것은 무망한 일이다. 석조전은 경운궁의 건물이 아니다. 그저 덕수궁 시절의 허망한 흔적에 지나지 않는다.

정관헌　　　　　　　　석조전에서 뒤편으로 좀 올라가면 담장 너머로
　　　　　　　　　　　영국대사관과 성공회 성당이 내다보이는 위치에
　　　　　　　　　　　정관헌이 있다. 벽돌로 지은 테라스 형식으로 되어 있는데, 쇠로 된 기둥머리에 나무 조각으로 각종 꽃 문양을 장식했다.

유현문 너머 정관헌 | 정관헌을 무슨 카페로 아는지 자꾸 이런저런 걸맞지 않는 행사를 연다. 정관헌은 이 래저래 서운하겠다.

어딘지 중국풍이 느껴지기도 하는 서양식 건물이다. 고종이 이곳에서 연회를 하기도 하고 가배커피를 마시며 쉬기도 했다 한다. 위치는 고종의 침전인 함녕전 뒤편 동산 위가 되는 셈인데, 그렇게 보면 내전 후원의 정자 기능을 대신한 건물이라 할 수 있다.

경운궁에 이렇게 서양식 건물이 많았던 것은 대한제국이 외국, 특히 서양 여러 나라들과의 관계가 긴밀했음을 보여주는 징표이다. 특히 그 서양식 건물들을 대부분 고종이 외국사신을 접견하는 데 자주 사용했었다는 사실은 고종이 서양 세력의 힘을 이용해보려 한 외교적 노력으로 보아야 할 것이다.

하지만 궁궐에 서양식 건물들이 들어선 것은 아무래도 어울리지 않는 일이다. 서양식 건물들은 궁궐 본연의 질서를 깨뜨리지 않을 수 없다. 본래 있던 건물과 어울리지 않을 뿐더러 그 건물들의 축을 끊고 동선을 가

정관헌 내부 ┃ 벽체가 없이 터진 공간에 웬 테이블과 의자들이 놓여 있다. 정관헌은 어진을 모시기도 했던 데서 보듯 은밀하고 엄중한 곳이었다.

로막는다. 외국 문물의 자주적 수용이라기보다는 외세의 침탈을 상징하는 것으로 보여 씁쓸한 느낌을 지울 수 없다.

돈덕전과 구성헌　　경운궁 주요부에는 오늘날까지 남아 있는 석조전과 정관헌 외에도 돈덕전惇德殿과 구성헌九成軒까지 서양식 건물이 두 채 더 있었다. 회극문을 나선 곳, 영국공사관과 미국공사관 사이가 돈덕전이 있던 곳이었다. 석조전 뒤편의, 1998년까지 문화재관리국이 있던 가건물이 헐린 터와 그 바깥, 지금 덕수궁과 미국대사관저 사이로 난 길의 고갯마루 부근까지가 돈덕전이 있었던 자리로 짐작된다. 돈덕전은 상당히 크고 화려한 2층 건물로서 1901년 어간에 지어진 것으로 추측되는데, 본래는 해관海關 건물로 쓰였으나 곧 경운궁에 편입되어 고종이 신하들의 알현을 받거나 연회를 베풀

경운궁 돈덕전 ˡ 경운궁에 있던 서양식 건물로서는 오래되기도 하였고, 이런저런 사연도 많이 얽힌 건물이다. 지금은 속절없이 사라졌다. (《창덕궁 내외 사진첩》)

고 외국 사신을 접견하기도 하는 건물로 쓰였다. 1907년 8월 순종의 황제 즉위식이 있었던 곳이기도 한데, 1930년대에 헐려 없어졌다.

준명당 서북쪽에는 구성헌이 있었는데, 석조전을 지으면서 그 터에 포함되어 없어졌다. 1904년 2월 이른바 한일의정서韓日議定書를 체결하고 이토 히로부미가 특파 대사로 왔을 때 고종이 그를 만난 곳이며, 그 이후 고종은 이 건물에서 외국 사신들을 자주 접견하였다.

경운궁을 나서며　　　경운궁은 앞에서 말했듯이 궁역이 이리저리 잘려 나가고 내전과 외전 등 주요부만 남아 지금의 덕수궁이 되었다. 하지만 남은 덕수궁이라고 해서 옛 모습을 간직하고 있는 것은 결코 아니다. 남아 있는 것들, 덕수궁 내부를 둘러볼 때도 긴장을 풀었다가는 실수하기 십상이다.

일제강점기 정관헌 ┃ 일본 사람들은 정관헌 앞 화계를 비롯한 경운궁 여기저기서 꽃 전시회를 열었다. 일본 사람들 뿐만 아니라 조선 사람들도 부지런히 꽃구경을 다녔다. (국립중앙박물관 유리건판)

  지금 덕수궁은 궁궐이라고 남아 있기는 하나 이름에서부터 궁역, 개개 건물들에 이르기까지 어느 구석 할 것 없이 모두 망가졌다. 다른 궁궐들도 그렇지만 특히 덕수궁을 둘러보는 마음은 더없이 쓸쓸하고 우울하다. 그 마음은 1897년부터 1907년까지 이곳을 유일한 궁궐, 중앙 무대로 삼아 존재했던 대한제국이라는 나라를 보는 마음과 통한다. 우리는 대한제국을 대한제국이라 부르지 않고 흔히 '구한말舊韓末'이라고 부른다. 구한말이라는 말에는 낡은 나라, 사라질 수밖에 없는 나라라는 종말감, 패배주의가 짙게 배어 있다. 그런 구한말이 끝나고 온 시대는 얼마나 새롭고, 얼마나 좋아졌는가? 하긴 일제 식민지 시기에 마련된 기반으로 우리나라가 이렇게 산업화하고 발전할 수 있었다는 논리를 펴는 학자들이 있으니 따져 보긴 보아야 하겠지만, 남의 종노릇을 하며 게도 구럭도 다 잃어버린 시

"영성문 대궐" | 경운궁 선원전 영역에서 광화문 방향으로 통하는 문이 영성문이다. 영성문 안 영역을 영성
문 대궐이라 부르기도 하였다. 양력 1904년 3월 15일 명헌태후의 장례가 영성문으로 나가는 장면이다.
(윌러드 스트레이트 사진, 1904년)

대보다야 그래도 자주권을 지켜보려고, 무언가 새롭게 바꿔보려고 몸부
림쳤던 시대가 훨씬 더 의미 있는 것 아닌가. 그 시대를 미화할 필요도 없
겠지만 그렇다고 한마디로 타기해버릴 일만도 아니다. 실상이 어떠했는지
진지하게 살펴보아야 한다. 지금 경운궁은 간데없고 덕수궁만 남아 있고,
그 덕수궁은 엉망으로 망가진 모습이지만, 폐허인 듯 망가진 그 모습에서
그 시대를 더듬어 볼 수만 있다면, 그럴 수 있기에 우리는 지금도 덕수궁
에 간다. 경운궁을 찾으러 간다.

맺음말

궁궐 읽기, 그다음

궁궐은 죽었다. 죽은 궁궐을 돌아본 뒤 끝에 남는 느낌은 자칫 허망
함이 되기 쉽다. 그래서 보기 싫을 수 있고, 애써 외면하고 싶을 수
도 있다. 하지만 궁궐이 아무리 죽은 상태라 해도 궁궐은 궁궐이다.
정확히 말하자면 과거의 궁궐 고궁이지만, 고궁이라 할지라도 궁궐
은 그 자체로 가치를 갖고 있다. 이렇게 보면 궁궐은 살아 있다.

궁궐의 가치는 무엇인가? 물론 실용적인 가치는 아니다. 옛날 왕
조국가에서 임금과 왕실, 조정 관원들이 했듯 오늘날 궁궐에서 많
은 사람들이 살면서 활동을 할 수는 없게 되었다. 실용적인 가치가
아니라면 궁궐이 갖고 있는 가치는 어떤 가치인가? 현재의 궁궐이
아니라 과거의 궁궐, 즉 고궁으로서의 가치, 문화유산으로서 갖는
가치다. 문화유산의 가치는 무엇인가? 문화는 사람들이 모여 살면

서 빚어 쌓은 삶의 꼴이다. 문화는 시간이 흐름에 따라 축적되면서 변화해간다. 옛것 위에 새것이 쌓임에 따라 옛것은 대부분 사라지지만, 사라지지 않고 오늘날까지 남아 있는 흔적이 있는데 이를 문화유산이라고 한다. 문화유산은 그것이 만들어지고 사용되었던 당대의 문화를 담고 있다. 그렇기에 문화유산은 그것을 만들었던 시기, 전승하던 시기의 문화를 이해하는 단서가 된다. 문화유산에는 그 당대의 이성과 지성, 과학 기술과 정서와 미감, 감성 등이 담겨 있다. 새로운 문화를 만들어나간다는 것은 옛것의 바탕 위에 새것을 한 겹 더 쌓는 것이다. 옛것의 바탕이 없는 새 문화는 허상이거나 잠시 있다가 사라지는 유행에 지나지 않는다. 그러므로 미래의 문화를 만들어가기 위해서는 과거의 문화에 대한 이해가 필요불가결한 조건이다. 문화유산은 과거의 문화를 이해할 수 있는 정보를 담고 있는 보고이다. 여기에 문화유산의 가치가 있다.

궁궐은 왕조의 국가 경영을 비롯하여 생활상과 정신문화, 예술을 이해하는 데 매우 긴요한 정보를 제공한다. 궁궐을 깊이 이해하고자 하는 것은 임금에 대한 충성심을 기르고, 왕조에 대한 향수를 달래기 위해서가 아니다. 왕조를 깊이 있게 이해하기 위해서다. 궁궐에서 우리 역사와 문화를 보고, 느끼고, 이해하며 배울 수 있다면 궁궐은 소중한 우리 역사의 현장이요 우리 문화유산이다. 문화유산은 그 모습을 온전히 보존하는 것을 대전제로 삼는다. 본 모습을 바꾸는 행위는 어떠한 경우라도 인정하지 않는 것이 원칙이다. 외형만이 아니라 기능과 용도를 함부로 바꾸는 것도 용납해서는 안 된다. 본연의 가치를 인정하고 존중하여야 한다. 이러한 원칙 위에서 관리와 활용이 이루어져야 한다.

그런데 과연 우리는 궁궐을 그렇게 대하고 있는가? 나라가 망하고 궁궐이 죽은 후 일제 식민통치자들은 궁궐을 궁궐로 대하지 않고 관광지로, 유원지로, 행사장으로, 업무 공간으로, 총독부로, 총독 관저로 이용하였다. 오용이요 악용이었다. 이러한 잘못된 이용 태도는 해방 이후에도 오랫동안 지속되었다. 많이 나아졌다고는 하지만 아직도 그 태도가 온전히 불식되었는가 의문이다. 덕수궁의 총독부미술관은 국립현대미술관이 되어 있고, 창덕궁 빈청 건물은 기념품점으로 쓰이고 있다. 여기저기서 궁궐과 상관없는 이런저런 행사가 이루 꼽을 수 없이 빈번하게 벌어지고 있다. 얼핏 보면 궁궐에서 했음직한 이벤트, 예를 들면 수문장교대식 같은 것도 실은 그 근거가 무엇인지 나는 아무리 찾아보아도 알 수 없다. 근거가 없는 것은 사실이라고 하기 어려우며, 사실이 아닌 것은 진실이 아니며, 진실이 아닌 것은 해악을 끼치기 마련이다. 복원이라는 이름으로 새 건물을 짓는 공사가 꾸준히 이어지고 있다. 복원이라고 하면 복원의 기준 시점을 정확하게 설정하여 충분한 자료 및 옛 자재를 확보하여 옛 공법을 써서 해야 한다. 그렇게 해도 원론적으로는 복원이란 불가능하다. 시간을 거슬러 갈 수 없기 때문이다. 그러나 지금 그런 조건을 갖추고 이루어지는 복원은 없다. 복원이 아니라 그저 비슷한 새 건물을 짓는 공사일 뿐이라고 해도 지나친 말이 아니다. 또 그렇게 지은 건물을 어떻게 활용할 것인가 대책도 없다. 그럼에도 자꾸 건물을 짓는 까닭이 무언지 도무지 모르겠다.

궁궐을 어떻게 보여주어야 할까. 이에 대해 진지한 고민을 할 필요가 있다. 그저 있는 그대로 보여주면 되는 것인가? 어떻게 하는 것이 있는 그대로 보여주는 것인가? 있는 그대로 보여주기만 해도 좋겠다. 시선의 맥을 끊는 경우가 적지 않다. 일례로 창덕궁 돈화문 앞 월대 아래 서면 어문 안에 북한산 보현봉이 오롯이 들어온 다. 돈화문을 지을 때 저 보현봉을 기준으로 축을 잡았음을 알 수 있다. 자연에 인공을 조화시키려는 건축 정신의 발로라고 이해된 다. 그런데 그 돈화문 어문에는 어김없이 관람 안내 아니면 불조심 등 입간판이 세워져 있다. 참으로 무심한 짓이요, 의도하지 않은 폭력이라고 할 수 있다. 각 궁궐의 외전의 정전 등 주요 건물에는 난데없는 앉은뱅이책상에 방석, 근거를 알 수 없는 형태의 실내등, 우악스럽게 큰 팔보 도자기 등이 놓여 있다. 이렇게 '그럴 듯하게' 설치된 물건들은 하나하나 꼽을 수 없이 많다. 나름 고심한 바는 알겠으나 그렇게 '그럴 듯하게' 꾸며 보여주어도 되는가? 아니다. 결코 아니다. 그 건물이 그 공간이 뭐하는 곳인가 알 수 없게 하고 오해하게 만든다는 점에서 심각한 오류요 잘못이다. 차라리 빈 공 간으로 두는 게 낫다.

궁궐에 가서 보여주는 대로 보는 것만으로는 충분치 않다. 궁궐은 원형을 잃어버렸다. 문화유산의 원형이란 고정불변이 아니다. 세 월의 흐름에 따라 바뀌어간다. 궁궐이 궁궐로서 살아 있던 시절, 그러니까 임금이 그곳에서 살던 시절의 모습은 모두 원형이라고 할 수 있다. 그러므로 현재의 모습 이면에 숨어 있는 원형을 찾아 보려는 노력이 필요하다. 보이는 대로 보는 데 그치지 말고 원형을 읽어내는 안목을 갖출 필요가 있다. 그 안목은 어떻게 갖출 수 있 나? 우선 많이 보아야 한다. 하지만 보는 것만으로는 부족하다. 보 는 것을 넘어서 읽어내야 한다. 어떻게 읽나? 관련 자료를 찾아보 고 안내 해설을 듣고 책이나 글을 통해서 정보를 습득해야 한다. 무엇을 읽나? 우선 공간과 형태를 읽어야 한다. 그다음 그 공간과 형태 이면에 깃들어 있는 시간, 변천 과정을 읽어야 한다. 더 나아가 그곳에 살던 사람들과 그들의 활동과 삶을 읽어야 한다. 종합적으로 이야기하자면, 문화를 읽어야 한다.

왜 읽어야 하나? 반복되지만 그 문화를 이해하기 위해서다. 왜 이해하나? 문화유산을 향유하기 위해서다. 향유란 무엇인가? 문화유산이 갖고 있는 가치를 누리어 갖는 행위이다. 문화유산의 정보를 이용하여 새로운 정보를 만들어내기도 하고, 그 아름다움에 감동하여 즐거움과 기쁨을 느끼기도 하는 것이다. 관광이나 관람이 대표적인 향유 활동이라고 할 수 있다. 문화유산을 이해하는 좀 더 적극적인 목적은 그 문화를 활용하는 데 있다. 활용이란 무엇인가? 활용이란 대상 문화유산 자체를 이용하여 무엇인가를 얻는 행위를 말하지 않는다. 문화유산 자체를 이용하는 행위는 훼손이 되거나 오용 악용이 되기 십상이다. 문화재청 활용국이 '궁 스테이'나 외국인들에게 궁궐에서 하루 묵게 하고서 몇백만 원을 받으려는 정책을 추진하다가 여론의 된서리를 맞고 그만둔 일이 있다. 만약 이 일이 성사되었다면 대표적인 오용이요 악용이요 훼손의 예로 길이 남았을 것이다. 문화유산 자체는 활용의 대상이 아니다. 보존과 전승의 대상이다. 활용이란 문화유산을 직접 건드려서 어떤 이득을 취하는 것이 아니라, 문화유산이 갖고 있는 정보와 가치를 바탕으로 새로운 가치를 만들어내는 행위가 되어야 한다. 향유와 활용의 대상이 된다는 점에서 문화유산은 문화자원이다.

처음 1999년에 《우리 궁궐 이야기》를 낼 때는 아마도 궁궐을 보는 데 도움을 주겠다는 생각을 했던 것 같다. 다시 이 책을 내면서는 일반 독자들께서 궁궐을 읽는 데 도움이 되었으면 좋겠다고 조금 생각이 진전되었다. 또 궁궐을 관리하는 당국자들께는 귀에 거슬리는 소리가 될지 모르겠지만 궁궐의 본질과 가치를 존중하는 쪽으로 방향을 전환하였으면 좋겠다는 건의를 담고 싶었다. 궁궐과 관련된 공부를 하는 동학 여러분들께는 문화사의 틀을 갖추고 내용을 채우는 노력을 하자는 제안으로 받아들여지기를 바란다.

편집된 교정지를 보자니 부족한 부분이 눈에 띈다. 여전히 입문서에 머물러 있음을 자인하지 않을 수 없다. 개별 궁궐을 좀 더 깊이 파고 들어가는 전문적인 책을 써야겠다는 생각을 하게 된다. 아울러 궁궐을 소재로 공간 시간 인간이 모두 담긴 문화사를 시도라도 해 보아야겠다는 것도 과제로 자임하였다. 더 나아가 궁궐에서 벗어나 종묘, 도성 등 다른 관련된 문화유산을 엮어서 큰 그림을 그려야겠다는 욕심도 생겼다. 조선 태조 연간에 도평의사사에서는 서울의 왕도이자 수도가 되기 위해서는 종묘 궁궐 도성을 갖추어야 한다고 태조에게 제언하였다. 그런 생각으로 새 도시를 만들었다. 오늘날 우리가 본 서울을 깊이 있게 이해하려면 적어도 이 세 가지를 한데 묶어서 이해할 필요가 있다. 나는 2017년 초에 도성을 정리한 바 있다. 이제 궁궐을 쓴 다음 과제는 자연히 종묘가 될 것이다. 이 세 가지 문화유산을 각각 공부한 다음에는 이들만이 아니라 서울의 갈피갈피에서 바탕을 이루고 있는 옛것들을 종합하여 옛 서울을 그려내는 책을 내고 싶다.

아직도 시작 단계구나 자인을 하지 않을 수 없다. 언제나 조금이나마 이루었다고 자평할 수 있을지 갈 길이 멀구나 새삼 깨닫게 된다. 도움을 주신 모든 분들께 다시 한 번 감사드리며 여기서 멈추지 않고 조금 더 나아가 보겠다는 다짐의 말씀을 올린다.

궁궐 공간구조와 주요 전각 배치도

외전
내전
궐내각사
동궁
생활기거공간
후원
금천
옛것 그대로 남아 있는 건물
변형되거나 복원된 건물
사라진 주요 건물

〈북궐도형〉(서울대학교 규장각한국학연구원 소장)을
바탕으로 1900년대 경복궁의 공간구조, 전각의 배치를
현황과 비교하여 파악할 수있도록 하였다.
궐내각사와 동궁의 남쪽은 각 영역에 속하기는 하지만
성격은 더 약한 것으로 보아 색을 희미하게 하였다.

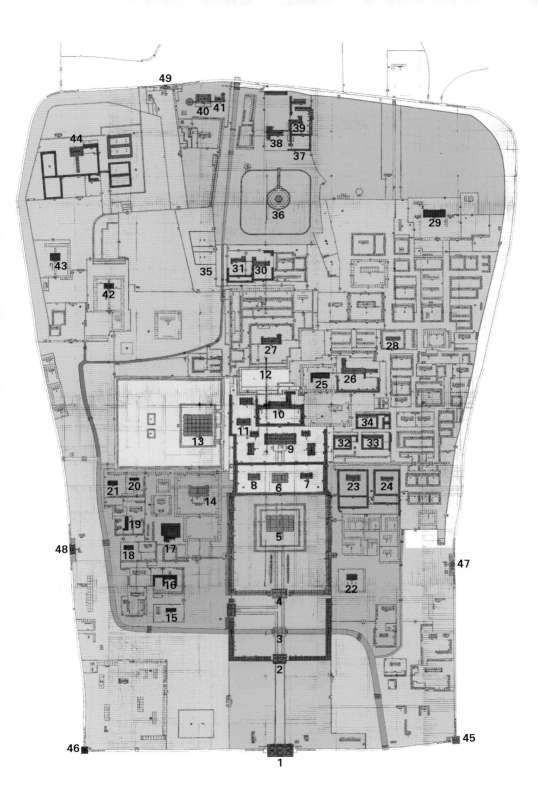

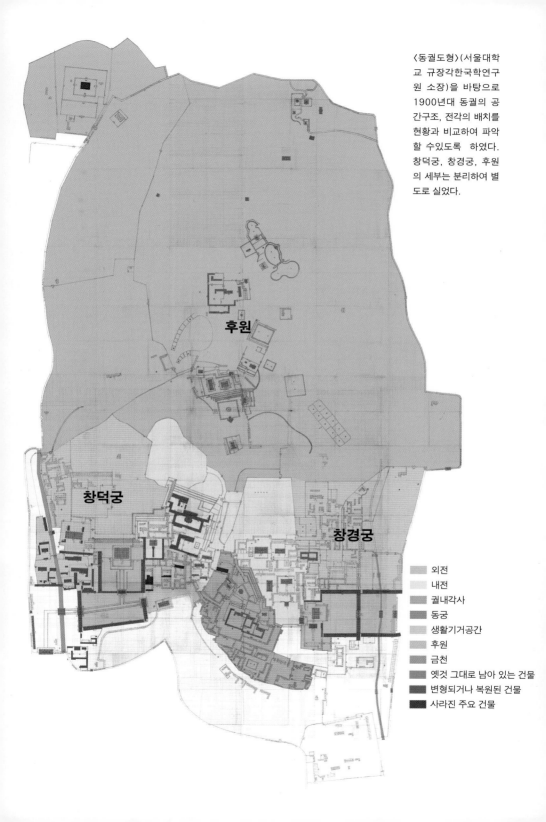

〈동궐도형〉(서울대학
교 규장각한국학연구
원 소장)을 바탕으로
1900년대 동궐의 공
간구조, 전각의 배치를
현황과 비교하여 파악
할 수 있도록 하였다.
창덕궁, 창경궁, 후원
의 세부는 분리하여 별
도로 실었다.

후원

창덕궁

창경궁

외전
내전
궐내각사
동궁
생활기거공간
후원
금천
옛것 그대로 남아 있는 건물
변형되거나 복원된 건물
사라진 주요 건물

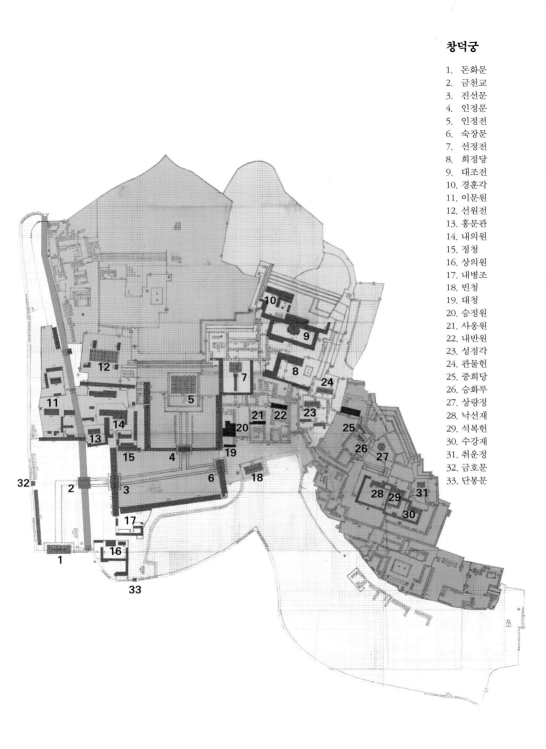

창덕궁

1. 돈화문
2. 금천교
3. 진선문
4. 인정문
5. 인정전
6. 숙장문
7. 선정전
8. 희정당
9. 대조전
10. 경훈각
11. 이문원
12. 선원전
13. 홍문관
14. 내의원
15. 정청
16. 상의원
17. 내병조
18. 빈청
19. 대청
20. 승정원
21. 사옹원
22. 내반원
23. 성정각
24. 관물헌
25. 중희당
26. 승화루
27. 상량정
28. 낙선재
29. 석복헌
30. 수강재
31. 취운정
32. 금호문
33. 단봉문

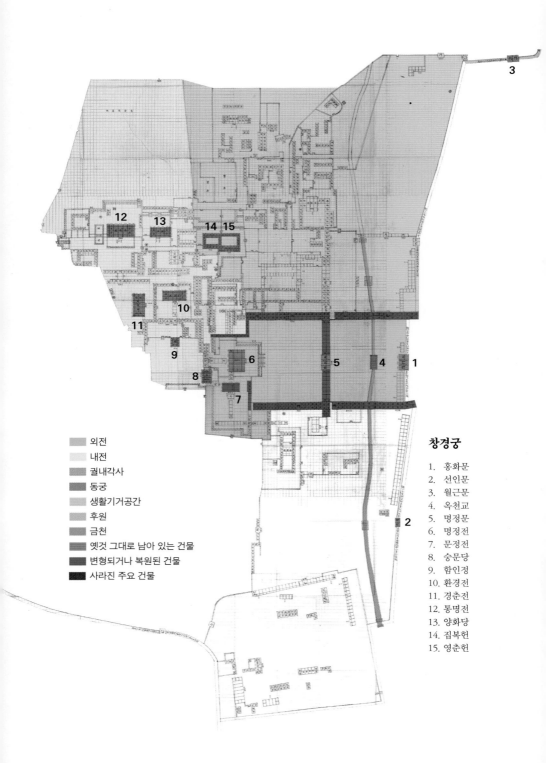

창경궁

1. 홍화문
2. 선인문
3. 월근문
4. 옥천교
5. 명정문
6. 명정전
7. 문정전
8. 숭문당
9. 함인정
10. 환경전
11. 경춘전
12. 통명전
13. 양화당
14. 집복헌
15. 영춘헌

외전
내전
궐내각사
동궁
생활기거공간
후원
금천
옛것 그대로 남아 있는 건물
변형되거나 복원된 건물
사라진 주요 건물

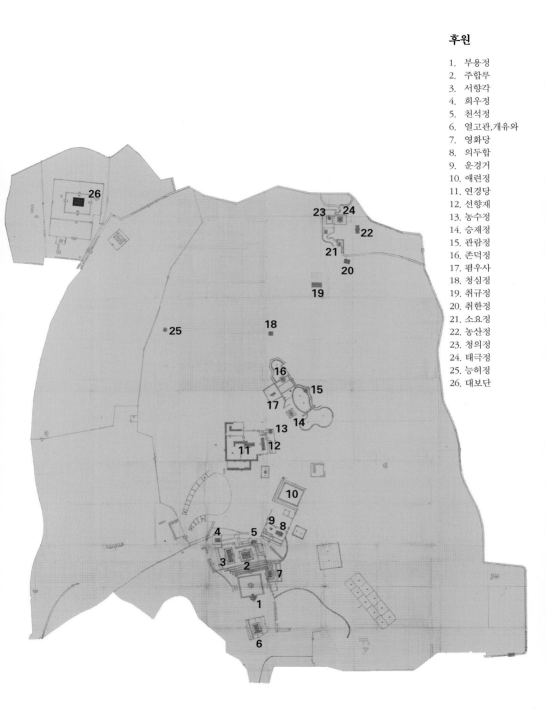

후원

1. 부용정
2. 주합루
3. 서향각
4. 희우정
5. 천석정
6. 열고관,개유와
7. 영화당
8. 의두합
9. 운경거
10. 애련정
11. 연경당
12. 선향재
13. 농수정
14. 승재정
15. 관람정
16. 존덕정
17. 폄우사
18. 청심정
19. 취규정
20. 취한정
21. 소요정
22. 농산정
23. 청의정
24. 태극정
25. 능허정
26. 대보단

참고 문헌

연대기 편년자료

조선왕조실록(朝鮮王朝實錄)

《승정원일기(承政院日記)》

《일성록(日省錄)》

《비변사등록(備邊司謄錄)》

《내각일력(內閣日曆)》

법전 의례서

《대전회통(大典會通)》

《육전조례(六典條例)》

《은대조례(銀臺條例)》

《은대편고(銀臺便攷)》

《국조오례의(國朝五禮儀)》

경서

《주역(周易)》

《주례(周禮)》

《대학(大學)》

궁궐지 의궤 유서류

《어제궁궐지(御製宮闕志)》 규3950

《궁궐지(宮闕志)》 장서각 K2-4363

《궁궐지(宮闕誌)》 규11521

《서궐영건도감의궤(西闕營建都監儀軌)》

《경복궁지(景福宮誌)》 규古5120-32

《경복궁영건일기(景福宮營建日記)》

《경운궁중건도감의궤(慶運宮重建都監儀軌)》

《진작의궤(進爵儀軌)》 규14364-v.1-2

《보인소의궤(寶印所儀軌)》 서울대학교규장각
한국학연구원 소장

《동여비고(東輿備考)》 규고4790-10

《증보문헌비고(增補文獻備考)》

《동국여지비고(東國輿地備考)》 서울사료총서1.
서울시사편찬위원회. 단기 4289

궁궐 도면류

〈동궐도(東闕圖)〉 고려대학교박물관 소장/동아
대학교박물관 소장

〈북궐도형(北闕圖形)〉 규9978

〈북궐후원도형(北闕後苑圖形)〉 규9979

〈동궐도형(東闕圖形)〉 규9980

〈서궐도안(西闕圖案)〉 고려대학교박물관 소장

〈경복궁도(景福宮圖)〉 국립중앙도서관 소장

〈경복궁전도(景福宮全圖)〉 서울역사박물관 소장

〈정아조회지도(正衙朝會之圖)〉 서울대학교규
장각한국학연구원 소장

〈경회루36궁지도(慶會樓三十六宮之圖)〉

〈덕수궁평면도(德壽宮平面圖)〉

왕실 문헌자료

《열성어제(列聖御製)》

장조(莊祖) 이선(李愃)《담여헌시집(淡如軒詩集)》

정조(正祖) 이산(李祘)《홍재전서(弘齋全書)》

익종(翼宗) 이영(李旲)《경헌집(敬軒集)》

문집류 기타

정도전(鄭道傳)《삼봉집(三峰集)》

차천로(車天輅)《오산설림초고(五山說林草藁)》

유성룡(柳成龍)《징비록(懲毖錄)》

이중환(李重煥)《택리지(擇里地)》

이규경(李圭景)《오주연문장전산고(五洲衍文
長箋散稿)》

서명응(徐命膺)《보만재총서(保晚齋叢書)》

김종수(金鍾秀)《몽오집(夢梧集)》

홍대용(洪大容)《담헌서(湛軒書)》
유득공(兪得恭)《영재집(泠齋集)》
유본예(柳本藝)《한경지략(漢京識略)》
이유원(李裕元)《임하필기(林下筆記)》
김윤식(金允植)《속음청사(續陰晴史)》
《양세계보(養世系譜)》국립중앙도서관 소장

근대 공공문서

《대한제국관보(大韓帝國官報)》
《의정부총무국관보(議政府總務局官報)》
《농상공부거첩존안(農商工部去牒存案)》
《주한일본공사관기록(駐韓日本公使館記錄)》
《조선총독부관보(朝鮮總督府官報)》

신문 잡지

《황성신문(皇城新聞)》
《독립신문(獨立新聞)》
《미일신문》
《대한매일신보(大韓每日申報)》
《매일신보(每日申報)》
《동아일보(東亞日報)》
《개조(改造)》
《별건곤(別乾坤)》
《조선(朝鮮)》조선총독부

한국어 문헌자료

서광전, 1914《조선명승실기(朝鮮名勝實記)》
이완용 전기《일당기사(一堂紀事)》
이철원, 단기 4287《왕궁사(王宮史)》
서울특별시사편찬위원회, 1978《서울육백년사》
1~6
서울특별시사편찬위원회, 1987《서울육백년사
문화사적편》
홍순민, 1999《우리 궁궐 이야기》청년사

일본어 문헌자료

오오제키 사다스케[大關定祐]《조선정벌기(朝
鮮征伐記)》
제타쿠[是琢]《조선일기(朝鮮日記)》
덴케이[天荊]《서정일기(西征日記)》
도쿠토미 소호[德富蘇峰]《근대일본국민사(近
代日本國民史)》
일본구참모본부《일본전사(日本戰史)》
시데하라 타이라[弊原坦]《조선사화(朝鮮史話)》
《조선병합십년사(朝鮮倂合十年史)》
경성부, 1924《경성부사(京城府史)》
조선매일신문사 출판부, 1929.《대경성(大京城)》
오다 쇼고[小田省吾], 1938《덕수궁사(德壽宮
史)》李王職
오카다 코[岡田貢]〈조선명종기담(朝鮮名鐘奇
談)〉

보고서류

세키노 타다시[關野貞], 1902《한국건축조사보
고서(韓國建築調査報告書)》東京帝大工科大
문화재관리국, 1985《창경궁 발굴조사보고서》
국립문화재연구소, 2002《창덕궁 금천교 발굴
조사보고서》
명지대학교 국제 한국학연구소, 2004《경희궁
영조 훼철 관련 사료조사 및 활용방안 연구》

사진첩류

퍼시벌 로웰(Percival Lawrence Lowell), 1884
《고요한 아침의 나라 조선(Choson, the Land of
the Morning Calm)》
《하퍼스위클리(HARPER'S WEEKLY)》1894
엘리아스 버튼 홈즈(Elias Burton Holmes),
1901《버튼 홈즈의 여행 강의(Burton Holmes
Lectures)》

엔리케 스탄코 브라스(Enrique Stanko Vráz),
1901《중국, 여행 스케치》

윌러드 스트레이트 사진, 1904

카를로 로세티(Carlo Rossetti), 1904《꼬레아
에 꼬레아니(Corea e coreani)》

릴리언 언더우드(Lillian H. Underwood), 1905
《토미 톰킨스와 더불어 한국에서(With Tommy
Tompkins in Korea)》

《아펜젤러 사진첩》배재학당역사박물관 소장

《순종황제서북순행사진첩(純宗皇帝西北巡幸寫
眞帖)》1909

조선총독부, 1910 《《병합기념사진첩倂合記念
寫眞帖)》

조선총독부, 1911《조선풍경인속사진첩(朝鮮
風景人俗寫眞帖)》

조선총독부, 1915《시정오년기념조선물산공진회
사진첩(始政五年記念朝鮮物産共進會寫眞帖)》

국립중앙박물관 김동현(역), 2005《조선총독부
신영지(朝鮮總督府新營誌)》

《창덕궁, 창경원 사진첩》서울역사박물관 소장

《인정전 사진첩(仁政殿寫眞帖)》일본 궁내청
소장

《고궁전 사진첩(古宮殿寫眞帖)》

《창덕궁 내외 사진첩(昌德宮內外寫眞帖)》

《어장의사진첩(순종)(御葬儀寫眞帖(純宗))》

《한말궁중관계사진첩》서울대학교박물관 소장

조선총독부, 1936《조선고적도보(朝鮮古蹟圖譜)》
국립중앙박물관 유리건판

중국 도판 자료

《삼재도회(三才圖會)》

《명물대전(名物大典)》

《이물지(異物誌)》

《서응도(瑞應圖)》

인터넷 사이트

국사편찬위원회
www.history.go.kr/

규장각한국학연구원
http://kyujanggak.snu.ac.kr/

한국역사정보통합시스템
http://www.koreanhistory.or.kr/

한국고전종합DB
http://db.itkc.or.kr/

주석

제1장 경복궁

1   《태조실록》권13, 태조 7년 1월 13일(신유)

2   《정종실록》권1, 정종 1년 1월 19일(경인)

3   《정종실록》권1, 정종 1년 3월 7일(무인)

4   《세종실록》권34, 세종 8년 10월 26일(병술)
    命集賢殿修撰 定景福宮各門及橋名 勤政殿
    前第二門曰弘禮 第三門曰光化 勤政殿東廊
    夾門曰

5   《태조실록》권8, 태조 4년 9월 29일(경신)
    是月 太廟及新宮告成 … 後築宮城 東門曰
    建春 西曰迎秋 南曰光化門

6   조선총독부, 1929《조선총독부신영지(朝
    鮮總督府廳舍新營誌)》

7   《每日申報》1929년 5월 11일
    東十字閣 모퉁이 道路를 大擴張 박람회 입
    장자 위해 十字閣은 路中에

8   《景福宮誌》규古 5120-32
    城上所在光化門左右宮城東西兩角 卽祖宗
    朝臺諫會議發啓處也 邇來廢閣久矣 朝紙中

稱以城上所日暮姑停爲言者 此也

9 《고종실록》권7, 고종 7년 10월 7일(기해)
;《승정원일기》고종 7년 10월 7일(기해) ;
《일성록》고종 7년 10월 7일(기해)
教曰 闕門立㦸豸爲限 卽象魏也 朝臣不得
騎馬於其內 此爲式路馬之意 俄於出宮時見
之 則從陛人之乘馬於其內 是豈事體道理乎
前後飭教 何等截嚴 而徒歸文具 如此而何
以立紀綱乎 從今以後 憲府糾察啓聞

10 《태조실록》권8, 태조 4년 10월 7일(정유)
其景福宮曰 臣按 宮闕人君所以聽政之地
四方之所瞻視 臣民之所咸造 故壯其制度
示之尊嚴 美其名稱 使之觀感 … 殿下卽位
之三年 定都于漢陽 先建宗廟 次營宮室 越
明年乙未 親服袞冕 享先王先后于新廟 宴
群臣于新宮 蓋廣神惠而綏後祿也 酒三行
命臣道傳曰 今定都享廟 而新宮告成 嘉與
群臣宴享于此 汝宜早建宮殿之名 與國匹休
於無疆 臣受命謹拜手稽首 誦周雅 旣醉以
酒 旣飽以德 君子萬年 介爾景福 請名新宮
曰景福 庶見殿下及與子孫 享萬年太平之業
而四方臣民 亦永有所觀感焉 然春秋重民力
謹土功 豈可使爲人君者 徒勤民以自奉哉
燕居廣廈 則思所以庇寒士 生涼殿閣 則思
所以分淸陰 然後庶無負於萬民之奉矣 故倂
及之

11 홍순민, 2006. 9 〈조선 후기 관원의 궁궐
출입과 국정 운영〉《역사비평》2006년 가
을호 참조.

12 兪得恭, 1770《泠齋集》卷之十五, 雜著〈春
城遊記〉
渡橋而北 乃勤政殿古址 其陛三級 陛東西
角 有石犬雄雌 雌抱一子 神僧無學所以吠
南寇 謂犬老以子繼之云 然不免壬辰之火

13 《태조실록》권8, 태조 4년 10월 7일(정유)
其勤政殿勤政門曰 天下之事 勤則治 不勤
則廢 必然之理也 小事尙然 況政事之大者
乎 書曰 儆戒無虞 罔失法度 … 漢唐之君
所以不三代若者 此也 然則人君 其可一日
而不勤乎 然徒知人君之勤 而不知所以爲勤
則其勤也 流於煩碎苛察 不足觀矣 先儒曰
朝以聽政 晝以訪問 夕以修令 夜以安身 此
人君之勤也 又曰 勤於求賢 逸於任賢 臣請
以是爲獻

14 《태조실록》권8, 태조 4년 10월 7일(정유)
其思政殿曰 天下之理 思則得之 不思則失
之 蓋人君以一身 據崇高之位 萬人之衆 有
智愚賢不肖之混 萬事之繁 有是非利害之
雜 爲人君者 苟不深思而細察之 則何以別
事之當否而區處之 人之賢否而進退之 自
古人君 孰不欲尊榮而惡危殆哉 親近匪人
爲謀不臧 以至禍敗者 良由不思耳 詩曰 豈
不爾思 室是遠而 孔子曰 未之思也 夫何遠
之有 書曰 思曰睿 睿作聖 思之於人 其用
至矣 而是殿也 每朝視事於此 萬機荐臻 皆
稟殿下 降勑指揮 尤不可不之思也 臣請名
之曰思政殿

15 《태조실록》권8, 태조 4년 10월 7일(정유)
其康寧殿曰 洪範九 五福 三曰康寧 蓋人君
正心修德 以建皇極 則能享五福 康寧乃五
福之一 擧其中以 該其餘也 然所謂正心修
德 在衆人共見之處 亦有勉强而爲之者 在
燕安獨處之時 則易失於安佚 而儆戒之志
每至於怠矣 而心有所未正 德有所未修 皇
極不建 而五福虧矣 昔者衛武公自戒之詩
曰 視爾友君子 輯柔爾顏 不遐有愆 相在爾
室 尙不愧于屋漏 武公之戒謹如此 故享年

過九十 其建皇極而享五福 明驗已然 蓋其
用功 嘗自燕安幽獨之處始也 願殿下法武
公之詩 戒安佚而存敬畏 以享皇極之福 聖
子神孫 繼繼承承 傳于千萬世矣 於是稱燕
寢曰康寧 其延生殿慶成殿曰 天地之於萬
物 生之以春 成之以秋 聖人之於萬民 生之
以仁 制之以義 故聖人代天理物 其政令施
爲 一本乎天地之運也 東小寢曰延生 西小
寢曰慶成 以見殿下法天地之生成 以明其
政令也

16 《일성록》고종 10년 12월 10일(갑신)
慈慶殿失火 巳時火起於純熙堂二十四間
延燒錫趾室十二間 慈慶殿三十二間 福安
堂六間 紫薇堂三十八間 交泰殿三十六
間 複道二十八間 行閣一百八十八間半 合
三百六十四間半

17 《고종실록》권13, 고종 13년 11월 4일(신유)
初四日 景福宮災【交泰殿精趾堂健順閣紫
薇堂德善堂慈慶殿協慶堂福安堂純熙堂延
生殿慶成殿含元殿欽敬閣虹月閣康寧殿】
八百三十餘間延燒 火起倉猝 勢甚迅遽 俄
頃之間 諸殿閣蕩然灰燼 列朝御筆舊物 一
未有收 大寶及東宮玉印之外 諸寶符信 皆
燒火
《일성록》고종 13년 11월 4일(신유)
交泰殿災 交泰殿三十六間行閣三十五間半
西翼閣六間 麟趾堂三十間行閣十六間半 建
順閣十二間 紫薇堂四十六間東西複道四間
行閣六十一間 德善堂二十四間行閣三十間
半純仁門外複道四間 慈慶殿五十二間複道
五間行閣三十三間半後行閣十三間 協慶堂
十間福安堂十一間複道二間 純熙堂十八間
行閣三十三間半 延生殿二十四間東西複
道八間 慶成殿二十四間複道四間 含元殿

二十四間 欽敬閣二十間行閣二十間虹月
閣七間 思政殿東西行閣四十一間 康寧殿
五十五間東西退饍間二十間複道四間行閣
一百一間半

18 《일성록》고종 25년 4월 12일(계사)

19 《고종실록》권11, 고종 11년 2월 8일(신미)

20 《고종실록》권12, 고종 12년 1월 7일(경오)
初七日 … 賓廳啓 王世子定名坵【從土從
石】音尺 定字君邦

21 《고종실록》권12, 고종 12년 2월 18일(병술)

22 《승정원일기》고종 10년 12월 20일(갑오)

23 《고종실록》권12, 고종 12년 5월 27일(계해)

24 《고종실록》권19, 고종 19년 1월 20일(정미)

25 《고종실록》권19, 고종 19년 2월 19일(을해)

26 《승정원일기》고종 13년 11월 4일(신유)
○丙子十一月初四日申時 上御乾清宮

27 《고종실록》권14, 고종 14년 3월 10일(병인)

28 《고종실록》권22, 고종 22년 1월 17일(정사)

29 《고종실록》권4, 고종 4년 11월 8일(정사)

30 《승정원일기》고종 5년 7월 12일(정해)

31 《승정원일기》고종 5년 8월 3일(정미)

32 《승정원일기》고종 12년 11월 1일(갑오)
○禮曹啓曰 今十一月二十五日冬至朝賀節
目 當爲磨鍊 而百官賀王世子權停例行禮處
所 以何堂擧行乎 敢稟 傳曰 繼照堂爲之
《승정원일기》고종 26년 2월 1일(정축)
○禮曹 今二月初八日王世子生辰 百官賀習
儀乙良 百官除良 禮貌官茲預爲講習爲白乎
矣 王世子俱冕服 出坐繼照堂 宗親文武百
官 以黑團領行禮事 知委擧行 何如 判付啓
權停例爲良如敎

33 《고종실록》권28, 고종 28년 3월 21일(을유)
命咸寧殿諸殿閣移建 繼照堂改建 令重建所
擧行

34 《고종실록》권28, 고종 28년 2월 8일(임인)
教曰 世宗朝東宮殿閣有資善堂承華堂 自上
臨幸之故 更建繼照堂 以爲受賀之堂矣
《세종실록》권100, 세종 25년 5월 12일(병인)
○構王世子受朝堂于建春門內 名曰繼照

35 《고종실록》권28, 고종 28년 3월 21일(을유)
命咸寧殿諸殿閣移建 繼照堂改建 令重建所
擧行

36 《고종실록》권30, 고종 30년 9월 13일(임진)

37 《고종실록》권4, 고종 4년 11월 8일(정사)

38 《일성록》고종 18년 9월 24일(계축)
咸寧殿北別堂堂號集玉齋

39 《고종실록》권28, 고종 28년 7월 13일(을해)
十三日 命寶賢堂改建 集玉齋移建 令重建
所擧行

40 《일성록》건양 1년 7월 23일(병진)
宮內府奏言 眞殿殯殿移奉時 集玉齋所奉御
眞 何以爲之 勅以移奉慶運宮別堂

제2장 창덕궁

1 《議政府總務局官報》제2711호 광무 8년
(1905) 1월 1일
宮內府官制中 改正ㅎ는 件을 左갓치 定奪
ㅎ미라 光武七年十二月三十日 奉勅 議致
府贊政 宮內府大臣臨時署理議政府贊政 成
岐運 布達第一百八號 第二十六條 宮內府
所屬職員中 管理署下에 秘苑을 增設ㅎ고
職員을 左갓치 增置ㅎ미라 秘苑 昌德宮後
苑內에 管守ㅎ는 一切事務를 掌ㅎ이라

2 《정조실록》권27, 정조 13년 1월 19일(병자)

3 《周禮》〈秋官司寇〉
朝士掌建邦外朝之法 左九棘 孤卿大夫位焉
群士在其後 右九棘 公侯伯子男位焉 群吏
在其後 面三槐 三公位焉 州長衆庶在其後

4 《궁궐지》昌德宮 倚斗閣
在暎花堂北 舊讀書處基 純宗二十七年丁亥
翼宗在春邸時改建

5 《敬軒集》권7, 石渠書室上樑文(原本 睿筆
改以倚斗閣)
崇禎紀元後一百九十九年丙戌 五月二十八日

6 《內閣日曆》13030-0562 (1827년 5월 23일)
倚斗閣銘 前後應製入格文蔭官製進事下令

7 《淡如軒詩集》권3, 倚斗閣十景

8 《궁궐지》昌德宮
演慶堂在開錦齋西 南曰長樂門 卽珍藏閣基
也 純祖二十八年戊子 翼宗春邸時 改建 今
奉翼宗影眞

9 《순조실록》권31, 순조 30년 8월 1일(병술)
○丙戌朔午時 歡慶殿災延燒涵仁亭恭默閤
景春殿崇文堂迎春軒五行閣賓陽門 殯宮失
火後 奉出梓室於烟焰中 未時權安于環翠亭

10 《순조실록》권31, 순조 30년 7월 15일(경오)
五月丁巳朔初六日壬戌 王世子薨逝于昌德
宮之熙政堂 移殯于歡慶殿

11 《정조실록》권29, 정조 14년 1월 1일(임오)
○通明殿火

12 《순조실록》권31, 순조 30년 윤4월 22일(경진)
藥院請診于王世子 以睿候有咯血欠安也
《순조실록》권31, 순조 30년 5월 6일(임술)
卯時 王世子薨逝于昌德宮之熙政堂

13 《일성록》고종 2년 4월 2일
大王大妃殿敎日 … 仍念翼廟代理之年 屢幸
舊闕 周審基址 慨然有重營之志 而未卒焉

14 《승정원일기》영조 12년 5월 3일(병신)
古者翰林 猶有潛行之事云 而玉堂則一入直
之後 不得出禁川橋一步地

15 《순종실록부록》권1, 순종 3년 12월 30일
(양력)

16 국립문화재연구소, 2002《창덕궁 금천교
    발굴조사보고서》

17 《名物大典》上 神異類 異物部 動物 白澤 ;
    《唐開元占經》권116, 南朝梁 孫柔의《瑞應
    圖》인용.

18 《대전회통》兵典 扈衛廳

19 《대전회통》권1, 吏典 尙瑞院

20 《대전회통》권3, 禮典 朝儀
    ○每月初五日十一日二十一日二十五日 百
    官朝參

21 《고종실록》권39, 고종 36년 6월 22일
    詔曰 以軍制事 昨歲已有詔勅 而因時制宜
    未合於時 有未可膠守故常 亦未可創新立異
    今各國軍制 未必師古 而其訓鍊操制之精
    嚴 亦要不出乎古 所以參互斟酌 輯爲元帥
    府規則一編而頒下 其各欽遵無違 元帥府官
    制 大皇帝陛下게읍셔 大元帥이시니 軍機
    를 總攬ᄒ샤 陸海軍을 統領ᄒ시고 皇太子
    殿下게읍셔 元帥이시니 陸海軍을 一例統
    率ᄒ샤 元帥府를 設置ᄒ심이라… 三,節帶
    將官은 黃色에 銀絲로 李花를 加飾ᄒ고 領
    尉官은 黃色만 用홈이라

22 《고종실록》권40, 고종 37년 4월 17일
    勅令第十三號 勳章條例 裁可頒布 … 第二
    章 勳章及名目及敍勳 第一條 勳章名目은
    左開六種으로 分홀 事 一 金尺大勳章 一
    瑞星大勳章 一 李花大勳章 一 太極章 一
    八卦章 一 紫鷹章 … 第五條 李花大勳章은
    文武官中 太極一等章을 佩ᄒ 者가 特別勳
    勞가 有홀 時ᄂ 特旨로 敍賜홀 事

23 《순종실록부록》권1, 순종 3년 8월 29일
    又詔曰 朕이 天壤無窮ᄒ 丕基를 弘케ᄒ고
    國家非常ᄒ 禮數를 備코ᄌᄒ야 前朝鮮皇
    帝를 冊ᄒ야 王을 爲ᄒ고 昌德宮李王이라

稱ᄒ니, 嗣後此降錫을 世襲ᄒ야쎠 其宗祀
를 奉케ᄒ며 皇太子及將來世嗣를 王世子
를 爲ᄒ며 太皇帝를 王을 爲ᄒ야 德壽宮
李太王이라 稱ᄒ고, 各其儷匹을 王妃太王
妃又는 王世子妃를 爲ᄒ야 並히 皇族의 禮
로쎠 待ᄒ야 特히 殿下란 敬稱을 用케ᄒᄂ
니, 世家率循의 道에 至ᄒ야ᄂ 朕이 當히
其軌儀를 另定ᄒ야 李家의 子孫으로ᄒ야
곰 奕葉이 賴之ᄒ고 福履를 增綏ᄒ야 永히
休祉를 享케홀지라 玆에 有衆에 宣示ᄒ야
쎠 殊典을 昭ᄒ노라"

24 《궁궐지》昌德宮 闕內各司 奎章閣
    肅宗甲戌建于宗簿寺 御書扁額 正宗丙申移
    建于此 揭御筆扁額

25 金鍾秀,《夢梧集》권4, 奎章閣記
    上之初卽位 建奎章閣于禁苑北 奉英宗大王
    御製也 旣而敎閣臣曰 是閣也 旣奉英祖御
    製矣 列朝御製幷刻板舊在宗簿寺者 移之同
    奉 於心叶 於事便 事未及行 臣金鍾秀因看
    詳閣志 取玖宗簿寺故事 寺有奎章閣 以奉
    列朝御製 肅宗大王二十年剙建 御書扁額
    實英宗誕降之歲也

26 《궁궐지》昌德宮 闕內各司 書香閣
    在宙合樓西 卽御眞移安之閣

27 《궁궐지》昌德宮 闕內各司 奉謨堂
    在閣古觀西南 南曰雲漢門 奉列聖朝御製御
    筆璿源譜牒 本閣武亭基 正廟朝建

28 《궁궐지》昌德宮 闕內各司 摛文院
    在璿源殿西 卽奎章學士豹直之所 本都摠府
    正宗五年辛丑移設內閣于此 御書扁額 掌奉
    御眞御製御筆璿源譜牒內府書籍 正宗朝每
    於璿源殿及皇壇展拜時 齋宿于此 純宗翼宗
    朝 亦多臨御齋宿 大酉小西齋 亦皆御齋室也

29 《궁궐지》昌德宮 闕內各司 大酉齋

在摛文院北

30 《궁궐지》昌德宮 闕內各司 東二樓
連於大酉齋東 正宗九年乙巳 建藏書籍

31 《궁궐지》昌德宮 闕內各司 小酉齋
在摛文院東 正宗十九年乙卯建

32 《궁궐지》昌德宮 璿源殿
在仁政殿西 [原]本都摠府 亂後仁祖嘗御于
此云 孝宗七年丙申 撤慶德宮景華堂 移建
于此 而揭號春輝殿 肅宗二十一年乙亥 改
名曰璿源 奉安御眞 [增]今奉肅宗英宗正宗
御眞
《육전조례》권6, 工典 營造司 宮室 昌德宮
璿源殿[在仁政殿西 本都摠府 孝宗丙申 撤
慶德宮景華堂 移建于此 揭號春暉 肅宗乙
亥改名璿源 奉安御眞]

33 《순종실록부록》권12, 순종 14년 3월 31일
祔高宗于太廟第十八室 明成皇后同祔 仍行
祔廟大祭

34 《순종실록부록》권12, 순종 14년 3월 22일
璿源殿新建于昌德宮後苑[舊北一營址] 奉
安太祖[舊璿源殿奉安本] 世祖元宗[舊永禧
殿奉安本] 肅宗英祖正祖純祖文祖憲宗[舊
璿源殿奉安本] 哲宗[舊天漢殿奉安本] 高
宗[中和殿奉安本]御眞 仍行酌獻禮

35 《궁궐지》昌德宮 景福殿
在璿源殿北 [增]純宗五年乙丑正月 貞純王
后金氏 昇遐于此 ○二十四年甲申災 明敬
大妃玉册金寶皆燼 後改造

36 《육전조례》권1, 吏典 內醫院

37 《육전조례》권5, 工典 尙衣院

38 《대전회통》권6, 工典 京工匠

39 《대전회통》권1, 吏典 京官職 兵曹

40 《명종실록》권25, 명종 14년(1559 기미) 1월
3일(을해)

史臣曰 國家之設內兵曹於闕中 而使吏禁止
擾亂 捉拿偸盜者 所以嚴宮闈 而謹出入之
防也

41 《궁궐지》昌德宮 匪躬堂
匪躬堂卽賓廳 在延陽門外 一在昌慶宮承政
院東北

42 《성종실록》권161, 성종 14년 12월 7일(병인)
○丙寅 達城君徐居正承敎作匪躬堂記以進
其辭曰 易蹇之六二曰 王臣蹇蹇 匪躬之故
蓋匪躬者 知有君 而不知有躬也

43 《한경지략》賓廳
在延英門外 大臣備局諸宰 入侍請對之時
來會之所 故謂之賓廳也 堂名匪躬堂 有徐
四佳居正記文

44 《대전회통》권1, 吏典 京官職 正一品衙門
備邊司

45 《육전조례》권2, 吏典 司憲府 詣臺
行公臺官 待漏詣臺 次對(一司無詣臺之員
一司雖多員進 只右位一員入祭) 常祭 長官
入祭(長官不備 臺一員入祭) 朝祭 行公諸員
入祭(朝祭 無臺諫 則不得爲之 常祭則否)
朝講 長官執冊入祭(若不備 則下臺入祭 若
無進祭之員 則書講入祭) 書講及召對時 詣
臺·臺臣 微稟同入

46 《육전조례》권2, 吏典 司憲府 詣臺
○每日未明 臺長着押於分臺記 如無臺長
監茶監察着押分臺 古事 臺長每日會于臺廳
則必設茶啖

47 《한경지략》昌德宮內各司
臺廳 兩司諸臺 凡有陳啓 來此住接之所也

48 《육전조례》권2, 吏典 司憲府 詣臺

49 《한경지략》昌德宮內各司 臺廳
此廳古有溫堗 肅宗朝 臺官多尙諫諍之風 雖
祁寒 來坐臺廳 論啓不已 上頗苦壓之 遂命

撤去溫埃 自此以後 只設板軒 而無溫突云

50 《保晚齋叢書》권52, 集類 41 《攷事十二集》
권4〈卯集建官〉[闕內各司] 喉舌職官
承政院 掌凡四方章疏 諸司文書 敷奏復逆
之事

51 《대전회통》권1, 吏典 京官職[正三品衙門]
承政院

52 《한경지략》昌德宮內各司 承政院
在仁政殿東延詔門內 掌出納王命 置吏戶禮
兵刑工六房承旨 院有樓 扁曰六仙樓[又有
尙書省銀臺二扁額 幷李玄錫書] 正廳 奉啓
字板 每曉諸承旨 仕進列坐啓版前 句檢該
房文書與事務 至申時後公退 承旨二員則直
宿 有注書二員及事變注書一員 謂之假注書
其廳室在院北 故謂之堂后[扁額徐文重書]
東樓扁曰四仙閣[李玄錫書] 堂后之東房 卽
翰林兼春秋所居 扁曰右史堂[趙明鼎書] 又
扁曰起居注室[鄭夏彥書] 注書直所 房北又
有一間小房[俗號槲房] 卽記注官藏史艸之
所 故他人不敢入焉 待漏院 在金虎門外 承
旨曉來候門鑰之所

53 《대전회통》권4, 兵典 京官職 宣傳官廳

54 《대전회통》권1, 吏典 京官職 司饔院

55 《대전회통》권1, 吏典 內侍府

56 《대전회통》권1, 雜織 掖庭署

57 《태종실록》권10, 태종 5년 10월 19일(신사)
○離宮告成 … 廂庫三間

58 《승정원일기》영조 46년 1월 9일(정해)
○備忘記 昔年內班院戴恩院 一夜造成 故
諸承旨廳坐 見此昔有之云

59 《광해군일기[정초본]》권44, 광해 10년 4
월 4일(계사)
○傳曰 仁慶宮弘政殿光政殿 將以靑瓦蓋之
依勤政殿例 以眞彩另加 詳察以啓 且外方

上送銀子 今此赴京三行 均一分給畫員 彩
色着令擇貿以來事 言于都監

60 《광해군일기[정초본]》권134, 광해 10년
11월 4일(기축)
○營建都監啓 弘政光政兩殿所蓋靑瓦及雜
像 有剝落處 靑黃瓦燔造之法 經亂之後 失
其眞方 頃日惟一朴龍守 掇拾兒時聞見而製
造 猶不得其法 自龍守死後 新學之人 尤不
諳熟 徒費許多材料 僅得成形 及此寒沍之
日 雨雪沾濕 則乃有脫落靑色之患 若此不
已 深恐終至於盡變 爲赤而無靑色矣 深可
憂慮 此雖非郞廳監造官等 不愼監造之罪
而係是生事於殿閣蓋覆 體面重大 請燔瓦郞
廳監役 並爲推考 靑瓦編首匠人 囚禁治罪
爲當 傳曰 迎恩門關王廟 皆以靑瓦 燔造蓋
覆 別無脫落變赤之事 今此新宮鷲頭龍頭雜
像 盡爲脫落變赤 極爲可怪 待明春 改造蓋
覆 而今姑勿爲推考囚禁

61 《인조실록》권48, 인조 25년 6월 15일(갑신)

62 《인조실록》권48, 인조 25년(11월 12일(무신)

63 《순종실록부록》권8, 순종 10년 11월 27일
(양력)
二十七日 本職重建殿閣 以景福宮內諸殿閣
[交泰殿康寧殿東行閣西行閣延吉堂慶成殿
延生殿膺社堂欽敬閣含元殿萬慶殿興福殿]
舊材移建事 與總督府議定後啓稟

64 《순종실록부록》권11, 13년 10월 29일(양력)

65 《순종실록부록》권8, 순종 10년 11월 10일
(양력)

66 《승정원일기》숙종 23년 12월 13일(기미)
鎭遠曰 臣待罪春坊 敢以所懷仰達 近來日
氣極寒 而王世子逐日開筵 勤學之誠 孰不
感歎 而第誠正閣頗爲疎冷 冒寒出臨 不無
觸感之慮 臣意則自今以後 每日召對宮僚於

常時所御之所 使之進講 而或値日候稍和之
日 則出臨誠正閣 使賓客入侍開講 則其於
勤學愼疾之道 俱似合宜 臣已以此意 仰陳
於世子 而此事世子似不敢自專 故敢此仰稟
上曰 所達儘好 當依此爲之矣 出擧條

67　《순종실록부록》권8, 순종 10년 11월 10일
　　(양력)

68　《궁궐지》昌德宮 喜雨樓報春亭
　　報春亭卽誠正閣之東樓 東曰喜雨 南曰報春

69　《승정원일기》정조 5년 8월 26일(병신)
　　○辛丑八月二十六日巳時 上御觀物軒

70　《순종실록》권1, 總序
　　皇帝諱坧 字君邦 號正軒 高宗太皇帝第二
　　子 妣明成太皇后閔氏(籍驪興) 僉正贈領議
　　政驪城府院君純簡公致祿女 甲戌(高宗十一
　　年)二月八日辛巳 誕降于昌德宮之觀物軒

71　《고종실록》권21, 고종 21년 10월 18일(기축)

72　《정조실록》권14, 정조 6년 9월 7일(신축)

73　《정조실록》권18, 정조 8년 7월 2일(을묘)

74　《정조실록》권10, 정조 4년 7월 13일(기축)

75　《정조실록》권10, 정조 4년 8월 29일(을해)

76　《궁궐지》重熙堂
　　重熙堂在觀物軒東 正宗六年壬寅建 東曰重
　　陽門 西曰資始門 ○堂額正廟御筆

77　《정조실록》권21, 정조 10년 5월 11일(계축)
　　○癸丑 王世子薨 世子症候轉劇 設侍藥廳
　　遣大臣 再禱于社稷宗廟 是日未時 薨逝于
　　昌德宮之別堂

78　《일성록》순조 27년 2월 9일(을묘)
　　命聽政處所以重熙堂爲之 敎曰 王世子聽政
　　處所 正堂以重熙堂爲之 別堂壽康齊爲之

79　《일성록》순조 30년 5월 12일

80　《고종실록》권28, 고종 28년 3월 21일(을묘)
　　命咸寧殿諸殿閣移建 繼照堂改建 令重建所

81　《고종실록》권28, 고종 28년 5월 3일(병인)
　　擧行

82　《승정원일기》고종 28년 5월 12일(을해)

83　《경종실록》권4, 경종 1년 8월 20일(무인)
　　○正言李廷熽上疏曰 … 昌集等招承傳內官
　　口啓 趣上許對 曉漏後 上命引對于樂善堂

84　《영조실록》권76, 영조 28년 4월 10일(신축)

85　《영조실록》권87, 영조 32년 5월 1일(무진)
　　○夜四更 樂善堂養正閣火 樂善堂卽王世子
　　所御正堂也 上御涵仁亭西庭召承史 仍命留
　　門 牌招兵判 少頃兵曹判書洪象漢入侍 上
　　曰 不知火自何起 而若是其急 異哉 象漢請
　　入汲水軍 上曰 置之 只令入直禁軍將及都
　　監千摠 率入直軍救火 俾絶延燒之患

86　《영조실록》권88, 영조 32년 6월 1일(정유)
　　○朔丁酉 王世子坐時敏堂 行常參

87　《憲宗妃慶嬪金氏順和宮嘉禮時節次》奎
　　27008
　　《일성록》헌종 13년 10월 9일(을묘)
　　嘉禮廳以嬪爵宮號啓 爵號慶嬪宮號順和

88　《순종실록부록》권8, 순종 10년 11월 14일
　　(양력)
　　十四日 本職長官子爵閔丙奭以下高等官 會
　　議火災後處理之方 假殿[樂善齋]應急修理
　　費六萬五千圓 豫備金中支出

89　《순종실록부록》권17, 순종 19년(1926 병인)
　　3월 19일(양력)
　　十九日 書香閣所奉御眞[當宁] 移奉于樂善
　　齋 命贊侍韓昌洙奉審

90　《세종실록》地理志 京都漢城府
　　壽康宮[在蓮花坊 太宗十八年戊戌 內禪 別
　　作此宮以御之]

91　《세종실록》권2, 세종 즉위년 11월 7일(계축)
　　○癸丑 上王移御壽康宮

92 《정조실록》권20, 정조 9년 8월 27일[갑진]
　○建壽康齋 貳極門內有古井焉 慈慶殿之營
　建 以餘礫剩磚 峙井上爲假山 至是撤去而
　浚其井 建小齋以臨之 是地 太祖朝壽康宮
　舊基 在輿地勝覽 仍命其齋曰壽康

93 《순조실록》권28, 순조 27년 2월 9일[을묘]
　《비변사등록》215책 순조 27년 2월 10일[유]
　王世子聽政節目
　一 聽政節目 依傳敎以乙未事例 磨鍊爲白
　齊
　一 聽政處所正堂 以重熙堂爲之 別堂 壽康
　齋爲之事 命下矣 以此擧行爲白齊

94 《승정원일기》헌종 14년(1848) 10월 30일
　[경오]
　○徐戴淳 以摠衛營言啓曰 壽康齋改建時別
　單中 別看役金海府使姜彛五 前縣監安時赫
　竝守令除授

95 《궁궐지》昌德宮 述盛閣
　述盛閣在閱武亭北 卽四井記之碑閣 [原]世
　祖朝 命宗臣相地鑿井 厥後累經兵燹 惟二
　井獨存 肅宗庚午 愛其古躅 命修補二井 仍
　立碑于其傍以表之

96 《궁궐지》昌德宮 澤水齋
　肅宗三十三年丁亥建 今爲芙蓉亭

97 《궁궐지》昌德宮 芙蓉亭
　芙蓉亭在宙合樓南 蓮池之上 舊澤水齋 正
　宗朝改建而改名 … 又芙蓉亭在宙合樓南池
　邊 池有彩舟錦帆 正宗朝 爲賞花釣魚之所
　諸臣列坐池邊 賡詩以進

98 《정조실록》권42, 정조 19년 3월 10일[신유]

99 《홍재전서(弘齋全書)》奎 3031-v.1-100
　〈夜登芙蓉亭小樓[并小序]〉
　是夜月明 予謂諸臣曰 原韻有'宮林待月輪'
　之句 卿等泛舟太液可乎 重臣李文源應聲升

舟從之者十九人 乃給玉笛壺酒沿洄于亭嶼
之間 紗籠三十對列樹池邊 與花光月色上下
輝暎 御芙蓉亭小樓以觀之 列侍者閣臣六史
官 一其餘坐池岸 樓上人與舟中人相語

100 《승정원일기》순조 18년 5월 15일[신해[임자]]

101 《한경지략》昌德宮 奎章閣
　○奎章閣 在昌德宮禁苑之後 上樓下軒 凡
　六間 以奉御眞及御製御筆寶册印章 扁曰奎
　章閣 肅宗御筆也

102 《궁궐지》昌德宮 闕內各司 奎章閣
　在大造殿北 正宗丙申建 奉安御眞 ○肅宗
　甲戌建于宗簿寺 御書扁額 正宗丙申移建于
　此 揭御筆扁額

103 《승정원일기》숙종 20년 1월 17일[을묘]
　○又啓曰 御筆奎章閣題額 今已鏤板矣 令
　禮官擇日懸揭之意 敢啓 傳曰 知道

104 《승정원일기》경종 즉위년 12월 28일[경신]

105 《영조실록》권118, 영조 48년 5월 1일[을미]

106 《정조실록》권1, 정조 즉위년 3월 10일[신사]
　○辛巳 丙子 英宗薨 越六日辛巳 王卽位于
　慶熙宮之崇政門

107 《승정원일기》정조 즉위년 4월 19일[신유[경신]]

108 《승정원일기》정조 즉위년 5월 2일[갑술[임신]]

109 《승정원일기》정조 즉위년 5월 13일[을유[계
　미]] ; 5월 16일[무자[병술]]

110 《승정원일기》정조 즉위년 7월 20일[기축]

111 《승정원일기》정조 즉위년 9월 28일[병신]

112 《대전회통》從二品衙門 奎章閣
　[增]敬奉列聖御製御筆顧命當宁御眞御製
　御筆

113 《육전조례》권1, 吏典 宗親府 殿閣
　天漢殿 奉安哲宗大王御眞 璿源閣 奉安國
　朝御牒璿源譜略王妃世子御製御筆御押尊
　號議號誌狀世子行錄宗班行蹟 奎章閣 奉安

璿源譜略新舊板列聖朝御製御筆板

114 《궁궐지》昌德宮 闕內各司 宙合樓
宙合樓卽奎章閣上樓 正廟御筆扁額

115 《은대편고(銀臺便攷)》宮廟 宙合樓
有御容則奉安

116 《육전조례》권6, 禮典 奎章閣 奉審
當宁御眞 敬奉于宙合樓 春秋孟朔 王世子
率時原任閣臣 涓吉奉審(宮官及內侍一人
隨入奉審) 四孟朔望日 時原任閣臣奉審(値
雨雪 稟旨 擇日 當朔內退計) 每朔間五日
提學直提學中一人 直閣待敎中一人 備員奉
審(無展奉等節) ○値大雨 在直閣臣 不待備
員 隨卽微稟奉審)

117 《궁궐지》昌德宮 闕內各司 書香閣
《한경지략》昌德宮 書香閣
○書香閣 在宙合樓西 廣六間左右有房 以
奉御眞及御製御筆 移安曝曬之所 故又名移
安閣

118 《순종실록부록》권2, 순종 4년 5월 1일(양력)
一日(陰曆辛亥四月初三日) 設養蠶所於秘
苑書香閣 自本月十日 農商工部技師監督日
鮮人蠶婦三名而執務 成績良好

119 《궁궐지》昌德宮 闕內各司 喜雨亭
喜雨亭在書香閣北 [原]舊名曰醉香亭 仁祖
乙酉所創草堂
《한경지략》昌德宮 喜雨亭
○喜雨亭 在宙合樓西北 肅宗十六年 久旱
遣大臣禱雨 是日始雨 上喜甚遂 以禁苑醉
香亭 更名曰喜雨 親製亭銘以識之

120 《궁궐지》昌德宮 闕內各司 千石亭
《한경지략》昌德宮
又千石亭在其東 小樓扁曰霽月光風

121 《대전회통》권3, 禮典 藏文書
《六典條例》권6, 禮典 奎章閣 奉審

○列聖御製御筆御畵御顧命遺誥密敎 及璿譜
世譜寶章印章寶鑑狀誌 皆奉安于奉謨堂 春
秋孟朔 上與王世子 涓吉展拜(閣臣班首 啓
門捲帳) 每月望前望後 閣臣二員奉審(旣奉
審 以有無事啓) 有考稽者 必具二員(行禮
如史館之考實錄例)

《궁궐지》昌德宮 闕內各司 奉謨堂
奉謨堂在閱古觀西南 南曰雲漢門 奉列聖朝
御製御筆璿源譜牒 本閱武亭基 正廟朝建
《한경지략》昌德宮 奉謨堂
○奉謨堂 在宙合樓西南 中爲一間 旁有夾
室 卽古閱武亭也 因古制不改 以奉列朝御
製御筆御畵御顧命遺誥密敎 及璿譜世譜宝鑑
狀誌印寶 門扁曰雲漢門

122 《한경지략》昌德宮 閱古觀
○閱古觀 在宙合樓南 上下二層 凡二間 又
北折爲皆有窩 凡三間 藏華本圖籍 故名皆
有窩 又西北有屋曰西庫 凡三間 以藏我國
書籍之所也
《궁궐지》昌德宮 闕內各司 閱古觀
閱古觀卽瑞蔥臺舊址 瑞蔥臺古試士之所 至
今幸行前後 行內試射 稱以瑞蔥臺 蓋襲舊
也 肅廟甲戌 始建暎花堂 爲試士閱武之所
皆有窩俱在芙蓉亭南 藏華本書籍

123 《광해군일기》권25, 광해군 2년 2월 13일
(기미)

124 《궁궐지》昌德宮 闕內各司 暎花堂
暎花堂在迪盛閣東 [原]未知創於何年 而年
久傾側 肅宗十八年壬申 仍舊基改建 西有蓮
池 中有一島 舊有淸暑亭 顯宗朝所建 頹圮
仍廢 壬申改築小島 堂之北鑿小池 名以甘
露 刻以篆文 卽御筆也 … ○堂額英廟御筆
《한경지략》昌慶宮 春塘臺
○春塘臺 在靑陽門內 卽宮後苑 而試士閱

武之所也 有堂曰暎花堂 前有大蓮池 堂後
又有蓮池 此宙合樓前池也 凡設科試多士
及試射放閱武 臨御暎花堂

125 《궁궐지》昌德宮 迎春樓
迎春樓卽倚斗閣東樓 翼廟御筆扁額

126 《궁궐지》昌德宮 韻磬居

127 《궁궐지》昌德宮 闕內各司 倚斗閣
在暎花堂北 舊讀書處基 純宗二十七年丁亥
翼宗在春邸時改建 ○[增]翼廟御製上樑文曰

128 《순조실록》권31, 순조 30년 5월 6일(임술)

129 《궁궐지》昌德宮 愛蓮亭
愛蓮亭在魚水堂東 [原]肅宗十八年壬申 築
島于池中 而構亭 名曰愛蓮 東有石門曰不
老 亭之南 舊有涵碧亭基 今廢 石門外有一
池 稱不老池

130 《정조실록》권42, 정조 19년 3월 10일(신유)
又御芙蓉亭小樓 臨太液池垂釣 諸臣環池投
竿 緋衣在南 綠袍在東 章甫在北 上釣獲四
魚 諸臣諸生有獲有不獲 每一得魚 輒奏樂
一曲 旣又放生于池中 夜乃罷

131 《궁궐지》昌德宮 魚水堂
在暎花堂北東 西有池 有門曰靈沼 南曰石
渠門

132 《한경지략》昌慶宮 魚水堂
○在春塘臺不老門內 此門則 斲石爲之 篆
書額 孝宗朝 刱建 每引見宋尤庵于此堂 以
魚水 寓君臣相得之意

133 《광해군일기》권146, 광해군 11년 11월 4
일(계미)
○癸未 傳曰 … 慶德宮未及畢造者 只魚水
堂例別堂及月廊行廊行閣等級也 此役勿退
明年春夏間 盡爲完畢

134 《궁궐지》昌德宮 魚水堂

135 《한경지략》昌德宮 演慶堂

○在魚水堂之西北 當宁朝二十七年丁亥 小
朝 刱建于珍藏閣舊基 時値大朝上尊號 慶
禮成於此堂 故命名曰演慶

136 《순조실록》권29, 순조 27년 7월 22일(을축)

137 《순조실록》권29, 순조 27년 7월 18일(신유)

138 《순조실록》권29, 순조 27년 9월 9일(신해)

139 《궁궐지》昌德宮 演慶堂
在開錦齋西 南曰長樂門 卽珍藏閣基也 純
祖二十八年戊子 翼宗春邸時 改建 今奉翼
宗影眞

140 《進爵儀軌》進宴都監(朝鮮) 編 純祖28年
奎14364-v.1-2

141 《진작의궤》가람古 642.4-J562ja 附編 排設

142 《승정원일기》순조 28년 3월 21일(경신)

143 《순조실록》권32, 순조 32년 7월 20일(갑자)

144 《순조실록》권34, 순조 34년 11월 13일(갑술)

145 《헌종실록》권2, 1년 4월 18일(정미)

146 《승정원일기》헌종 원년 6월 20일 (무신)

147 《헌종실록》권3, 헌종 2년 11월 14일(계사)

148 《헌종실록》권4, 헌종 3년 4월 7일(갑인)
《헌종실록》권4, 헌종 3년 4월 17일(갑자)

149 《고종실록》권21, 21년 10월 19일(경인)

150 《관보》光武六年七月二十三日 宮廷錄事
議政府議政臣尹容善謹奏 御極四十年稱慶
禮式 其令議政府宮內府禮式院掌禮院 參互
議定磨鍊以入事 命下矣 臣等齊會政府 爛
商議定 謹具別單書入之意謹上奏 光武六年
三月二十日奉旨 依奏別單
一 本年十月十八日 大皇帝陛下御極四十年
稱慶時에 大小臣民이 咸須慶祝ᄒᆞᄂᆞᆫ禮를
設行ᄒᆞᆯ事 …
一 觀兵式과 苑遊會와 各項宴會ᄂᆞᆫ 自禮式
院과 所關各府部院으로 依例磨鍊設行ᄒᆞᆯ事

151 《駐韓日本公使館記錄》20권, 三. 外部來

(7) [日菊磨王의 稱慶祝典參席通報에 대한 致謝 및 同禮式節目 送呈] [稱慶祝典行禮日程表]

二日 土曜 下午二時 昌德宮禁苑遊會 入參人員高帽通常禮服

152 《續陰晴史》권10, 光武7年 9月

七月十八日出也 今日稱慶禮式日也 苑遊會 觀兵式皆停止 草草行之云

153 《農商工部去牒存案》09 訓令 警務使 申泰休 第六號 光武九年五月十一日(1905년 05월 11일)

京釜鐵道開通禮式時에 到京人員을 自敝部로 接對ᄒ이온바 苑遊會處所를 以秘苑으로 另定ᄒ옵고 門路를 以曜金門으로 爲定이오니 自貴廳으로 該門附近地에 治道等節를 別般申飭에 不日董督ᄒ야 馬車往來에 俾得便利케홈이 可ᄒ기로 玆에 訓令事.

《농상공부법첩존안》09 光武九年五月十五日(1905년 05월15일) 照會 侍從院卿 閔泳徽 第一號

本月二十六日에 苑遊會를 秘苑內에 設ᄒ고 外國人를 接對이온바 貴院所管舊軍樂隊(大吹打)를 俱服色同樂器ᄒ고 當日早朝에 來待홀 意로 玆에 照會ᄒ오니 照亮ᄒ신 後 届期準施ᄒ시믈 爲要.

154 《궁궐지》昌德宮 尊德亭

在深秋亭西北 [原]有池曰半月 仁祖二十二年甲申建 初稱六面亭 後改是名 橋南置日影臺以測晷刻 … ○顯祖御筆扁額

155 《인조실록》권47, 인조 24년 2월 4일(신사)

156 《인조실록》권30, 인조 12년 9월 9일(임술)

157 《궁궐지》昌德宮 聚奎亭

在翠寒亭南 仁祖十八年庚辰建

158 《궁궐지》昌德宮

肅廟御製上林三亭記曰 昔我聖祖 雅愛山水 於上林淸流之所 相地之便 建構三亭 後背崇山 前臨玉流 太極淸漪逍遙是已 又於亭之傍 鑿池灌水 鑿石引流 而制度旣不侈 大氣像十分瀟灑 是固三亭之大觀也 若夫積雨初收薰風自南 瀑布飛流 洞裏成雷 縱古廬山 蘭亭寧優於斯耶 機政之暇 玉趾特臨於焉 觀泉於焉 涵養魯論 不云乎 仁者樂山 智者樂水 仁智惟聖人能兼之故 樂山樂水 山哉山哉 奚取乎山 水哉水哉 奚取乎水 於戲 其盛矣 眇予小子不承先志 夙夜敬止 每當優遊于此 亭輒以我聖祖之心爲心 不敢以世俗之樂爲樂 一日二日 罔或荒寧 苟能保有是心 終始惟一 則國家庶幾矣夫

159 《궁궐지》昌德宮 太極亭

在逍遙亭北 [原]舊號雲影亭 後改今名 仁祖十四年丙子建 西有小池

160 《궁궐지》昌德宮 淸漪亭

在太極亭西 儲水爲池 池中築島 仁祖十四年丙子建

161 《궁궐지》昌德宮 籠山亭

162 《궁궐지》昌德宮 翠寒亭

163 《궁궐지》昌德宮 逍遙亭

在翠寒亭西 傍有玉流川 [原]仁祖十四年丙子建 初號歡汝亭 後改今名 樹木蔥鬱 淸陰滿逕

164 《궁궐지》昌德宮 逍遙亭記

165 《궁궐지》昌德宮 凌虛亭

在四佳亭西 肅宗十七年辛亥建

166 《궁궐지》昌德宮 淸心亭

在砭愚樹北 南曰太淸門 [原]卽淺愁亭舊基 ○肅宗十四年戊辰建改名今 南庭鑿石爲氷玉池 亭東夾谷水架虹橋以通往來

제3장 창경궁

1 《황성신문》1908년 2월 12일
　●帝室博物館 帝室博物舘을 設立ᄒᆞᆫ다흠은 已爲報道하얏거니와 其目的인즉 國內古來의 各圖書美術品과 現世界에 文明的機關珍品을 收聚供覽케하야 國民의 智識을 啓發케흠이라더라
《皇城新聞》1909년 10월 26일
　●動植物園許覽 宮內府所管博物館動物園植物園은 來月一日붓터 縱覽을 許ᄒᆞ기로 定ᄒᆞ얏ᄂᆞᆫ 故로 來三十日午後二時에 韓日文武官吏에게 觀覽을 許ᄒᆞ다더라
《皇城新聞》1910년 7월 29일
　●博物館建築費 昌德宮內博物館을 通明殿後에 一新建築次로 着手起工中인딕 所入經費ᄂᆞᆫ 三十萬圓으로 定筭ᄒᆞ얏다더라

2 《정조실록》권1, 정조 즉위년 3월 20일(신묘)
　○辛卯 追上思悼世子尊號曰莊獻 封垂恩墓曰永祐園 廟曰景慕宮

3 《정조실록》권8, 정조 3년 10월 10일(경신)

4 《광해군일기》권100, 광해군 8년 2월 18일 (기미)

5 《궁궐지》昌慶宮 歡慶殿
[增]純宗三十年庚寅八月 以歡慶殿爲翼宗殯宮 失火於添補閣 延及景春殿養和堂涵仁亭崇文堂迎春軒 大內一時燒燼 梓宮奉出於烈焰中 外面雖焦黑 火氣不及於梓宮內 改梓宮時 斂具如常 殆天佑也 癸巳與諸殿閣同時重建

6 《궁궐지》昌慶宮 景春殿

7 《궁궐지》昌慶宮 通明殿

8 《궁궐지》昌慶宮 藏春閣
藏春閣在通明殿西[今無] [原]閣下鑿沼 沼上石欄環繞 沼之北有小井

9 《승정원일기》고종 2년 10월 26일(정사)
　○營建都監 慈慶殿撤毀 今月二十九日申時 紫微堂定礎十一月二十二日午時 立柱十二月初三日丑時 上樑同月十五日丑時
《일성록》고종 2년 10월 26일
營建都監 以慈慶殿移建紫微堂啓 慈慶殿撤毀 今月二十九日申時 紫微堂定礎 十一月二十二日午時 入柱 十二月初三日丑時 上樑 同月十五日丑時

10 《궁궐지》昌慶宮 迎春軒
迎春軒在集福軒東 正宗常御之所 [增]正宗二十四年庚申六月 上昇遐于此 ○純宗三十年庚寅燬 癸巳以上命 撤長男宮材移建

11 《궁궐지》昌慶宮 集福軒
集福軒卽迎春軒西行閣 [增]英宗十一年乙卯正月 莊獻世子誕生于此 ○正宗十四年庚戌六月 純宗大王誕生于此 ○與迎春軒同時重修

12 《궁궐지》昌慶宮 瑤華堂

13 《숙종실록》권38, 숙종 29년 12월 15일(병술)

14 《궁궐지》昌慶宮 慎獨齋

15 《궁궐지》昌慶宮 逍遙亭
築壇於北 名以春塘 前有一畝之池 曰白蓮潭

16 《대한매일신보》1908년 01월 09일
宮內府에서 本年度부터 繼續事業으로 帝室博物館과 動物園과 植物園等을 設置홀 計劃으로 目下에 調査中이라더라

17 《황성신문》1909년 06월 26일
　●植物園御觀覽 大皇帝 皇后 兩陛下게옵셔 昨日下午二時에 植物園을 御觀覽ᄒᆞ옵셧ᄂᆞᆫ딕 伊時에 總理以下各大臣과 侍從臣들이 一切 陪從ᄒᆞ얏다더라

18 《정조실록》권44, 정조 20년 3월 17일(계해)
　○整理鑄字成 教曰 … 乙卯整理儀軌及園

幸定例等書 將編次印行 命以生生字爲本
範銅鑄字大小並三十餘萬 名之日整理字 藏
于奎瀛新府

19 《한경지략》昌慶宮內各司
鑄字所傍 有閣日考文館 不知何時所刱 或
云 此是舊時弘文館也 正宗朝乙卯 余年
十九時 承命校寫朱子詩于此館中

20 《한경지략》昌慶宮內各司
板堂 置册板及鑄字 每於印書時 開局於此
所 其藏銅活字 名生生字也

21 《한경지략》昌慶宮內各司
奎瀛新府 在宣仁門內 正宗朝 以昌德宮內
公廨 爲內閣之鑄字所 扁日 奎瀛新府

22 《대전회통》권1, 吏典 奎章閣
《정조실록》권4, 정조 1년 12월 21일(계축)
○以校書館爲奎章外閣

23 《대전회통》권4, 兵典 京官職 五衛都摠府

24 《保晚齋叢書》권52, 集類 41《攷事十二集》
권4〈卯集建官〉[闕內各司] 宿衛職官
開國之初有義興親軍衛 尋改爲義興三軍府
又改爲三軍鎭撫所 又改爲義興府 又改爲五
衛都摠府 置都摠管以下諸職 今五衛之制旣
罷 摠府以侍衛直宿爲職 他無所事

25 《한경지략》昌慶宮內各司

26 《保晚齋叢書》권52, 集類 41《攷事十二集》
권4〈卯集建官〉[闕內各司] 宿衛職官
衛將所 卽五衛將直宿之所也

27 《한경지략》昌德宮內各司
南所在金虎門內 五衛將直宿處 昔之虎賁左
衛也 掌闕內夜巡及侍衛 西所在曜金門內
亦有五衛將 昔之虎賁右衛也[東所北所在昌
慶宮]

28 《성종실록》권111, 성종 10년 11월 15일(병신)
○丙申 御經筵 講訖 同知事李坡啓曰 … 我

世宗 設簡儀臺渾天儀日影臺欽敬閣自擊漏
其制度極備

29 《궁궐지》景福宮 欽敬閣
欽敬閣在康寧殿西 [增]世宗二十年戊午 命
製諸儀象 又於千秋殿西庭 建小閣 設玉漏
機輪 又作鼓人鍾人司辰玉女自擊自行 名其
閣曰欽敬

30 《궁궐지》昌德宮 欽敬閣
宮欽敬閣[國朝寶鑑] ○後廢爲萬壽殿基

31 《숙종실록》권19, 숙종 14년 5월 2일(계유)

32 《궁궐지》昌德宮 齊政閣
齊政閣在熙政堂南 [原] 置璇璣玉衡 上有複
道 可通兩闕 ○記曰 … 又造播器同置一閣

33 《궁궐지》昌慶宮 簡儀臺

34 《승정원일기》순조 11년 8월 23일(기사)
○辛未八月二十三日酉時 上御暎花堂 …
上曰 靈臺卽是望氣祲察災祥 而後世則無之
耶 (待敎李)龍秀曰 靈臺專爲望氣祲察災祥
而設之 後世亦有此 故雖以我東言之 卽今
觀象監 有日影臺 此是古之靈臺之義也

35 《승정원일기》정조 7년 2월 26일(정해)
○癸卯二月二十六日四更一點 上詣春塘臺
… 上乘輿出靑陽門至日影臺前 上命在學進
前曰 日影臺有所重 而頹圮不成樣 卽速修
改之意 明早 分付戶曹 可也 大駕由建陽門
協陽門還內

36 《궁궐지》昌慶宮 時敏堂

37 《정조실록》권10, 정조 4년 7월 13일(기축)

38 《정조실록》권10, 정조 4년 8월 29일(을해)
○乙亥 特罷時敏堂重建之役

39 《궁궐지》昌德宮 重熙堂
重熙堂在觀物軒東 正宗六年壬寅建 東曰重
陽門 西曰資始門 ○堂額正廟御筆

40 《정조실록》권14, 정조 6년 9월 7일(신축)

41 《정조실록》권18, 정조 8년 7월 2일 (을묘)

42 《정조실록》권18, 정조 8년 8월 2일 (을유)

43 《순종실록》권3, 순종 2년 11월 1일
　　設動物植物苑于昌慶宮內 行開苑式 仍許公
　　衆觀覽

제4장 경희궁

1 《인조실록》권1, 인조 1년 3월 13일 (계묘)

2 《인조실록》권27, 인조 10년 11월 9일 (계묘)
　　○癸卯 上移御昌德宮

3 《인조실록》권28, 인조 11년 3월 28일 (기미)
　　○修理所啓曰 昌慶宮大內殿閣 幾盡燒毀
　　必須量撤仁慶宮大內殿閣 然後可以成就 非
　　別堂數處材瓦 所可移搆也 … 答曰 依啓

4 《숙종실록》〈行狀〉

5 《숙종실록》〈行狀〉

6 《숙종실록》권63, 숙종 45년 2월 12일 (을묘)

7 《숙종실록》권63, 숙종 45년 4월 18일 (경신)

8 《정조실록》권4, 정조 1년 8월 6일 (기해)

9 《승정원일기》고종 2년 9월 1일 (계해)
　　○傳曰 慶熙宮差備外 各處門隻廳板 多有
　　全無云 令兵曹一一摘奸後 查實以入
　　《승정원일기》고종 2년 9월 2일 (갑자)
　　○刑曹啓曰 謹依口傳下敎 慶熙宮差備外
　　各處門隻廳板 發遣營校 一一摘奸 則 …軍
　　士徐龍孫偸竊鐵物 至有移補廳之擧云 故以
　　此意 枚報戶曹 … 光明殿差備內門隻 亦多
　　闕失

10 〈경복궁 중건 이후 고종─순종년간의 경희
　　궁〉《경희궁 영조 훼철 관련 사료조사 및
　　활용방안 연구》2004. 5. 명지대학교 국제
　　한국학연구소

11 《승정원일기》고종 9년 12월 4일 (갑인)

12 《영조실록》영조 20년 8월 20일 (갑자)

上仍製下泰寧殿重修上樑文 殿卽御容奉安
處也

13 《궁궐지》〈慶熙宮〉爲善堂
　　在泰寧殿西 有溫泉三井 曰靈洌

14 《궁궐지》권4, 慶熙宮 景賢堂
　　景賢堂乃東宮受禮之正堂

15 《궁궐지》권4, 慶熙宮 興政堂
　　接臣僚開講筵之所也

16 《궁궐지》권4, 慶熙宮
　　大內之正寢爲隆福殿 隆福殿之西會祥殿在
　　焉 時御之內殿也

17 《궁궐지》권4, 慶熙宮 會祥殿
　　在崇政殿東北 卽大內正殿

18 《궁궐지》권4, 慶熙宮 春和亭
　　敬次肅廟宸章詩曰 三淸仙界繞烟光 時菊偏
　　憐葆晩黃 萬戶杵砧秋思遍 煖爐高燭漏聲
　　長.

제5장 경운궁

1 《일성록》광무 5년 8월 29일 (임술), 양력 10
　　월 11일
　　… 自本年三月至九月 漱玉軒把守士卒十名
　　及各處外使兵 乾下金未下條 而係是應下而
　　不下者 故逐朔查出 派給各兵事 …

2 《일성록》광무 5년 10월 6일 (양력 11월 16일)
　　宮內府 以漱玉軒失火根因嚴覈奏

3 《고종실록》권44, 고종 41년 4월 14일 (양력)
　　召見原任議政及參政以下于漱玉軒
　　《승정원일기》고종 41년 2월 29일 (무인)
　　○甲辰二月二十九日申時 上御漱玉軒

4 《고종실록》권46, 고종 42년 11월 10일 (양력)
　　十日 御漱玉軒 皇太子侍座 接見 日本特派
　　大使侯爵伊藤博文 國書奉呈也

5 《고종실록》권47, 고종 43년 4월 25일 (양력)

重建都監儀軌堂上李載克奏 慶運宮大安門修理 以陰曆四月十二日 擇吉始役之意 上奏 制曰 改以大漢門 依所奏擧行

6 《고종실록》 권47, 고종 43년 5월 1일(양력)
《일성록》 광무 10년 4월 8일

7 《경운궁중건도감의궤》〈上樑文〉 大漢門
惟玆漢陽襟帶之形 實我韓邦門戶之地 冽水經其南 太岳翔其北 美哉表裏山河… 慶運其宮 媲茅茨之昭儉肆 就中和法殿 乃立大漢正門 備皐門應門之規 塗勤丹雘 取霄漢雲漢之義

도판 출처

강임산
506쪽

고려대학교박물관
162-163, 164, 171, 200-201,
248, 251, 269, 326, 333, 334,
390-391, 396, 409, 415(모두),
419, 442-443쪽(위)

국립고궁박물관
104, 165, 178, 187, 211,
213(모두), 217(모두), 223,
239(모두), 247, 258, 262, 271,
296, 298, 304, 431, 469, 479,
519쪽

국립민속박물관
468, 480쪽

국립중앙도서관
27, 235(모두), 463쪽

국립중앙박물관
125(모두), 128, 145, 174, 193,
246, 306, 376(아래), 398, 411,
430, 438, 449, 464, 546쪽

김성철
60, 77, 80-81, 134, 176(모두),
277, 285, 353쪽

눌와
15, 17, 28, 29, 32, 36-37,
40(모두), 45, 48, 49,
52-53(모두), 55, 58, 65, 66,
68, 70, 71(모두), 79, 83, 87,
88, 89, 90, 96, 99, 100, 108,
110, 118, 121, 131, 153, 155,
160, 169(오른쪽), 175(모두),
183, 185, 186, 191, 195, 203,
205, 206, 209, 210, 215, 219,
221, 225, 253, 256,
259(모두), 260, 261, 263, 265,
272, 275, 280(모두), 281, 284,

287, 293, 301, 303, 305, 309,
318, 321, 324, 325, 328, 329,
344, 345, 348, 349, 354, 373,
374, 378, 381, 384, 385, 386,
388, 393, 394, 407, 408, 413,
417, 420, 450, 452, 454, 456,
457, 458, 459, 460, 470(왼쪽),
491, 493(오른쪽), 501,
508(모두), 522, 523, 525,
531(모두), 532, 533, 535(모두),
536, 537, 538, 539, 543, 544쪽

덕수궁관리소
542쪽

문화재청
62-63, 73, 94-95, 101, 123,
138(모두), 140, 180-181, 190,
208, 282, 294-295, 299, 307,
336-337, 341, 342, 351, 387,
395, 507쪽

배재학당역사박물관
484, 485, 498쪽

부산시립박물관
316쪽

서울대학교 규장각한국학연구원
14, 86, 117, 230, 331, 370,
467(모두), 482쪽

서울대학교박물관
270, 503쪽

서울시립대학교박물관
434, 435, 515쪽

서울역사박물관
46-47(모두), 241, 252, 255,
442-443(아래), 444-445, 461,
470(오른쪽), 472, 496쪽

서헌강
288-289, 426-427쪽

셔터스톡
92-93, 135쪽

와세다대학교도서관
102쪽

정명식
39, 85, 238, 397쪽

픽스타
42-43, 107, 112, 124, 129,
130, 133, 173, 189, 199, 244,
249, 268, 274, 279, 291, 297,
311, 315, 323, 335, 339, 350,
361, 376(위), 379, 380, 382-
383, 389, 399, 400, 405, 410,
416, 524쪽

토픽이미지
512-513쪽

고서화, 고지도

14쪽
〈도성도都城圖〉
《여지도輿地圖》
18세기 후반, 47.0×66.0cm
보물 제1592호
서울대학교 규장각한국학연구원 소장

27쪽
〈경복궁도景福宮圖〉
조선 후기, 79.7×53.2cm
종이에 색
국립중앙도서관 소장

86쪽
〈도성전도都城全圖〉
《청구요람靑邱要覽》
1895년, 31.5×21.5cm
서울대학교 규장각한국학연구원 소장

104쪽
〈왕세자두후평복진하도병王世子痘
候平復陳賀屛〉
1879년, 각 폭 180.5×57.5cm(8
폭 병풍), 비단에 색
국립고궁박물관 소장

117쪽
〈북궐도형北闕圖形〉
442.5×276.0cm
서울대학교 규장각한국학연구원 소장

163쪽
〈동궐도東闕圖〉
19세기 초, 576×273cm
비단에 색
국보 제249호
고려대학교박물관 소장

165쪽
춘방春坊 편액
1829년, 76.5×170.0cm
국립고궁박물관 소장

178쪽
백택기白澤旗
139×137cm
국립고궁박물관 소장

187쪽
〈왕세자탄강진하도병王世子誕降陳
賀圖屛〉
1874년, 각 폭 269×43.3cm(10
폭 병풍)
비단에 색
보물 제1443호
국립고궁박물관 소장

211쪽
옥당玉堂 편액
1652년, 100.4×51.3cm
국립고궁박물관 소장

213쪽(위)
조화어약調和御藥 현판
55.8×189.2cm
국립고궁박물관 소장

213쪽(아래)
보호성궁保護聖躬 현판
55.5×196.5cm
국립고궁박물관 소장

217쪽
〈효명세자초상孝明世子肖像〉
1826년, 148.6×45.2cm
비단에 색
국립고궁박물관 소장

229쪽
〈은대계회도銀臺契會圖〉
1560년, 96.1×55.6cm
비단에 수묵
개인 소장 소장

235쪽
《양세계보》
1920년, 36×23cm
국립중앙도서관 소장

262쪽
〈수하의受賀儀〉
《왕세자입학도첩王世子入學圖帖》
1817년, 37.5×24.0cm
종이에 색
국립고궁박물관 소장

270쪽
〈문효세자책례계병文孝世子册禮契
屛〉
1784년, 각 폭 110×52.6cm(8폭
병풍)
비단에 색
서울대학교박물관 소장

271쪽
중희당重熙堂 편액
1782년, 76.5×261.5cm
국립고궁박물관 소장

304쪽
규장각奎章閣 편액
1694년, 50.2×106.5cm
국립고궁박물관 소장

306쪽
김홍도金弘道, 〈규장각도奎章閣圖〉
1776년, 144.4×115.6cm
비단에 색
국립중앙박물관 소장

316쪽
〈영화당친림사선도暎花堂親臨賜饍
圖〉
《어제준천제명첩御製濬川題名帖》
1760년, 44×68cm
종이에 색
부산광역시립박물관 소장

331쪽
〈연경당도演慶堂圖〉
《무자진작의궤進爵儀軌》
1828년, 37.2×48.6cm
서울대학교 규장각한국학연구원 소장

377쪽
〈홍화문사미도弘化門賜米圖〉
《원행을묘정리의궤園幸乙卯整理儀
軌》
1796년, 37.5×23.5cm
종이에 색
프랑스국립도서관 소장

398쪽
〈기축진찬도병己丑進饌圖屛〉
1829년, 각 폭 150.2×54.0cm(8
폭 병풍)
비단에 색
국립중앙박물관 소장

430쪽
〈숭정전진연도崇政殿進宴圖〉
1710년, 162,1×123.6cm
종이에 색
국립중앙박물관 소장

431쪽
서궐임서西闕臨署 현판
1760년, 33.0×72.9cm
국립고궁박물관 소장

442-443쪽(위)
〈서궐도안西闕圖案〉
1829년 이전 추정, 127.5×
401.5cm
종이에 수묵
보물 제1534호
고려대학교박물관 소장

442-443쪽(아래)
송규태宋圭台
〈서궐도西闕圖〉
2005년, 130×400cm
비단에 색
서울역사박물관 소장

463쪽
〈영종사마도英宗賜馬圖〉
1770년, 140.0×88.2cm
종이에 색
국립중앙도서관 소장

464쪽
〈경현당석연도景賢堂錫宴圖〉
《기사계첩耆社契帖》
1720년, 52×72cm
비단에 색
보물 제929호
국립중앙박물관 소장

467쪽
회상전會祥殿(왼쪽), 융복전隆福殿
(오른쪽)
《서궐영건도감의궤西闕營建都監儀
軌》
1832년, 45×33cm
서울대학교 규장각한국학연구원 소장

469쪽
장락전기長樂殿記 현판
1762년, 42.2×94.2cm
국립고궁박물관 소장

479쪽
경운궁慶運宮 편액
45×113cm
국립고궁박물관 소장

488쪽
제임스 게일James Scarth Gale
〈한성부지도漢城府地圖〉
《Transaction》
1901년

498쪽
배재학당培材學堂 편액
70×150cm
배재학당역사박물관 소장

홍순민의 한양읽기

조선의 왕도 한양漢陽으로 500여 년, 대한민국의 수도 서울특별시로 70년을 넘기고 있는 서울. 무엇이 서울을 서울로, 이 나라의 중심으로 만들었는가? 옛 서울, 즉 한양을 조선왕조의 왕도로 만든 세 건조물은 종묘宗廟, 궁궐宮闕, 도성都城이었다. 이 셋은 오늘날 우리에게 어떤 의미를 갖고 있는가? 그 의미와 가치를 찾아 한양에서 서울로 이어지는 이 도시의 정체성을 찾아보려는 것이 '한양읽기'를 하는 뜻이다.

도성

도성은 한양을 안팎으로 나누는 경계이자, 임금과 조정과 나라를 보호하는 시설이었다. 백성들의 피와 땀으로 세워진 도성은 한편으론 백성들의 삶에 크나큰 영향을 미쳤다. 왕도 한양을 드러내는 가장 대표적인 표상이었던 도성을 조선 백성들의 눈으로 찾아본다.

궁궐 ⓒ

궁궐은 임금이 사는 곳. 임금의 존엄을 과시하며 국정 운영의 정점이 되는 공간으로서 서울을 왕도이자 수도이자 국도로 만드는 실질적인 핵심이었다. 궁궐의 역사를 읽는 것은 조선 정치사, 나아가 조선의 역사와 문화를 들여다보는 것이다.

궁궐 ⓗ

경복궁, 창덕궁, 창경궁, 경희궁, 경운궁. 서울에는 다섯 궁궐이 있다고 한다. 하지만 궁궐은 왕조와 함께 사라졌다. 다만 없어지다 남은 모습, 그 터가 남아 있을 뿐이다. 거기 가서 무엇을 볼 것인가? 겉모습만 보고 마는 것은 부족함을 넘어서 위험하다. 남은 모습 이면의 옛 모습을 그려보아야 한다. 외형을 넘어 거기 살던 사람들, 그 사람들의 삶을 재구성해보아야 한다.

종묘 (근간)

종묘는 조선 역대 임금과 왕비의 신주를 모신 사당이다. 왕실을 넘어 국가 전체의 사당이었다. 조상에게 제사를 드리는 궁극적 목적은 유교 윤리의 출발이자 완결인 효성과 공경을 전파하기 위함이다. 종묘는 사직과 더불어 왕도 한양에서 가장 신성한 공간이었다. 종묘를 보는 것은 서울의 가장 깊은 내면을 읽는 것이다.